Une rare plénitude

LES ARTISTES DE LAETHEM-SAINT-MARTIN 1900–1930

De ces soirées passées à Laethem,
avec mes amis autour de ma table,
j'ai gardé le souvenir d'une rare plénitude.
–Karel van de Woestijne

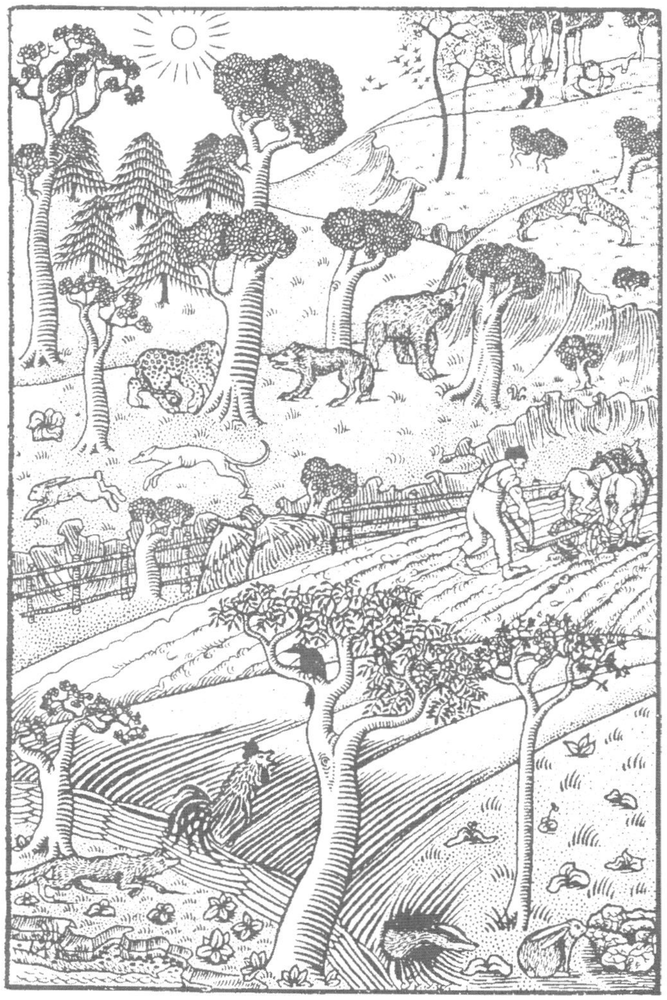

PIET BOYENS

Une rare plénitude

LES ARTISTES DE LAETHEM-SAINT-MARTIN 1900–1930

LUDION · Flammarion

Ce livre paraît à l'occasion de l'exposition
« Une Rare Plénitude. Les artistes de Laethem-Saint-Martin 1900–1930 »,
Gand, Deinze et Deurle, 17 juin–23 septembre 2001

EXPOSITION

Organisation

Museum voor Schone Kunsten, Gand
Museum van Deinze en de Leiestreek, Deinze
MDD – Museum Dhondt-Dhaenens, Deurle

en collaboration avec

Vlaamse Gemeenschap
Provincie Oost-Vlaanderen
vzw Een Zeldzame Weelde
Toerisme Vlaanderen
Toerisme Oost-Vlaanderen
Toerisme Gent
Toerisme Leiestreek

Comité scientifique

Piet Boyens, commissaire de l'exposition
Edith Doove
Robert Hoozee
Moniek Nagels
Marc Vandecandelaere
Veerle Van Doorne
Liesbeth Van Nerom
Caterina Verdickt

Réalisation

les collaborateurs des musées
Museum voor Schone Kunsten, Gand
Museum van Deinze en de Leiestreek
MDD – Museum Dhondt-Dhaenens, Deurle

CATALOGUE

Mise en pages : Griet Van Haute
Traduction : Catherine Warnant et Marnix Vincent
Suivi rédactionnel : Cécile Krings et Anagram, Gand
Composition : Anagram, Gand
Photogravure et impression : Die Keure, Bruges

D/2001/6328/32
ISBN 90-5544-344-1

Couverture : Gustave van de Woestyne, *Le Printemps*, 1910, collection particulière, courtesy Galerie Oscar De Vos, Laethem-Saint-Martin (cat. 65); Gustave de Smet, *Songerie*, 1923, collection particulière (cat. 227)

Page 2 : Gustave van de Woestyne, illustration pour *Reinaert de Vos* de Stijn Streuvels, 1908

Nous remercions Philippe Fontainas pour le titre français de l'exposition « Une Rare Plénitude ».

Table des matières

REMERCIEMENTS

Daniel Abadie, Raf Van den Abeele, Lucile et Cymbeline Audouy, Benelux, Frank Benijts, René Le Bihan, Ann Blokland, André Bollen, Luc De Booser, Monsieur et Madame Robert De Booser, Helena De Brabandere, Erwin Breusegem, Christoph Brockhaus, Willy Van den Bussche, Guy et Michel Campo, Stefan Campo, Noëlle Chabert, Ginette Chaerle, Steven Daemers, Francine Dawans, Marie-Paule Deblanc-Magnée, Yolande Deckers, Claire Denis, Patrick Derom, Trees Deryckere, Danny Deweerdt, Michèle Eeman, Sabine Euler, Adrienne Fontainas, Bruno Fornari, Rudi Fuchs, Luc Geeroms, Claude Ghez, Charlotte Gutzwiller, Paul Van Haute, Willem Stevijn van Heusden, Danielle Hodel, Norbert Hostyn, Nicole d'Huart, Paul Huvenne, Leen de Jong, Laurence Van Kerkhoven, Hannelore Kersting, Kasper König, Pascale Kotlarski, Francine Lechien-Durant, Annelies Lenoir, Katharina Lepper, Henri Loyrette, Mario-Andreas von Lüttichau, Freya Malfait, Karel De Meulemeester, Francine De Nave, Maja Oeri, Leo Pardon, Sylvia Van Peteghem, Jacques Piens, Jochen Poetter, Emke J. C. Raassen-Kruimel, Jos Van Rillaer, Wolfgang Roth, Liliane Sabatini, Pascal De Sadeleer, Jan-Hein Sassen, Angela Schneider, Katja Schneider, Manfred Sellink, Luc De Smet, Marc Somers, Anna Sterk, Sabine Taevernier, Toerisme Oost-Vlaanderen, Enzo Unfer, Dany Vandenbossche, Jan Verlinden, Oscar De Vos, Guy De Vuyst, Roeland Van de Walle, Evelyn Weiss, Cornelia Wieg.

PRÊTEURS

Afsnee, collection Oscar De Vos
Alost, Stedelijk Museum Oud Hospitaal
Amsterdam, Kunstzalen A. Vecht
Amsterdam, Stedelijk Museum
Amsterdam-Blaricum, Kunsthandel Studio 2000
Anvers, Koninklijk Museum voor Schone Kunsten
Anvers, Museum Vleeshuis
Anvers, Stedelijk Prentenkabinet
Berlin, Staatliche Museen zu Berlin, Nationalgalerie
Brest, Musée municipal
Bruges, Groeningemuseum
Bruges, Stedelijke Musea, Steinmetzkabinet
Bruxelles, Banque Artesia
Bruxelles, Collection Wiegersma
Bruxelles, Courtesy Galerie Patrick Derom
Bruxelles, Crédit Communal
Bruxelles, Musée communal d'Ixelles
Bruxelles, Musée David et Alice van Buuren
Bruxelles, Collection Servarts
Cologne, Museum Ludwig
Deinze, Museum van Deinze en de Leiestreek
Deurle, Museum Dhondt-Dhaenens
Duisbourg, Wilhelm Lehmbruck Museum, Nachlass Lehmbruck
Emanuel Hoffmann-Stiftung, en prêt au Musée d'Art contemporain, Bâle
Essen, Museum Folkwang
Genève, Musée d'Art moderne, Petit Palais
Gand, Courtesy J. P. Van Langenhove
Gand, Museum voor Schone Kunsten
Gand, Provinciebestuur van Oost-Vlaanderen
Gand, Universiteit Gent, Bibliothèque
Halle, Staatliche Galerie Moritzburg
Heino / Wijhe, Pays-Bas, Hannema-de Stuers Fundatie
Jabbeke, Provinciaal Museum Constant Permeke
Laethem-Saint-Martin, Gemeentelijk Museum Gust De Smet
Laethem-Saint-Martin, Gemeentelijk Museum Gevaert-Minne
Laethem-Saint-Martin, Kunstpatrimonium Gemeentebestuur
Laethem-Saint-Martin, Courtesy Galerie Oscar De Vos
Laren, Singer Museum (prêt de l'Instituut Collectie Nederland)
Liège, Musée d'Art moderne et d'Art contemporain
Liège, Musée de l'Art wallon
Luxembourg, Banque Européenne d'Investissement
Mönchengladbach, Städtisches Museum Abteiberg
Ostende, Courtesy P. et L. Seghers
Ostende, Museum voor Schone Kunsten
Paris, Musée d'Orsay
Paris, Musée Zadkine de la Ville de Paris
Collection Reyntjes, Courtesy Galerie Oscar De Vos, Laethem-Saint-Martin
Collection Boris Rousseeuw
Verviers, Musées communaux
Zomergem, Galerie Gudrun

et les particuliers qui désirent garder l'anonymat.

Avant-propos

Dans un texte consacré à son frère Gustave, le poète Karel van de Woestijne rapporte qu'il faisait à ses amis la lecture d'extraits de Shakespeare, Ruusbroec, Eschyle, Ibsen et Maeterlinck : « Nous discutions d'auteurs anciens et contemporains, non pas d'un point de vue littéraire, comme on pourrait s'y attendre, mais en évaluant le contenu spirituel et moral de leurs œuvres, leur attitude face à la vie, et ce à l'aune des expériences et des convictions de chacun. De ces soirées, j'ai gardé le souvenir d'une rare plénitude. »

L'expression « une rare plénitude » nous a semblé un titre approprié pour cette exposition répartie sur trois musées. Elle est applicable non seulement aux soirées décrites par Van de Woestijne mais également à l'atmosphère idéalisée, paradisiaque qui caractérise l'œuvre et les témoignages laissés par les artistes de Laethem. Gustave van de Woestyne (qui, contrairement à son frère, écrivait généralement son nom avec *y*) décrit cette atmosphère à sa façon désarmante dans son journal : « On voit des paysans et des paysannes occupés à planter des pommes de terre dans les sillons tracés par la charrue. D'autres qui sèment le blé sur de grands champs pourprés. On les voit marcher et balancer leurs bras comme s'ils voulaient pourvoir de semence le monde entier. D'autres sont agenouillés entre les betteraves. Et tout cela forme un ensemble de bonheur suprême. »

Laethem-Saint-Martin et les environs connurent entre 1900 et 1930 une activité artistique remarquable. Après la brillante fin de siècle bruxelloise, ce village d'artistes fut un des centres les plus vitaux d'une Belgique où l'art n'en finissait pas de se renouveler. A l'internationalisme de la fin de siècle succéda une pratique artistique plus régionale et plus intériorisée. Laethem-Saint-Martin vit se développer en un espace de temps relativement bref des variantes originales du symbolisme, du postimpressionnisme et, après la Première Guerre mondiale, de l'expressionnisme. Ces différents courants furent parfois indûment amalgamés et considérés comme un phénomène flamand isolé, indépendant de tout contexte international. Plusieurs expositions et publications ont entre-temps corrigé une telle vision. Il est clair aujourd'hui que, malgré leur enracinement régional, les artistes flamands participaient en toute conscience à un art européen sans frontières.

Dans sa structure même, cette exposition, constituée par Piet Boyens, réfute la thèse d'une école de Laethem unitaire. Elle éclaire en trois chapitres, dans trois musées différents, trois aspects distincts de l'art de Laethem et de la région de la Lys : le symbolisme (à Gand), le postimpressionnisme (à Deinze) et l'expressionnisme (à Deurle). La sélection des œuvres vise à préciser l'image de ces trois courants et à présenter chaque artiste dans son contexte réel, avec ses œuvres les plus substantielles et les références internationales nécessaires. Des comparaisons thématiques illustrent les liens unissant les artistes tout en faisant ressortir leurs propriétés spécifiques.

Grâce au soutien des autorités et du secteur privé, nos trois musées ont pu élaborer un projet collectif. Nous espérons que cette exposition contribuera à une meilleure saisie de la signification historique de l'art de Laethem-Saint-Martin, et nous remercions les musées et les collectionneurs privés qui l'ont rendue possible.

EDITH DOOVE
Intendant MDD – Museum Dhondt-Dhaenens Deurle
ROBERT HOOZEE
Directeur Museum voor Schone Kunsten Gand
VEERLE VAN DOORNE
Directeur Museum van Deinze en de Leiestreek

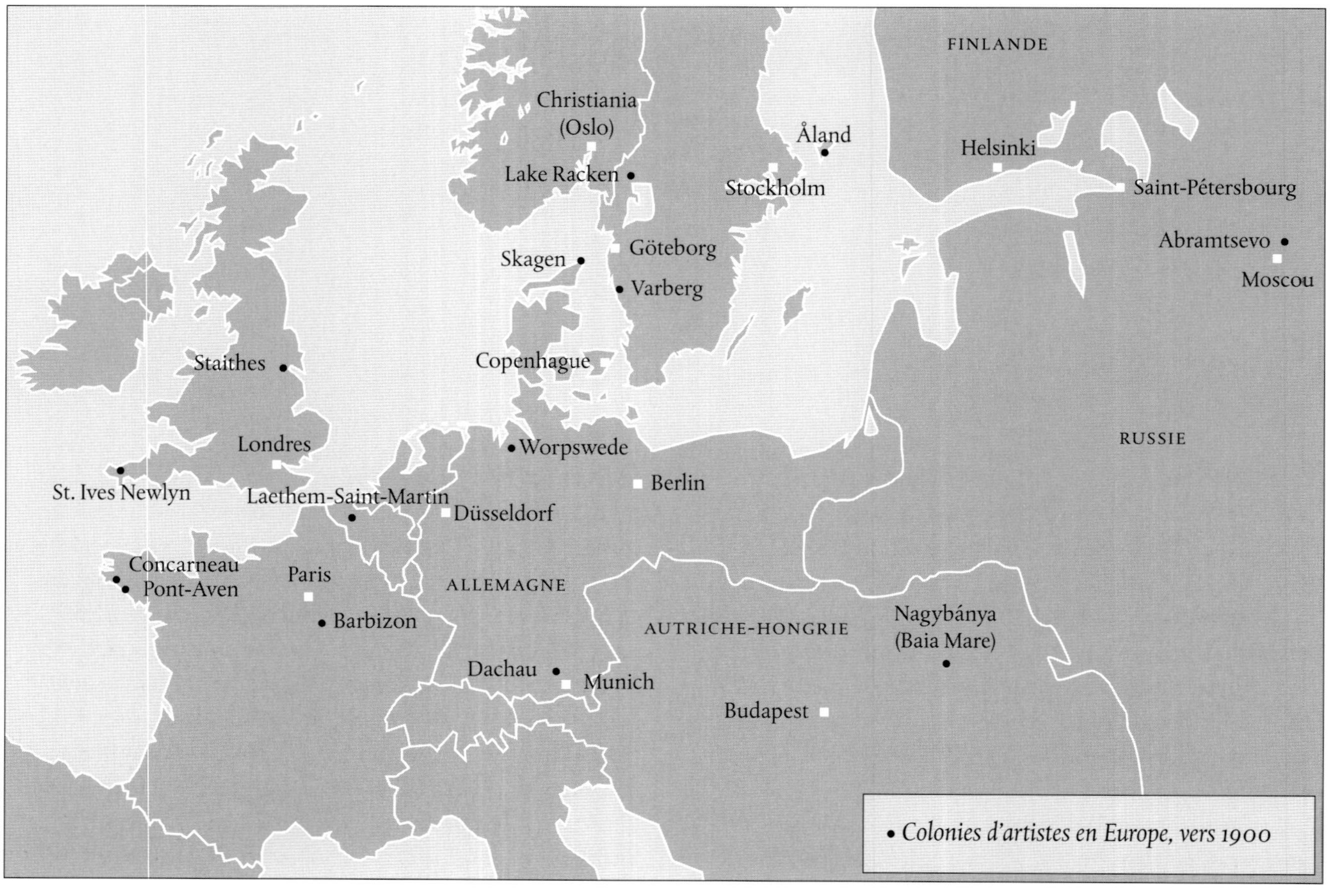

FINLANDE
Christiania
(Oslo)
Åland
Helsinki
Lake Racken
Stockholm
Saint-Pétersbourg
Göteborg
Skagen
Abramtsevo
Varberg
Moscou
Staithes
Copenhague
Londres
Worpswede
RUSSIE
Berlin
St. Ives Newlyn
Laethem-Saint-Martin
Düsseldorf
Concarneau
Pont-Aven
Paris
ALLEMAGNE
Barbizon
AUTRICHE-HONGRIE
Nagybánya
(Baia Mare)
Dachau
Munich
Budapest
• Colonies d'artistes en Europe, vers 1900

Introduction

Au milieu du XIXe siècle, on note un changement dans l'attitude de l'artiste à l'égard du paysage. La nature n'est plus désormais le décor insignifiant d'activités humaines, de scènes mythologiques ou d'épisodes sacrés. On ressent plus nettement que jamais le mensonge de l'enseignement académique qui depuis des siècles plonge le paysage dans une affligeante artificialité. Cette injustice demande à être réparée. Depuis l'appel de Jean-Jacques Rousseau (1712–1778), écrivain et moraliste, on a commencé à voir la nature comme source d'élévation morale. C'est elle qui nourrit l'intégrité et l'authenticité de l'homme. Une telle réévaluation ne resta pas sans conséquences, par exemple pour la peinture : le paysage est désormais recherché également en tant que thème autonome. L'épanouissement du plus célèbre de tous les villages d'artistes, Barbizon, dans la forêt de Fontainebleau, s'explique entièrement par cette tendance. A partir de 1850, on voit naître, disséminées dans toute l'Europe, bon nombre d'autres colonies au sein desquelles des artistes, individuellement ou collectivement, prêtent forme à un nouveau désir. A côté de Barbizon se présente une rangée de noms d'une belle diversité : Skagen, Saint Ives, Abramtsevo, Nagybánya, Pont-Aven, Worpswede, Laethem-Saint-Martin.

Vers la fin du XIXe siècle, l'attirance pour la nature s'inscrit dans un contexte plus large. Un rejet de l'inanité de la vie dans les grandes villes modernes se fait jour dans les milieux symbolistes. On craint la menace de la suprématie de la technologie ainsi que l'uniformité mécanique des produits industriels. Un sentiment de malaise renforce le désir d'un retour à l'état originel, à l'authenticité de l'art et de la vie tout court[1]. Une solution au malaise est offerte par la fuite à la campagne – le lieu où l'homme peut se libérer d'une culture urbaine oppressante et renouveler sa relation au réel. Les artistes qui osent l'exode voient leur nouvel environnement comme un monde primitif, très éloigné de la civilisation moderne et vivant en contact étroit avec la terre. Une des réponses à l'aliénation réside dans la commune expérimentale, groupe qui se suffit à lui-même et dès lors fait généralement preuve d'une sympathie chaleureuse à l'égard de l'anarchisme. Le XIXe siècle est riche en exemples d'une telle insertion dans une communauté de dimensions réduites, mais libre et autonome. Les mouvements Arts and Crafts en Angleterre, bien que moins extrêmes, s'inscrivent dans le même cadre conceptuel.

Aux alentours de 1890, les changements qui marquent le monde des idées et des représentations entrent dans une phase aiguë. La crise se manifeste très nettement en peinture, notamment dans la critique – créative – de l'impressionnisme. Un facteur important est la nouvelle attitude à l'égard de la réalité visuelle : la relation intérieure au monde extérieur devient prioritaire. Le symbolisme surtout apparaît comme le véhicule propre à témoigner en détail de cette prise de conscience. Dans le cadre de ce processus, il devient possible de comprendre certains contrastes et correspondances qui apparaissent lorsqu'on compare entre eux plusieurs villages d'artistes de l'époque. Les membres de ces colonies sont évidemment des enfants de leur temps. Dans leur pensée et dans leur œuvre, ils participent, de façon plus ou moins active, à la grande révolution. De plus, ils essaient, par leur choix radical, de se dépêtrer d'un dilemme. D'une part, ils veulent en finir avec des idées plus ou moins dépassées mais encore prédominantes, avec la routine de l'académie et la parade du salon, avec la prétendue superficialité de l'impressionnisme et avec l'incompréhension des autorités et de la bourgeoisie. D'autre part, l'avenir, qui risque d'être dominé par la monstruosité de la technique, ne leur offre pas davantage de perspectives[2]. Il s'ensuit une fuite dans un passé lointain, manœuvre à vrai dire plutôt réactionnaire mais qui ne doit pas nécessairement exclure le renouvellement stylistique.

L'intérêt porté au passé mène souvent à un accroissement de sympathie pour les grands moments de l'histoire de l'art national. Ainsi, certains s'enracinent solidement dans la terre ancestrale, tandis que d'autres mêlent à leur archaïsme des éléments qui leur sont offerts par l'évolution de l'art contemporain.

Nous nous pencherons dans cette étude sur la genèse et le fonctionnement du village d'artistes de Laethem-Saint-Martin. A strictement parler, seul le premier groupe de Laethem se rattache, en tant que phénomène purement historique, à une série de prédécesseurs célèbres. Et cela se produit au tout dernier moment, ainsi que nous l'apprennent les faits. Le XXe siècle a déjà débuté et d'autres colonies d'artistes rurales ont dépassé le stade de leur floraison ou appartiennent déjà à l'histoire. Les deux villages les plus proches de Laethem dans le temps et dans l'espace sont Pont-Aven et Worpswede. Une analyse succincte de ces deux communautés permettra, en même temps qu'une étude exhaustive de Laethem-Saint-Martin, de faire apparaître analogies et diversité.

En 1886, Paul Gauguin espère retrouver en Bretagne, à Pont-Aven, village de pêcheurs qui a conservé ses mœurs et coutumes archaïques, le principe originel de la représentation plastique. « C'est sauvage, mais c'est de l'art », dit-il dans une de ses formules souvent citées. Son comportement traduit la révolte contre une société qui menace d'embrasser pour de bon la puissance de la technique, de la raison et du progrès, aux dépens de l'authenticité et des valeurs mythiques. Autour de Gauguin se rassemblent Emile Bernard, Charles Laval, Paul Sérusier, Armand Séguin, Charles Filiger, Isaac Meyer de Haan. L'intention déclarée de cohabiter dans la solidarité crée d'emblée une forte cohésion, l'art de Gauguin étant le ciment qui relie les éléments hétérogènes. L'idéal esthétique de Gauguin repose pour une part importante sur la conscience de l'autonomie expressive des moyens plastiques. Il évoque régulièrement la *synthèse*, visant par ce terme un aperçu global de l'impression naturelle suggérée par les éléments décoratifs du tableau. La référence à l'image de la nature n'est plus essentielle, mais bien l'émotion causée par le thème – émotion qui, à travers le décor formel, doit être visualisée par le biais de couleurs suggestives. En quête d'un langage plastique différent, Gauguin et ses amis s'inspirent de l'art médiéval, de l'art populaire de Bretagne et des xylographies japonaises en couleurs. La ligne, surtout, est rétablie dans sa force expressive : à l'intérieur de solides arabesques naît un décor de couleurs éclatantes, ordonnées en grands plans et porteuses de valeurs symboliques. Dès 1889, une première exposition du groupe de Pont-Aven a lieu à Paris.
Cette manifestation collective précoce n'est pas dénuée d'importance pour les peintres de Pont-Aven : elle représente en tout cas une expérience stimulante, parce qu'elle permet au groupe d'être reconnu très tôt comme une entité. L'histoire apprend en effet qu'il y eut également des villages d'artistes qui ne furent découverts comme tels qu'une génération plus tard. Laethem est un exemple éloquent d'une telle réaction à retardement.

En ce qui concerne le choix des sujets, les peintres de Pont-Aven se tournent surtout vers la vie rurale et la dimension religieuse. La recherche de l'original et du mythique pousse même un païen déclaré comme Gauguin vers l'art chrétien. Gauguin incite également ses collègues à ne pas fuir les thèmes sacrés. Cet appel inattendu prépare pour Denis et Sérusier la voie menant à la création d'un nouvel art religieux, l'*Art sacré*. Ainsi, ce mélange de désespoir sincère quant au mythe perdu et d'une certaine exaltation religieuse contribue à rendre à la fois extatique, spirituelle et dévote l'atmosphère de Pont-Aven. En 1891, le départ de Gauguin pour Tahiti représente la fin effective de Pont-Aven en tant que village d'artistes et source d'inspiration. Cependant, d'une façon toute naturelle, les contacts bretons vont donner naissance au mouvement des Nabis. Les maisons de pêcheurs font place aux ateliers parisiens. Pour les Nabis, l'expression ne réside pas dans le sujet, mais dans le décor de l'image, dans l'harmonie poussée de formes colorées, dans la simplicité brute de la composition. Ils estiment que le cloisonnement crée la clarté et accroît la puissance de la forme. Ils confrontent leurs idées à l'art des primitifs italiens, aux vitraux médiévaux, aux estampes japonaises et à l'œuvre de Redon et Puvis. Le thème ou le fragment de nature représentés ne sont que prétexte à une création de l'esprit humain. Parfois, cet esprit s'adresse à des réalités élevées et sacrées, et l'art devient alors sanctification de la nature. Pour Maurice Denis, peintre catholique, s'ouvre ainsi la perspective de possibilités renouvelées dans le domaine de l'art religieux.

A Worpswede, en Allemagne du Nord, la situation vers 1890 est comparable à celle de Pont-Aven, mais les différences sont d'autant plus nettes. Un sentiment romantique de la nature unit l'art de six jeunes peintres qui tentent de retrouver dans le paysage désert du *Teufelsmoor* l'harmonie perdue de l'homme et de la nature. Ils s'appellent : Fritz Mackensen, Otto Modersohn, Hans Am Ende, Fritz Overbeck, Carl Vinnen et Heinrich Vogeler. A la fin du XIXe siècle, en Allemagne, le sentiment authentique de la nature se teinte de sentimentalisme : des souvenirs romantiques et une note symbolique à la Böcklin s'ajoutent en filigrane. Ainsi se précise déjà la distinction avec l'apport français. Tandis que l'art français cherche ses fondements dans une forme dégagée du visible, l'esprit allemand reste plus ou moins indifférent à cette approche structurelle : il crée en premier lieu profondeur et arrière-plan[3].

D'emblée, le groupe de Worpswede connaît manifestement une grande cohésion, comme s'il s'était posé un problème qui devait être résolu par tous en commun.
A la « Kunstausstellung » de Munich (1895), les jeunes artistes se présentent comme un collectif. Ils doivent une partie de leur succès au fait qu'ils en appellent à un sentiment existentiel très répandu dans les années quatre-vingt-dix, à savoir le désir ardent d'une vie authentique qui est

celle du peuple rural. En effet, l'environnement champêtre offre une réalité spirituelle qui, aux yeux de beaucoup, est plus fondamentale et plus stable que la vie crispée de la grande ville. De même, dans la littérature allemande, l'engouement pour la nature apparaît comme la réaction adéquate à la réalité politique, sociale et culturelle. Pour les peintres de Worpswede, l'environnement de terres basses, de tourbières et de bois de bouleaux devient en tout cas la source d'un sentiment de la nature mélancolique et tout-puissant. Ils pensent y redécouvrir l'unité de l'homme et de la nature, de la terre et de la vie. A l'instar de l'œuvre d'art réussie, l'espace clos des marais est authentique et vrai ; et le contraste entre la vie cultivée de la ville et l'existence naturelle de la campagne sert de modèle à l'opposition entre art académique et art véridique.

Ni la reproduction fidèle de la nature, ni la séduction optique de l'impressionnisme ne réussissant à les convaincre, les artistes de Worpswede se tournent vers des formes stylistiques anciennes. Une de leurs sources d'inspiration est, outre Barbizon, l'œuvre des paysagistes néerlandais du XVIIe siècle. Cependant, cet archaïsme recèle un danger : les formes anciennes peuvent conduire à un renouvellement, mais on perçoit chez les peintres de Worpswede une tendance à conserver un sentiment de la nature auquel leur propre réalité ne peut plus correspondre. Leur art ne se développe pas de façon créative à partir de la confrontation avec un paysage qui leur est en fait étranger. Le processus se déroule de façon moins dynamique et dans le sens exactement opposé : ils cherchent et trouvent à Worpswede un monde de motifs qui répond à leurs intentions artistiques. Picturalement, ils ne jettent pas un regard neuf sur le paysage : ils y voient la confirmation de leur conception de l'art. Pour cette raison, contrairement à ce qui s'observe dans l'art français, le réel n'est pas exploré, sondé, adapté selon des critères formels. L'esprit critique et créateur est submergé par le sentiment. Paula Modersohn-Becker, qui ne fit d'ailleurs jamais vraiment partie du groupe, est la seule exception à cet égard.

Anticipant une analyse détaillée du premier groupe de Laethem-Saint-Martin – celui auquel le village doit sa solide position historique –, citons rapidement quelques similitudes et différences avec Pont-Aven et Worpswede.

Avant toute chose, les membres des trois colonies ont en commun l'aversion pour la vie artistique organisée, l'art bourgeois dominant, l'évolution industrielle et sa conséquence : le dépérissement culturel. Ils espèrent trouver à la campagne des valeurs telles que la sincérité, le naturel, une simplicité (biblique). En quête de cette pureté, ils s'appuient sur l'exemple de maîtres anciens, s'inscrivant ainsi dans le mouvement de retour au passé qui se propage dans toute l'Europe vers la fin du XIXe siècle[4]. Les points communs ne manquent donc manifestement pas au niveau des intentions. Mais dès qu'il s'agit de la mise en œuvre des conceptions, les différences l'emportent sur les correspondances. Les artistes de Pont-Aven et de Worpswede se présentent très consciemment comme appartenant à un groupe et agissent dans ce sens. Ils formulent des théories et élaborent même des concepts permettant de donner un nom à l'unité qu'ils forment. Par contre, les membres du premier groupe de Laethem n'éprouvent pas le besoin d'entrer en action collectivement ; leurs activités se situent initialement sur le plan des idées, leurs rapports sont plus informels. Il ne sera question de littérature et d'expositions que bien des années plus tard, post factum. Enfin, en ce qui concerne la question des affinités stylistiques, une réponse se dessinera peu à peu dans l'exposé qui suit. Il apparaîtra que Laethem-Saint-Martin, pour des raisons multiples, est plus proche en ce domaine de Pont-Aven que de Worpswede.

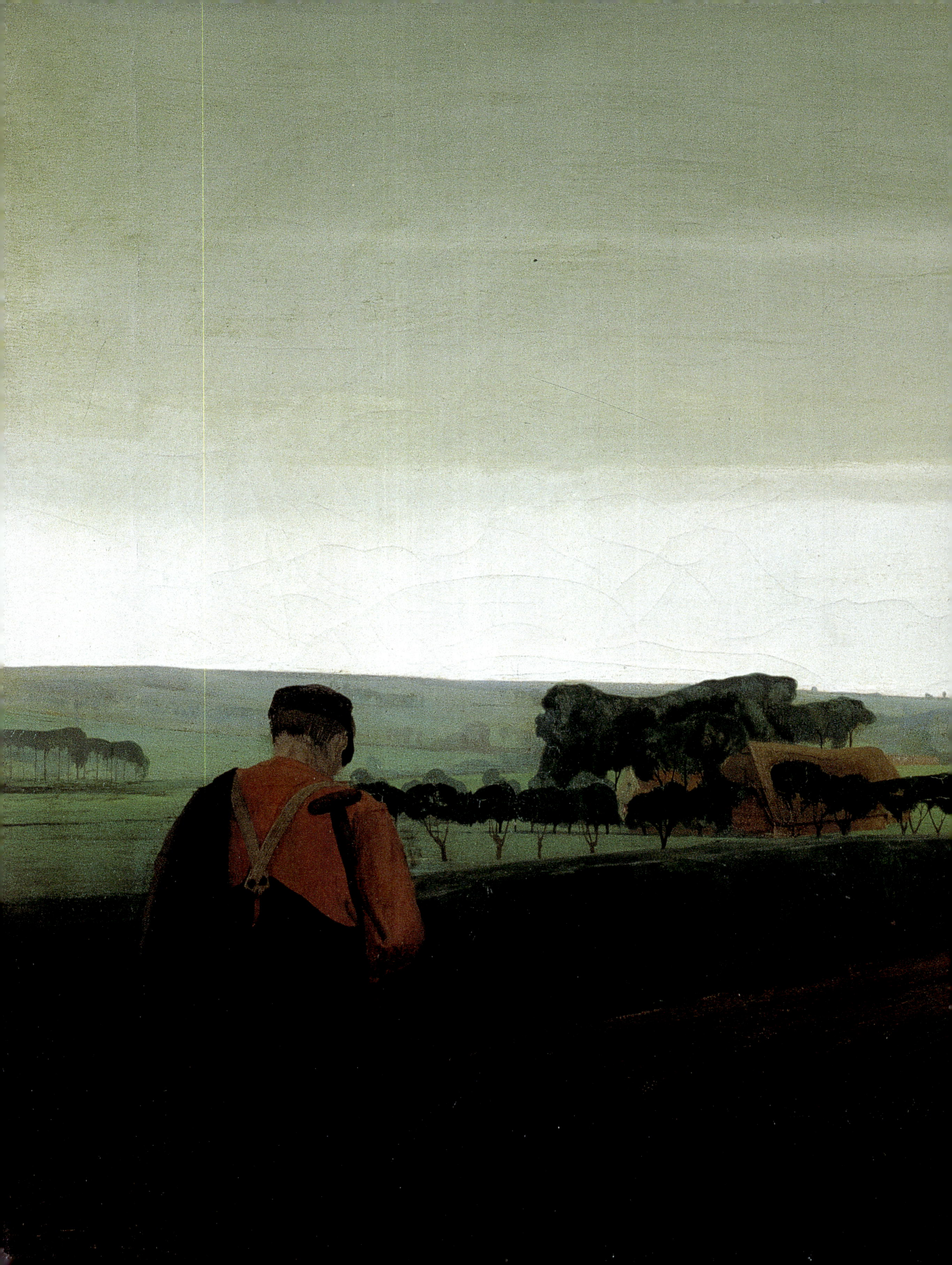

A l'écoute de l'esprit. Le premier groupe de Laethem

Vers la fin du xixe siècle, Laethem-Saint-Martin est un hameau paisible dont les liens avec le monde extérieur sont rares et épisodiques. A quelques encablures cependant, à Gand, vieille ville industrielle, des contacts se nouent qui finiront par donner au nom de ce petit village un énorme retentissement. Indépendamment des contingences, on peut désigner quelques facteurs qui favorisèrent la genèse de Laethem-Saint-Martin comme village d'artistes : la situation politique à Gand, ville natale de la plupart des artistes laethémois ; le climat spirituel particulier du symbolisme alors triomphant ; l'harmonie spirituelle de deux personnalités : le sculpteur George Minne et l'écrivain-poète Karel van de Woestijne.

A cette époque, Gand est un foyer de discorde et de révolte. Les ouvriers se dressent contre l'inégalité sociale, contre l'autorité et le capital. Dans leur attitude contestataire, ils reçoivent le soutien d'un groupe de jeunes intellectuels et d'artistes sensibles mais fanatiques. Vers 1895, Karel van de Woestijne, George Minne et Valerius de Saedeleer font partie de ce groupe de jeunes qui récusent l'arrogance du capitalisme. Dans les salons et les cafés gantois, ainsi qu'au Patershol, quartier comptant de nombreux ateliers, les esprits s'aiguisent et élaborent des idées nouvelles. Parmi ces jeunes se développe un esprit de camaraderie qui sera d'une grande importance pour leur art et pour la cohérence spirituelle du premier groupe de Laethem[5]. Le refus de se satisfaire de la situation existante et la rupture qui en découle avec l'ordre social sont indissociablement liés à la situation politique gantoise. Cependant, dans les cercles artistiques de la fin de siècle, la prise de position contre l'ordre établi est en outre une attitude qui cadre parfaitement avec le mouvement symboliste. Il est vrai qu'à toutes les époques un certain degré de rébellion est propre à bien des artistes, mais au dernier quart du xixe siècle l'esprit de révolte est très généralisé, même si ses symptômes diffèrent d'un individu à l'autre.

En dehors de la France, il n'est aucun pays où le symbolisme – surtout littéraire – rencontre un accueil aussi favorable qu'en Belgique. Des poètes tels que Baudelaire, Rimbaud, Mallarmé et Verlaine rejettent les conceptions du réalisme et du naturalisme, selon lesquelles l'artiste aurait pour tâche de rendre la réalité sous son seul aspect extérieur. Dans le célèbre sonnet des *Correspondances,* Baudelaire pratique la fusion de toutes les expériences sensibles : le visible est relié à l'invisible, le corps à l'esprit, la terre au ciel. Une analogie généralisée imprègne le monde, et l'homme en fait intégralement partie[6]. En raison de son détachement apparent de la matière, l'œuvre des symbolistes littéraires présente une forte tendance au flou et à la rêverie, tendance qui va de pair cependant avec une conscience de soi et un individualisme prononcés. En effet, la signification de l'expérience intérieure l'emporte sur le sens de la perception objective. On voit naître une sorte de culte du moi qui fait la place belle à la célébration, en de

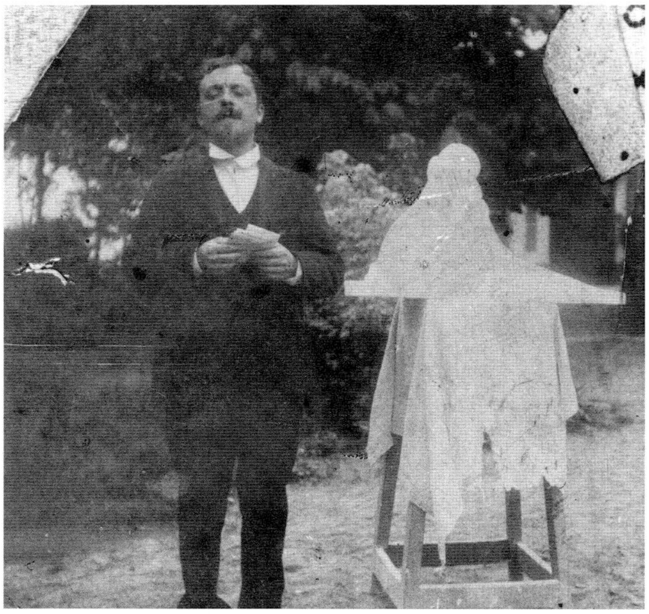

George Minne à côté du projet de monument à Rodenbach

nombreuses variantes, du mythe de Narcisse. Karel van de Woestijne a exprimé à plus d'une reprise ce mélange de doute, d'apitoiement sur soi-même et d'individualisme qui vivait parmi ses contemporains et ses collègues[7]. Le thème fondamental de *Correspondances* implique par ailleurs l'idée que les diverses formes artistiques remontent à une origine unique. Ainsi, les symbolistes adoptent une attitude où prévaut nettement l'esthétisme : la vie est entièrement au service de l'art. On connaît l'exemple de Des Esseintes, le protagoniste du roman de Joris-Karl Huysmans, *A Rebours* (1884), qui incarne cette conscience de la dimension sacrée de la vocation artistique. La présence du temps et de la vie est niée, l'esprit se reflète dans une pureté absolue. On comprendra qu'une ligne de conduite si élitaire signifie la rupture avec le public. Les symbolistes s'opposent à la bourgeoisie, à sa suffisance, à son manque de sens esthétique, et à une société industrialisée qui ne semble s'intéresser qu'à l'argent et à l'utilitaire. Le désir de vaincre le temps et de créer une éternité incite à fuir la réalité de la vie quotidienne. Pour beaucoup, une existence à la campagne, dans la liberté qu'apporte l'espace, semble une possibilité appropriée. Cette solution est appliquée tantôt collectivement, tantôt à titre individuel. En Belgique, Jacob Smits (1855–1928) apparaît comme l'exemple par excellence de l'artiste qui recherche à tous égards la solitude de la campagne. Dans la Campine anversoise naissent ses représentations hautement personnelles de la vie paysanne, profondément marquées par l'esprit évangélique.

Le jeune Karel van de Woestijne (1878–1929) se sent parfaitement à l'aise dans le monde spirituel de Baudelaire et des symbolistes. Le poète gantois, personnalité repliée sur elle-même qui va bientôt incarner mieux que quiconque à Laethem l'esprit du symbolisme, est tributaire de ces poètes français. Leur spiritualité et leur doctrine

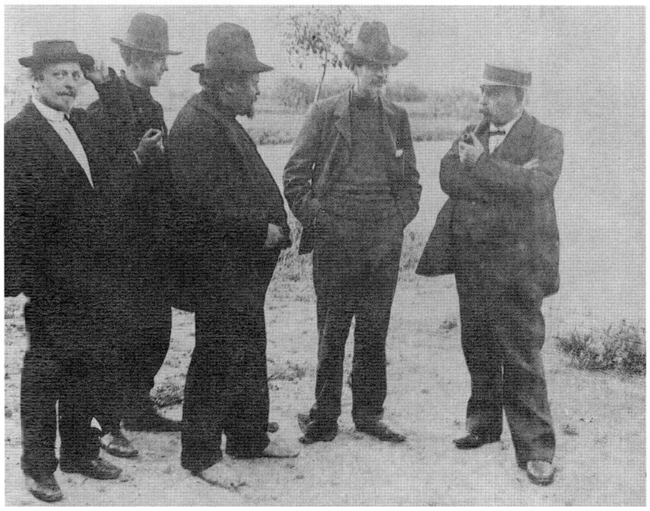

Le « premier groupe de Laethem », vers 1902 : George Minne, Gustave van de Woestyne, Valerius de Saedeleer, Karel van de Woestijne, Albijn van den Abeele

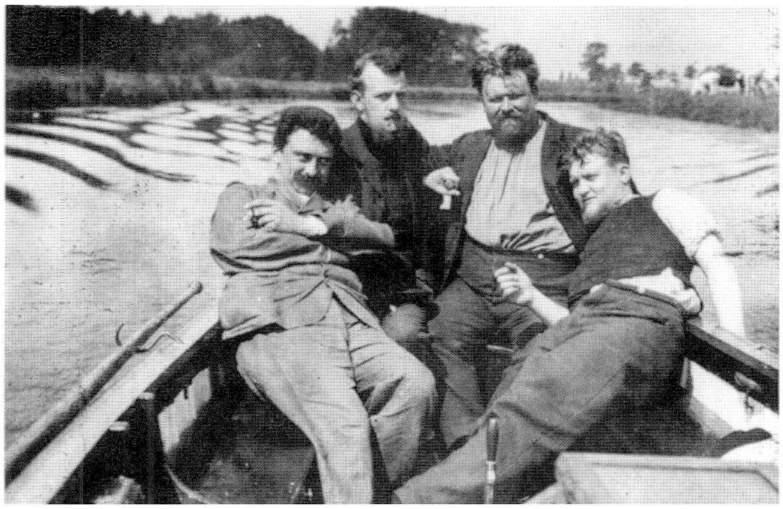

Quatre artistes se faisant photographier sur la Lys, vers 1905 : Alfons Dessenis, Gustave van de Woestyne, Valerius de Saedeleer, Maurice Sijs

unitaire lui offrent avant 1900 une assise à l'éclosion de sa pensée. Dans les années quatre-vingt et quatre-vingt-dix, le second timonier du premier groupe d'artistes laethémois, le sculpteur George Minne (1866–1941), entre lui aussi en relation étroite avec le symbolisme, tel qu'il est pratiqué par les écrivains et poètes gantois. Ses contacts avec Maurice Maeterlinck débouchent sur une interaction particulièrement féconde, et le symbolisme ne tarde pas dès lors à marquer de son empreinte l'œuvre du sculpteur. Dès avant son départ pour Laethem, Minne exprime pleinement dans son art ascétique un idéal de spiritualité.

Dans leur essence, les personnalités artistiques de Karel van de Woestijne et de George Minne présentent entre elles bien des points communs. Tous deux disposent d'une sensibilité extrêmement raffinée et d'une grande richesse intérieure. Leur aspiration à la pureté spirituelle va de pair avec une aversion pour les simples apparences ; une nostalgie résignée face à la fugacité des choses accompagne chez eux le doute et l'angoisse existentielle. Tout bien considéré, ils sont des représentants caractéristiques de la fin de siècle, d'une époque prise entre le positivisme déclinant et l'essor d'une conscience religieuse, ascétique et mystique. C'est pourquoi leurs réunions gantoises d'avant la fin du XIXe siècle, au milieu d'autres futurs artistes laethémois tels que De Saedeleer, Gustave van de Woestyne et Jules de Praetere, sont certainement bien plus que de simples rencontres fortuites. Peu à peu, ils se découvrent des liens qui leur permettent de vaincre leur « douloureux individualisme » : ils éprouvent la même sympathie ardente pour l'évolution des relations sociales, pour le renouvellement des arts et des lettres, pour le raffinement artistique. Manifestement, ainsi que Karel van de Woestijne le mentionne plus d'une fois, la noblesse spirituelle et la pureté de la vocation artistique de Minne sont à cet égard un exemple édifiant pour les autres[8]. Quoi qu'il en soit, l'harmonie bénéfique unissant la personnalité artistique des deux hommes donnera le ton à la spiritualité rayonnante qui imprégnera à Laethem les œuvres du premier groupe.

Malgré ces contacts gantois, la genèse de la colonie des artistes de Laethem n'est certainement pas le résultat d'un exode organisé. Aucune concertation n'a précédé le rassemblement. Chacun a ses raisons personnelles de rejoindre Laethem : la beauté charmante du village, la liberté de la campagne et la vie bon marché, le goût de l'isolement et de la tranquillité, le plaisir de la contemplation de la nature, la présence d'amis. En fin de compte, la séduction picturale de Laethem-Saint-Martin – village traversé par les méandres de la Lys, riche en coins pittoresques et motifs intéressants – joue ici un rôle accessoire. L'idéal poursuivi par ces citadins est de vivre une vie retirée mais caractérisée par l'authenticité.

Parler d'un village d'artistes, c'est au sens premier évoquer un processus d'activité créatrice intense au sein d'une petite communauté close, communauté dont les membres trouvent dans leur collaboration étroite et leur interaction l'inspiration menant à une certaine homogénéité de pensée et de style. Pour les artistes de Laethem, cependant, le séjour au village n'est guère contraignant à cet égard. L'idéal d'une « Ecole » n'occupe nullement leur esprit. Il n'est pas question chez eux des manifestes ou des théories énoncés à coups de clairon. A vrai dire, ils trouvent à Laethem plus que ce qu'ils y ont cherché à l'origine. Outre la paix intérieure, ils y découvrent, ou plutôt ils y créent un climat de spiritualisation et d'approfondissement artistique. De leur communion intime avec la nature, avec la population paysanne et surtout de l'intensité de leurs liens réciproques naît à la longue une ambiance de gravité, de méditation et de spiritualité. Les affinités spirituelles qui, durant les années gantoises, ont rapproché les frères Van de Woestyne, Minne, De Saedeleer et De Praetere portent leurs fruits dans l'intimité de Laethem-Saint-Martin. En même temps, les progrès de la conscience mystique ainsi que le retour aux sources renforcent l'intérêt qu'ils portaient déjà au passé, aux moyens stylistiques du gothique, aux primitifs flamands, au trecento et au quattrocento. Malgré cette tendance archaïsante, leurs créations offrent également un visage « moderne ». Si le besoin s'en fait sentir, ils recourent aux formes de l'Art nouveau. Mais d'une façon générale, ils préfèrent se limiter à l'essentiel, à l'authentique.

MINNE ET LE SYMBOLISME

En 1899, George Minne dit adieu à sa ville natale et s'installe à la périphérie de Laethem-Saint-Martin. A ce moment, le sculpteur a déjà derrière lui une carrière qui l'a vu créer plusieurs chefs-d'œuvre. De plus, son nom possède déjà une résonance positive sur la scène du symbolisme européen. Ce prestige artistique et spirituel confère une valeur inestimable à son rôle en tant que ciment d'une colonie d'artistes en devenir. C'est ainsi que, d'une certaine façon, il va tout donner à Laethem, alors que Valerius de Saedeleer et Gustave van de Woestyne vont tout recevoir du village.
Une série de sculptures obsédantes valent à Minne d'atteindre dès avant 1900 un sommet solitaire. Dans les années quatre-vingt, il entretient des contacts intensifs avec des écrivains symbolistes tels que Maeterlinck, Le Roy et Verhaeren. Pour ces amis, il illustre divers recueils : *Serres chaudes* (1889), *Mon Cœur pleure d'Autrefois* (1889), *La Princesse Maleine* (1890) et *Les Villages illusoires* (1895). Portée par les grandes questions existentielles, la petite communauté des écrivains et poètes gantois tente de prêter une réponse à un sentiment dominant de chagrin et de mélancolie.
De même, la propension au mysticisme et une aspiration récurrente à la mort attendent une thématisation littéraire. Personnalité réceptive possédant une vision de la vie gouvernée par le doute, Minne trouve ici un environnement naturel qui contribuera à infléchir sa sensibilité vers l'intérieur et à imprégner son art d'une gravité sereine[9].

George Minne, *La Fontaine des agenouillés*, vers 1898,
Museum voor Schone Kunsten, Gand

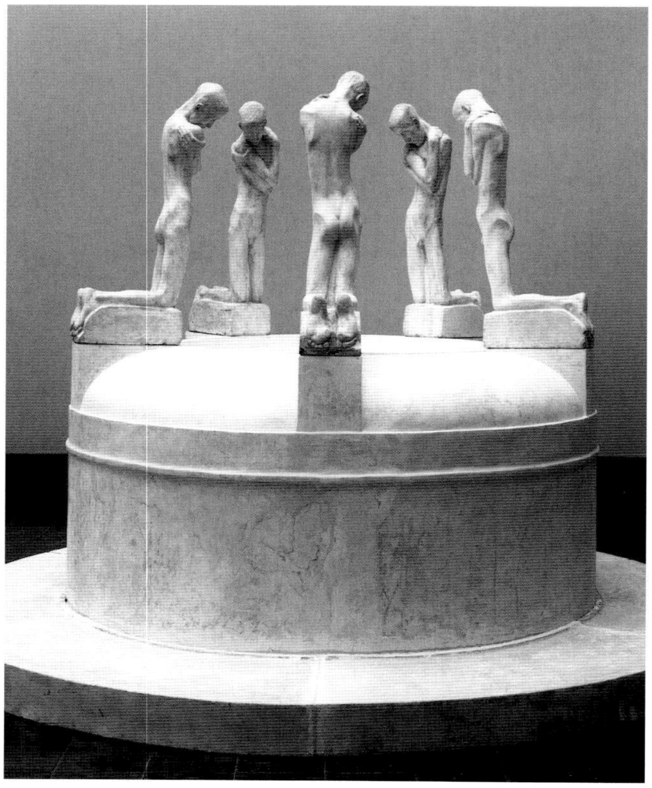

Plusieurs sculptures dont le thème central est le chagrin sont les premiers témoignages de cette attitude. L'œuvre du jeune sculpteur trahit d'emblée la prédominance d'une conception nettement psychologique. Dans *Mère pleurant son enfant mort* (1886), l'artiste a manifestement [1]
cherché l'image qui, à ses yeux, incarne de la façon la plus absolue une douleur à la fois écrasante et contenue : celle de la maternité acculée au désespoir. La composition porte les traces d'une violence qui peut être mise en rapport avec l'art expressif d'un Rodin. Une douleur infinie projette la tête de la mère en arrière. Ce geste de désespoir et de supplication trouve une réponse muette dans l'affaissement de la tête de l'enfant – écho silencieux de la mort. Ainsi, les deux mouvements se renforcent mutuellement et le contraste se révèle de façon dramatique, effet encore accentué par le volume compact, sévère, de la partie inférieure du corps et du fauteuil. Minne a placé la mère éplorée sur le trône royal de l'ancienne Egypte. L'attitude frontale, hiératique, suscite une impression de grandeur et d'austérité par rapport à laquelle l'éruption de souffrance humaine dans la zone supérieure gagne encore en intensité et en force expressive.

Dans le cadre des conceptions artistiques de Minne, la ligne apparaît comme le moyen plastique par excellence. Dès le début, il n'a que faire du morcellement de l'impressionnisme. Il évite les hasards de l'éclairage, qui ne peuvent apporter qu'une signification temporaire. Grâce à une simplification continuelle, des groupes de petites figures finissent également par paraître monumentaux dans leur sévérité hiératique mais sincère. On reconnaît dans *Mère affligée avec deux enfants* (1888) l'attitude de recueillement et [2]
de repli sur soi tellement caractéristique de l'art du sculpteur et mise en œuvre de la façon la plus pure et la plus pénétrante dans la série des agenouillés. Ce deuxième groupe de figures fonctionne comme un symbole de résignation – de la fuite dans une méditation voilée, sans le moindre appel à des tiers. Désormais, la vulnérabilité et la résignation trouvent à parts égales leur place dans l'œuvre de Minne. Un peu plus tard, l'artiste allemande Käthe Kollwitz témoignera d'une conception plastique très proche dans la sculpture *Les Amants* (1913). [13]

En 1890, Minne se fait membre de l'association artistique Les Vingt à Bruxelles. Un an plus tard, il rencontre à Paris son collègue Auguste Rodin[10]. Celui-ci se montre

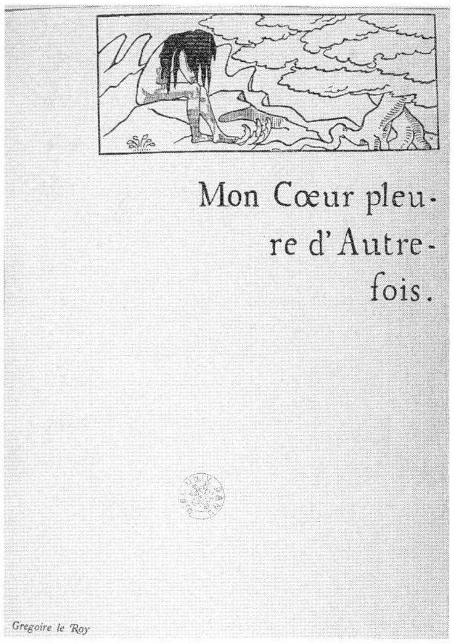

[6] Grégoire le Roy, *Mon Cœur pleure d'Autrefois*, illustration par George Minne, Paris 1889

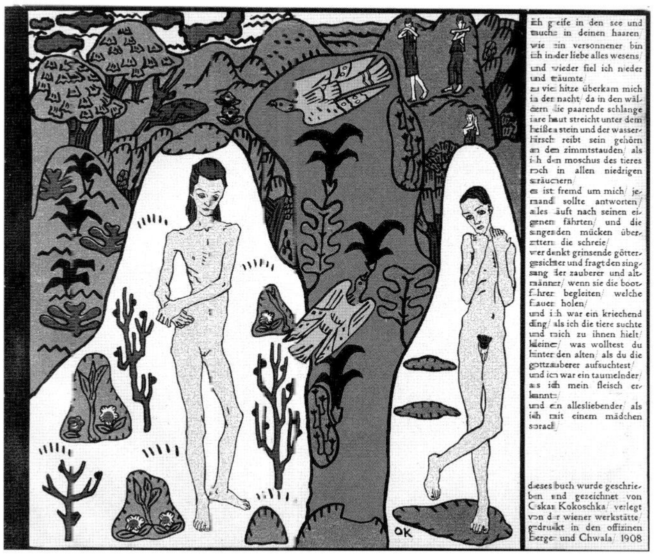

[9] Oskar Kokoschka, *Die träumenden Knaben*, 1908

surpris de la force monumentale des sculptures de Minne et le conjure de continuer à travailler de son propre chef. Vers le milieu des années quatre-vingt-dix, après une période d'inertie, Minne s'engage dans une nouvelle phase d'activité. L'austère *Saint Jean-Baptiste* (1895) est un exemple typique de la manière dont le sculpteur parvient à prêter forme à son ascétisme spirituel. La beauté classique fait place à une expression contenue[11]. Bien qu'admirateur de Michel-Ange, Minne recherche avant tout les formes parcimonieuses, rigoureuses et dramatiques du gothique. Il trouve dans les conceptions stylistiques de l'artiste médiéval une « pureté » absolue, encore exempte des arrière-pensées esthétiques de la Renaissance. Cependant on relève également des affinités avec certains contemporains, par exemple avec le symbolisme linéaire du peintre néerlandais Jan Toorop (1858–1928), un habitué des Vingt à Bruxelles. Celui-ci, à peu près au même moment que son collègue Johan Thorn Prikker (1870–1921), en arrive à une distension extrême de la figure humaine, à un usage expressif et ornemental de la ligne généralement parallèle et à une prédilection prononcée pour l'ondulation de la torsade de cheveux. Des contacts ont lieu entre Minne et les symbolistes néerlandais dans le cadre des Vingt[12]. D'une façon générale, l'intérêt croissant pour la force plastique de la ligne est un phénomène lié au symbolisme. L'influence anglaise s'impose avec Rossetti et Burne-Jones. L'œuvre des préraphaélites et, dans leur sillage, les arts décoratifs sont relativement populaires en Belgique vers la fin du XIXe siècle, grâce entre autres aux écrits de G.O. Destrée et à la propagande assurée par Henry van de Velde. Du côté français, l'œuvre de Puvis de Chavannes, de Gauguin et des Nabis joue également un rôle prépondérant dans la diffusion du symbolisme linéaire.

La tendance à l'intériorisation, l'étirement des proportions, la simplification et la délimitation précise des volumes, tous ces aspects de l'art de George Minne apparaissent avec *Saint Jean-Baptiste*, se développent dans *Le Fils prodigue* (1896) et trouvent de façon originale leur achèvement dans la passionnante série des agenouillés. Lorsque [17]
Rodin aborde en 1889 le thème du fils prodigue, il pousse la douleur et le désespoir à un paroxysme. En regard de cette émotion baroque qui parvient rarement au recueillement, *Le Fils prodigue* de Minne témoigne d'une plus grande retenue et concentration intérieure. Cela n'empêche pas l'artiste d'insuffler à la représentation un dynamisme sans précédent dans son œuvre. L'étreinte poignante du père et du fils trahit l'indissolubilité de leur relation. Ainsi, indépendamment de son inspiration biblique, le thème est haussé au rang de monument universel de la charité et de la miséricorde humaine. Par la désintégration de valeurs formelles traditionnelles, *Le Fils prodigue* révèle une tendance du modernisme d'où jaillira finalement l'expressionnisme.

À partir de 1896, Minne entreprend la série des éphèbes fragiles et farouches qui ne peuvent cacher leur vulnérabilité : les agenouillés. Graduellement, dans un esprit d'ascèse, l'artiste épure les formes. Au terme de ce processus, ses figures sont imprégnées d'une indolence qui éteint tout geste rebelle. Le point d'arrivée naturel de cette série ascendante est *L'Agenouillé de la fontaine* (1898). Nulle autre œuvre ne donne aussi explicitement à Minne sa place dans la galerie des sculpteurs modernes. Le corps de l'éphèbe nu, qui respire doucement, est sublimé, atteignant à l'expression la plus haute. C'est à dessein que l'artiste évite ici l'équilibre classique de la « belle ligne ». La beauté virile et la force robuste des corps de Michel-Ange créeraient une distance insoutenablement grande entre l'idée et l'exécution. C'est pourquoi Minne a recours à la maigreur et à la sveltesse anguleuse de garçons presque asexués.
Les volumes sont étirés comme ceux des sculptures des portails gothiques, les articulations nettement démarquées,

comme si le cubisme s'annonçait déjà. Le modelé est léger, le rythme lent. La douce inclinaison de la tête est plus forte que n'importe quelle expression du visage. Le traitement de
[20] la ligne, qui dans *Le Grand Agenouillé* culmine d'ailleurs dans une forme en S prononcée, est emprunté à l'idiome de l'Art nouveau. Les contours ondoyants replient la figure sur elle-même, dans une sensation continue d'oppression. Dans la figure de l'agenouillé, une attitude générale d'angoisse et de défense devient une fuite en soi-même. A côté de la thématique et en étroite liaison avec elle, il convient de souligner le sens spécifique de la forme. Charles Filiger (1863–1928), peintre symboliste du groupe de Pont-Aven, est à cet égard proche de Minne ; dès 1891, il expose chez Les Vingt ses éphèbes délicats. Le type de l'adolescent frêle, agenouillé ou accroupi, est très répandu vers le milieu des années quatre-vingt-dix. On le rencontre entre autres chez Jan Toorop et le symboliste suisse Ferdinand Hodler. Il n'est pas toujours possible d'indiquer dans quel sens s'exercent les influences. En cette fin de siècle, il est plutôt question du surgissement simultané de sujets et de formes apparentés[13].

Minne multiplie la figure de l'agenouillé dans une
ill. p. 16 œuvre devenue célèbre, *La Fontaine des agenouillés,* qui réunit cinq adolescents nus au bord d'un bassin. Une atmosphère sacrée de méditation et de recueillement préside à cette présentation rituelle. Avec le cercle magique – le rassemblement solennel de figures et de formes identiques –, l'art sculptural semble se reporter à la préhistoire. C'est ainsi que les menhirs de Bretagne et les colosses de Stonehenge se dressent déjà depuis des siècles, prisonniers de l'envoûtement du cercle. L'espace circulaire possède un pouvoir magique : il maintient fermement les étrangers à distance et pousse inéluctablement les initiés vers son centre. L'idée de clôture, de repli sur soi-même, d'introspection qui émane du cercle en général cadre parfaitement avec les conceptions symbolistes. Outre la clôture, la fontaine exprime tout particulièrement la contemplation de soi. La plus célèbre des fontaines symbolistes se rencontre probablement dans *Pelléas et Mélisande,* le roman de Maeterlinck, où les amants interdits prennent conscience du sort qui les menace. Quant au rythme répétitif de figures identiques placées les unes à côté des autres, il se rencontre plutôt chez Rodin. Celui-ci représente par exemple trois fois la figure d'Adam sous une forme semblable au sommet de sa *Porte de l'Enfer* (1880). De même, on retrouve chez Ferdinand Hodler (*Die Nacht,* 1890) cette harmonie de mouvements analogues plusieurs fois répétés et une prédilection pour le rassemblement rituel de figures presque identiques.

En raison de la disposition régulière autour du bassin, on voit toujours les agenouillés dans une position changeante, comme si l'un ne ressemblait pas tout à fait à l'autre. De cette façon, chaque figure, même à l'intérieur de ce petit cercle clos, est séparée de chaque autre, plongée dans la contemplation de son propre reflet. Les pauvres êtres exsangues de Minne, à peine capables de supporter leur souffrance, incarnent en quintuple le pessimisme du siècle finissant. En même temps, cependant, ils renouvellent le mythe de Narcisse en suivant la voie du recueillement et en paraissant chérir leur reflet dans l'eau. A côté de cette interprétation et dans le contexte de la foi et de la profonde piété de Minne, une référence liturgique, celle de la Source de Vie, est certainement possible[14].

Du point de vue artistique, quand George Minne, jeune trentenaire, se retire à l'été 1899 dans le silence de Laethem-Saint-Martin, il marque le pas. Il a enrichi l'art de son temps d'une série de formes d'expression qu'il a personnellement conquises. En ce qui concerne la thématique, sa venue à Laethem n'entraîne aucun changement. Minne est même le seul artiste laethémois qui reste – et peut d'ailleurs rester – totalement indifférent à son environnement pour le choix de ses sujets. Le déplacement à Laethem ne représente pas davantage une véritable rupture dans son évolution. Après une riche période conceptuelle suivent à Laethem les années qui le voient se consacrer aux aspects artisanaux de son métier d'artiste. Il passe désormais à l'exécution de versions en marbre d'anciennes sculptures de plâtre ; les variantes en bois ou pierre de taille sont rares. On rapporte que Minne lui-même ne travaille jamais le marbre, la pierre ou le bois : il laisse ce travail à des praticiens qui, à l'aide du compas et du pantographe, transposent très minutieusement au nouveau matériau les contours et les formes du modèle de plâtre.

Entre-temps, la renommée de George Minne croît. Grâce à ses contacts avec des collectionneurs et des critiques influents dans les milieux de l'Art nouveau, sa marche en avant se déroule même à un rythme accéléré. Il remporte des succès enviables, reçoit des distinctions et expose dans les grandes villes européennes : Vienne, Turin, Berlin. Le sens plastique dont témoigne la figure étirée de son frêle adolescent se répercute à son tour dans les croquis
et illustrations de Kokoschka (*Die Träumenden Knaben,* 1908), ill. p. 17
dans les dessins tourmentés de Schiele, et surtout dans les figures impuissantes et résignées de Lehmbruck.

Suite aux commandes qui lui viennent de l'étranger comme de Belgique, l'attention de Minne se porte de plus en plus sur la sculpture funéraire, laquelle semble d'ailleurs correspondre de façon idéale à sa nature profonde. En 1903,
il achève le fameux monument de *Georges Rodenbach.* Un pre- ill. p. 14
mier projet en plâtre date de peu avant le tournant du siècle. Dans un carnet de croquis, Minne explore soigneusement les attitudes de ses sculptures monumentales. Il trouve des commanditaires importants dans une famille amie, les Ostaus, de Hagen, en Allemagne[15]. En règle générale, les monuments funéraires montrent des figures étendues qui se redressent à moitié et essaient de se dégager du bloc de pierre ou de marbre. La silhouette allégorique incarne la résurrection : le désir du surnaturel qui s'arrache à la matière. Cette recherche d'une spiritualisation n'est pas sans rappeler le mausolée de Julien de Médicis (1534) à Florence. Dans les figures de la *Nuit* et du *Jour,* Michel-Ange y a exprimé d'inoubliable façon le dualisme du corps et de l'esprit.

Au fil du temps, on voit se manifester dans l'art de Minne un retour au naturel. Ce changement se perçoit de façon rudimentaire dans une série de cinquante dessins au crayon que l'artiste expose en 1908 dans son atelier. Pratiquant une recherche nerveuse à l'aide de lignes parallèles et de volumes arrondis, il essaie de redécouvrir le modelé familier du corps. En continuant à styliser ses créations antérieures, on en arrive finalement – comme Minne le croit lui-même – à figer son art dans une pose terne et sans vie. C'est pourquoi, entre 1910 et 1912, il modèle passionnément d'après le modèle vivant. Un ouvrier musclé à la carrure impressionnante et au visage labouré de rides vient poser régulièrement à Laethem. Une grande quantité de têtes, bustes et figures en pied voient le jour, exécutées en
[22] plâtre, marbre et bronze (*Le Débardeur*, 1910 ; *Le Débardeur*, 1913). Les détails du corps humain sont rendus avec une fidélité douloureusement méticuleuse, les veines se gonflent visiblement sous la peau et l'on sent travailler le moindre muscle. C'est la robustesse même qui s'exprime ici : on ne saurait imaginer contraste plus net avec les fragiles adolescents d'autrefois. Ces études d'après nature si intensives, qui exigent par ailleurs une grande habileté artisanale et une importante concentration d'énergie, se situent dans la ligne du solide réalisme de Meunier – méthode que Minne a rejetée auparavant, dans sa phase ascétique.

L'avantage qu'il possède sur ses collègues de Laethem en matière de renommée et de maturité artistique fait de Minne un maître admiré de tous. De Saedeleer voit en lui « la seule personnalité géniale qu'il m'ait été donné de rencontrer durant ma vie »[16]. Gustave van de Woestyne le vénère comme « une sorte de Dieu », tandis que son frère Karel témoigne : « Minne était l'exemple convaincant, en quelque sorte inspirateur, de l'esprit qui élève la dimension artisanale à une perfection sublime et confère à la représentation, quel qu'en soit le contenu réel, une forme généralisée et définitive[17]. » Pourtant, timide et pieux, Minne n'assumera jamais le rôle de guide avec l'autorité incontestée d'un maître. Il bénéficie d'un grand prestige et d'un ascendant spirituel, mais sa nature indépendante ne l'incite pas au rassemblement et certainement pas au dogmatisme. Le sculpteur est tout au plus l'inspirateur silencieux du groupe, capable par la puissance de son œuvre et de sa personnalité de donner aux autres des conseils utiles.

LE PAYSAGE RELIGIEUX

C'est surtout la fuite hors de la ville qui rassemble les divers artistes de Laethem, plutôt que la recherche de motifs champêtres. A la longue cependant, dans un processus d'interaction constante, il se développe une certaine relation à la nature qui a la force d'une expérience « religieuse ». Sans doute peint-on le paysage, le plus souvent même sur le vif, mais on y intègre aussitôt une distance par rapport au quotidien. Une réalité plus profonde, cachée derrière les choses, se fait connaître tout en restant voilée. Celui qui contemple ces œuvres cherche inévitablement des concepts destinés à donner un nom à l'infini, à l'éternel, à l'insaisissable. La religiosité peut prendre forme de manières diverses : par l'évocation d'une atmosphère sereine, intemporelle ; par le choix d'un point de vue inattendu ; par le recours à une palette indécise, presque spiritualisée ; par la stylisation et la décantation de la représentation ; par la soumission des formes à un rythme répétitif qui suggère l'infini. Des artistes laethémois tels que Albijn van den Abeele, Valerius de Saedeleer, Gustave van de Woestyne et Albert Servaes se sentent manifestement incités à représenter la réalité comme un « transparent » du sacré. Ils s'adonnent à cette tâche – les uns de façon plus explicite que les autres – dans un climat de recueillement et de piété.

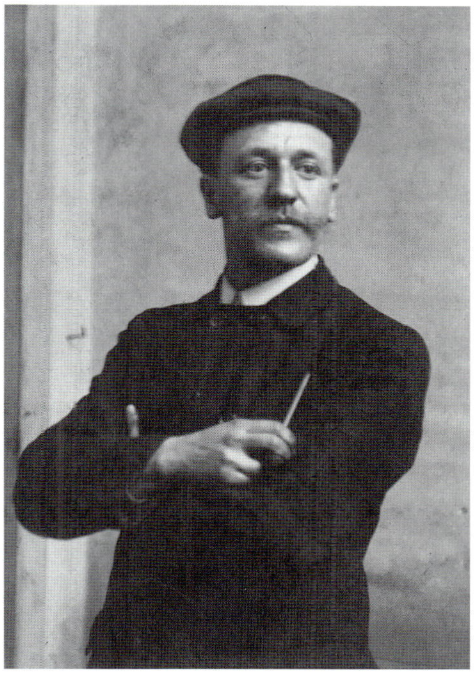

Albert Servaes, 1914

Le paysage rendu directement, sans intervention marquante du peintre, peut servir la pensée et devient alors témoignage. Parfois l'intimité du bois, avec son mur de verdure et de troncs, convoque notre conscience du sacré. Le champ de vision réduit souligne le sentiment de recueillement Quant au vaste panorama, épuré, vide, n'offrant aucun « objet de curiosité », il peut semblablement référer à une dimension surnaturelle et sacrée. De temps à autre, le peintre place un écran d'arbres ou de branches au premier plan : l'attention redoublée, qui va aussi bien au détail qu'à l'immensité du paysage, traduit le respect pour une nature dotée d'une âme. Cette impression se renforce encore lorsque le paysage s'estompe sous un lit de neige. Il arrive également que l'artiste intervienne de façon délibérée et que, partant d'intentions précises, il délimite un certain espace dans la représentation. Ainsi naît un type particulier de paysage, le *hortus conclusus* ou jardin clos. Cette typologie médiévale symbolise la pureté de la Vierge mais est également le modèle du paradis terrestre.

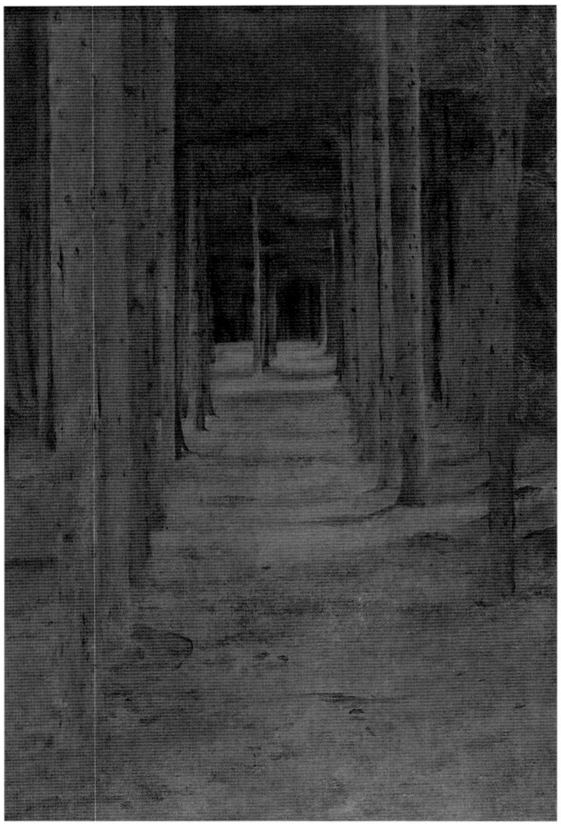

Fernand Khnopff, *Fosset. Sous les pins* [1894], Musées royaux des Beaux-Arts de Belgique, Bruxelles

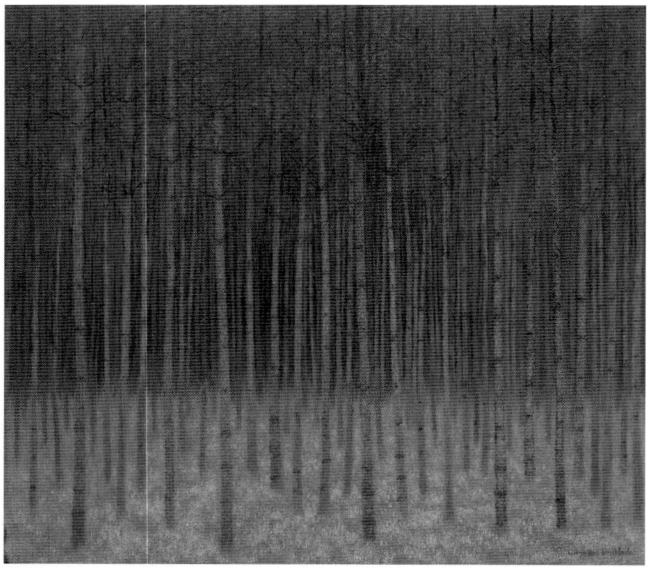

[42] Albijn van den Abeele, *Sapinière en février* [1900]

De Saedeleer et Van de Woestyne font souvent appel à cette forme de paysage consacrée par le temps. Enfin, le paysage, ou plus souvent encore la suggestion du paysage, peut devenir le décor d'un épisode biblique, d'un événement liturgique ou d'une scène de la *Légende dorée*.

Les artistes qui s'insèrent à strictement parler dans le cadre historique du symbolisme laethémois sont les peintres Valerius de Saedeleer et Gustave van de Woestyne, le sculpteur George Minne et l'artiste-décorateur Jules de Praetere. Soutenus par l'écrivain-philosophe Karel van de Woestijne, ils reflètent vraiment « l'esprit de Laethem »[18]. Toutefois, cette délimitation exclut un artiste qui exercera une influence certaine sur la vie laethémoise et dont la vision de la nature ne sera pas sans utilité pour ses collègues : Albijn (Binus) van den Abeele (1835–1918). Son grand thème est le paysage. Son art se distingue par la douceur veloutée de la manière, l'usage parcimonieux de la pâte et l'acuité de l'observation ; chez lui, les choses les plus humbles sont pour ainsi dire mises sur écoute jusqu'à ce qu'elles livrent leur secret. Son respect profond de la nature ne souffre à cet égard aucune réduction picturale. « Rien n'est beau que le naturel », tel est l'adage personnel de Binus van den Abeele. Ce n'est pas une phrase édifiante, mais une attitude face à la vie et une tâche à accomplir.

Vers 1900, les sous-bois et les sapinières de Laethem deviennent son champ d'action favori. Plus que jamais, le champ visuel est restreint. Graduellement, la touche prend un caractère ouaté, estompé : les objets sont suggérés plutôt que rendus avec minutie. Dans *Verdure printanière* (1900), une douceur duveteuse enveloppe les formes. *Sapinière en février,* œuvre absolument caractéristique de sa manière, date de la même année. [42] Au-delà de toute contingence, l'artiste a trouvé les lois propres à cette vue de la nature : une échappée quelconque, traversée par le rythme caractéristique des verticales, devient l'équivalent du bois tout entier. Mais il y a plus : la symbolique prend une dimension plus vaste. Pour donner corps à l'unité de l'homme et de la nature, Van den Abeele érige un univers propre, à l'intérieur duquel l'ordonnance qu'il rend visible incarne l'harmonie avec l'infini. La palette offre ici un appui substantiel : ce sont les nuances de vert qui relient organiquement toutes choses entre elles. Ainsi, la *Sapinière* de Laethem-Saint-Martin ne devient pas seulement le bois de partout et de toujours, elle est également le credo pictural de la solidarité avec le sacré. En même temps qu'une expérience existentielle, c'est une expérience religieuse qui s'exprime dans le contact avec le motif. A l'époque du symbolisme, nombreux sont ceux qui subissent la fascination de la forêt. En 1894, Fernand Khnopff peint une vue sylvestre, *Fosset. Sous les pins*[19] ; le même cadrage abrupt confère à ce paysage inhabité et silencieux une même atmosphère mystérieuse, comme si ce qui était montré n'était pas la nature mais le grand mystère de l'existence. De même, les vues de forêts et de parcs de William Degouve de Nuncques, le peintre-rêveur bruxellois, sont imprégnées d'un tendre

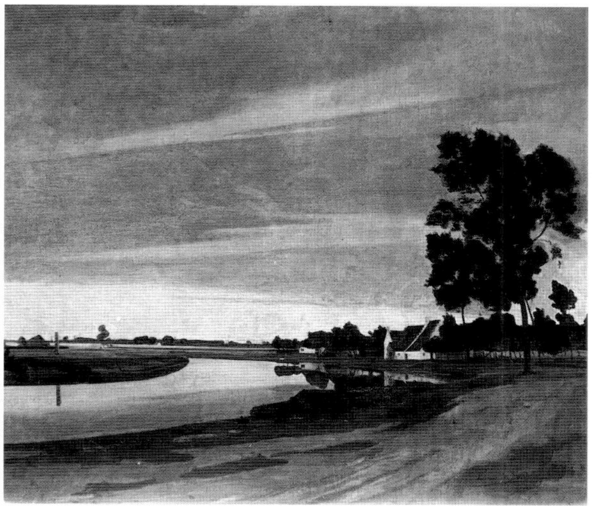

[44] Valerius de Saedeleer, *Soir calme sur la rivière*, 1904

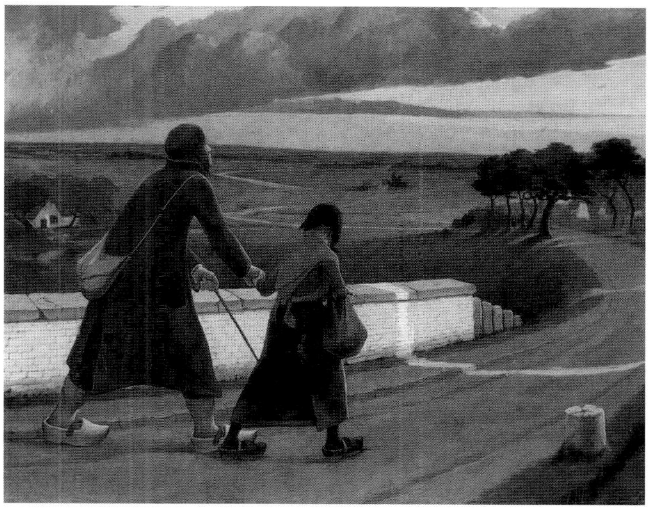

Eugène Laermans, *L'Aveugle* [1899], Koninklijk Museum voor Schone Kunsten, Anvers

et doux symbolisme : on y retrouve le même silence, le même intimisme, les mêmes secrets muets. Vers 1902, Gustav Klimt réalise les deux versions de sa *Hêtraie* ; malgré une approche plutôt décorative, ces vues sylvestres possè-
[135] dent une tonalité méditative particulière. Plus tard, une *Vue d'un bois le soir* (1911) de Gustave de Smet évoquera une atmosphère plus mélancolique.

Il ne fait nul doute que, pour les amis gantois qui se plongent vers 1900 dans la paix de Laethem, l'empathie qui unit Van den Abeele à la nature est une source d'inspiration. Aux yeux de ces citadins qui cherchent leur voie, son art rayonne la sérénité et le naturel. Ils trouvent chez leur aîné une alternative bienvenue à la domination de l'impressionnisme. En outre, la strate sacrée de son art, souvent perceptible en filigrane et parfois de façon explicite, leur est sans doute un point de repère. Par ailleurs, Van den Abeele, qui est secrétaire communal, crée, par son comportement serviable et judicieux ainsi que par son intérêt pour les choses de l'art, les conditions matérielles qui permettent à une colonie d'artistes de prospérer. Pour ses collègues, il prépare en silence des opportunités, assure l'intendance tout en assumant le rôle du protecteur plein de sollicitude.

Le nom de Valerius de Saedeleer (1867–1941) vient spontanément à l'esprit dès qu'il est question de « paysage religieux » dans le contexte laethémois. A son arrivée en 1898, il a derrière lui une longue pérégrination à travers la Flandre, dans le sillage de son grand exemple Franz Courtens. La retraite à la campagne implique d'abord pour lui une phase de recherche obstinée, de patiente discipline et de purification intérieure. Ce sont surtout les relations agréables avec quelques collègues partageant les mêmes vues qui feront de l'aventure laethémoise plus qu'un caprice. Le changement qui s'ensuivra sera total. Parmi ceux qui s'établissent à Laethem, aucun ne connaîtra sur place un revirement aussi radical que Valerius de Saedeleer. La sobriété de l'œuvre de Minne le rend attentif à la rigueur de la ligne et à la simplicité de la forme. Cependant, dans son processus de maturation, le premier immigré laethémois semble s'inspirer également, et de plus en plus nettement, de l'exemple de l'artiste médiéval. Celui-ci, en effet, ressentait la découverte du secret de l'art comme le fruit d'une longue étude. Une recherche persévérante permet également à De Saedeleer de bannir de ses créations tout ce qui est superflu à leur juste perception. En quête de l'image spiritualisée d'une contrée, il essaie de distinguer derrière l'enveloppe matérielle son origine et son être profond. A partir de 1904, cette métamorphose progressive donne ses fruits : une représentation de la nature qui parvient à allier une pureté objective à la suggestion religieuse. En fait, De Saedeleer reprend ici le fil des paysagistes symbolistes de la fin du XIXe siècle. Durant cette phase de religiosité accrue, bon nombre d'artistes optent pour le paysage en tant que credo d'une foi pure. Leur témoignage est parallèle au rêve bucolique de l'évasion loin des tracas terrestres et de la recherche d'une bienheureuse condition intemporelle. En France, Maurice Denis est un exemple connu de cette tendance, mais à la périphérie du symbolisme certains artistes fournissent des précédents surprenants, qui sont restés trop peu étudiés jusqu'à présent : Charles-Marie Dulac, Maurice Chabas, Charles Lacoste, Henri Martin[20]. En Belgique, et plus particulièrement en Ardenne, Auguste Donnay (1862–1921) et Georges Le Brun (1873–1914) proposent une interprétation individuelle du sens métaphysique de la nature. Leurs paysages épurés, sereins, captent la vie dans une permanence sacrée.

Une œuvre marque le début de la métamorphose
de De Saedeleer : *Soir calme sur la rivière* (1904), le premier [44]
d'une série de panoramas montrant la Lys au premier plan. L'artiste se débarrasse soudain de toute préoccupation relative à la restitution des effets de lumière. Il élabore la composition avec soin, recherche l'équilibre des masses et une harmonie chromatique fondamentale[21]. Une synthèse plus prononcée correspond mieux à la paix contemplative qu'il a indéniablement cherchée dans son sujet. Le crépus-

cule et l'eau sont en outre des éléments qui captivent l'imagination ; ils suggèrent plus que ce qu'on croit percevoir et ont dès lors leur place dans l'art du symbolisme. Par ailleurs la façon dont le paysage est réduit à des zones élémentaires – air, eau, terre – évoque l'art d'Eugène Laermans. Les lignes nettes des berges éboulées, des bandes de nuages et de leur reflet dans l'eau éteinte contribuent à une solide construction linéaire comparable à celle des
ill. p. 21 toiles de Laermans. On décèle également une affinité des coloris. La palette claire s'efface au profit d'une gamme plus profonde de vert-bleu, de noirs veloutés, de bruns et de gris, avec çà et là un accent de blanc et de rouge brique.

En quête d'un idiome personnel, De Saedeleer soupèse ce que d'autres emploient avec succès. Des tendances diverses se croisent dans ses paysages : le résultat est un mélange original de valeurs traditionnelles et d'éléments
[45] contemporains. Avec *La Lys par un jour gris* (1904), l'aisance rapide de jadis a disparu. Le scintillement de la lumière et des couleurs fait place à la sobriété des formes. Cette tendance à résumer la scène en zones nettement cernées rejoint les canons du symbolisme. Les peintres de Pont-Aven et les Nabis fournissent ici des indications dignes d'intérêt : la *synthèse* qu'ils souhaitent doit assurer une expression frappante de l'idée. L'attention portée au passé, notamment à l'artisanat médiéval, cadre également avec l'orientation symboliste. Cette attention se révèle de façon concrète dans le soin de l'exécution et dans la parcimonie de la matière. A l'instar de son pendant médiéval, De Saedeleer applique désormais la couleur en couches fines et lisses. Au fil du temps, l'achèvement est même tel que la surface de la toile ne garde plus aucune trace de l'opération naturelle du peintre. La spiritualisation et le caractère supratemporel de la représentation s'en trouvent nettement accentués. A partir de 1905, De Saedeleer réalise plusieurs paysages largement ouverts avec la Lys pour sujet. Le format des toiles est généralement celui d'un rectangle extrêmement allongé, comme chez les peintres symbolistes. Aussi bien que le format carré offrant un ciel haut, le tableau bas, oblong, peut suggérer l'idée de transcendance, comme le
[48] démontrent très bien *Méandre de la Lys par temps calme* (1905)
[49] et *Orage sur Laethem* (1905) : depuis l'arrière-plan, la rivière coule dans toute sa largeur vers le spectateur pour dévier in extremis en une paresseuse diagonale. Le peintre a manifestement besoin de beaucoup d'espace, non seulement pour pouvoir caractériser le paysage selon sa nature propre mais également pour capter, à travers la nature, l'éternel et l'absolu. Le mystère serein de l'eau et de ses reflets suscite assurément des associations religieuses[22]. Comme la nature devient l'écho de son âme tout en référant au supraterrestre, De Saedeleer commence progressivement à bannir tout être vivant de ses toiles. Le dialogue secret avec le paysage n'est plus profané par la présence de l'homme ou de l'animal. Cependant, situation frappante, la nature n'a pas chassé l'homme, elle peut tout simplement se passer de lui par sa capacité à le remplacer complètement.

De plus en plus confiant en ses moyens, De Saedeleer s'attaque à partir de 1907 au thème compliqué du verger hivernal, et ce d'une façon si personnelle que les affinités avec d'autres peintres deviennent moins évidentes : *Verger* [67]
en hiver (1907), *Verger sous le givre* (1908), *La Forge* (1909). La sil- [63, 64]
houette nue des arbres au premier plan, la dentelle raffinée des branches se dessinant contre la pâleur du ciel sont les éléments qui, plus que d'autres, confèrent au fil du temps une allure nettement reconnaissable à son art. Sans doute le peintre prolonge-t-il ici la leçon du japonisme et celle de Bruegel, mais sa propre voix se fait de plus en plus audible. L'exécution de tels tableaux requiert une concentration et un effort extrêmes. Le motif est d'abord observé dans la nature. Ensuite, des croquis rapides captent le sujet. Lorsque ce griffonnage a mûri pour donner naissance à un dessin à part entière, la représentation est transférée directement, à l'aide d'un crayon, sur un support, en règle générale une toile à fine texture. Souvent, le peintre a recours également au papier-calque sur lequel il prépare la composition en détail. De temps à autre, il utilise un médium apparenté : la photographie[23]. Il place sur une photo de paysage, présentant généralement un arbre frappant au premier plan, un papier quadrillé qui l'aide à établir les proportions réelles. Une fois le dessin achevé, la couleur est étalée parcimonieusement en minces couches transparentes. La palette est généralement sobre, les tons assourdis. Un brun subtil, un vert tendre ou un gris-blanc évoque une douceur raffinée, sans accents. La lumière est étrangement voilée et paisible, sans source décelable, comme si l'on se trouvait sous l'eau où toute ombre est atténuée. Pour effacer toute trace d'activité artistique, le peintre fait appel à la pierre ponce et polit la peau du tableau. Enfin, il avive le filigrane des branches et des arbustes à la plume et au pinceau. C'est Bruegel qui apprend à De Saedeleer à voir le paysage. Ils ont en commun la prédilection pour le panorama, le dessin soigné, la perception aiguë du détail, le sens de la largeur et de la planification de l'ordonnance spatiale. C'est surtout dans son nouvel environnement de Tiegem que De Saedeleer trouvera, après 1908, la force inspiratrice du paysage bruegelien, le panorama de prairies, champs et vergers qui grimpent sans discontinuer vers l'horizon. L'œil suit le rythme de terres qui descendent et montent lentement, traversées de sentiers à moitié cachés et de longues rangées d'arbres. Une accumulation de lignes qui délimitent nettement les différents plans confère désormais une structure solide à la représentation. D'ordinaire, tout comme chez Bruegel, un haut talus constitue le premier plan. En bas au milieu, un roncier sort parfois du cadre ; un haut ciel grisâtre, tel un mur de silence, surplombe les terres immenses. Malgré cette évolution du paysage, les tableaux que De Saedeleer peint à Tiegem se situent dans le prolongement direct de sa production des années antérieures. Il suit, pratiquement sans changement, le fil de la vision de la nature qu'il a développée à Laethem-Saint-Martin.

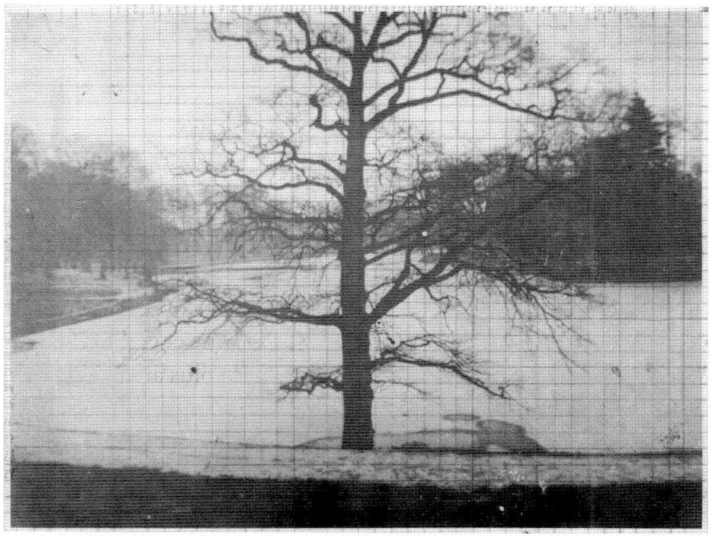

Photographie quadrillée d'un paysage, retrouvée dans les archives de Valerius de Saedeleer

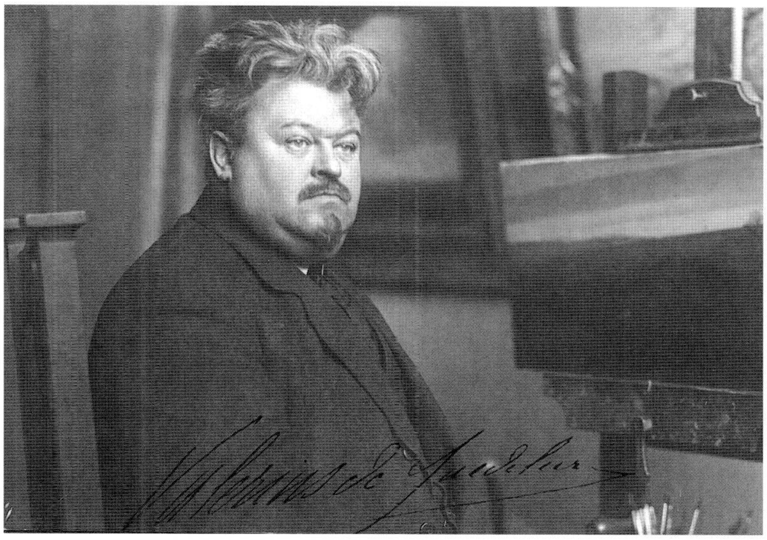

Valerius de Saedeleer dans son atelier, vers 1909

Il atteint même à une perfection de style et une pureté de sentiment qu'il ne surpassera plus.

Plus souvent qu'à Laethem, il recouvre maintenant la terre de neige. Le paysage enneigé incite au recueillement et bannit l'agitation et la nervosité. En outre, le tapis blanc masque les détails superflus et fait mieux ressortir les caractéristiques propres du paysage. Vers 1912, De Saedeleer peint des panoramas empreints de recueillement tels que
[66, 52] *Givre – Matin d'hiver* et *La Plaine en hiver*, où il prend très à cœur les leçons de Bruegel. L'étude minutieuse du détail va de pair avec un sens étonnant de l'ampleur et de la grandeur. La poésie champêtre et le froid mordant d'un matin hivernal sont rendus avec une grande intensité. Sous la couche de neige, les choses perdent leur nature matérielle, ce qui permet au peintre d'accéder pratiquement à leur spiritualisation. La piété et la dévotion jouent un rôle actif dans la conception de tels paysages. L'ambiance éthérée est accentuée par l'usage extrêmement subtil des couleurs : nuances de blanc, blanc argenté, gris cendré, indigo tendre. De Saedeleer partage l'amour des champs enneigés avec de nombreux symbolistes, par exemple Degouve de Nuncques, mais également avec le nestor laethémois Albijn van den Abeele. Dans la fragilité et l'immatérialité du paysage de neige, tous reconnaissent une intimité mystique avec la nature. Le tableau rayonne de la sérénité de la prière.

Gustave van de Woestyne (1881–1947) séjourne à Laethem-Saint-Martin de 1900 à 1909. Sa religiosité est profondément ancrée dans la redécouverte de la vie champêtre et se révèle – à différents niveaux – dans le choix de ses sujets. Il opte souvent pour la voie déguisée du mythe ou de la parabole. L'iconographie chrétienne ne lui fournit qu'épisodiquement des modèles plus directs. Le plus souvent, le village et ses habitants lui apportent une atmosphère marquée par une foi garante de sûreté et de sécurité. Le quotidien et le sacré s'interpénètrent, de façon évidente, sans la moindre contrainte. Le paysage comme tel, dans le répertoire de Van de Woestyne, est plutôt l'exception que la règle. Il faut attendre 1910 pour enregistrer de sa main une
première vue de la nature : *Le Printemps*. Comme toujours, [65]
c'est ici le dessin qui prédomine, attentif, un rien précieux. La dentelle des branches d'arbre égale en finesse et en précision la calligraphie des paysages de De Saedeleer. Ce tableau offre un paysage imaginaire comprenant des arbres fruitiers en fleurs, un étang et deux haies qui, par leurs larges courbes, suggèrent et délimitent l'espace. Une illustration pour le recueil *Reinaert de Vos* (1908) a précédé la composition qui, selon la recette médiévale, est partagée en scènes superposées, séparées les unes des autres par un zigzag de contours[24]. Ce type de mise en page faite de plans de couleurs séparés rappelle d'ailleurs également la synthèse décorative des peintres de Pont-Aven. La comparaison avec, par exemple, *La Moisson* (1888) d'Emile Bernard montre bien cette affinité. Même le couplage, chaque fois de deux figures, est de façon surprenante commun aux deux toiles. Dans *Dimanche après-midi*, une scène pastorale de 1914, Van de Woestyne applique également cette conjonction de deux figures identiques.

En dehors de l'art contemporain, l'auteur du *Printemps* puise également son inspiration chez les maîtres anciens. Le premier plan de cette scène bucolique est parsemé de touffes d'herbe, de fleurs et de simples finement peints. Ce vif intérêt porté à la flore se retrouve chez Van Eyck, Memling et Fra Angelico. Il convient de signaler par ailleurs la double enceinte d'un verger qui – tout comme l'étang dans un coin de la composition – attire nettement l'attention. Une telle délimitation, pour inachevée qu'elle soit, fait allusion au *hortus conclusus* (jardin clos) des primitifs
flamands. Auparavant, dans *Crépuscule d'un jour sombre* [51]
(1907), De Saedeleer a déjà peint un motif analogue. Au premier plan de ce tableau, à gauche, une haie dense d'un vert velouté entoure un verger de pommiers. Au plan

médian, une seconde ceinture encercle une prairie d'un vert frais plantée de jeunes arbres. Ici, la courbe de la haie se répète rythmiquement dans les lignes fuyantes des berges de la Lys. Le peintre applique une solution analogue dans plusieurs autres toiles. Le spectateur qui se tient devant
[67, 68] *Verger en hiver* (1907), *Verger en hiver* (1908) et même un
[66] tableau panoramique tel que *Givre – Matin d'hiver* (1912) a l'impression de se trouver à l'intérieur d'un espace clôturé, comme s'il faisait partie d'une alliance sacrée. Le *hortus conclusus* était une image très courante dans l'iconographie médiévale[25]. Il s'agit d'un symbole marial qui remonte au texte du *Cantique des cantiques* et exprime la pureté de la Mère de Dieu. Par extension, l'image a été associée régulièrement à l'idée du paradis terrestre. A l'époque du symbolisme et donc de la revalorisation de la dévotion médiévale, de nombreux artistes réhabilitent le jardin clos, accentuant davantage ses aspects de mystère et d'introspection. Gustave van de Woestyne fournit des exemples très explicites de ce motif dans un dessin,
[69] *'t Walleke te Wijnghene*
[71] (1909), et un tableau, *Le Jardin de sainte Agnès* (1911). Avec cette dernière œuvre, nous avons affaire à une iconographie religieuse d'une simplicité primitive, à vocation illustrative, étroitement liée à la proximité rassurante du quotidien mais qui s'élève en même temps jusqu'au divin. Sainte Agnès se tient dans le jardin clos avec l'agneau auquel elle doit son nom et qui est le symbole de son innocence. Elle semble se trouver dans un état de grâce divine : aucune impulsion, aucun mouvement dans l'eau ou dans l'air ne viennent troubler l'atmosphère de dévotion et de sérénité. Le village devient ainsi le lieu de la manifestation du sacré. Les paroles du *Cantique des cantiques* (« Ma sœur, mon épouse est un jardin fermé ; elle est un jardin fermé et une fontaine scellée »)[26] restent en fait d'application ici, ce qui illustre bien la profonde dévotion mariale de l'artiste.

L'intégration du sacré dans la vie quotidienne du village, qui s'observe également dans *Dimanche après-midi*
[72] (1914), est absente de *Hora alba* (1911). Le titre de cette œuvre mystérieuse fait sans doute référence au début d'une des *Laudes Marianae* (1911), invocations de la Mère de Dieu, ou à une variante de celles-ci datant de la fin du XIXe siècle[27]. La dévotion mariale de Gustave van de Woestyne s'exprime plus que jamais à cette époque. Par sa douceur et sa capacité d'intercession, la Vierge exprime de façon adéquate le credo pastoral du peintre laethémois. La Vierge et l'Enfant apparaissent dans une brume fantomatique, entre les silhouettes de deux arbres stylisés. Une espèce d'immatérialité érode les contours et prête aux couleurs un flou lumineux. La nature et l'esprit s'interpénètrent dans un climat diffus, ce qui fait songer à l'art de Degouve de Nuncques, mais alors que chez celui-ci l'incertitude et même l'angoisse sont souvent de la partie, *Hora alba* rayonne de sérénité et de bonheur. Ainsi, la piété et la dévotion rapprochent plutôt cette œuvre de l'art de Maurice Denis.

[74] Dans *Eternel reflet* (1911), les frontières entre le concret et le sacré s'estompent. Par le biais des reflets de la lune dans un étang, le surnaturel et le naturel se touchent. Les rochers et l'eau symbolisent l'éternité. Cette image métaphysique naît de la suggestion d'une atmosphère brumeuse et du recours à une palette de bleus et de gris. Pour la falaise aux cassures capricieuses, Van de Woestyne s'est inspiré de miniatures et de panneaux médiévaux. Par ailleurs, il se contente, à l'exemple des maîtres anciens, d'indiquer sommairement la présence des arbres : une reproduction réaliste n'est pas requise[28].

Avec *Sainte Soirée* (1905), Albert Servaes (1893–1966) [75]
cherche à rejoindre la vision et la méthode de ses collègues. La représentation est assez inhabituelle puisqu'elle transfère une scène biblique dans un cadre laethémois : celui d'une courbe de la Lys au crépuscule. Le soleil qui sombre dans l'eau rappelle l'auréole des saints. Dans un bateau plat, Joseph, le passeur, conduit l'Enfant Jésus et le petit Jean sur l'autre rive où Marie les attend. La vue panoramique et le fin graphisme ondoyant rappellent les paysages de De Saedeleer. Servaes partage avec ce dernier le goût de la synthèse : la tonalité dominante, unie, étalée en grands aplats, renforce l'impression de sobriété, d'unité et de monumentalité. Quant à l'atmosphère spiritualisée dont le tableau est imprégné, elle témoigne de l'influence manifeste de Van de Woestyne. Si le coloris élémentaire, par une monotonie qui renforce le mystère, confère à la composition un caractère spirituel, il reste que la palette de Servaes s'écarte sensiblement de celle de son collègue laethémois. Alors que celui-ci tente généralement de saisir l'immatériel par la parcimonie d'une palette éthérée, Servaes a recours à des tons lourds et voilés. L'un suggère donc la transcendance par recours à des teintes insaisissables, l'autre cherche le mystère de Dieu dans la pénombre de couleurs terreuses. On rencontre ici un dualisme des moyens d'expression qui est aussi ancien que l'homme religieux[29].

L'ICONOGRAPHIE CHRÉTIENNE

Les œuvres laethémoises qui se réfèrent à une iconographie purement chrétienne et accordent donc explicitement le rôle de protagoniste à la figure du Christ sont relativement rares. Le plus souvent, les peintres de Laethem ont recours au déguisement symbolique. Les œuvres de Minne, Servaes et Van de Woestyne présentent l'un ou l'autre exemple de cette thématique christique au sens strict du terme. Citons
le *Christ eucharistique* (1907) à l'allure raffinée, pénétrée de [77]
spiritualité, de Van de Woestyne. Dans un décor éthéré et symétrique d'un verger en fleur se dresse la croix portant le Christ mourant. En fins jets élégants, le sang jaillissant des cinq blessures est recueilli dans les coupes d'or des fontaines de la béatitude. A côté de la croix se trouvent les deux fontaines de la pureté. L'Agneau mystique, symbole du sacrifice du Fils de Dieu, reçoit une place de marque aux pieds du crucifié. Aucun doute n'est permis : l'artiste s'est référé au célèbre retable des frères Van Eyck, *L'Adoration de l'Agneau mystique* (1432). Les fontaines de la béatitude sont la

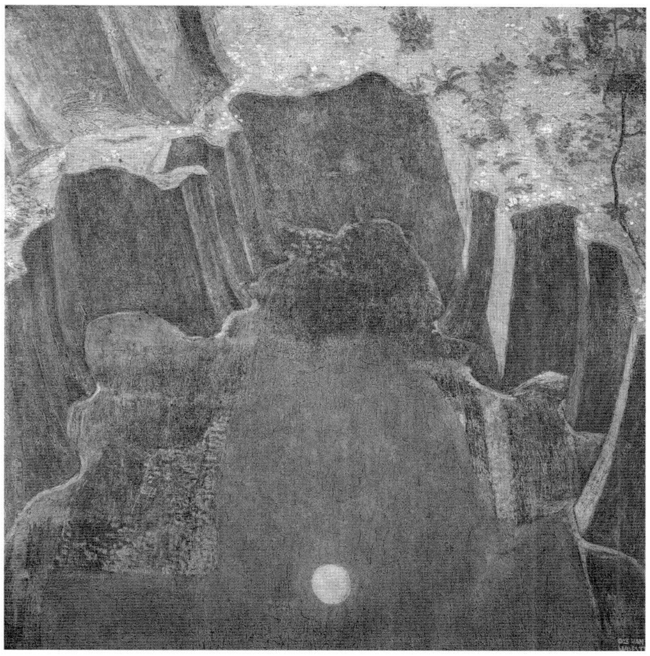

[74] Gustave van de Woestyne, *Eternel reflet*, 1911

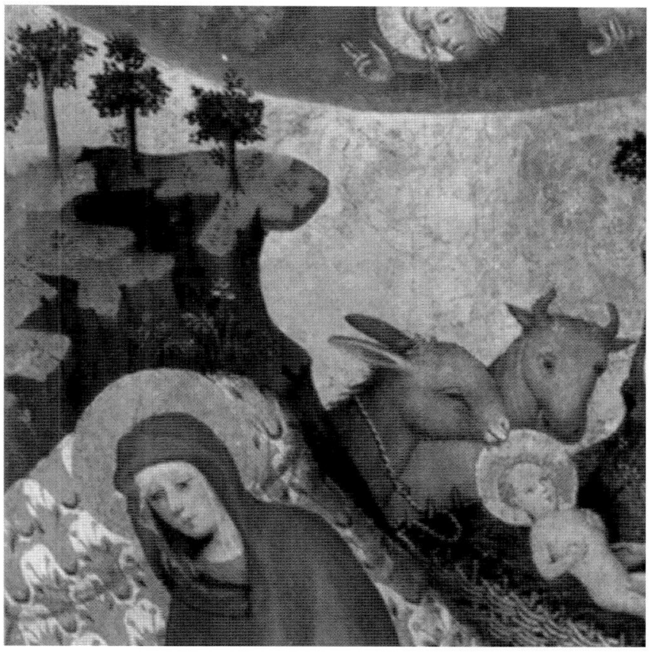

Anonyme, *La Nativité* (détail), vers 1400, Museum Mayer van den Bergh, Anvers

Source de vie du polyptyque médiéval. Tout comme l'Agneau immolé, le Christ crucifié donne son sang à l'humanité : la promesse d'une vie nouvelle est accomplie, raison pour laquelle la dimension dramatique du Golgotha est évitée. La vision de la mort sur la croix est à la fois décorative et hiératique, sans signe marquant de souffrance. Le Christ ne meurt pas sur la croix, il est vivant, dans une attitude dont la grâce et le maniérisme rappellent les crucifix toscans peints avant 1200. Dans les deux dessins préparatoires – sans l'éclat de l'arrière-plan – prédomine également l'idée de rédemption associée aux souffrances du Christ. L'un de ces dessins montre même un Sauveur souriant, se déhanchant comme la Vierge de la cathédrale de Reims. En ce qui concerne l'idiome de la version finale du *Christ eucharistique,* qui est d'une beauté purement linéaire, presque abstraite, Van de Woestyne s'inspire également de ses contemporains, et particulièrement de l'Art nouveau. Les lignes ondoyantes et parallèles de l'abondante chevelure du Christ font penser à l'œuvre de Jan Toorop et – plus près et de façon indubitable – à certaines créations de Minne. Le raffinement graphique de l'arrière-plan se retrouve dans les dessins de Toorop.

LE RITUEL SACRÉ

La retraite à la campagne implique, outre un retour à la dévotion et au mysticisme, la reconnaissance de l'authenticité et de la dimension artisanale. Tandis qu'au temps du symbolisme, certains milieux abolissent la distinction entre *arts* et *métiers,* on voit croître le respect pour le travail de l'artisan et du paysan, ressenti comme intègre. Les artistes de Laethem ont parfois exprimé ce respect dans une iconographie qui capte l'intensité sacrale d'une activité répétitive spécifique. George Minne en donne un exemple dès 1897
dans une ébauche pour *Le Maçon.* Même si la sculpture [81]
– conçue comme une rampe d'escalier – possède un caractère nettement décoratif, la façon dont le maçon travaillant avec le fil à plomb est figé dans sa pose traduit l'estime du sculpteur qui semble vouloir nous associer à un événement sacral. En Belgique, Constantin Meunier (1831–1905) acquiert vers 1900 une large renommée avec des bronzes qui confèrent au travail humain un caractère universel, légèrement héroïque et parfois sacré. Avec *Le Débardeur* (1913), Minne prolonge cette démarche.

Celui qui vit avec la terre, suit fatalement son rythme. C'est à la campagne que cette unité est le plus fortement ressentie. Les activités dictées par l'alternance des saisons se présentent comme des rituels familiers. Le labour, les semailles et la moisson sont les phases les plus connues du processus agricole. Les saisons et la succession du jour et de la nuit appartiennent à un ordre cosmique qui touche l'homme de façon directe et pressante dans sa vie. De tout temps, ce rythme cosmique a été associé à la religiosité, et les activités humaines qu'il détermine ont régulièrement inspiré la littérature et les arts plastiques. Le thème du semeur traduit de la façon la plus directe la solidarité avec la terre et le cosmos. Gustave van de Woestyne a abordé
ce sujet dans deux œuvres : *Le Mauvais Semeur* (1908) et [85] ill. p. 26
Le Semeur (1913). Au XIXe siècle, Millet et Van Gogh s'étaient [84]
intéressés à plus d'une reprise au même thème. La dimension religieuse du *Semeur au soleil couchant* (1888) de Van Gogh a donné lieu à bien des discussions, mais il est certain que cette œuvre est un exemple de ce que le peintre néerlandais considère lui-même comme l'art idéal : un art ancré dans l'unité indissoluble du tangible et de l'infini. Faisant abstraction de l'interprétation littéraire, Van Gogh interprète le symbolisme de son sujet en termes plus

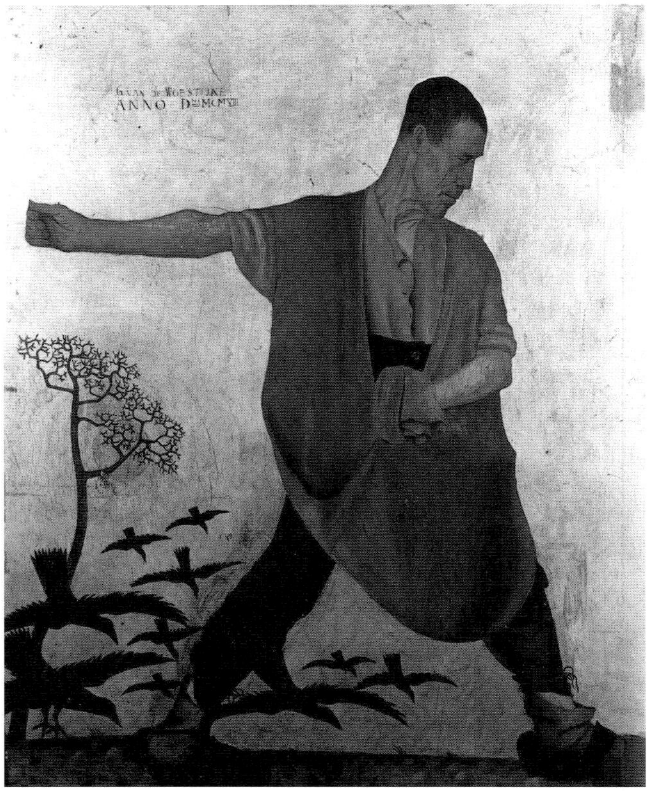
[85] Gustave van de Woestyne, *Le Mauvais Semeur*, 1908

généraux, employant des qualifications telles que « désirs d'infini », c'est-à-dire d'un ordre éternel dont le semeur et la semence sont les symboles[30]. Ainsi, la thématique du semeur en action transcende chez Van Gogh le statut du genre. Dans une lettre, le peintre va jusqu'à voir « la figure du paysan et de l'ouvrier » comme « le cœur même de l'art moderne ». Et il atteint son but spirituel, l'incarnation de l'éternel dans le tangible, par le biais d'une assimilation convaincante de la figure et du paysage. Gustave van de Woestyne, par contre, isole le modèle dans son contexte, étant animé d'intentions en partie analogues, en partie différentes. De toute évidence, l'artiste laethémois s'intéresse surtout à la puissance magique du geste.

En dehors du moment sacral, figé en pose, du paysan qui sème, *Le Mauvais Semeur* possède bien d'autres aspects captivants. La scène offre un jeu fascinant de correspondances entre le monde matériel, le monde spirituel de l'artiste et le monde supraterrestre. Des valeurs religieuses, individuelles et universelles se côtoient. Outre qu'il est touché par le moment solennel de l'action, le peintre met à nu dans son modèle les sentiments qui sont avant tout la projection de ses propres manques et états d'âme : agitation, solitude et angoisse. Par ailleurs, son goût de la synthèse le pousse à prêter à la composition une ampleur telle qu'elle prend une valeur universelle. Cependant, il infléchit la représentation – en dépit de son origine biblique – dans un sens individuel, se voyant lui-même comme le mauvais semeur dont la semence ne tombe jamais dans une terre fertile. Le mécontentement et l'apitoiement sur soi-même sont à l'origine d'une telle conception[31] qu'il convient peut-être de rapporter à la crise personnelle que le peintre traverse vers 1906. L'échec de ses aspirations monastiques est suivi d'une phase de doute quant à son avenir artistique. Il se sent en outre rejeté par les parents de sa fiancée. Transposé à un niveau universel et plus élevé, *Le Mauvais Semeur* représente le manque d'une foi profonde, l'indifférence de l'humanité en général et l'échec de l'homme dans son désir de perfectionnement.

Du point de vue formel, on constate que *Le Mauvais Semeur* allie avec originalité plusieurs influences. Un trait frappant est l'allure monumentale du paysan, dont la puissante silhouette se dessine de profil contre un ciel clair. Malgré le petit format, l'œuvre est grandiose dans sa conception. En même temps, le protagoniste a dans son geste et dans toute son attitude quelque chose de la gaucherie qui caractérise souvent le paysan : celui-ci se hâte lentement et accomplit avec obstination le travail qui doit être exécuté. Le peintre partage avec Bruegel et les primitifs flamands la prédilection pour la sobriété de la silhouette et la netteté des contours. De même, l'observation précise de la tête, l'expression pensive du visage creusé de rides, le fond doré avec la signature et la date en caractères romains et l'arbre délibérément rapetissé trouvent leur origine lointaine au Moyen Age. Bruegel transparaît dans la vision synthétisante de la figure ; le soleil qui sombre derrière les rameaux et les corbeaux en vol plané – motifs noirs sur fond doré – rappellent les *Chasseurs dans la neige* (1565) et *Le Recensement de Bethléem* (1566). D'autre part, Van de Woestyne s'écarte de Bruegel en détachant en grande partie la figure humaine de son environnement et en la transformant en archétype.

Les travaux des champs avec leurs moments spécifiques et leurs activités routinières apparaissent également dans l'œuvre du peintre allemand Heinrich Nauen (1880–1940) et dans celui d'Albert Servaes. Entre 1903 et 1906, Nauen réside par intermittence à Laethem. Dans un style qui prolonge Van Gogh, il y exécute une série de dessins au pinceau de paysans occupés à bêcher, à semer et à moissonner[32]. Une œuvre de Servaes, sombre et d'une exécution rude, est particulièrement connue, *Les Planteurs de pommes de terre* (1909). En 1912, l'artiste reprend le paysan agenouillé au premier plan de ce tableau dans un fusain raffiné,
Le Planteur d'arbre. L'apparence sculpturale et les rondeurs [82]
de ce personnage rappellent Giotto, le grand maître du style plastique que Servaes admire passionnément. Giotto revêt à dessein ses figures de grands manteaux aux amples drapés afin d'accentuer le *rilievo*, l'arrondi obtenu par les jeux d'ombre et de lumière. Cependant, le dessin de Servaes possède encore un autre pouvoir dans la mesure où s'y exprime une fois de plus le besoin de souligner les moments spécifiques d'un cycle immuable. Pleine d'une attention concentrée et d'un profond respect, la silhouette place dans la terre un plant d'arbre. Ainsi se trouve délibérément sacralisé le geste qui préserve le cycle de la vie.

LE PAYSAN, LA FEMME, LE PORTRAIT : REFLETS DE GUSTAVE VAN DE WOESTYNE

Sa venue à Laethem vers 1900 offre à Gustave van de Woestyne l'occasion de faire place nette. Les œuvres académiques sont détruites : la cure de santé à la campagne doit également signifier une épuration artistique. Il ressort de ses premières créations que le jeune peintre cherche des points d'appui dans le passé. Cet intérêt précoce pour le Moyen Age est encore avivé par les contacts avec George Minne. Le sculpteur lui inculque, conformément à l'esprit des anciens artisans, le respect du métier. Même l'approche rigoureuse de la forme, l'importance accordée à la ligne ont des racines médiévales. Une autre contribution vitale à la formation artistique et spirituelle du peintre est livrée en 1902 par ses visites répétées de l'exposition des primitifs flamands à Bruges. Cette manifestation confirme la valeur d'une tradition que le peintre a en fait déjà découverte auparavant. Désormais il va partager avec ses prédécesseurs médiévaux la manière picturale soignée, claire ; le sens des espaces nettement séparés ; la conception statique de la figure humaine ; le dessin attentif, auquel rien n'échappe. De plus, la vision des primitifs correspond chez lui à une nature qui tend au mysticisme. Appartenant à une famille catholique, Gustave van de Woestyne est familiarisé avec la pensée du croyant médiéval basée sur des symboles. Dans cette vision, les choses empruntent leur signification à leur relation avec l'Etre suprême et il n'existe donc pas de frontières nettes entre le terrestre et le supraterrestre. Les conditions de vie qu'il connaît à Laethem au sein de la petite société sélecte du premier groupe d'artistes lui permettent d'approfondir peu à peu sa vision. Il admire chez Minne la gravité méditative et la pureté de sa vocation artistique. La conversion de De Saedeleer au catholicisme, après une longue et sérieuse préparation, avive encore une foi innée. Et enfin, Karel van de Woestijne, l'intellect du premier groupe de Laethem, contribue à une prise de conscience plus nette, au plan existentiel aussi bien qu'artistique. Presque quotidiennement, l'occasion se présente d'enrichir son bagage intellectuel par l'étude et les discussions sur la musique, la littérature et les arts plastiques. Karel fonde en 1902 le cercle artistique *Open Wegen* (Voies ouvertes) et lit à ses amis des extraits de Platon, Ruusbroec, Shakespeare, Ibsen et Maeterlinck[33]. Au fil du temps, un climat de mysticisme et d'intériorisation voit ainsi le jour dans cet environnement rural. La pensée et l'activité des artistes sont pour une bonne part déterminées par une ambiance de spiritualisation artistique. Ce milieu incite le jeune Gustave van de Woestyne à un « autodéfrichage plus profond » et marque d'un sceau définitif une nature déjà contemplative.

Il faut attendre 1908, vers la fin des années laethémoises, pour voir s'épanouir l'art de Gustave van de Woestyne. Après une longue période d'hésitation et d'incertitude, il arrête son choix. La figure humaine devient son thème primordial. Il est évidemment fortement marqué, comme chacun de ses collègues, par l'environnement champêtre, il subit son action lénifiante, mais s'intéresse peu au paysage comme motif pictural. Là où De Saedeleer essaie de mettre à nu l'« âme » de la campagne, son jeune ami se tourne vers les habitants, et ce dans la mesure où ceux-ci, dans l'esprit du symbolisme, représentent autre chose qu'eux-mêmes, plus précisément : certains aspects de la personnalité de l'artiste ou, de façon plus large, le monde de la transcendance. Et l'on constate qu'en règle générale ces différents aspects se fondent parfaitement les uns dans les autres.

Avec la série des têtes de paysans des années 1908 à 1914, Van de Woestyne ne se borne pas à la représentation objective de la vie rurale à Laethem. Il est un observateur attentif et compatissant. D'autre part, cependant, pour l'esthète subtil qu'il est, cette implication connaît des limites. S'il se sent un lien avec ses modèles, si même une sympathie réciproque peut grandir entre eux, il ne prend en aucune façon position contre l'ordre social établi ; à ses yeux, ce n'est pas là que réside sa tâche. Par ailleurs, le paysan de Van de Woestyne ne se signale jamais par l'impassibilité primitive et l'ample présentation des pêcheurs et paysans de Permeke, pas plus que par la masse imposante, plus matérielle, des figures de Servaes. Au contraire, malgré toute leur raideur et – si l'on veut – leur rudesse, ses paysans semblent ne pas ignorer l'ascèse et le détachement. Ils possèdent une dignité rêveuse et semblent vivre en dehors de la réalité de leur propre vie laborieuse. Comme tout l'art de Gustave van de Woestyne est imprégné de sa propre vie intérieure, on peut supposer que le modèle du paysan lui offre une occasion d'autoreprésentation psychique. Etant donné cet arrière-plan, la classification thématique à laquelle Karel van de Woestijne soumet l'œuvre de son frère souffre quelque critique. Dans un texte de 1927, le poète répartit cet œuvre en trois groupes « moraux » : « le groupe des paysans, le groupe religieux, et le groupe des expériences plus personnelles et intimes »[34]. La diversité évoquée par un tel démembrement est en fait inacceptable. En effet, les différents aspects de cette iconographie composée se manifestent presque toujours de concert – très rarement séparément – dans les tableaux de Gustave.

La plupart des têtes sont représentées devant un fond très sobre – ferme ou champ – afin d'assurer, pour sommaire qu'elle soit, la situation du modèle. Malgré cette référence optique à l'environnement, les figures apparaissent comme des silhouettes nettes, complètement isolées au premier plan. En d'autres termes, il n'existe aucune transition progressive entre premier plan et arrière-plan. Aussi le spectateur reste-t-il souvent indécis dans son choix entre isolement et liaison ; il ne peut échapper à une certaine impression d'étrangeté. Dans *Paysan / Soir* (1910), le décor austère, symétrique de plans horizontaux a pour effet de concentrer l'attention sur le long visage parcheminé. Le regard du modèle est absent : il s'agit en premier lieu [92] ill. p. 28

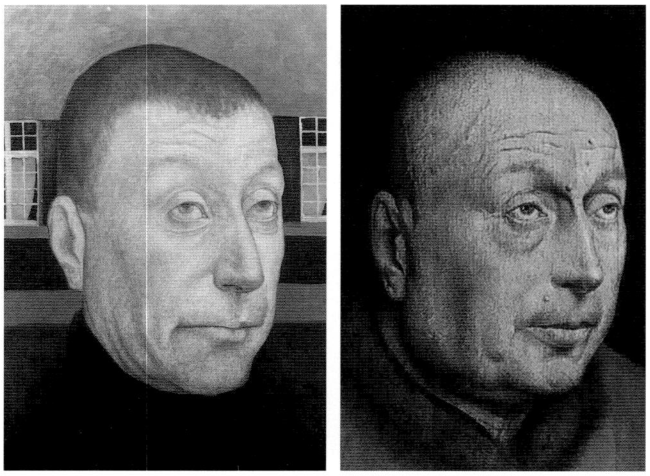

Gustave van de Woestyne, *Paysan / Soir* (détail), 1910 ; Jan van Eyck, Judocus Vyd : détail de *L'Agneau mystique*, Cathédrale Saint-Bavon, Gand

d'un regard intérieur, comme si les yeux ne percevaient que les secrets de l'âme. A plus d'un égard, l'art de Gustave van de Woestyne rejoint ici la tradition, et plus particulièrement les portraits gothiques de Jan van Eyck. La clôture sereine de l'image, l'attitude paisible et l'immobilité du modèle, le fin réalisme du visage, les contours clairs – tout nous reporte incontestablement aux têtes songeuses peintes avec grand soin par le maître du XVe siècle. De même, la technique dense, saturée offre des correspondances manifestes avec la démarche méticuleuse de Van Eyck.

Comme il vient d'être dit, les paysans de Van de Woestyne suggèrent des états d'âme qui se rapportent pour une part importante à l'être intérieur de l'artiste. Celui-ci essaie donc de représenter un type humain tourné vers l'intérieur et qui cherche d'abord sa force en lui-même. Dans la nature rigide, peu accessible de la population paysanne, il retrouve peut-être quelque chose de son propre caractère renfermé. A son tour, il communique sa « solitude intérieure » à ses modèles. Leurs visages restent impénétrables, leurs yeux possèdent une profondeur inaliénable. Tout comme dans les sculptures de George Minne, tout est centré sur la méditation et l'introspection. Cette attitude d'intériorisation permet l'accès à une vision plus profonde. C'est également dans cette perspective qu'il convient de considérer le thème de l'aveugle, une des figures clés de l'œuvre. Comme l'aveugle ne peut pas discerner les apparences visibles, il cherche en profondeur, dans un autre monde.

Si l'on peut affirmer, avec la réserve voulue, que le volet de l'œuvre consacré aux paysans éclaire certains aspects de la personnalité de Van de Woestyne, il en va de même du thème de la femme. Celle-ci revendique également sa place dans sa production d'avant-guerre et dans sa mission d'« autodéfrichage plus poussé », et c'est ainsi que trouvent leur expression une série de qualités : spiritualité approfondie, raffinement formel, sérénité et chasteté sublimée. Peu
[97] après son arrivée à Laethem, il peint un *Portrait de madame Minne* (1900) d'une grande sensibilité. Cette œuvre présente encore des traces de la fréquentation de l'académie, mais est également un hommage silencieux aux primitifs flamands. En plus d'un point, elle rappelle les Vierges de Memling : par la pose rêveuse en profil de trois quarts, par le sobre contraste entre le visage d'albâtre et la robe foncée, par l'accent des yeux d'un brun profond sous les paupières légèrement closes et finement dessinées. Toujours comme dans l'art serein de Memling, l'observation minutieuse se tempère en généreuse idéalisation. La figure devient ainsi d'une frappante simplicité. Au-dessus de la masse sombre de la robe largement étalée, la tête surgit en vue pratiquement frontale, et prend une forme presque ovoïde due à la sévérité de la coiffure. Les primitifs proposent au jeune peintre l'exemple de l'ascèse, du renoncement aux effets secondaires. Il s'agit de s'imposer une stricte sobriété afin de parvenir à l'expression souhaitée de discrétion et de réserve.

Dans le *Portrait de madame Karel van de Woestijne* (1906), [96]
l'inspiration vient d'un autre bord. La composition rigoureuse, quasi religieuse, témoigne d'une affinité avec l'art dévot des préraphaélites, mais le peintre garde néanmoins quelque distance par rapport à ses exemples. Il n'a pas recours à la palette crue, parfois criarde, de ses confrères anglais. De plus, il oppose à leurs compositions surchargées une scène qui puise surtout sa force dans la sobriété et la simplicité.

Si l'influence picturale des primitifs flamands et de Bruegel prédomine dans la série des têtes de paysans, Van de Woestyne se montre plus contemporain lorsqu'il peint la femme. Son attitude envers celle-ci n'est pas différente de celle des autres symbolistes : il voit en elle tantôt une pureté irréelle, tantôt la personnification d'une sensualité raffinée. Une toile captivante, *Les Deux Printemps* (1910), offre un exemple frappant de ce dualisme. Présente au niveau du contenu, l'influence de l'art contemporain se manifeste également à suffisance au niveau de la forme. Des peintres tels que Maurice Denis, Fernand Khnopff et Jan Toorop tendent à plusieurs reprises la main à l'artiste
laethémois. Dans le portrait de sa femme de 1910, Van de [105]
Woestyne parvient, avec une grande économie de moyens, à une spiritualisation subtile. Abstraction faite de la parfaite ressemblance, ce portrait est avant tout une évocation psychologique d'une réalité cachée, une image de recueillement et de résignation. Les portraits d'enfants,
par exemple *Petite Fille rêveuse* (1911) et *Petite Paysanne* (1913), [100, 101]
sont les reflets d'un bonheur mystérieux. Assimilant entre autres l'influence de Denis et de Toorop, le peintre tend à exprimer avec une sorte de ferveur le monde de la petite fille, laquelle appartient encore entièrement et spontanément à ses rêves et à ses secrets. Alors que le peintre reconnaît dans les paysans un reflet de son propre repli sur lui-même, il découvre dans la petite fille ou la jeune femme un écho de sa candeur et de sa sensibilité raffinée. Si l'artiste français Maurice Denis est un exemple pour Van de Woestyne, ce n'est pas seulement pour son inspiration

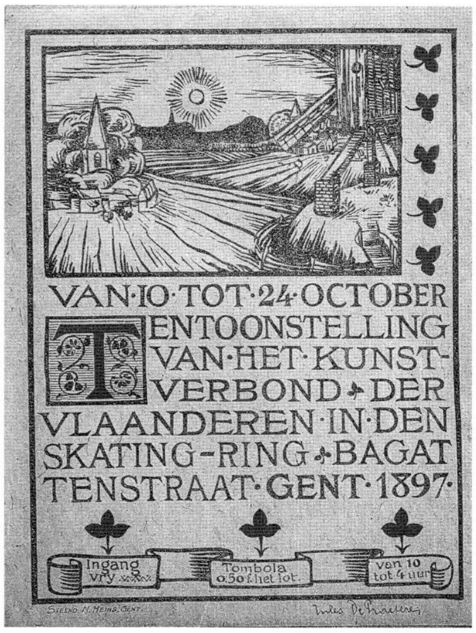

[109] Jules de Praetere, Affiche « Tentoonstelling van het kunstverbond der Vlaanderen in den Skating-ring. Bagattenstraat Gent 1897 »

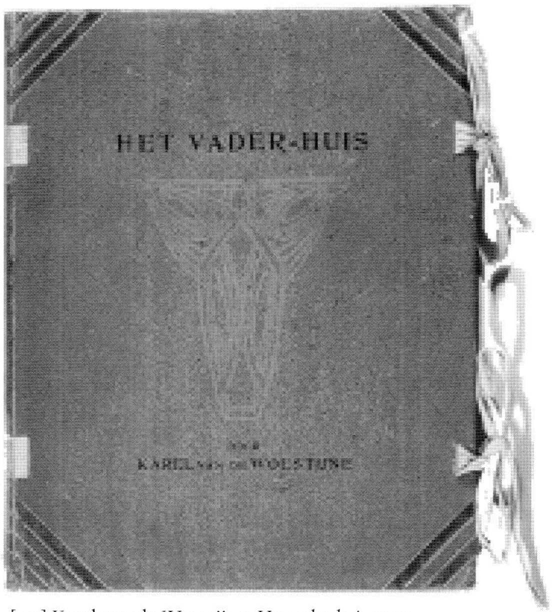

[112] Karel van de Woestijne, *Het vader-huis*, 1903. Concept graphique par Jules de Praetere

essentiellement religieuse mais également pour l'estime particulière qu'il voue à la femme et à la nature féminine. En effet, dans ses femmes idéalisées, intemporelles, Denis montre une pureté qui remonte à Fra Angelico. Parallèlement, le symbolisme linéaire du Néerlandais Jan Toorop est d'une grande importance pour le peintre laethémois[35].

Les portraits réalisés par Van de Woestyne, outre qu'ils se distinguent par l'acuité de l'observation et la justesse de la caractérisation psychologique, transcendent généralement le cadre du genre dans la mesure où l'artiste, avec sa propre attitude et sa propre vision idéologique, est profondément impliqué lui-même dans l'acte de création. Il en est
[104] ainsi d'un *Portrait de Karel van de Woestijne* (1910) d'un dessin
[103] extrêmement fin et d'un *Autoportrait* (1912) très sensible.
Sa propre personnalité aux traits de caractère contradictoires reste le véritable point de départ de cet artiste symboliste. C'est surtout la forte dualité de l'esprit et de la sensualité qui est à la base du partage de son identité. Ainsi, son art – y compris le portrait – apparaît d'une part comme le credo cultivé de valeurs subtiles, d'autre part comme la notification timorée d'un élan vital hors du commun. Quoi qu'il en soit, cette attention primordiale portée à sa propre individualité et qui prend parfois même des accents tourmentés marque l'appartenance à l'art moderne.

JULES DE PRAETERE : L'ART DU LIVRE

Comme George Minne, l'imprimeur-peintre gantois Jules de Praetere (1879–1947) joue un rôle de premier plan dans l'art d'agrémenter l'impression d'œuvres littéraires. Appartenant à la génération du mouvement littéraire *Van Nu en Straks*, il a subi comme nul autre, dès avant son arrivée à Laethem-Saint-Martin, l'influence de William Morris. Celui-ci lui montre la voie de la réhabilitation de l'imprimerie médiévale. Réaliser un apport de beauté et de sincérité dans la vie quotidienne par le biais d'un travail d'artisan, tel est l'idéal que le *Pre-Raphaelite Brotherhood* se met à poursuivre vers 1850, idéal défendu avec passion par John Ruskin et qui trouvera avec Morris un couronnement dans plusieurs domaines. Le point de départ est la suppression de la distinction entre art et artisanat. Aux yeux de Jules de Praetere, l'art se manifeste de façon idéale dans l'artisanat. Protestant contre l'uniformité mécanique des produits industriels, il est fidèle à l'exemple de l'artisan médiéval. Indépendamment de son contenu, un livre devient entre ses mains un objet fabriqué avec goût, superbement relié et décoré, traité avec amour comme les livres d'heures anciens.

Jusqu'à l'apparition de *Van Nu en Straks*, la Flandre n'est pas gâtée dans le domaine de la typographie et de la décoration du livre. Il est question avant 1893 de revues dont « la présentation n'est pas plus esthétique que celle des affiches notariales ». Par la suite, la plupart des jeunes écrivains flamands, stimulés par le flux de l'Art nouveau, entrent dans une symbiose féconde avec les artistes plastiques. La nature, et particulièrement la flore, devient, dans sa forme stylisée, la source d'inspiration par excellence du décorateur de livres. Sur le continent européen, le monde du *Modern Style* apporte de nouvelles tendances. C'est l'époque où des artistes tels que Théo van Rysselberghe, Georges Lemmen et bien entendu Henry van de Velde rompent avec la rigidité et le conservatisme de l'art décoratif du XIXe siècle. Des motifs et une thématique uniformes deviennent la marque distinctive de la nouvelle pensée.

Par la forme, l'illustration du livre telle qu'elle est pratiquée par Jules de Praetere est indissociable de l'esprit du symbolisme. Ainsi, ses figures féminines affligées, penchées en avant dans une attitude maniérée de prière ou de souffrance, semblent inspirées des illustrations de George Minne. Les motifs décoratifs, par exemple la tulipe stylisée, sont proches de ceux de Van de Velde. Au Patershol à Gand, De Praetere imprime sur sa propre presse à bras le premier recueil de nouvelles de Stijn Streuvels, *Lenteleven* (Vie printanière ; 1899). A partir d'avril 1900, il poursuit ses activités de graveur-imprimeur à Laethem-Saint-Martin. Il se charge de l'impression et du concept graphique, dessine la couverture, exécute lui-même les xylographies pour les frontispices, les culs-de-lampe et les capitales. Il crée de la sorte des volumes illustrés avec grand art, le plus souvent sur papier impérial japon. Parfois assisté par Karel van de Woestijne, il assure successivement à Laethem l'impression et la décoration de *Verzen* (1900) de Herman Teirlinck, *Lucifer* (1902) de Vondel, *Natuur* (1902) de René de Clercq, *Kerkhofblommen* (1902) de Guido Gezelle et *Eerste verzen zijnde : Het vader-huis* (1903) de Karel van de Woestijne[36]. ill. p. 29 A Laethem, Gustave van de Woestyne se manifeste d'ailleurs également comme illustrateur de livres. Il fournit en 1908 pour *Reinaert de Vos*, une adaptation par Stijn Streuvels de l'épopée animale médiévale, des illustrations qui frontispice offrent une ressemblance frappante avec les enluminures des anciens livres d'heures et de prières. Tout comme les miniaturistes médiévaux, Van de Woestyne divise la composition en zones accumulées, séparées les unes des autres par des zigzags de haies, chemins, arbres et rochers. Le rythme des diagonales se retrouve parfois dans ses paysages.

AMVC Archief en Museum voor het Vlaamse Cultuurleven, Anvers
KMSK Koninklijk Museum voor Schone Kunsten, Anvers
MIAT Museum voor Industriële Archeologie en Textiel, Gand
MRBAB Musées royaux des Beaux-Arts de Belgique, Bruxelles
MSK Museum voor Schone Kunsten, Gand
PBA Palais des Beaux-Arts, Bruxelles
PMMK Provinciaal Museum voor Moderne Kunst, Ostende
RKD Rijksbureau voor Kunsthistorische Documentatie, La Haye

1 Une grande rétrospective du symbolisme européen au Musée des Beaux-Arts de Montréal (8 juin – 15 octobre 1995) portait non sans raison le titre « Paradis perdus – L'Europe symboliste ».

2 « Pris entre la fin du naturalisme et les débuts de notre modernité, le symbolisme est un Janus qui regarde vers le passé avec nostalgie, jusqu'à en faire resurgir inopinément une cohorte de divinités, d'anges et de héros [...], et qui appréhende avec anxiété le monde à venir, voulant ne rien voir des conquêtes du progrès scientifique ni des prouesses d'une technique devenue planétaire. Jean Clair, in cat. exp. Montréal 1995 [note 1], p. 17.

3 De nombreuses publications ont été consacrées au village d'artistes de Worpswede. Citons parmi les plus intéressantes : H. Faltus, *Worpswede – Urteil und Vorurteil*, Brême 1972 ; H. Albrecht, *Worpswede – Kunst in der Landschaft*, Fischerhude 1981 ; H.-Chr. Kirsch, *Worpswede – Die Geschichte einer deutschen Künstlerkolonie*, Munich 1987 ; G. Boulboullé et M. Zeiss, *Worpswede. Kulturgeschichte eines Künstlerdorfes*, Cologne 1989.

4 Un des aspects de ce retour au passé, qui se développe surtout dans le contexte du symbolisme, est l'attention nouvelle portée au Moyen Age. Né dès la fin du XIXe siècle, cet intérêt largement européen se traduit par de grandes expositions de l'art des XVe et XVIe siècles à Bruges (1902), Paris (1904) et Düsseldorf (1904), ainsi que par un article admiratif de Maurice Denis, « De la gaucherie des primitifs », (1904), in *Théories, 1890–1910*, Paris 1912².

5 Karel van de Woestijne témoigne : « Souvenez-vous tous que nous vivions d'une vie spirituelle agitée mais fiévreuse, hésitante mais magnifique », in *Elsevier's Geïllustreerd Maandschrift*, XXII, vol. XLIII, 1912, pp. 303, 306–307, dans un article consacré au graveur gantois Jules de Bruycker (pp. 301–324).

6 Une étude pénétrante sur la doctrine des *Correspondances* de Baudelaire in : S. Dresden, *Symbolisme – synthese, stromingen en aspecten*, Amsterdam 1980, pp. 11–40, annotations pp. 210–215.

7 Entre autres dans le *Nieuwe Rotterdamsche Courant* (22 décembre 1908), en ces termes : « Ils engagèrent une longue lutte ; l'instabilité du temps, qu'ils exagéraient dans leur cerveau, déstabilisa tout autant leurs convictions. C'est en vain qu'ils se cramponnèrent à une foi : le cancer du doute rongeait tout fondement. Leur jeunesse fut bientôt marquée par un individualisme tragique, par la perdition et l'orgueil, et aussi par l'impuissance. »

8 K. van de Woestijne, *Verzameld Werk*, vol. IV, Bruxelles 1949, pp. 895–896 (l'article déjà cité [voir note 5] sur Jules de Bruycker in *Elsevier's Geïllustreerd Maandschrift*, 1912).

9 A. Alhadeff, « George Minne. Maeterlinck's fin de siècle Illustrator », *Annales de la Fondation M. Maeterlinck*, XII (1966), pp. 7–42 ; J. Haerens, « George Minne als boekillustrator », in *George Minne en de kunst rond 1900*, cat. exp. MSK, Gand 1982, pp. 41–48.

10 Pour la rencontre avec Rodin, voir J. Meier-Graefe, « Das plastische Ornament », *Pan*, 1898, p. 260 ; L. van Puyvelde, *George Minne*, Bruxelles 1930, pp. 18–19.

11 Pour les deux versions du *Jean-Baptiste* (1895), voir cat. exp. Gand 1982 [note 9], nos 47 et 48.

12 Plusieurs lettres de Toorop, une personnalité très réceptive, témoignent de la profonde admiration qu'il vouait à l'œuvre du sculpteur belge. Initialement, Minne est l'élément inspirateur dans les contacts avec les symbolistes néerlandais. Par la suite, l'interaction avec Toorop l'incitera en tout cas à étirer démesurément ses figures spiritualisées, voir Ph. Mertens, « De brieven van Jan Toorop aan Octave Maus », *Bulletin Musées royaux des Beaux-Arts de Belgique*, Bruxelles 1969, 3–4, lettre du 23 octobre 1890 (n. 3, p. 178).

13 Cat. exp. Gand 1982 [note 9], pp. 183–203.

14 Pour un exposé concis et récent à propos de *La Fontaine des agenouillés*, voir M. Tahon-Vanroose, « George Minne. De Fontein der geknielden », in *200 jaar verzamelen. Collectieboek Museum voor Schone Kunsten Gent*, Gand 2000, pp. 188–194.

15 Pour la sculpture funéraire chez George Minne, voir cat. exp. Gand 1982 [note 9], nos 143–147, pp. 216–221.

16 Dans toutes ses interviews, Valerius de Saedeleer fait référence en termes élogieux à l'exemple lumineux de George Minne. Voir *Het Laatste Nieuws*, 4 mai 1933 ; *Kunst*, Gand 1935, 1–2, pp. 33–44 ; H. van de Velde, *Gesprekken met Valerius de Saedeleer*, Bruges et Utrecht 1943.

17 K. van de Woestijne, « Gustave van de Woestijne », in *De Schroeflijn I*, 1928 (*Verzameld Werk*, vol. IV, p. 453).

18 Dans le *Nieuwe Rotterdamsche Courant* du 26 octobre 1921, Karel van de Woestijne consacre un exposé succinct au premier groupe de Laethem et parle d'un « cercle d'âmes apparentées ».

19 *Fosset. Sous les pins*, 1894, huile sur toile, 65,5 x 44 cm, signé en bas à droite : *Fernand Khnopff*, MRBAB, Bruxelles ; *De l'impressionnisme au symbolisme. L'avant-garde belge 1880–1900*, cat. exp. Royal Academy of Arts, Londres, et Sint-Janshospitaal, Bruges, Londres et Gand 1994, no 34, pp. 152–153.

20 J.-D. Jumeau-Lafond, *Les Peintres de l'âme – Le symbolisme idéaliste en France*, Gand et Anvers 1999 (expositions Musée d'Ixelles, Bruxelles, 15 octobre – 31 décembre 1999), pp. 46–47, 57, 84, 95. L'attitude nostalgique – le retour au Moyen Age – a déjà été signalée à l'époque. Raymond Bouyer, par exemple, écrit dans son article « Le Déclin du paysage », *Revue Bleue*, Paris, 11 octobre 1902, p. 467 :

« Le paysage de nos jours a quelque chose *d'ancien* … d'un peu rétrospectif et réfléchi. »

21 L'artiste lui-même situe cette œuvre au début d'une nouvelle phase. Cette renaissance artistique coïncide avec le retour au christianisme : « Je découvris la Lys, mon âme et ma conscience, le mysticisme flamand, l'ancienne foi que je n'aurais pas pu abandonner. Je compris à nouveau la valeur de la vie familiale. Je rompis complètement avec le passé. J'effaçai mon nom de peintre impressionniste. A Laethem, j'ai appris à renoncer au matériel et appris à scruter en moi et dans les choses. […] Mon œuvre c'est de croire. C'est la représentation de ma vie. Je vois les deux comme une prière. Après tant d'agitation, j'ai trouvé la paix. Cette paix, je l'ai mise dans mes toiles, aussi bien que je le pouvais » (J. De Maegt, « Bij Valerius de Saedeleer te Etikhove – Het bewogen leven van den Meester », *Het Laatste Nieuws*, 4 mai 1933).

22 L'appréciation religieuse (franciscaine) de l'eau s'exprime de façon explicite dans les paysages symbolistes du peintre et graphiste français Charles-Marie Dulac (1865–1898). Voir T. G. Greenspan, « Charles Marie Dulac : The idyllic and mystical landscape of symbolism », *Gazette des Beaux-Arts*, Paris, 124e année, VIe période, tome XCIX, avril 1982, pp. 163–166.

23 R. De Smet, « Valerius Fotographicus », in *Kunst & Camera*, cat. exp. PBA, Bruxelles 1980, pp. 42–48 (Europalia 80 – België 150 Belgique, 28 novembre 1980 – 11 janvier 1981).

24 Stijn Streuvels, *Reinaert de Vos voor de vierschaar van Koning Nobel den Leeuw*, Maldegem 1908 (Duimpjesuitgave 72), réédition Bruges 1910, 1969.

25 P. G. J. M. Raedts, « Het aards paradijs : de tuin als beeld van het geluk », in R. E. V. Stuip et C. Vellekoopt, *Tuinen in de Middeleeuwen*, Hilversum 1992, pp. 35–50 ; P. Vandenbroeck, *Le jardin clos de l'âme : l'imaginaire des religieuses dans les Pays-Bas du Sud, depuis le 13e siècle*, cat. exp. PBA, Bruxelles 1994, 25 février – 22 mai 1994 (pp. 91–104, « Le jardin clos ») ; « De Middeleeuwen : van kloostertuin tot "hortus conclusus" », in R. de Herdt, *Tuinen van Eden – Van Keizer Karel tot heden*, cat. exp. MIAT, Gand 2000, 20 avril – 25 juin 2000, pp. 12–15.

26 « Hortus conclusus soror mea sponsa, hortus conclusus, fons signatus », Cant. 4, 2. Les deux images, le jardin clos et la fontaine scellée, sont fréquemment associées à l'Immaculée Conception de la Vierge.

27 J. J. Timmers, *Christelijke symboliek en iconografie*, Haarlem 1978/1981, pp. 136–137 ; une des *Laudes Mariae*, à savoir *quasi aurora consurgens* (« comme le lever du jour », Cantique 6), pourrait avoir servi de source d'inspiration à ce tableau.

28 Un exemple très frappant à cet égard est *La Nativité*, vers 1400, anonyme (maître néerlandais), huile sur panneau, 33,1 x 21,2 cm, Museum Mayer van den Bergh, Anvers ; ce genre de parois rocheuses brisées avec des arbres rapetissés se rencontrent également dans l'œuvre de Melchior Broederlam (1378–1409).

29 K. Goldammer, *Die Formenwelt des Religiösen*, Stuttgart 1960, pp. 297–299.

30 D. Silverman, « Au seuil du symbolisme : *Le semeur* de Van Gogh et *La vision après le sermon ou la lutte de Jacob avec l'ange* de Gauguin », in cat. exp. Montréal 1995 [note 1], pp. 104–115.

31 A propos de la vision que l'artiste symboliste en général a de lui-même, voir D. Gamboni, « De soi-même, à soi-même : symbolisme, individualisme et communication », in cat. exp. Montréal 1995 [note 1], pp. 242–250.

32 Pour la période laethémoise de Nauen, voir I. Kleinschmidt-Altpeter, « Heinrich Nauen – Selbstfindung im Belgischen Künstlerdorf Sint-Martens-Latem », in *Heinrich Nauen 1880–1940 Retrospektive*, cat. exp. Kunstmuseum Bonn 1996, 26 janvier – 17 mars 1996, pp. 32–37 ; P. Boyens, *Sint-Martens-Latem – Kunstenaarsdorp in Vlaanderen*, Tielt 1992, 1998^{2}, p. 53.

33 Boyens [note 32], pp. 49–50 ; pour le programme de conférences et de causeries organisées par le cercle artistique *Open Wegen*, voir H. van den Abeele, *Geschiedenis van Sint-Martens-Laathem aan Bosch en Leie*, Louvain 1909, p. 142.

34 K. van de Woestijne, « Gustave van de Woestyne », *De Schroeflijn* [note 17], pp. 462–466 ; voir également à ce sujet H. van de Woestyne-Van Agt, « Een uitzonderingsfiguur », *Gustave van de Woestyne*, cat. exp. KMSK Anvers 1981, pp. 33–51.

35 Les deux artistes, Maurice Denis et Jan Toorop, exposent régulièrement pendant les années quatre-vingt-dix au cercle artistique bruxellois La Libre Esthétique. A son tour, le jeune Gustave van de Woestyne sera un visiteur assidu. Il déclare dans *Karel en ik – Herinneringen* (Bruxelles – Amsterdam 1979) : « Chaque année il y avait une exposition de "La libre Esthétique" et nous nous y rendions souvent ensemble. […] A cette exposition j'ai appris à connaître l'œuvre de George Minne, de Maurice Denis, de Cézanne, de Gauguin, de Vincent van Gogh etc. etc. » (p. 33).

36 Pour Jules de Praetere, voir entre autres Boyens [note 32], pp. 42–43, n. 13, et p. 287, n. 94.

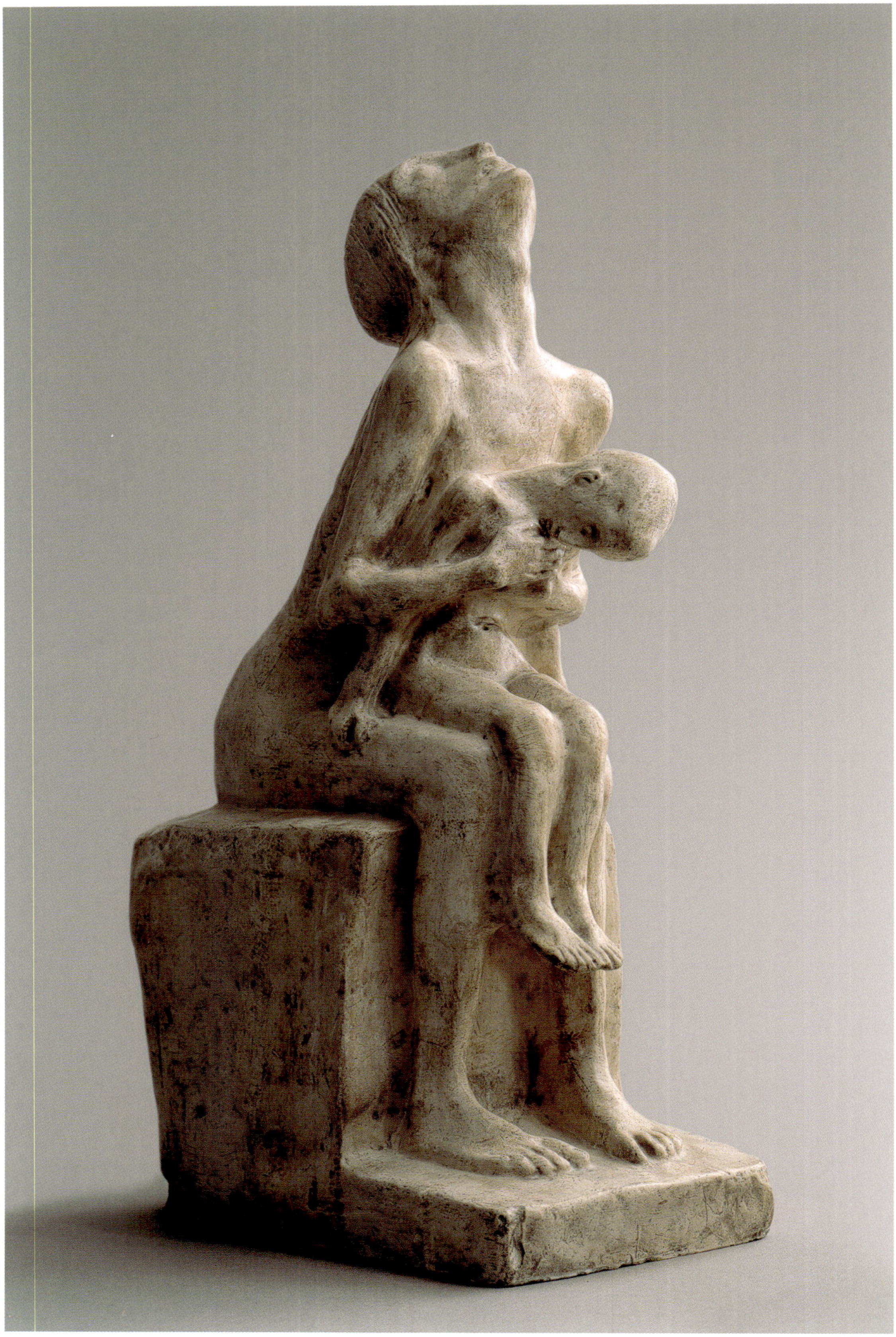

1 GEORGE MINNE • *Mère pleurant son enfant mort* [1886]

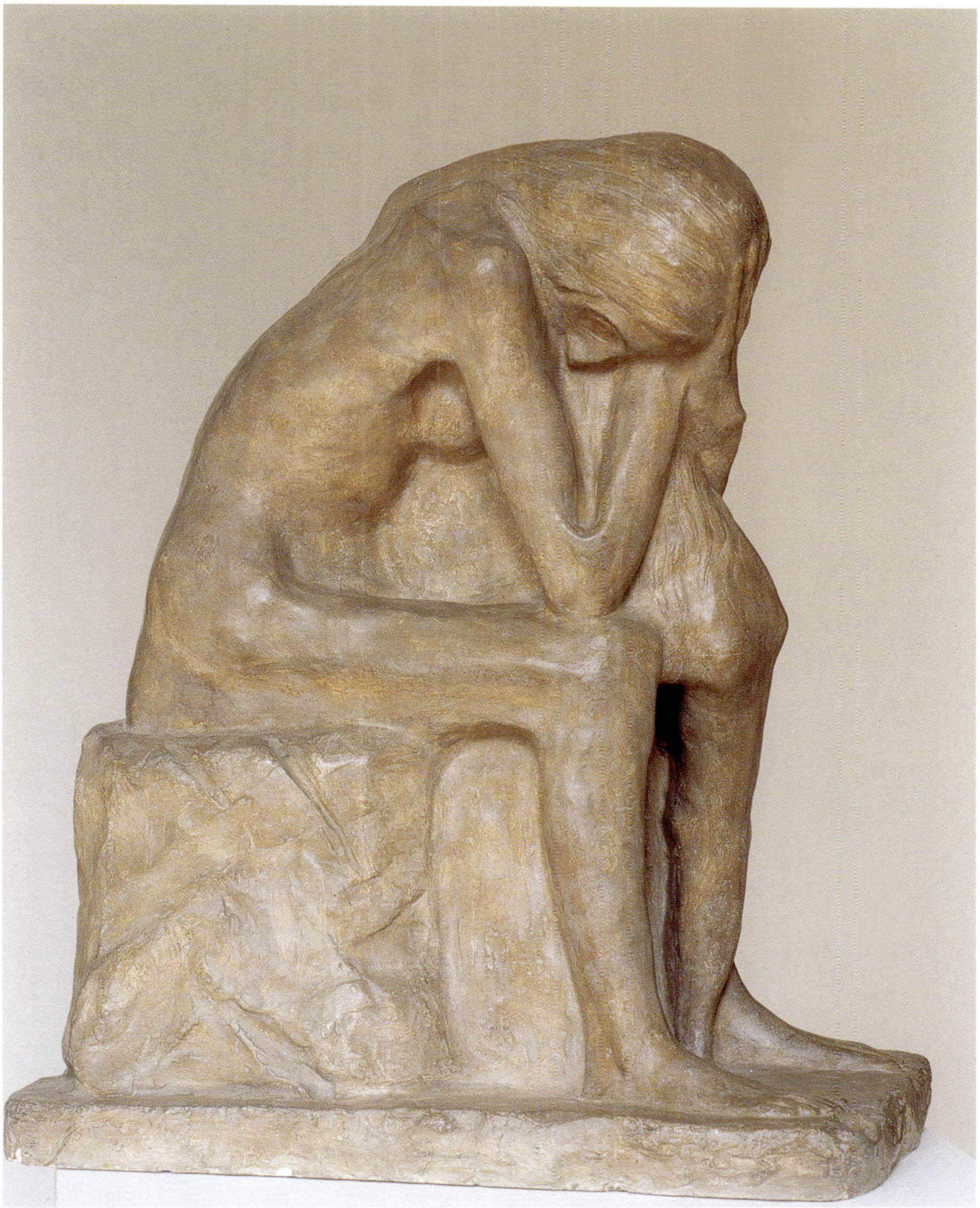

2 GEORGE MINNE • *Mère affligée avec deux enfants* [1888]

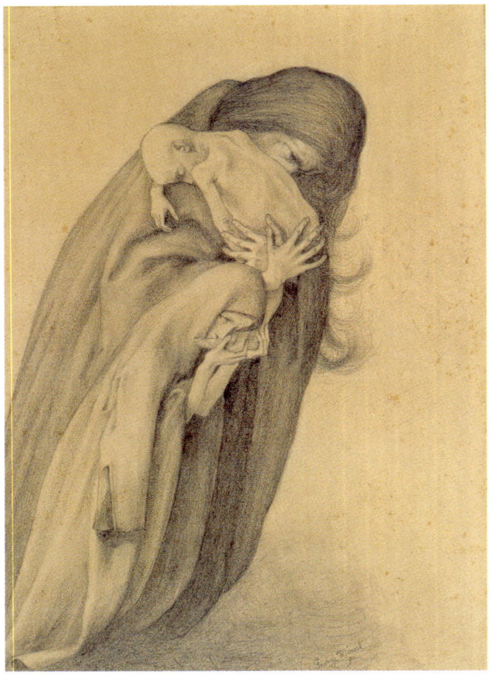

4 GEORGE MINNE • *Mère affligée* 1890

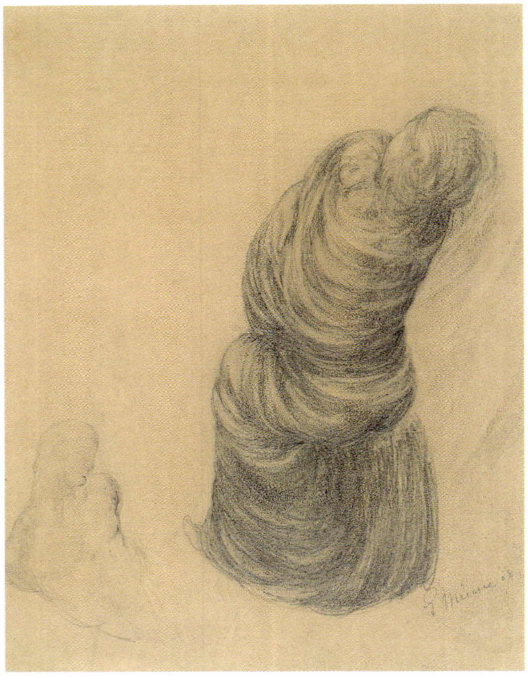

11 GEORGE MINNE • *Mère et enfant* 1908

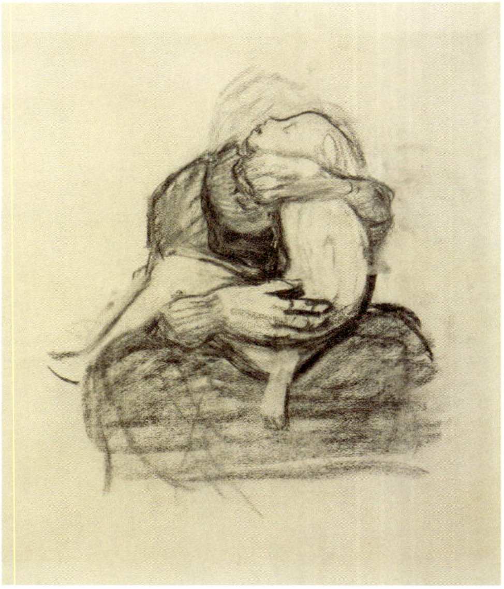

5 KÄTHE KOLLWITZ • *Mère avec son enfant mort* [1911]

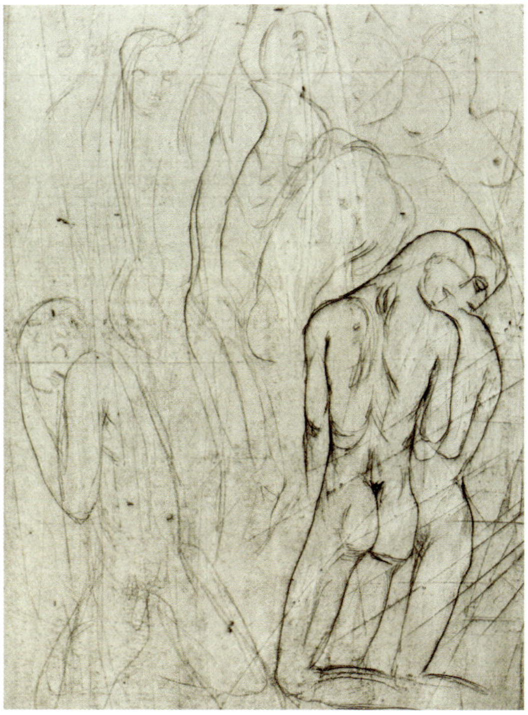

12 WILHELM LEHMBRUCK • Composition avec figures 1913

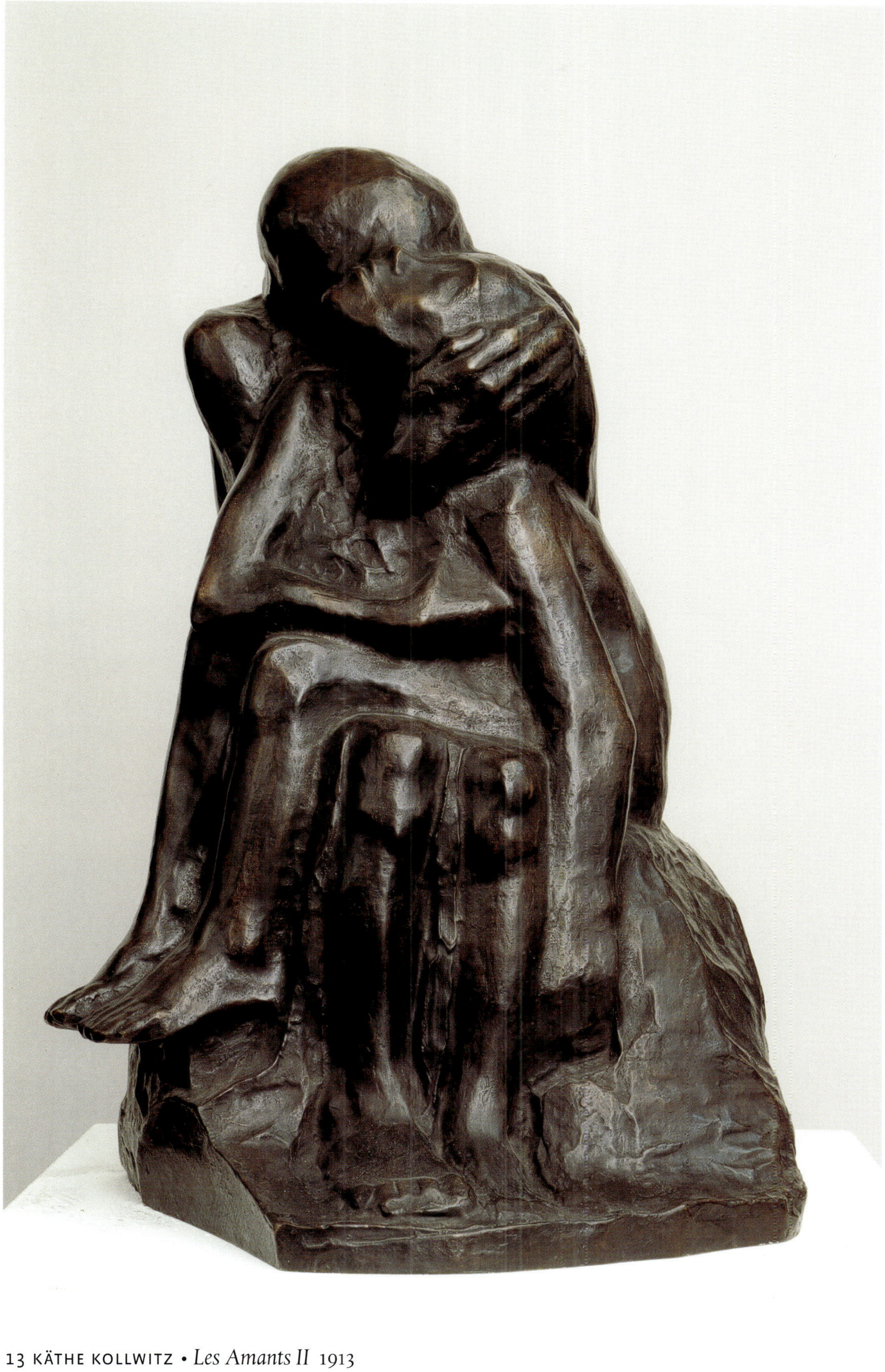

13 KÄTHE KOLLWITZ • *Les Amants II* 1913

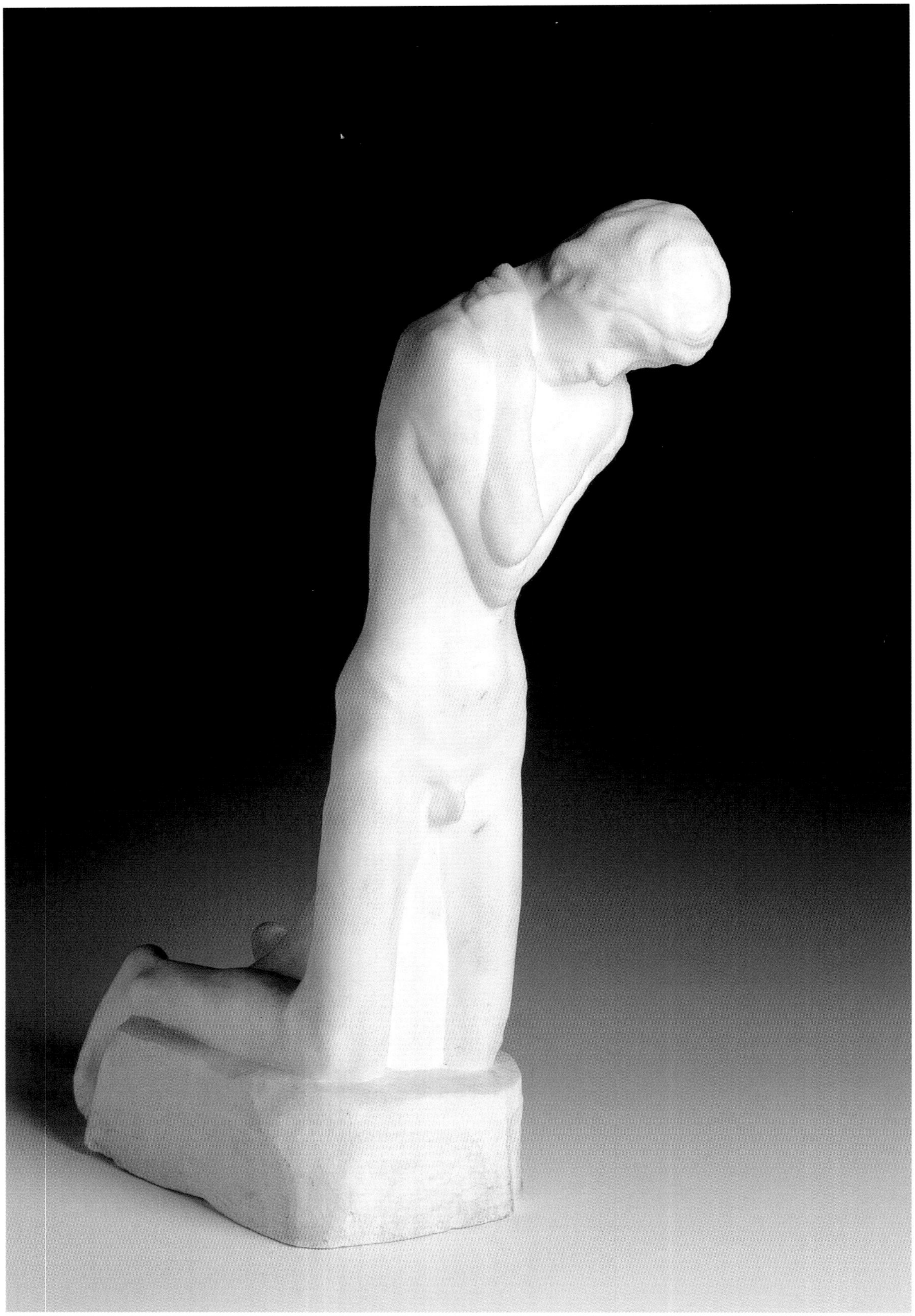

14 GEORGE MINNE • *Le Petit Agenouillé* [1896]

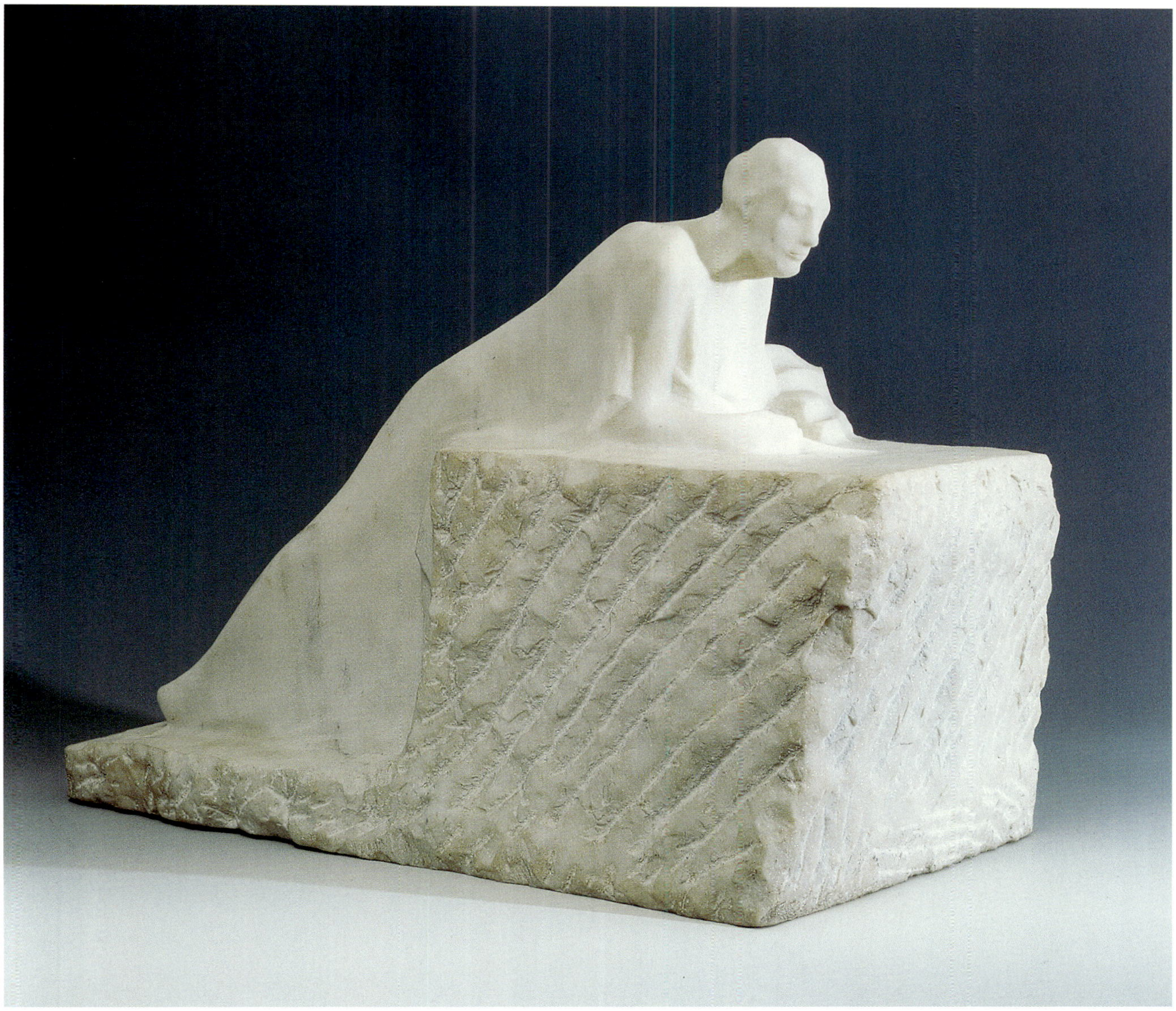

25 GEORGE MINNE • *L'Orateur* [1901]

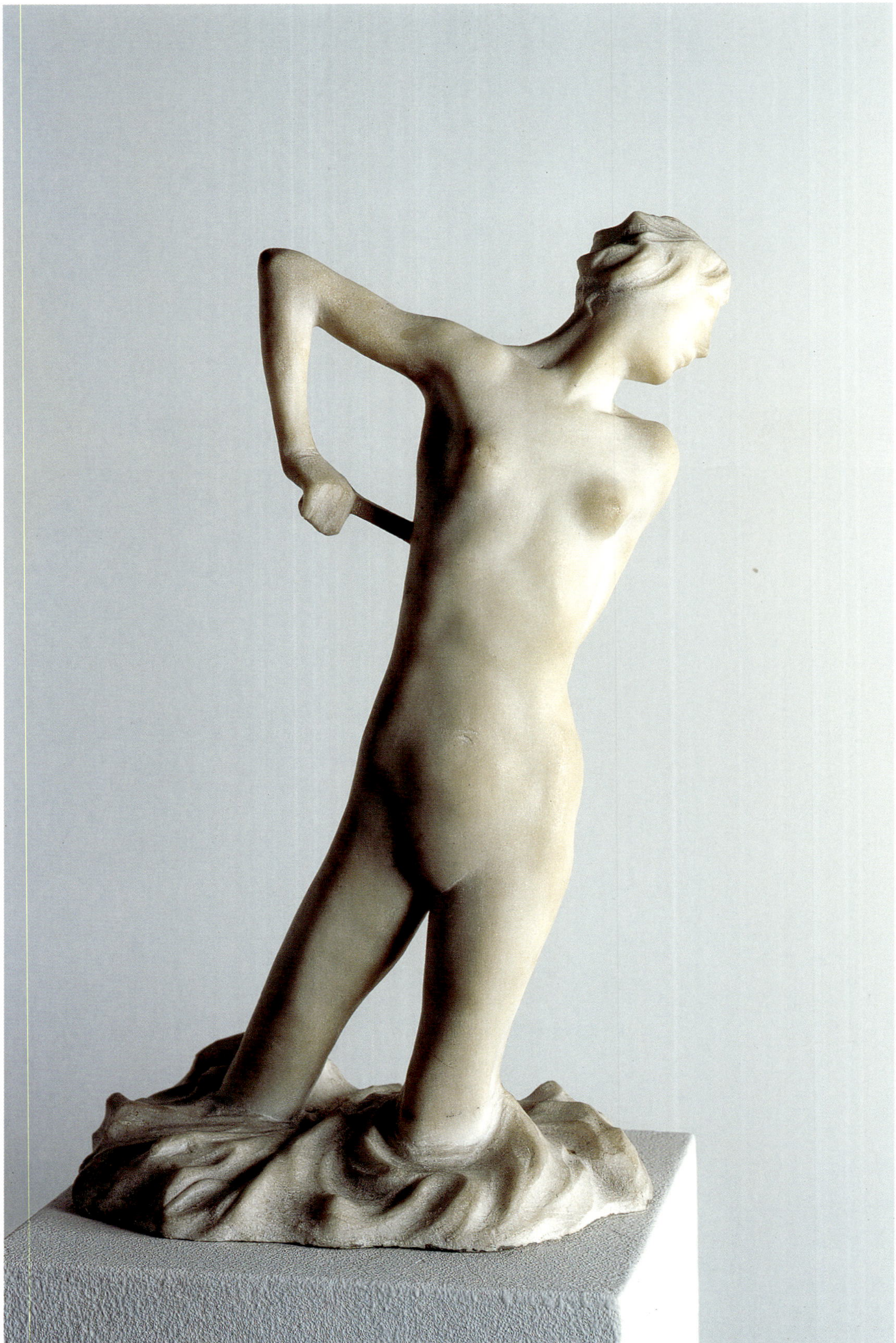

16 GEORGE MINNE • *Femme au bain* 1899

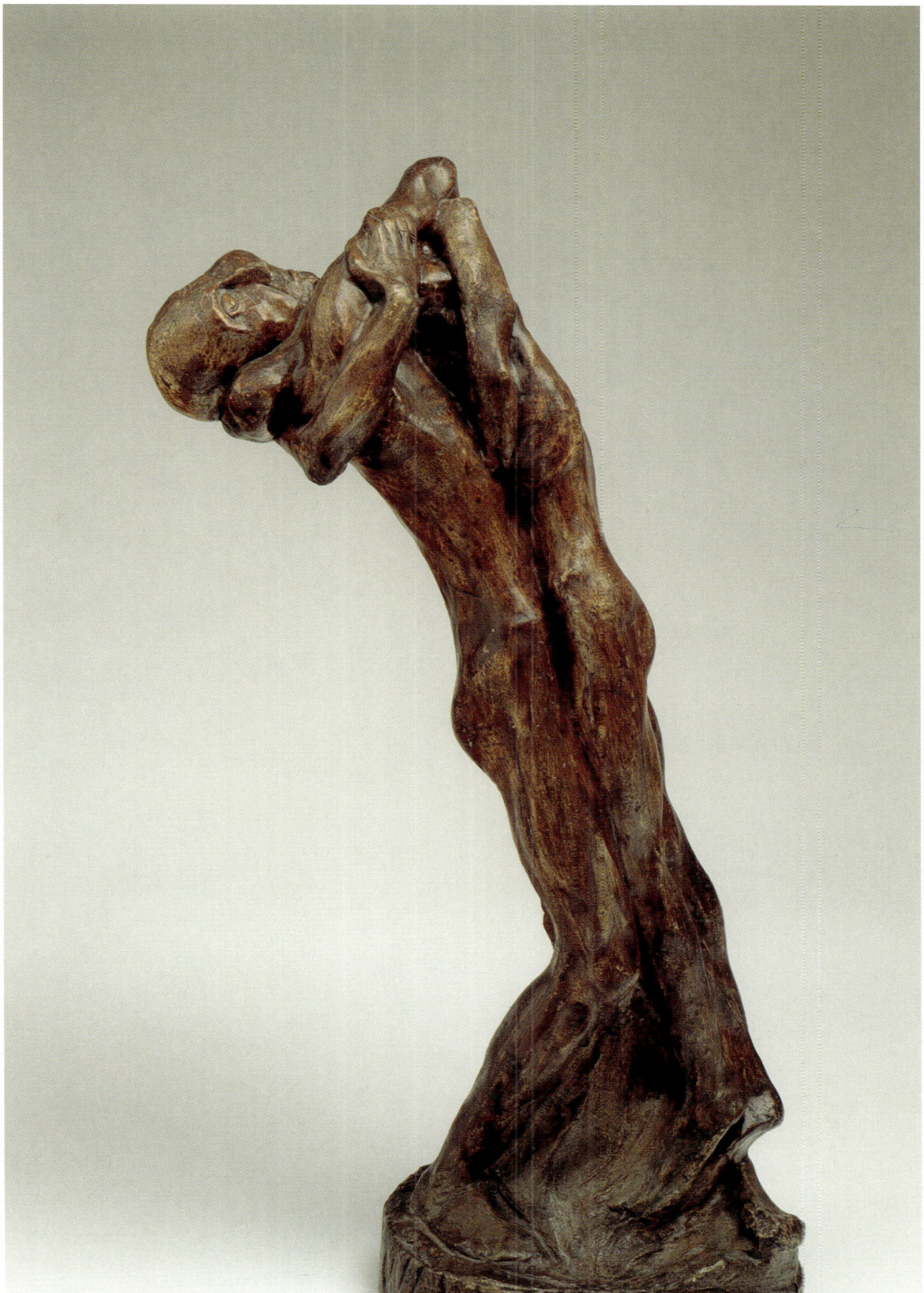

17 GEORGE MINNE • *Le Fils prodigue* [1896]

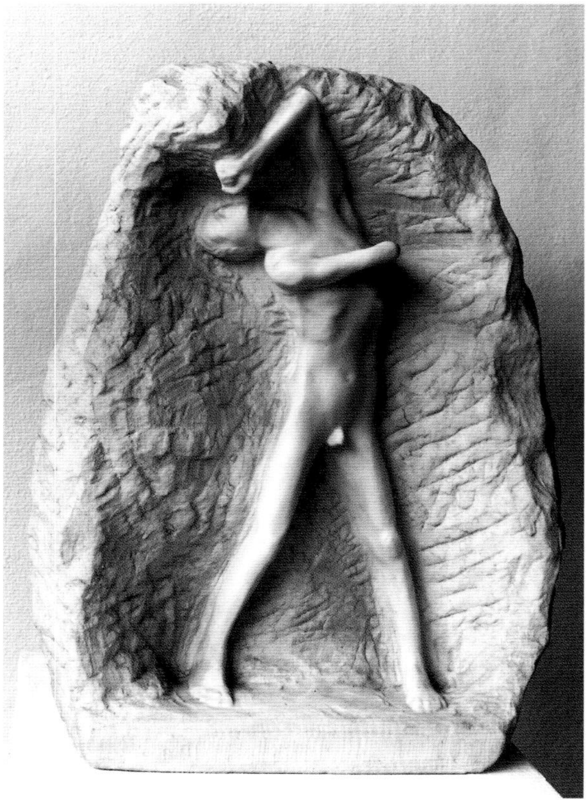

19 GEORGE MINNE • *Le Grand Blessé* 1894

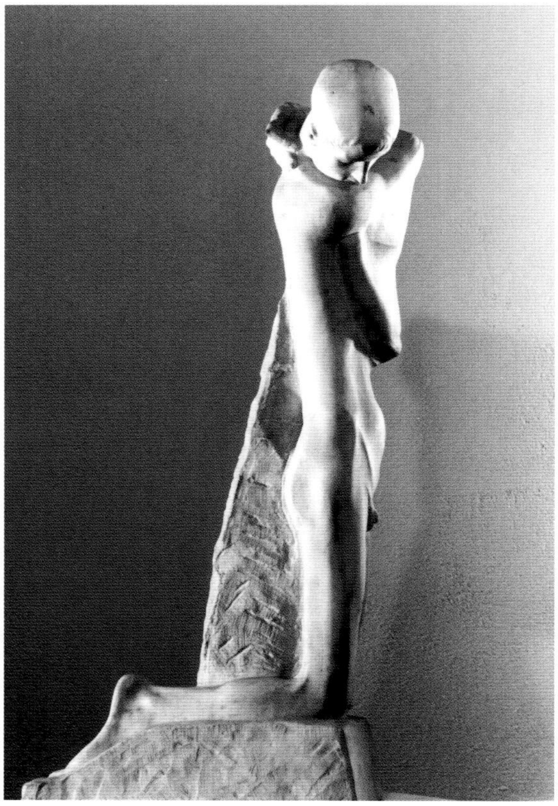

20 GEORGE MINNE • *L'Agenouillé* 1898

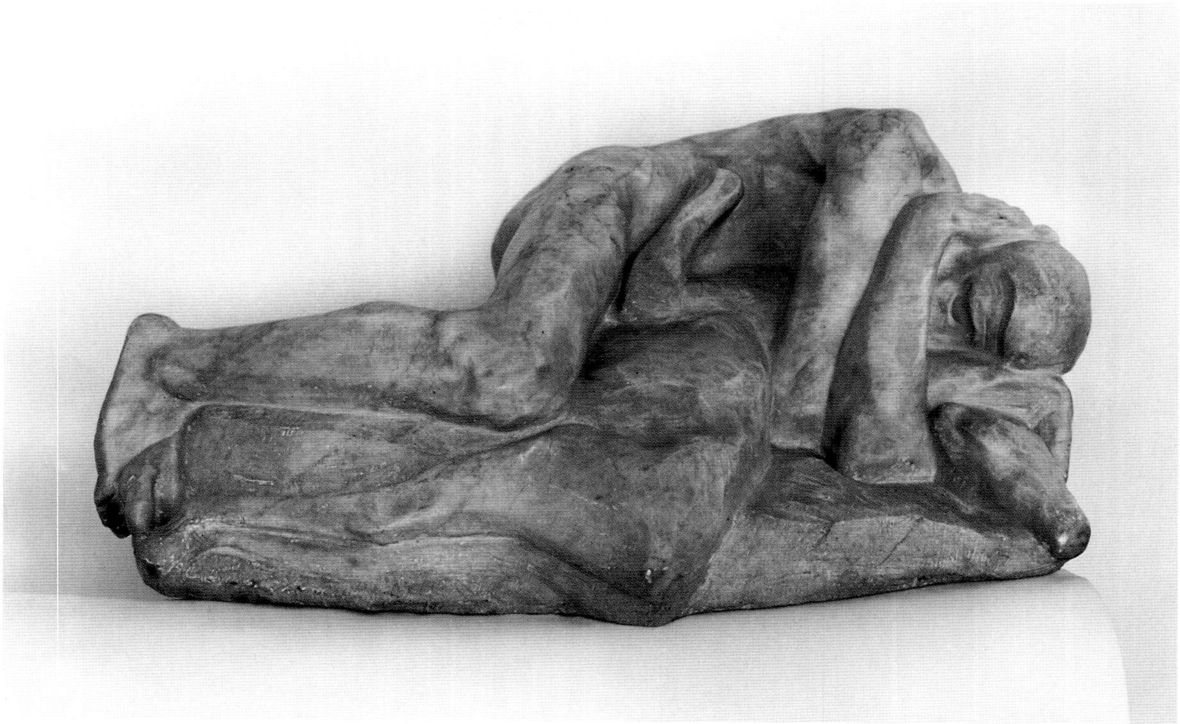

21 GEORGE MINNE • *Homme pleurant sa biche morte* 1896

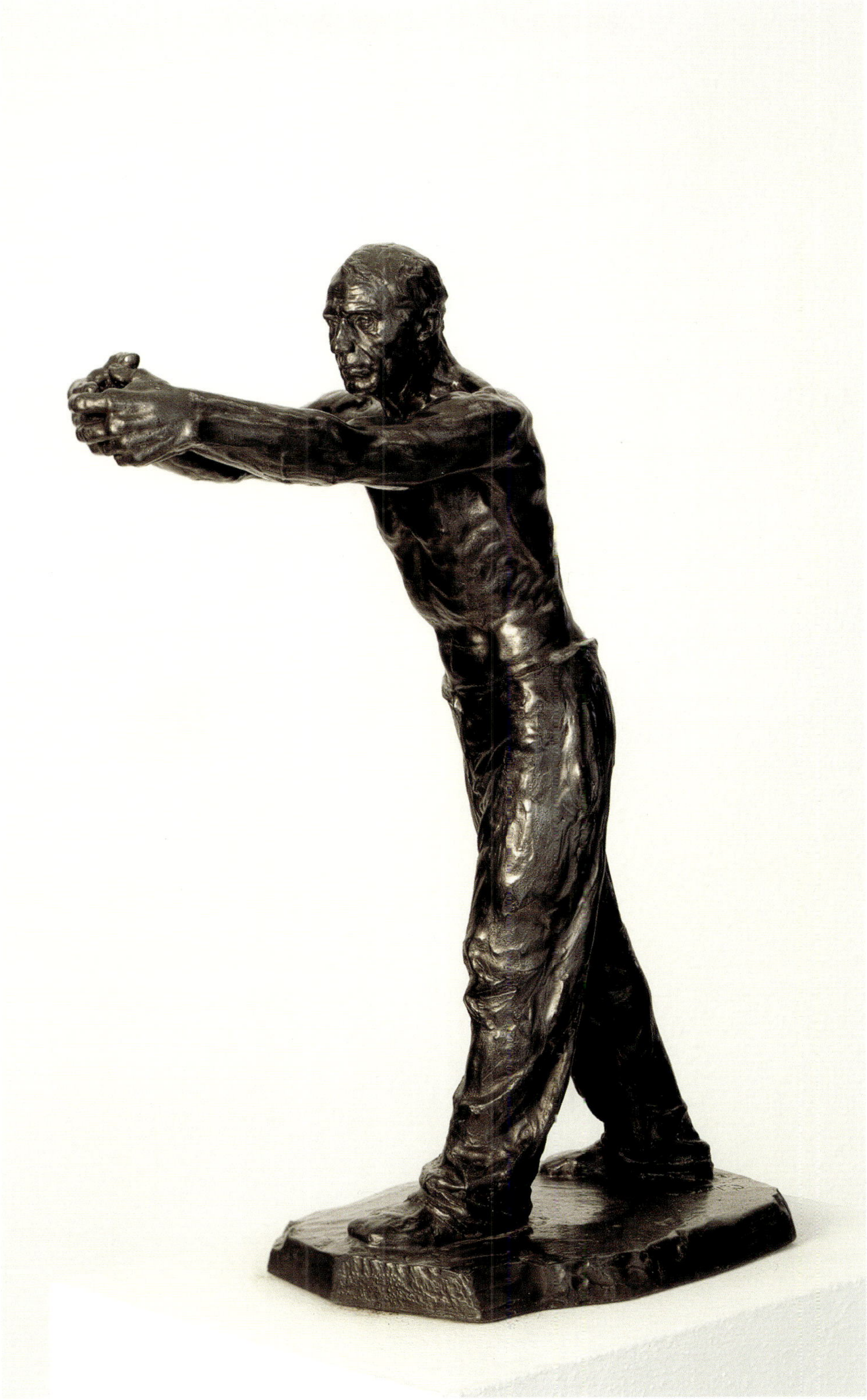

22 GEORGE MINNE • *Le Débardeur* 1913

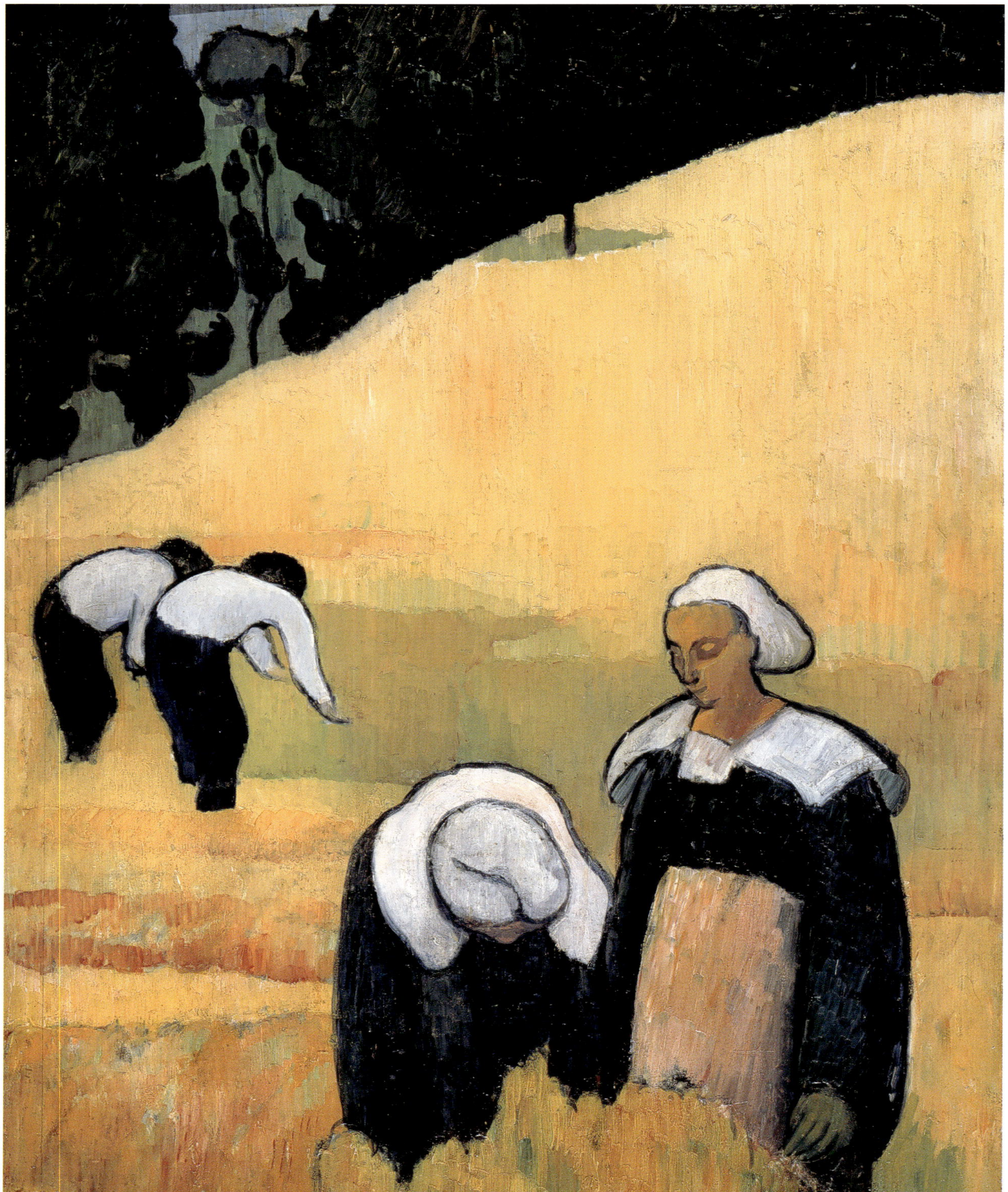

27 ÉMILE BERNARD • *La Moisson* 1888

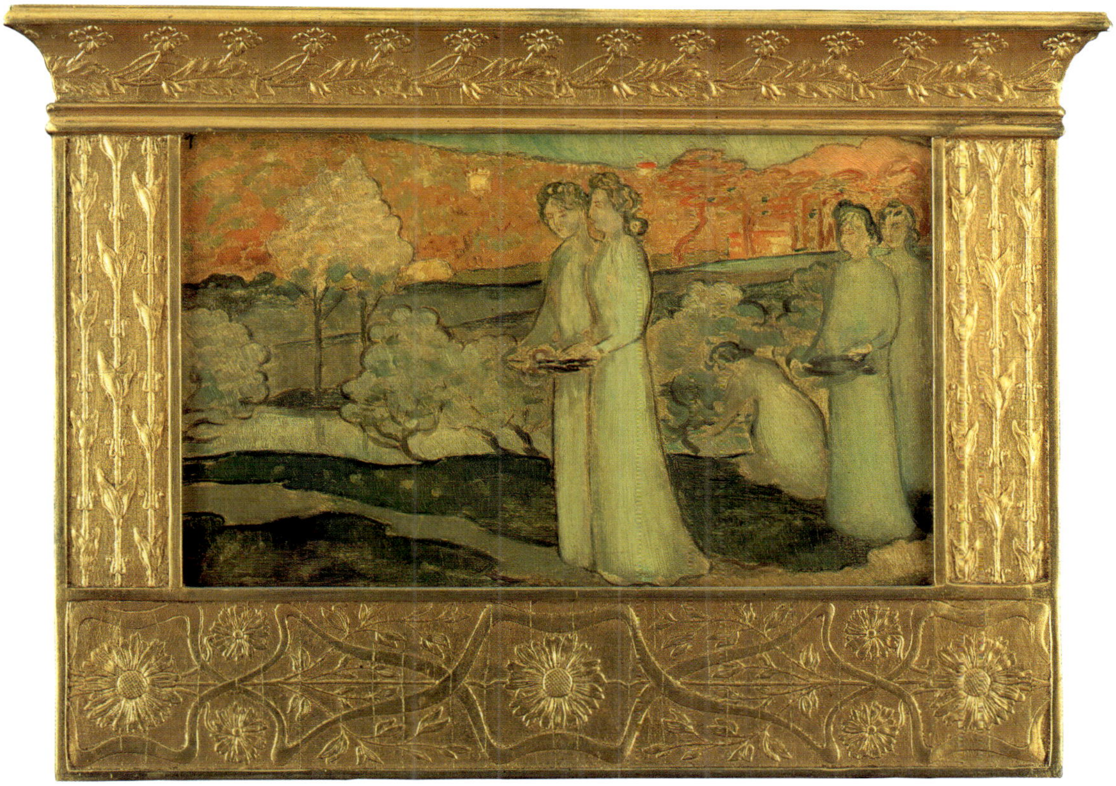

28 MAURICE DENIS • *Avril* 1892

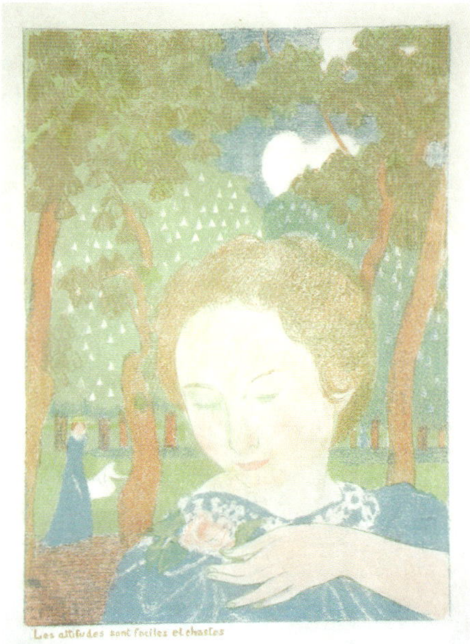

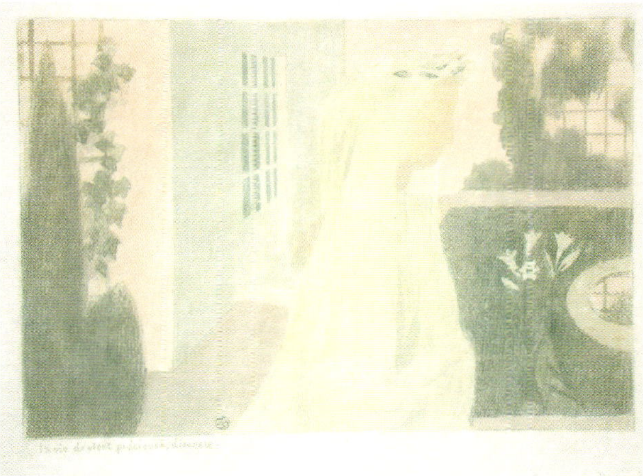

30 MAURICE DENIS • *La vie devient précieuse et discrète* Extrait de l'album *Amour*, Ambroise Vollard, Paris 1911

29 MAURICE DENIS • *Les attitudes sont faciles et chastes*. Extrait de l'album *Amour*, Ambroise Vollard, Paris 1911

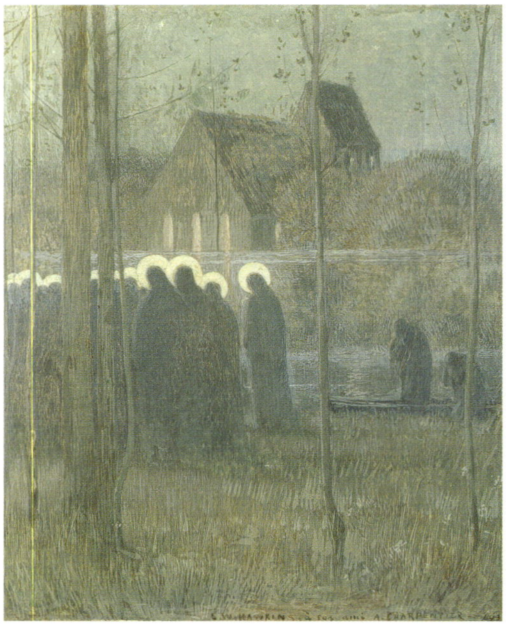

31 LOUIS WELDEN HAWKINS • *Procession des âmes* ou *Noël* 1893

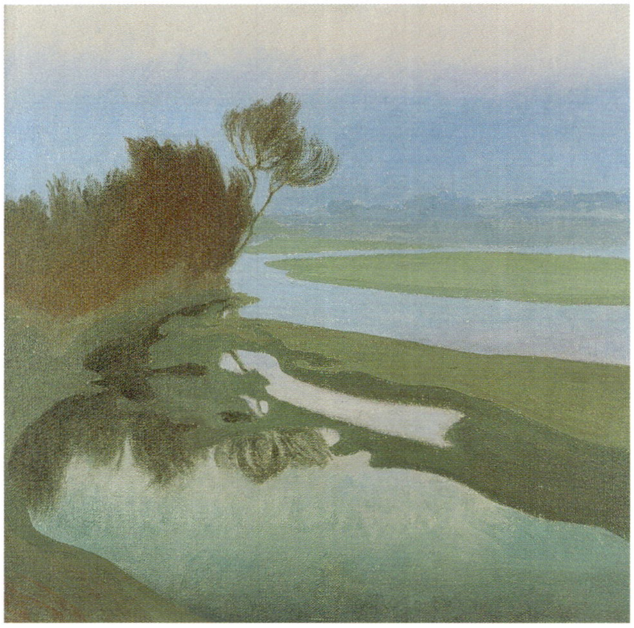

32 CHARLES-MARIE DULAC • *Le Rhône à Avignon* 1898

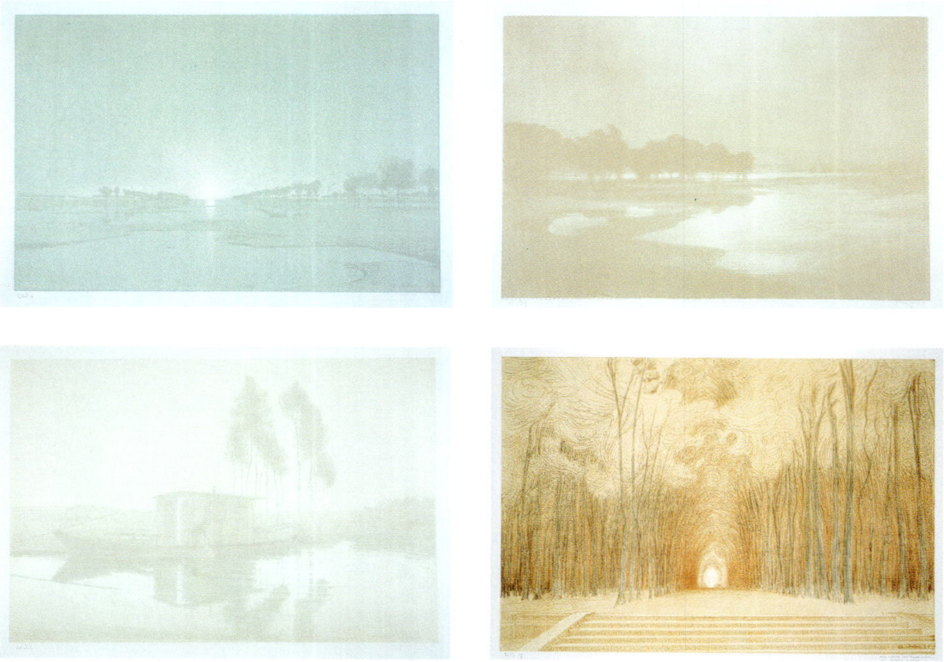

33–35 CHARLES-MARIE DULAC • *Le Cantique des créatures : le soleil, la lune, le feu et l'eau, la voie bénie* 1894

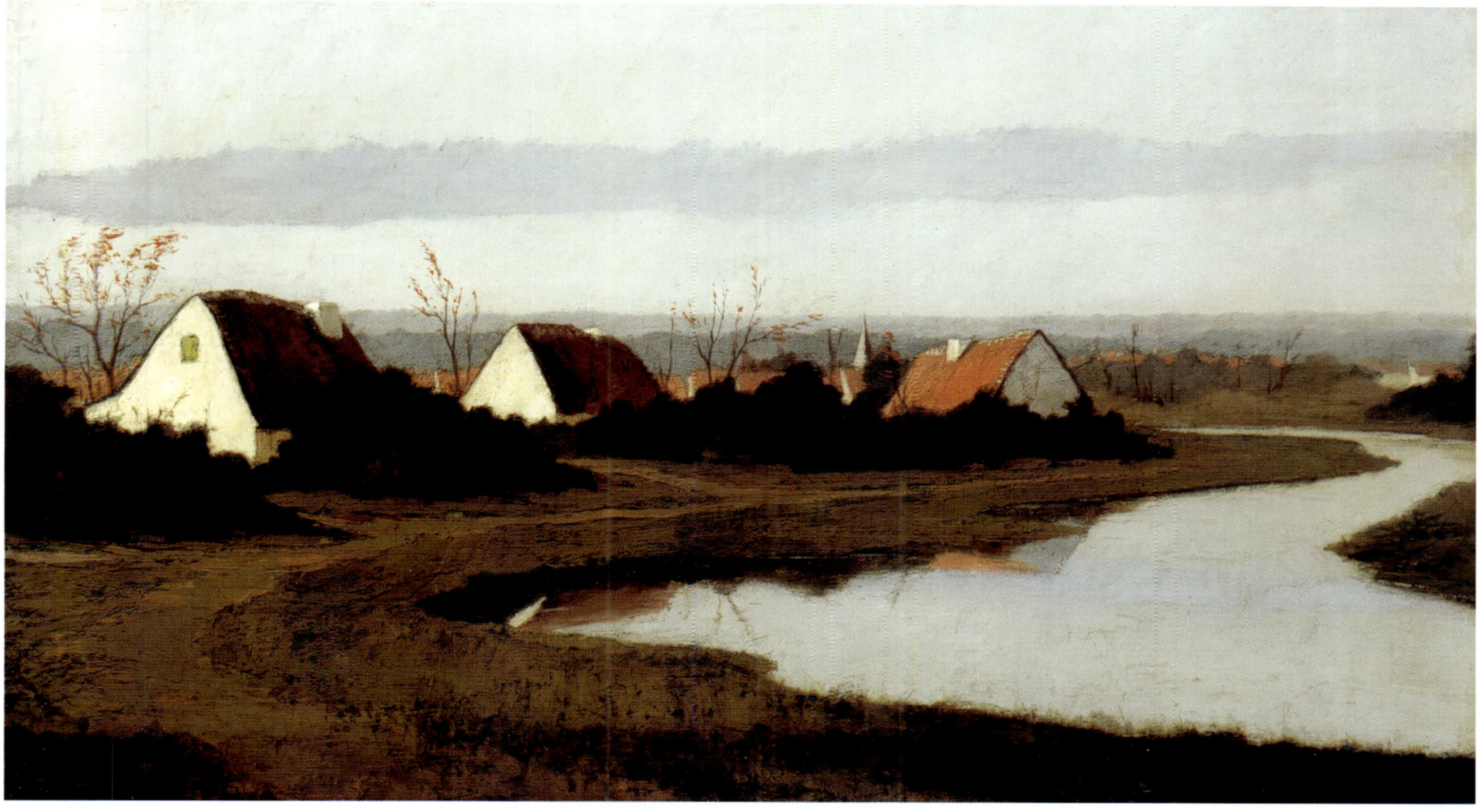

36 EUGÈNE LAERMANS • *Village au bord de la rivière / Soir calme au bord de la rivière*

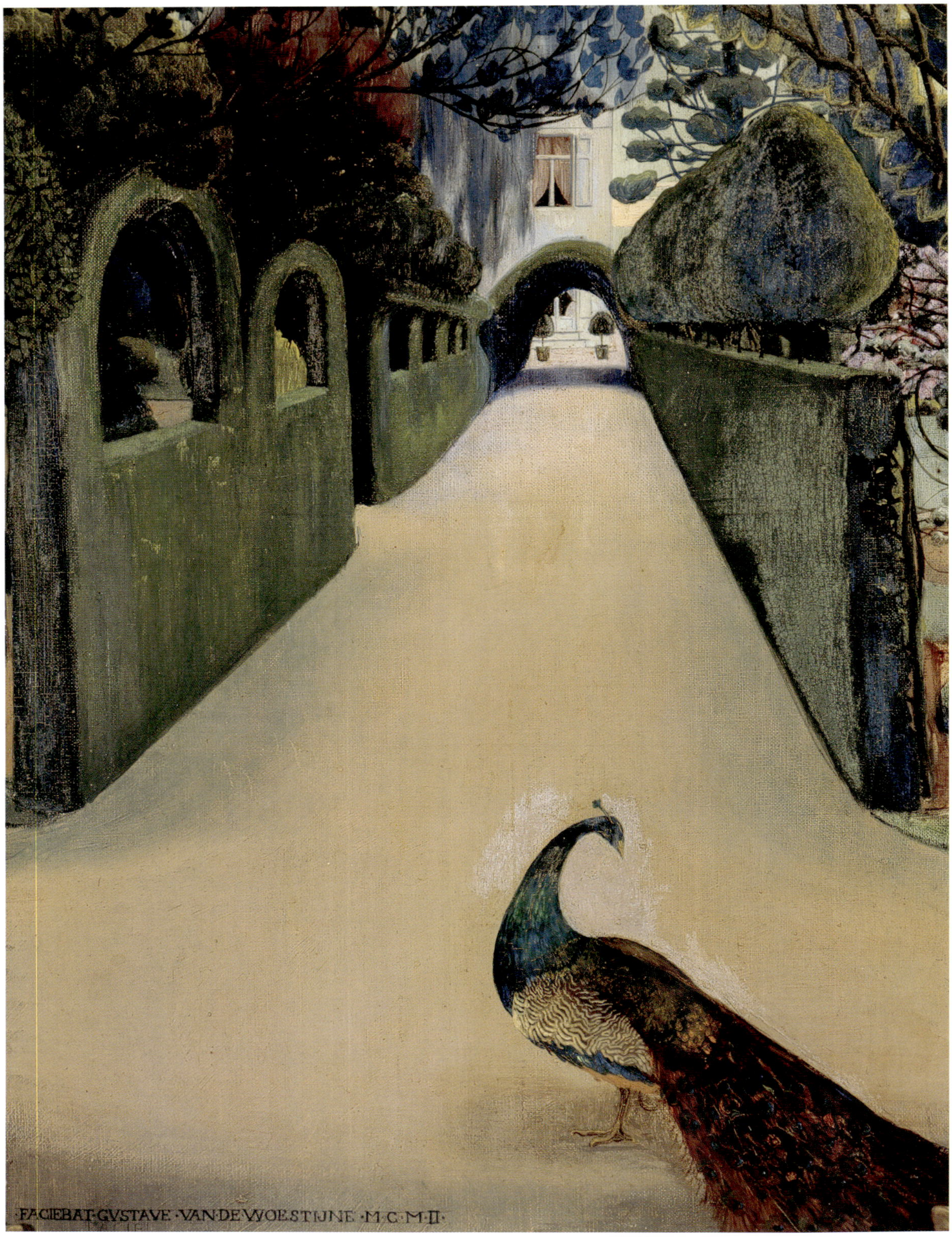

37 GUSTAVE VAN DE WOESTYNE • *Le Beau Jardin* 1902

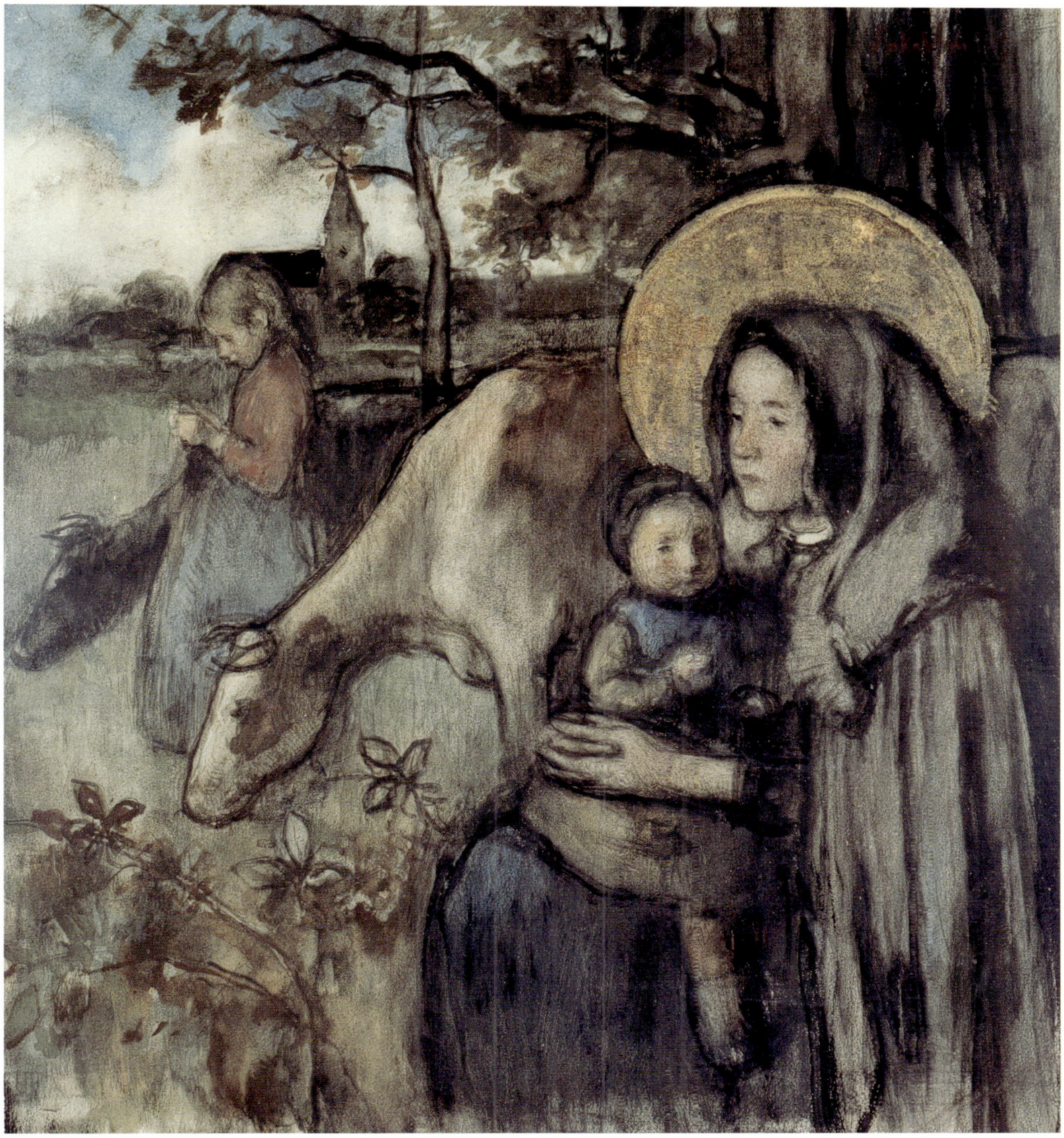

38 JACOB SMITS • *Symbole de la Campine* [1895]

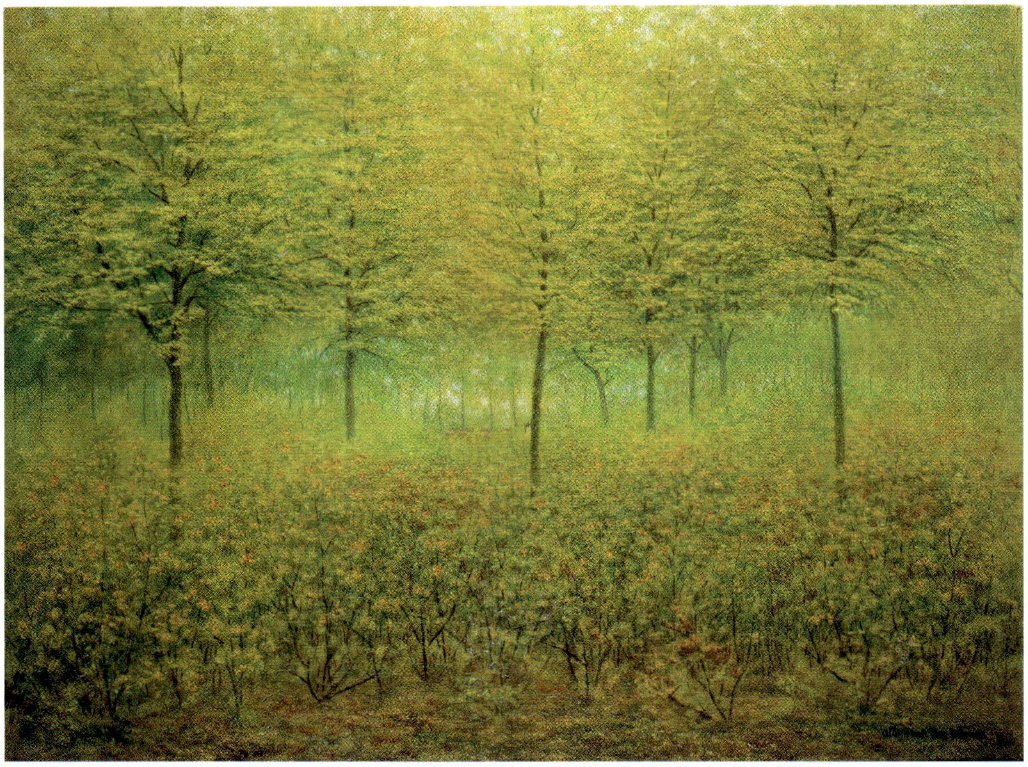

40 ALBIJN VAN DEN ABEELE • *Verdure printanière* [1900]

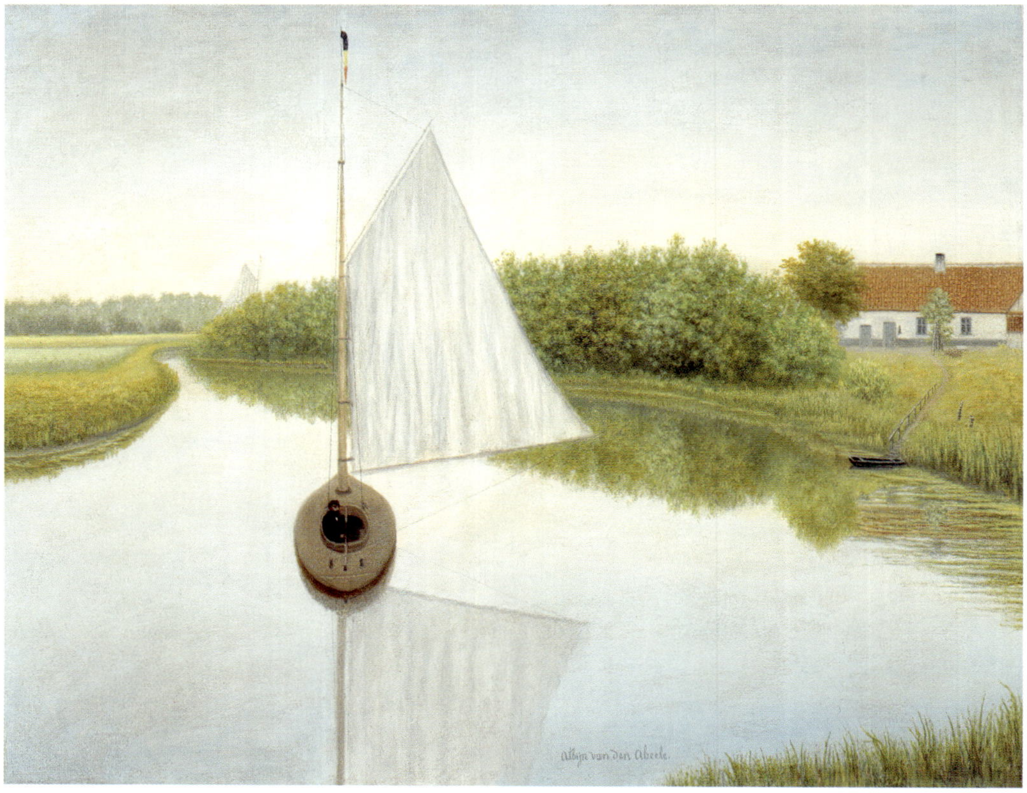

41 ALBIJN VAN DEN ABEELE • *Vue de la Lys* [1903]

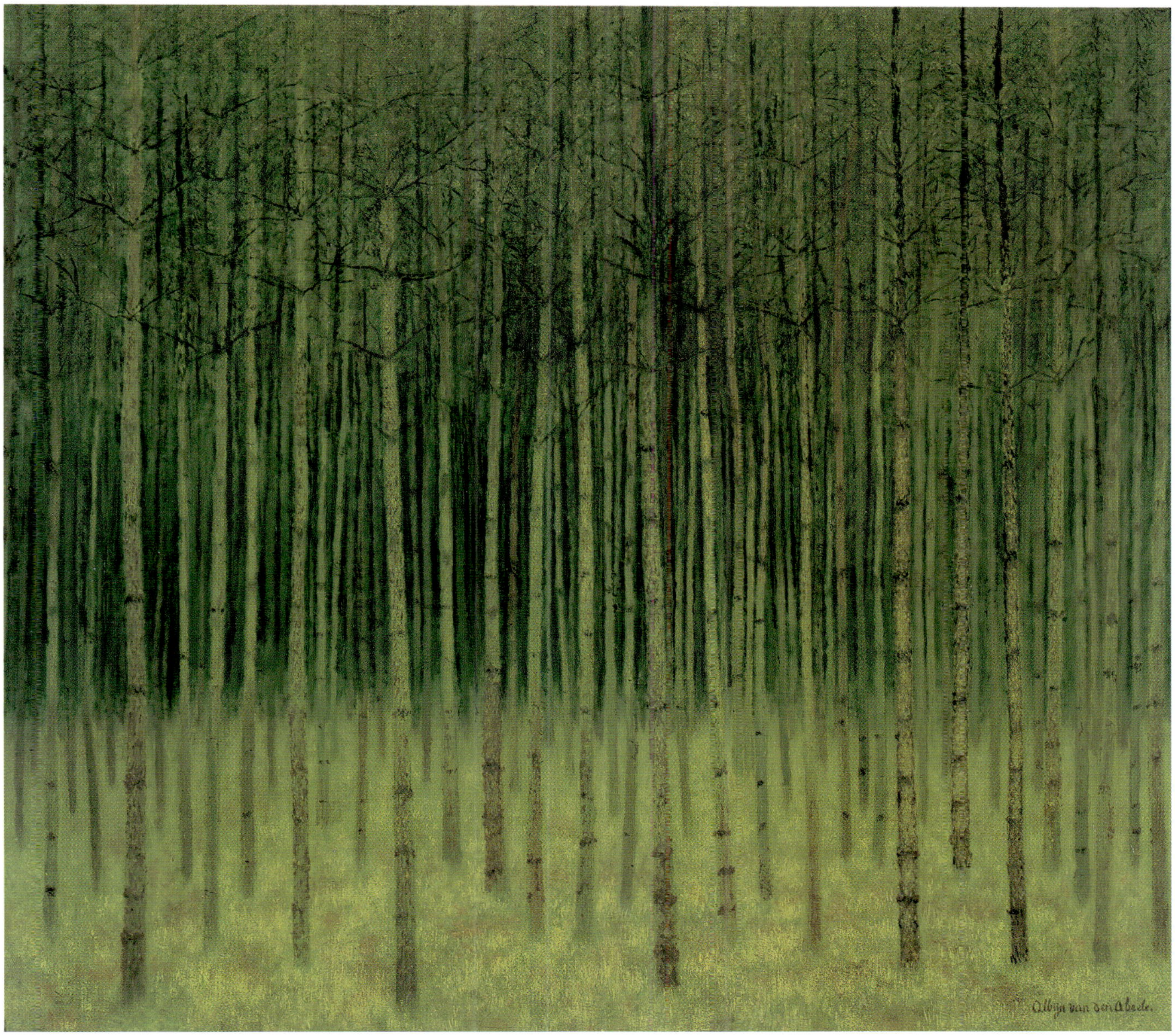

42 ALBIJN VAN DEN ABEELE • *Sapinière en février* [1900]

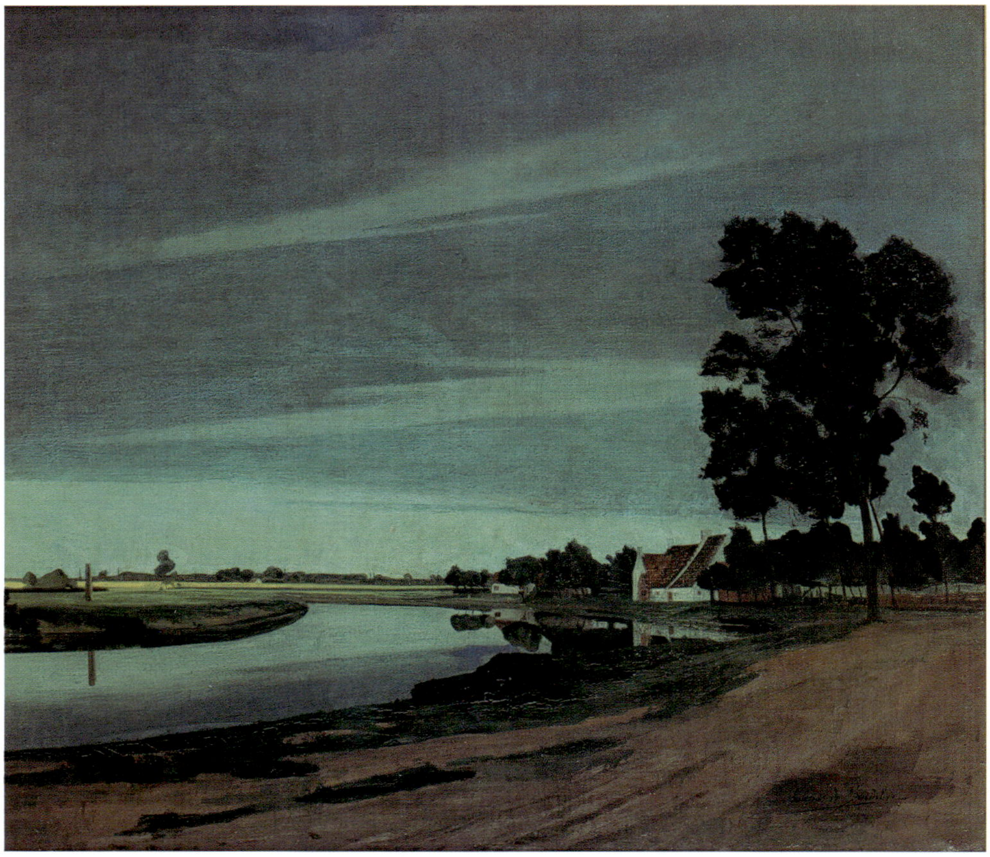

44 VALERIUS DE SAEDELEER • *Soir calme sur la rivière* 1904

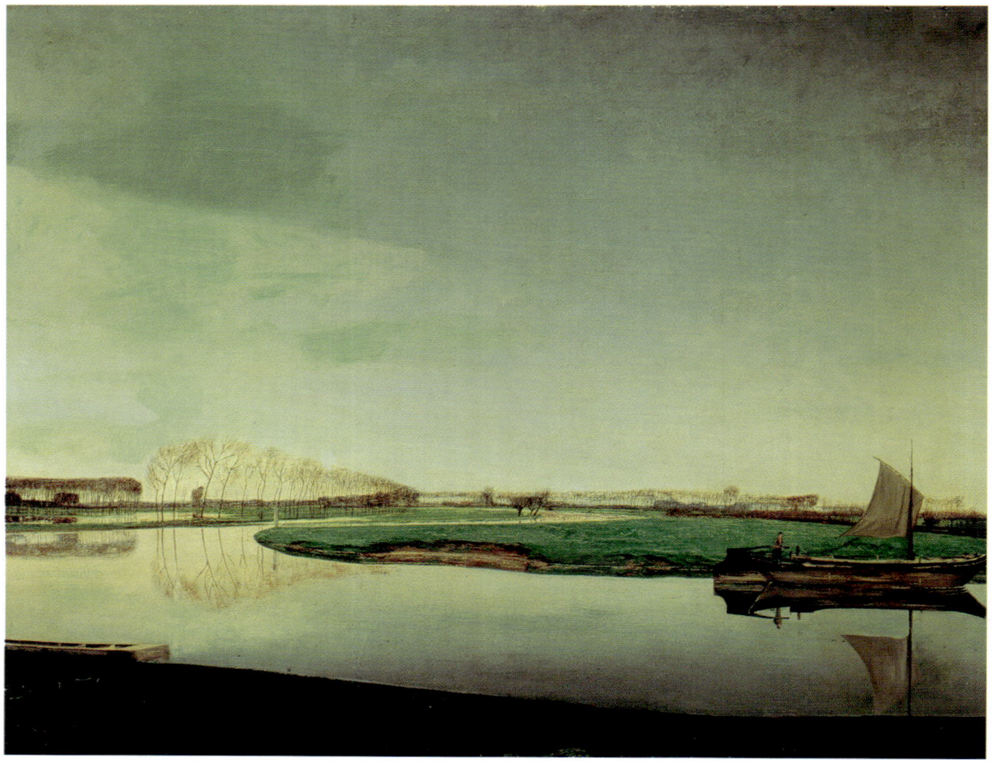

45 VALERIUS DE SAEDELEER • *La Lys par un jour gris* [1904]

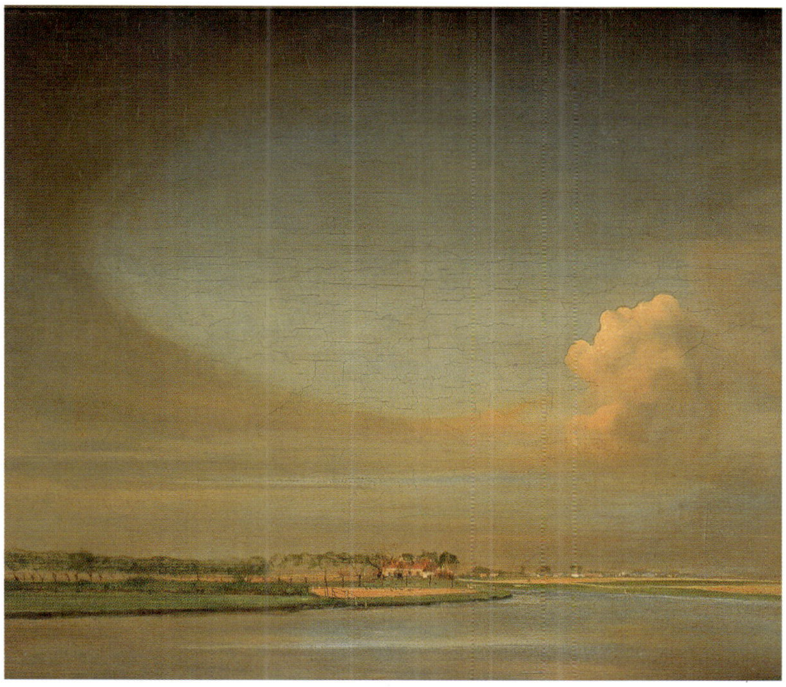

46 VALERIUS DE SAEDELEER • *La Lys à Laethem par temps calme* [vers 1905]

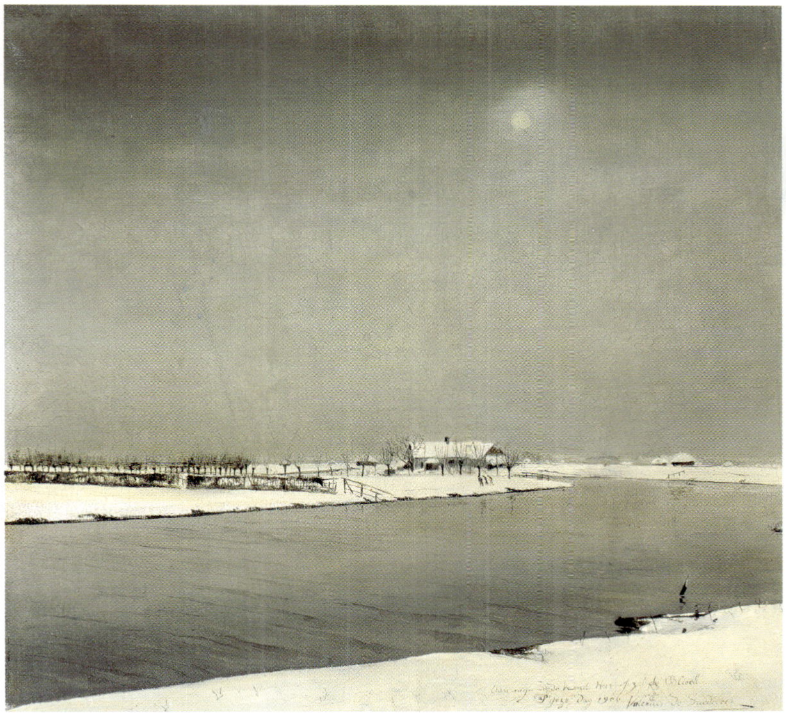

47 VALERIUS DE SAEDELEER • *La Lys en hiver* 1906

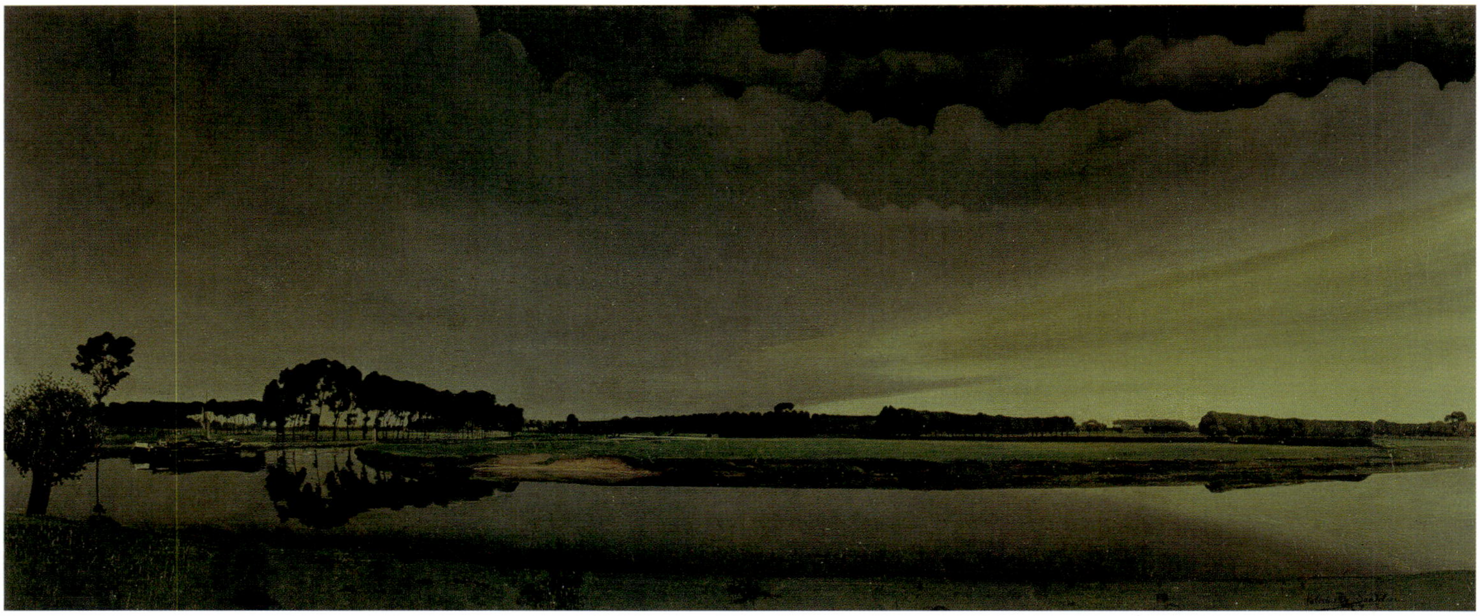

48 VALERIUS DE SAEDELEER • *Méandre de la Lys par temps calme* 1905

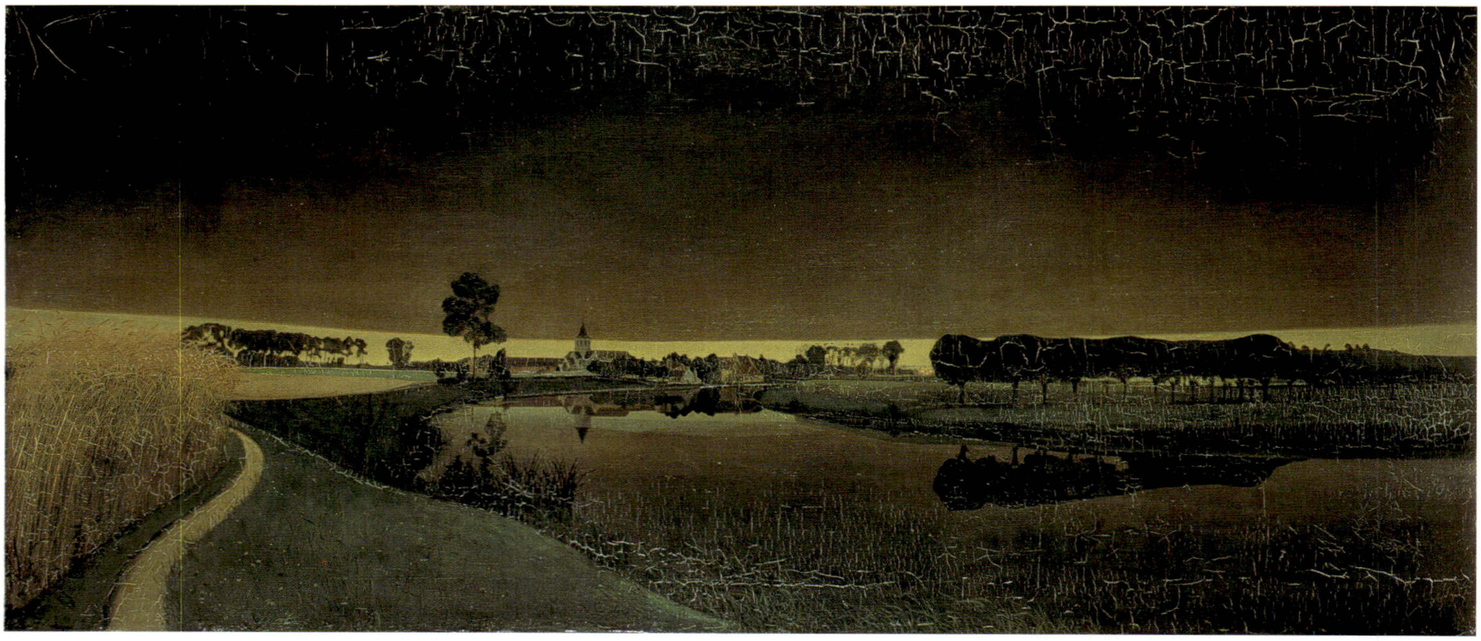

49 VALERIUS DE SAEDELEER • *Orage sur la Lys* [1905]

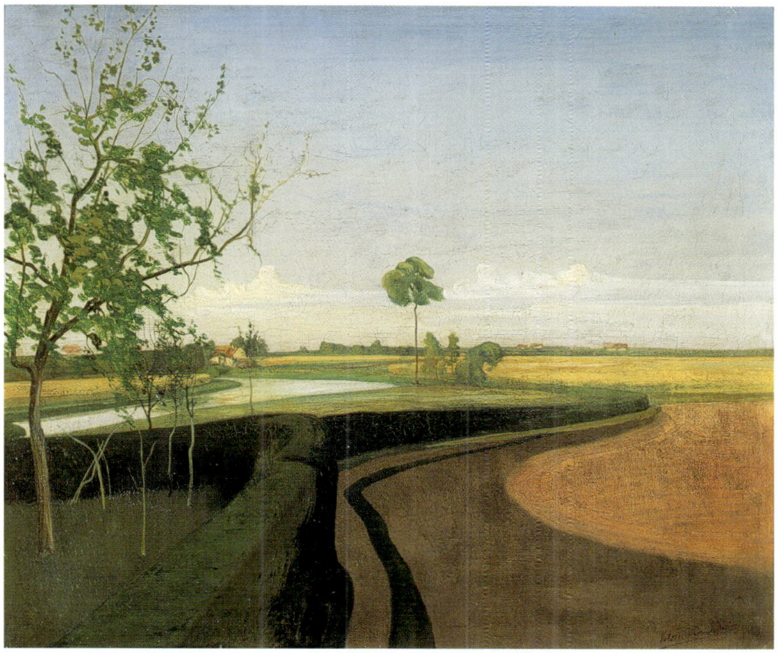

50 VALERIUS DE SAEDELEER • *Paysage* [1906]

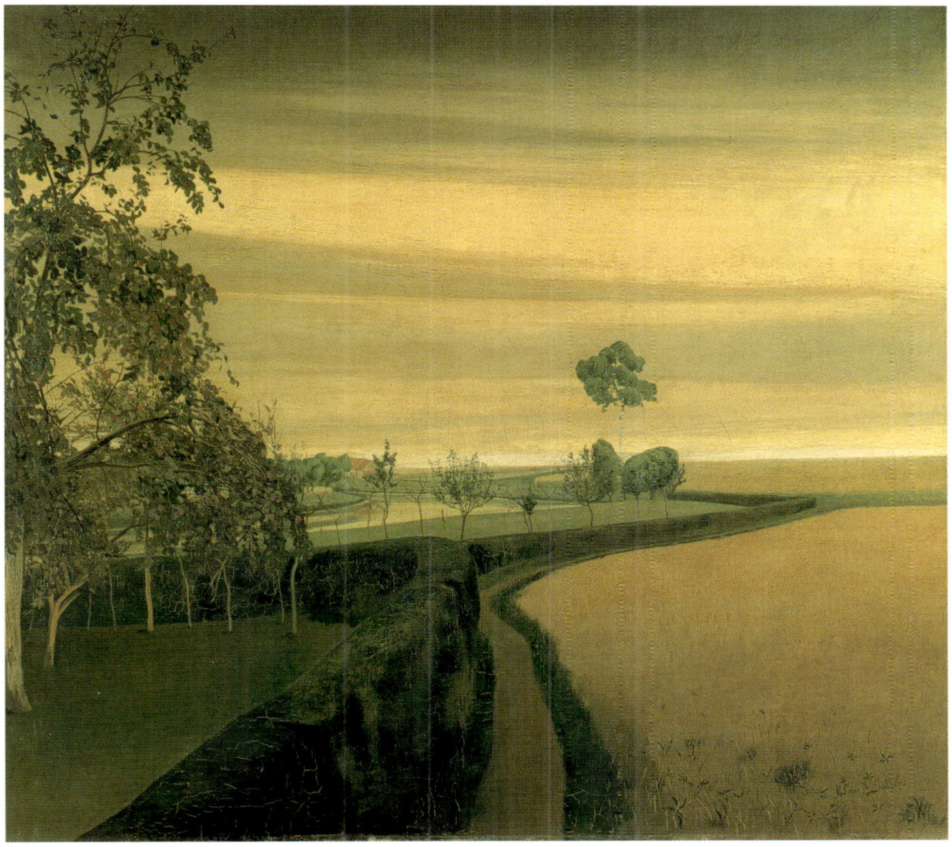

51 VALERIUS DE SAEDELEER • *Crépuscule d'un jour sombre* [1907]

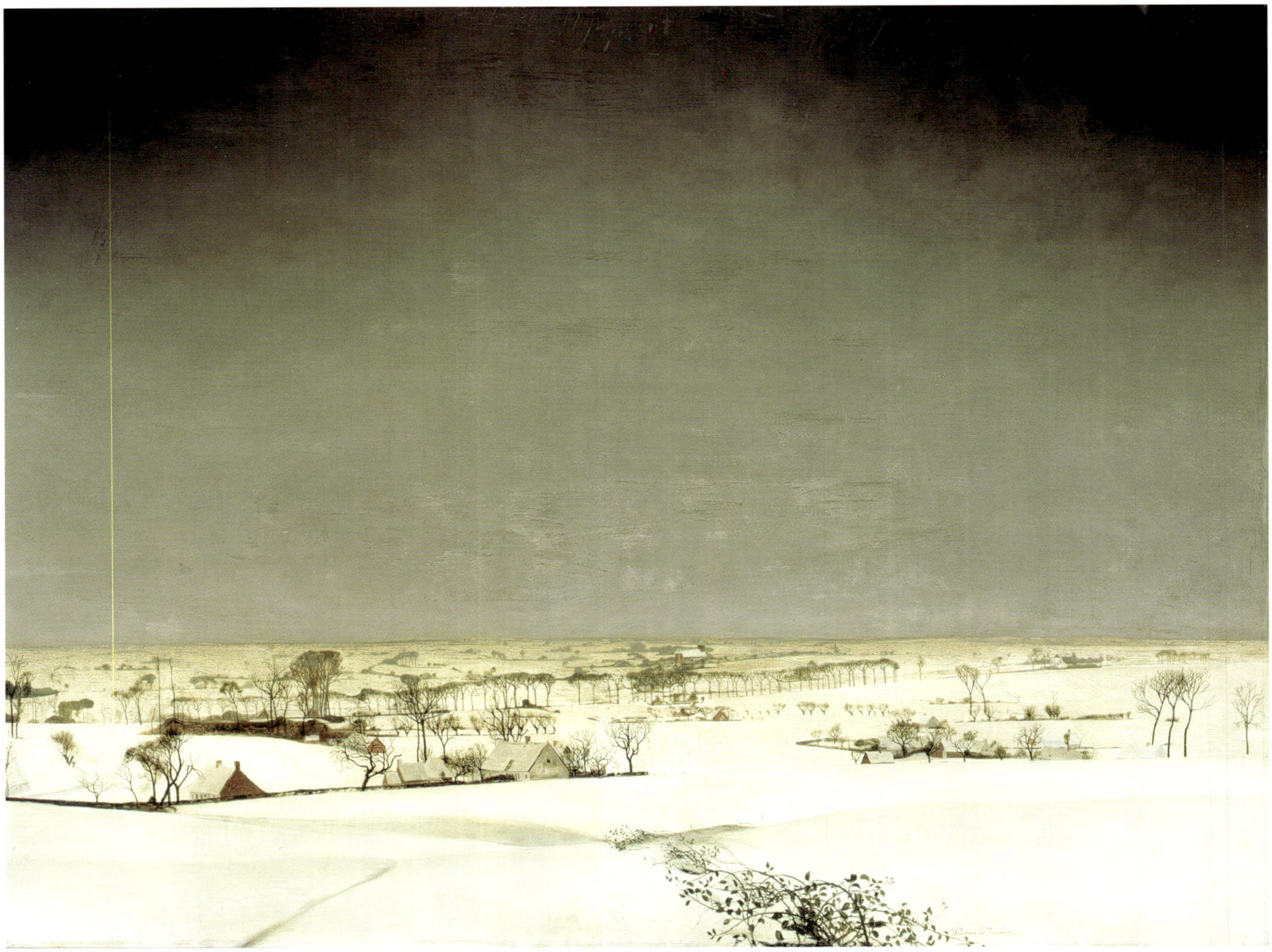

52 VALERIUS DE SAEDELEER • *La Plaine en hiver* 1911

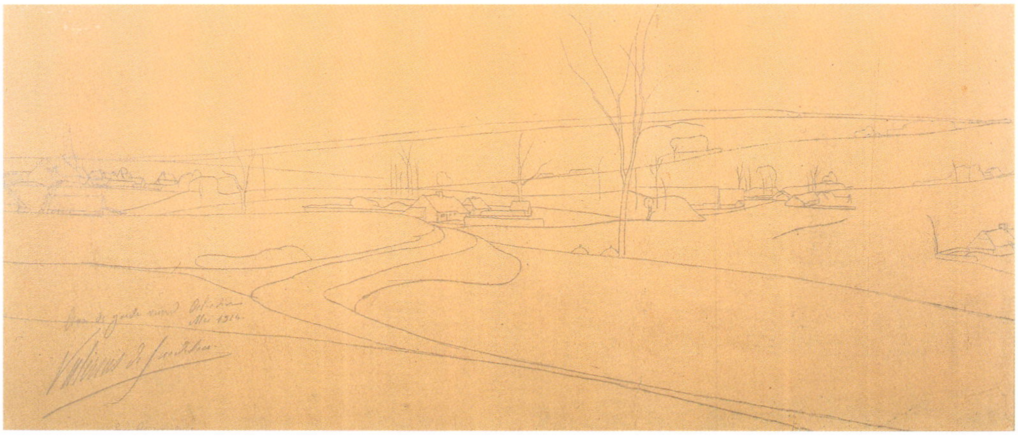

53 VALERIUS DE SAEDELEER • *Etude de paysage* 1912. Etude du cat. 55

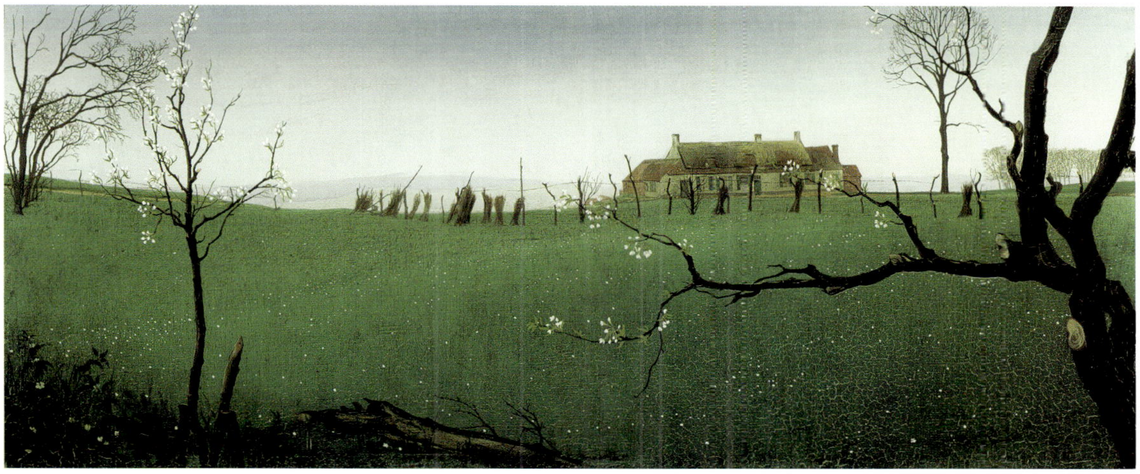

54 VALERIUS DE SAEDELEER • *Printemps / Ferme sur la colline* [1913]

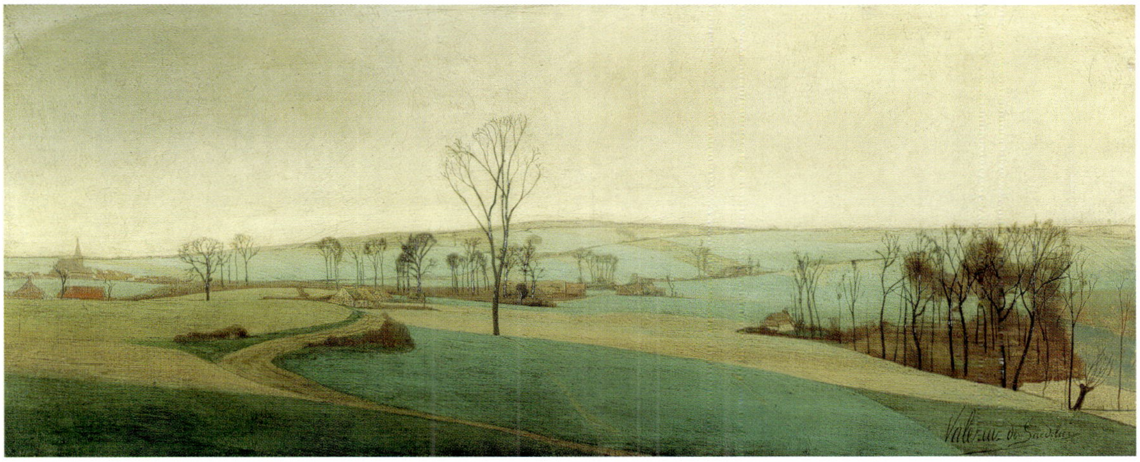

55 VALERIUS DE SAEDELEER • *Paysage* [1912]

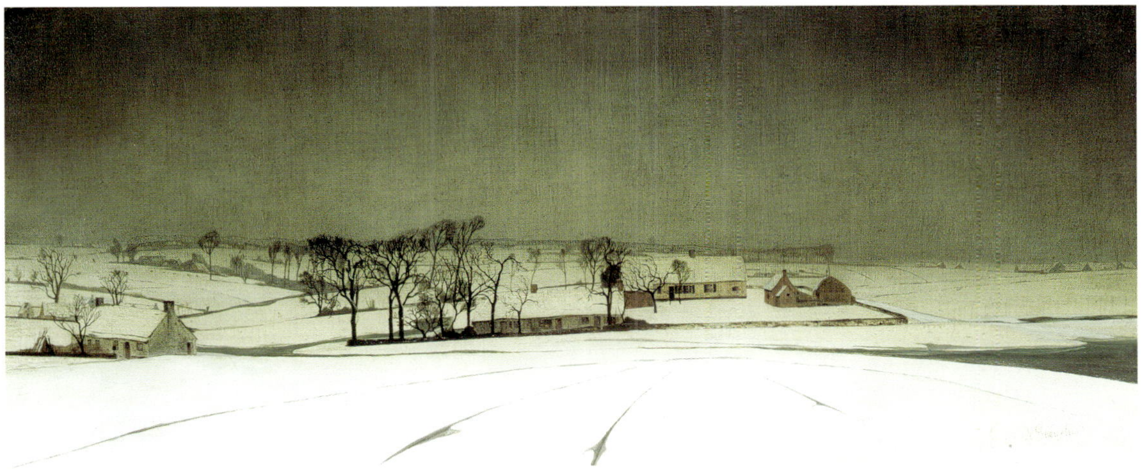

56 VALERIUS DE SAEDELEER • *Hiver / Paysage avec ferme sous la neige* [1913]

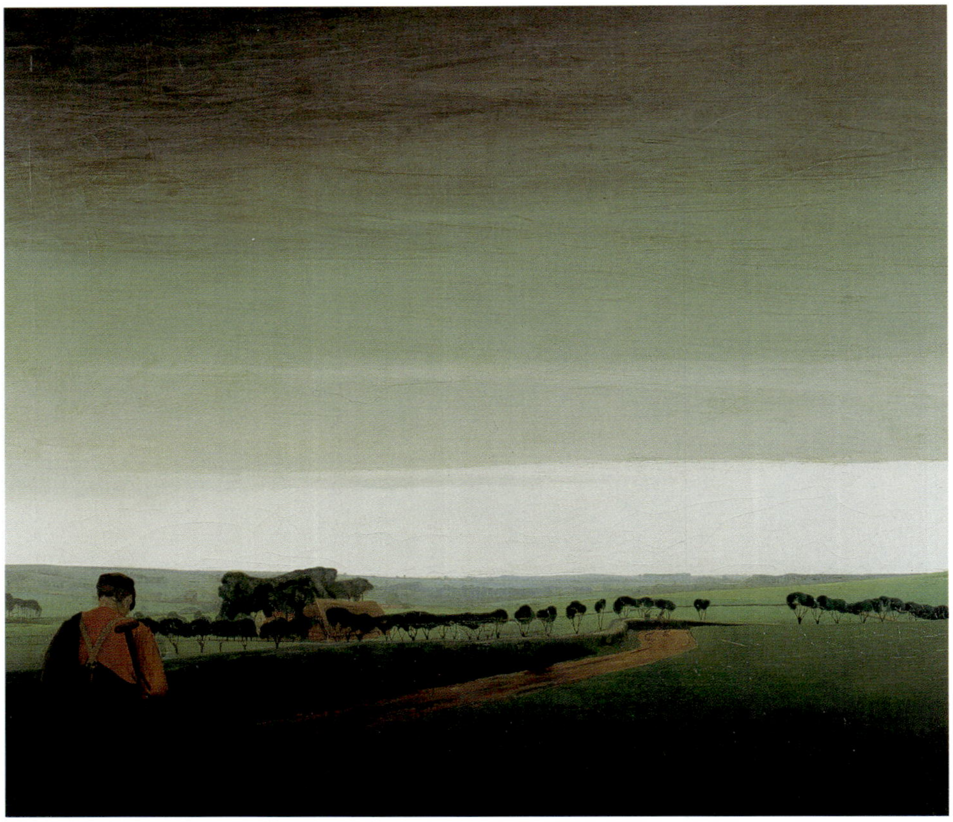

57 VALERIUS DE SAEDELEER • *Le Retour / Paysage à Tiegem* [1912]

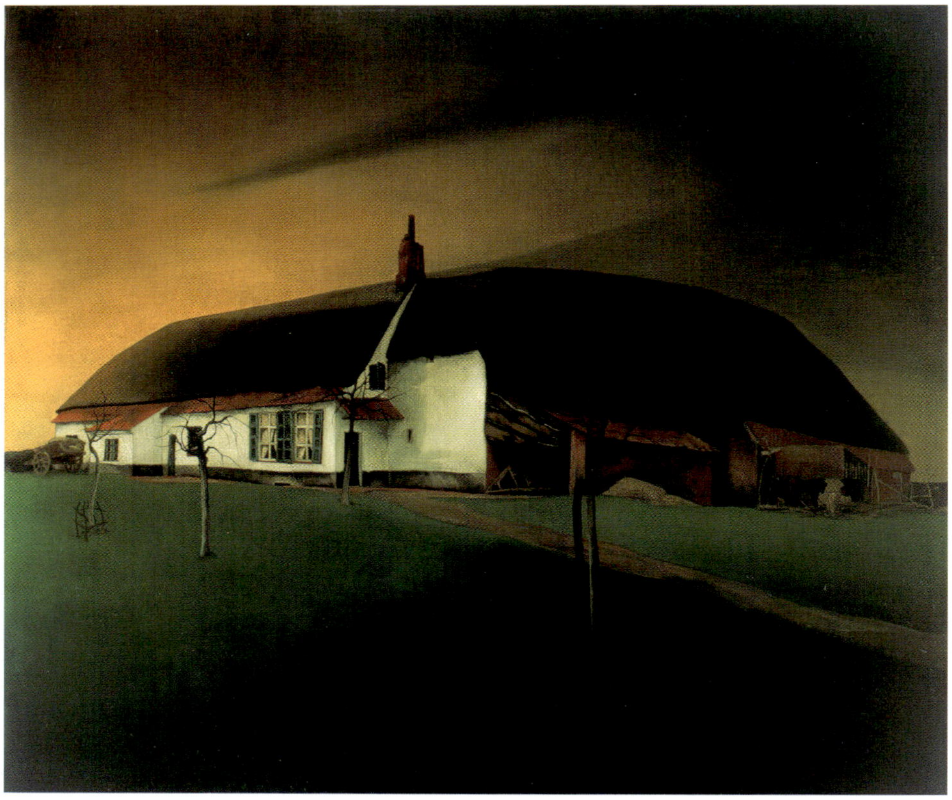

58 VALERIUS DE SAEDELEER • *Ferme en Flandre* [1914]

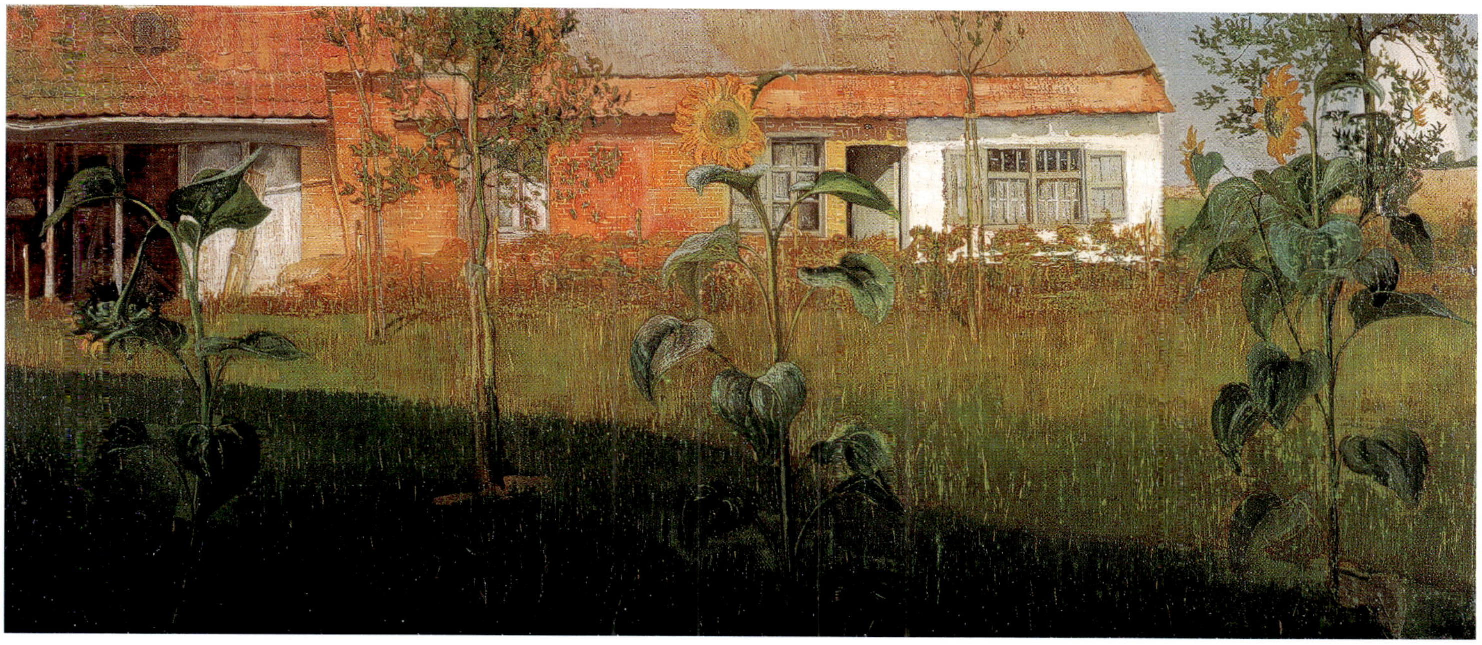

59 VALERIUS DE SAEDELEER • *Tournesols devant la forge* [1909]

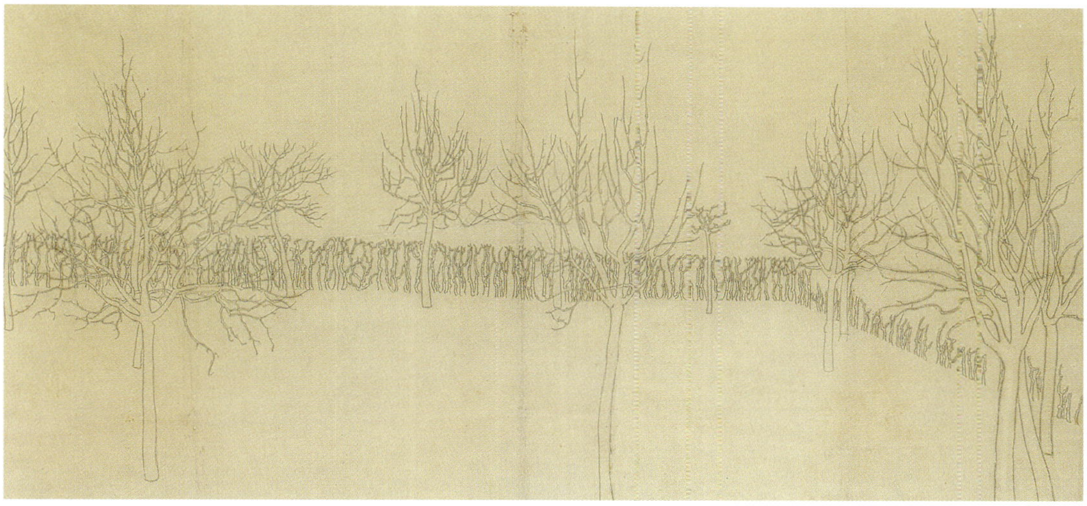

60 VALERIUS DE SAEDELEER • Sans titre [*Avant le printemps*] [1907]

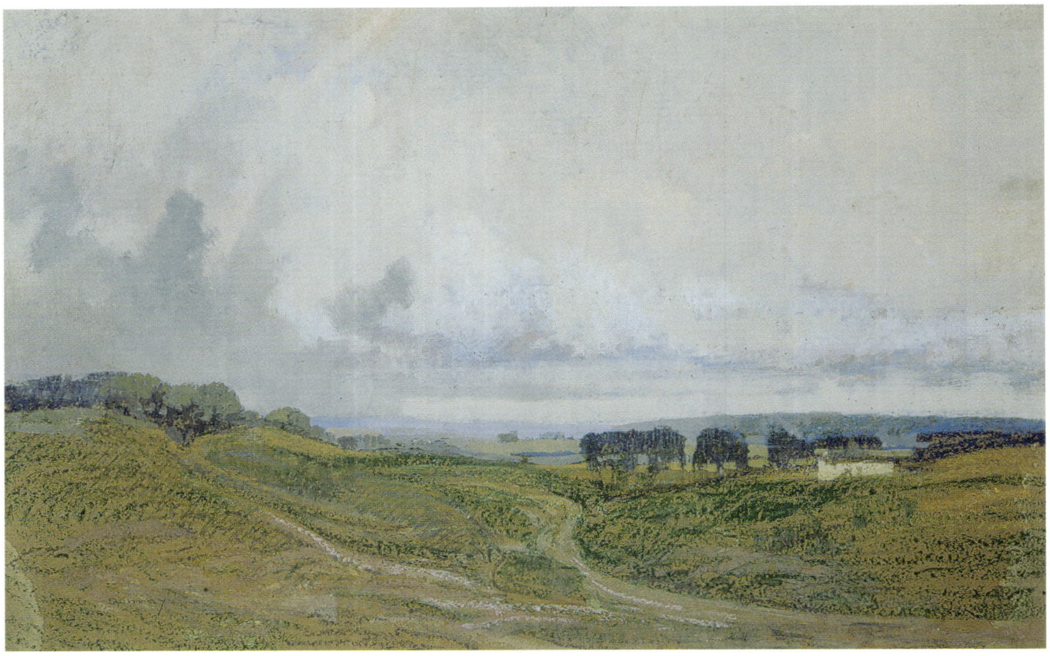

61 AUGUSTE DONNAY • *Large horizon*

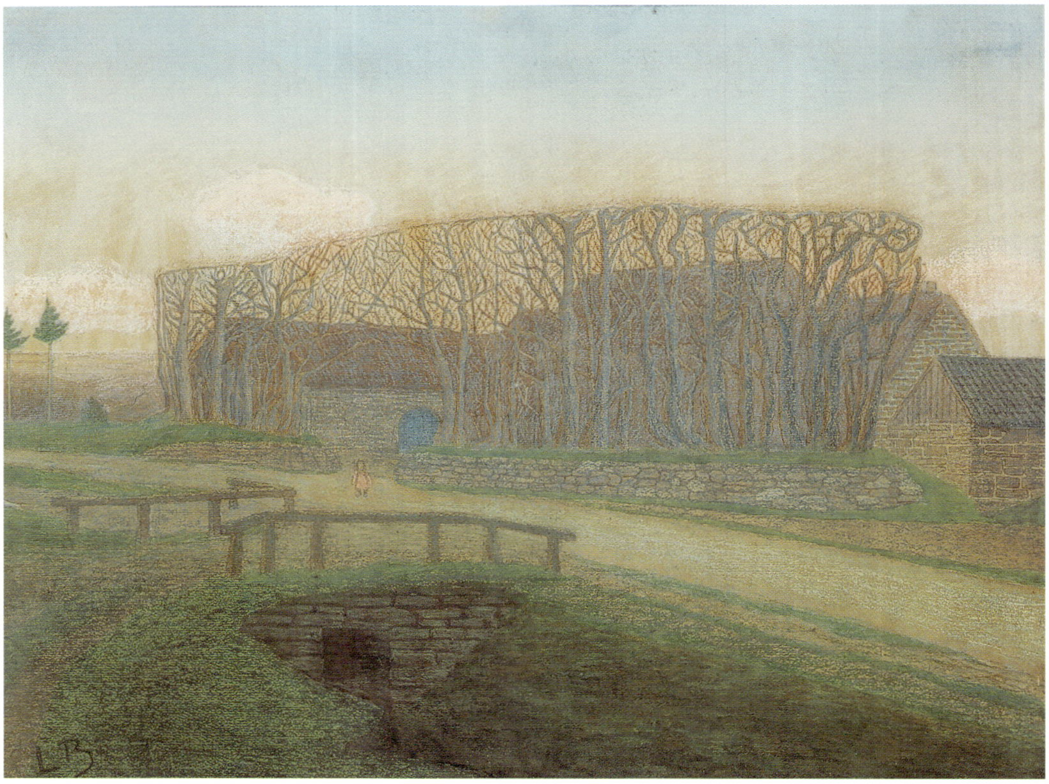

62 GEORGES LE BRUN • *La Grande Charmille / Les Nuages roses* 1903

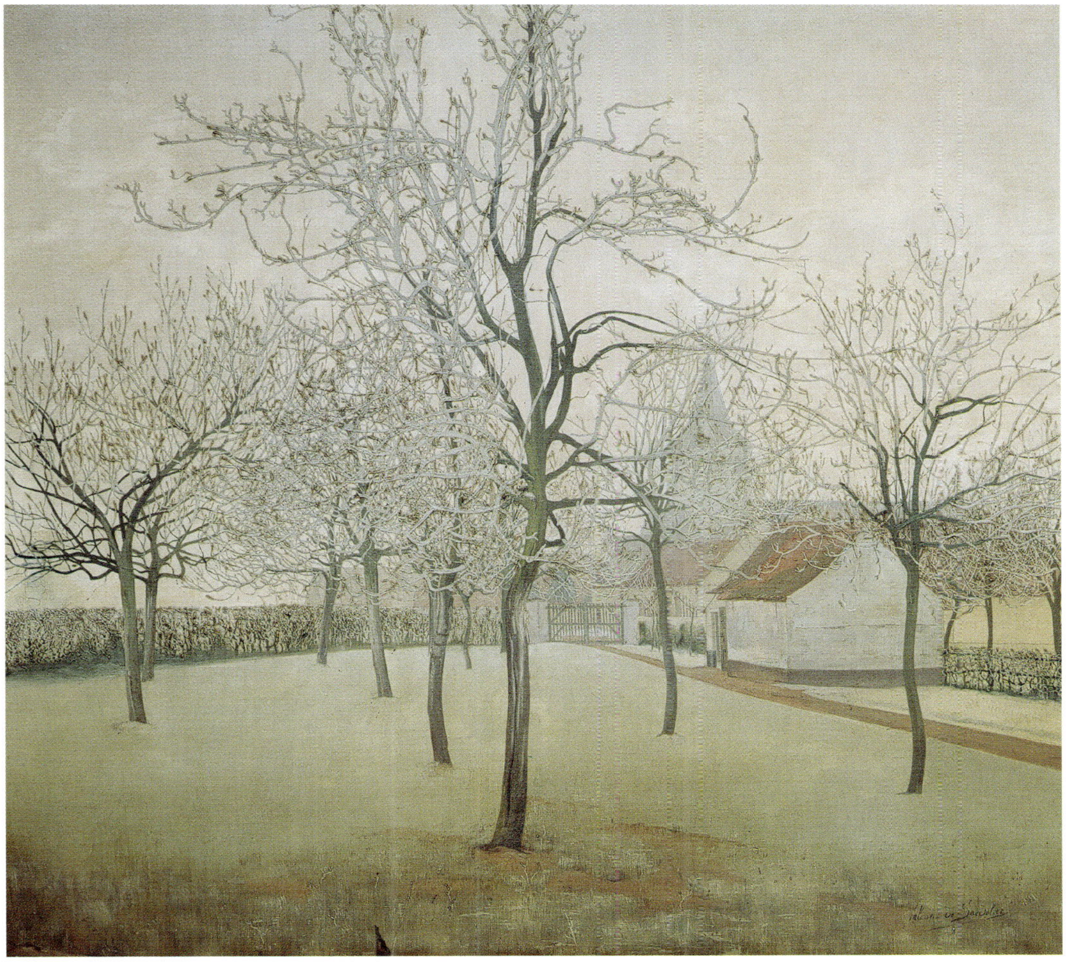

63 VALERIUS DE SAEDELEER • *Verger sous le givre* [1908]

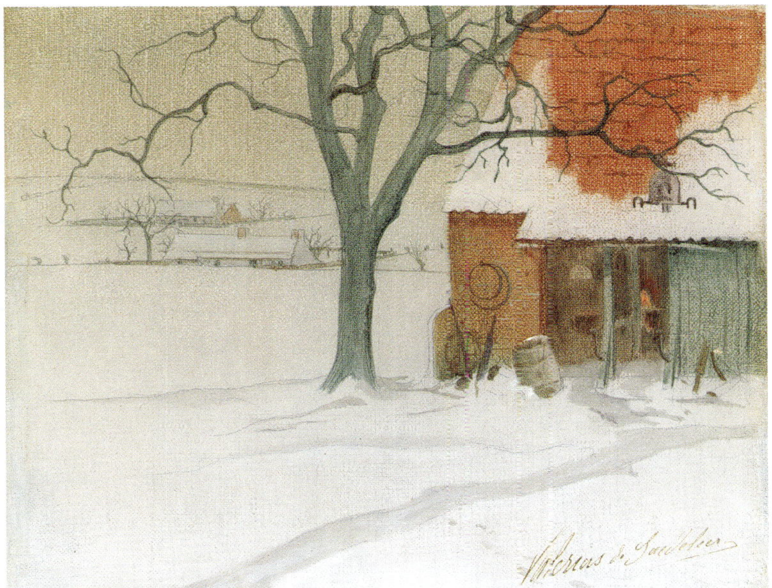

64 VALERIUS DE SAEDELEER • *La Forge* [1909]

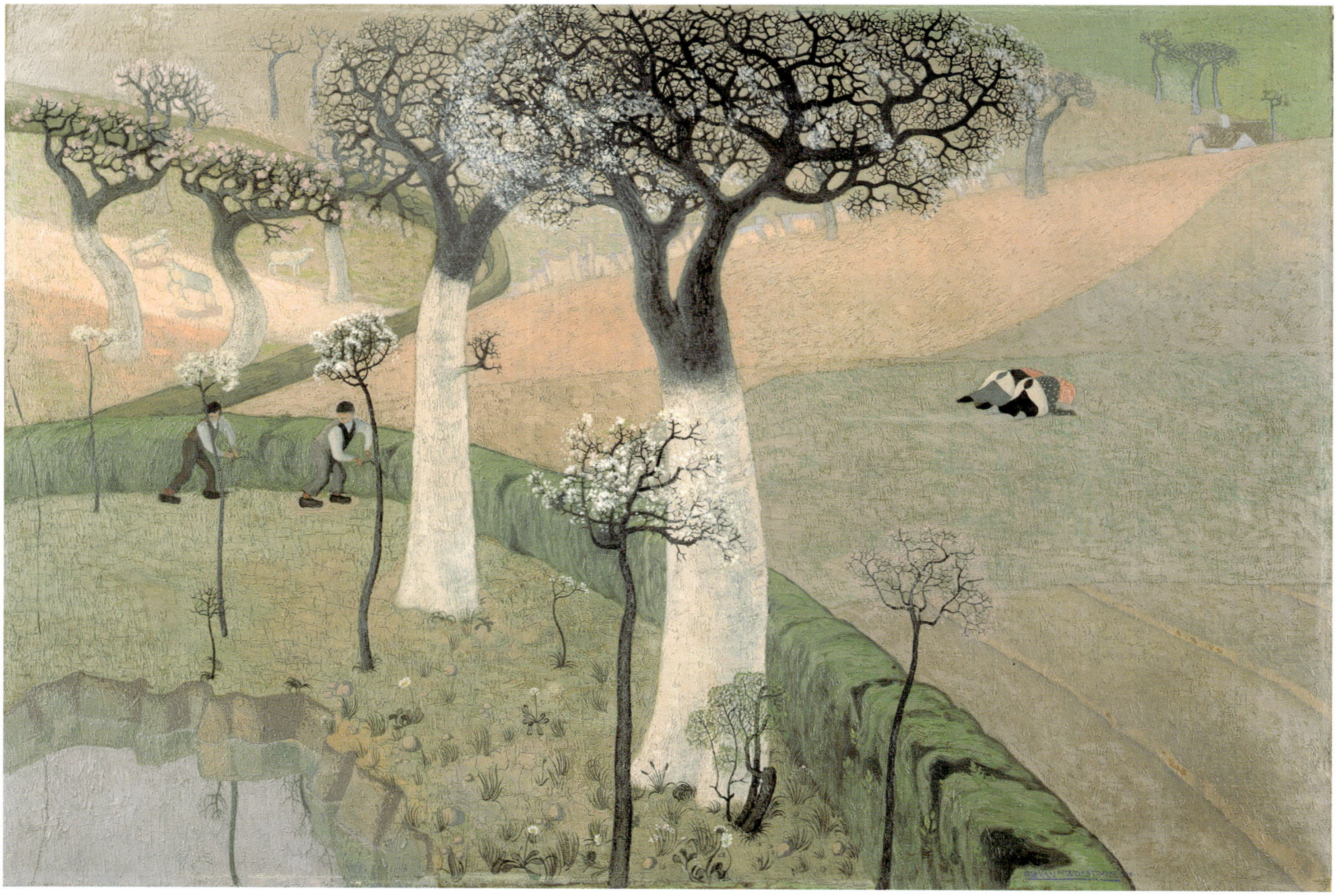

65 GUSTAVE VAN DE WOESTYNE • *Le Printemps* 1910

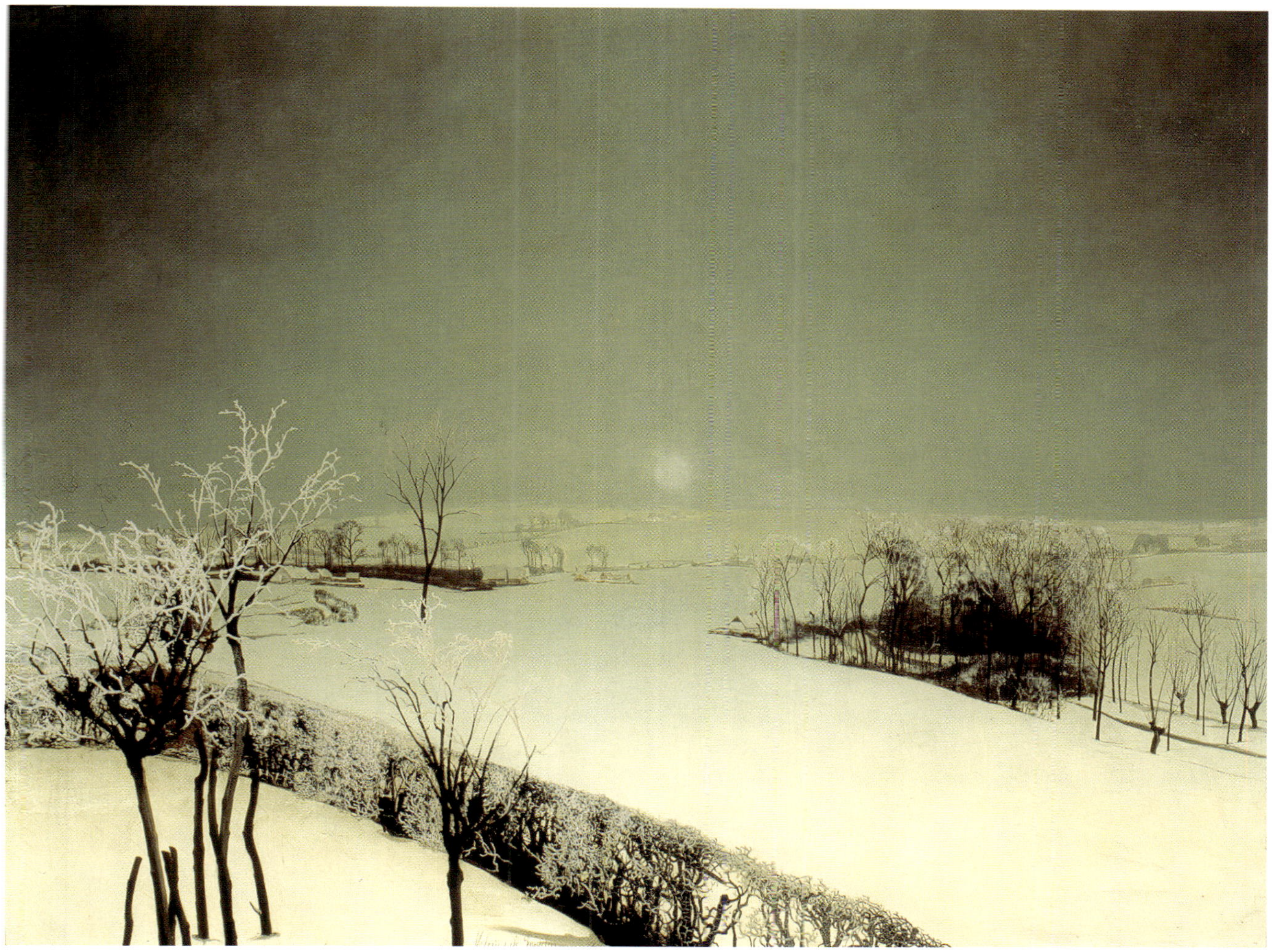

65 VALERIUS DE SAEDELEER • *Givre – Matin d'hiver* [1912]

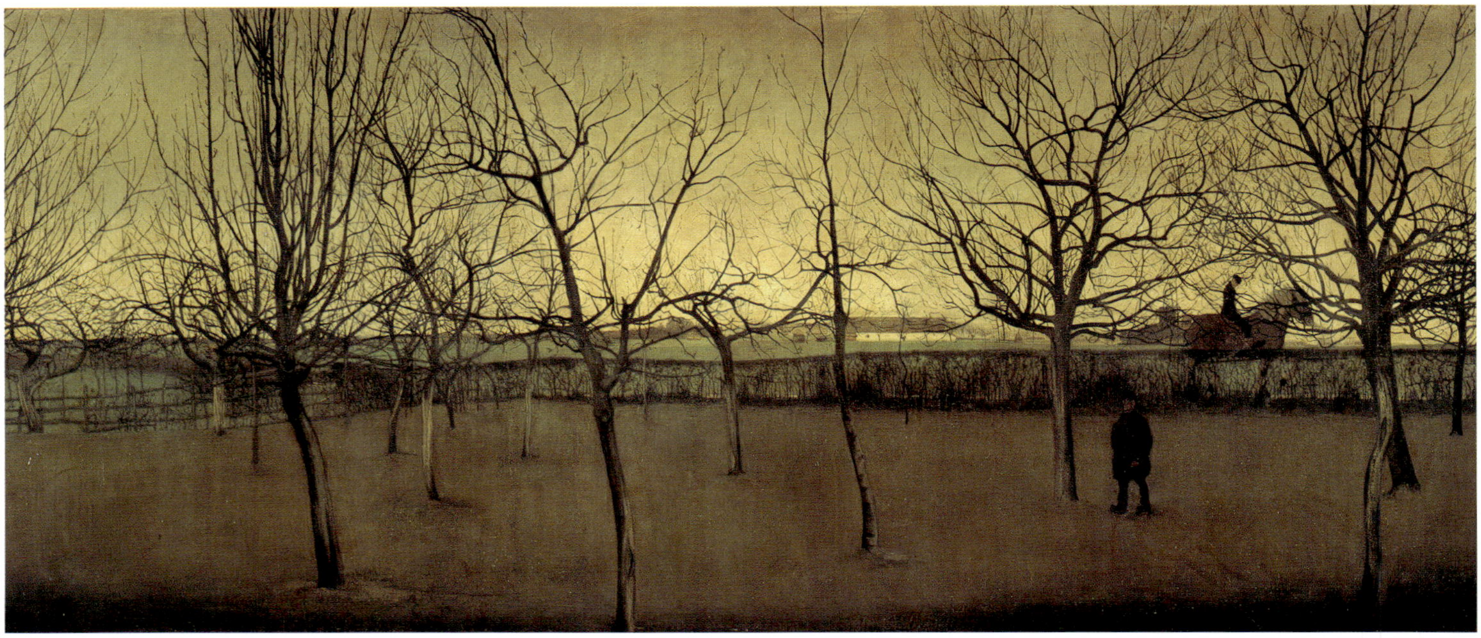

67 VALERIUS DE SAEDELEER • *Verger en hiver* [1907]

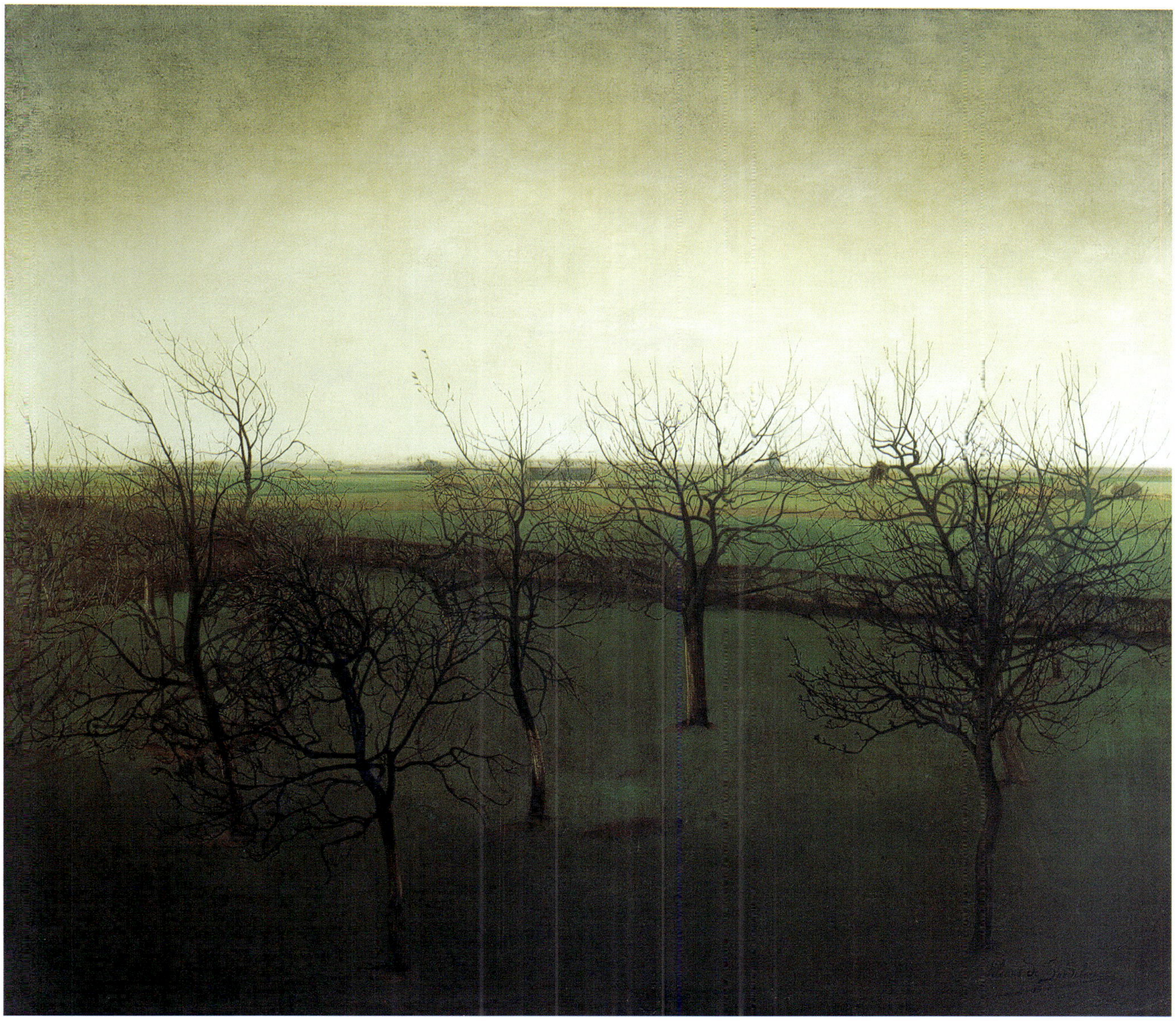

68 VALERIUS DE SAEDELEER • *Verger en hiver* 1908

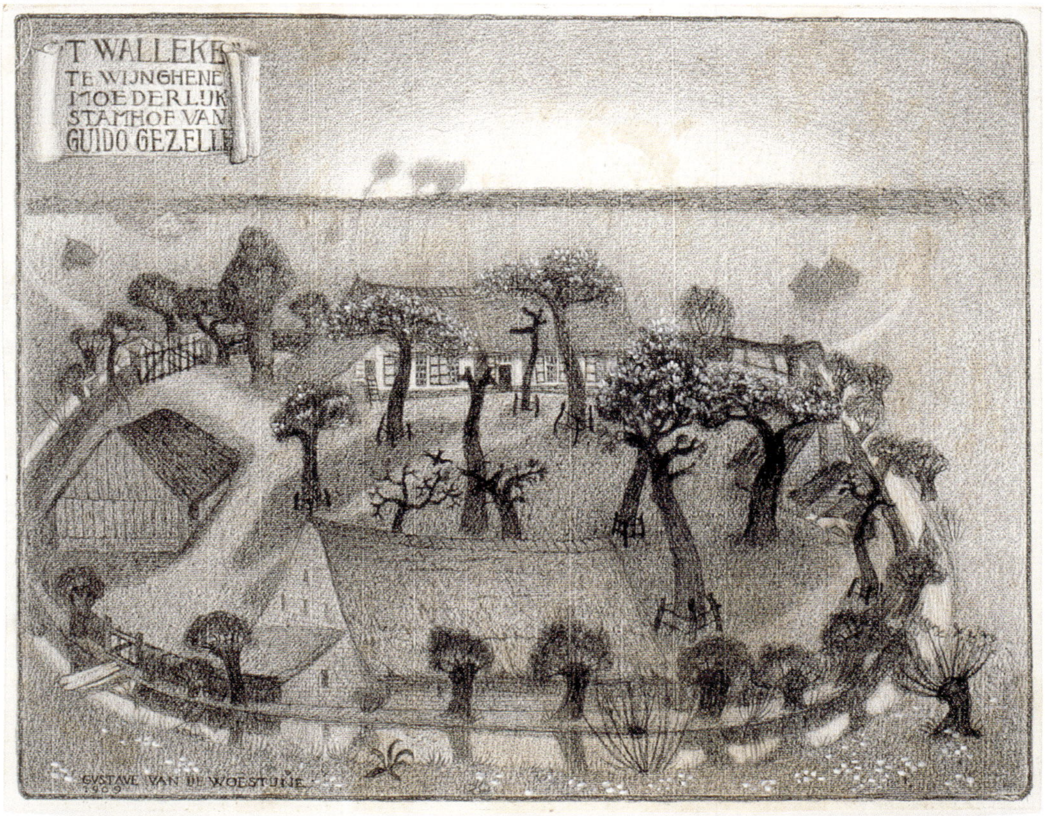

69 GUSTAVE VAN DE WOESTYNE • *'t Walleke te Wijnghene* 1909

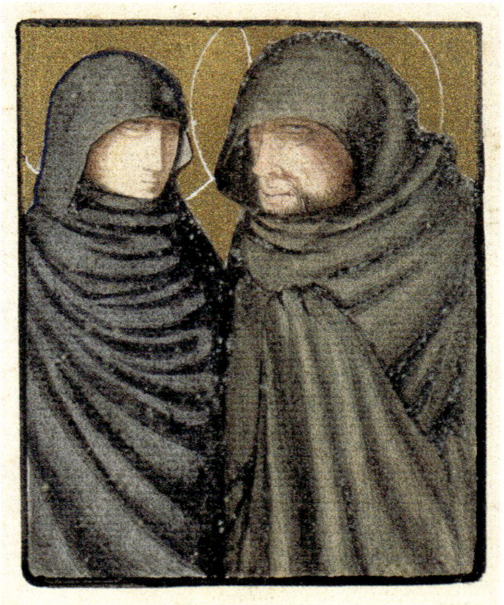

70 GUSTAVE VAN DE WOESTYNE
Marie et Joseph la veille de Noël 1909

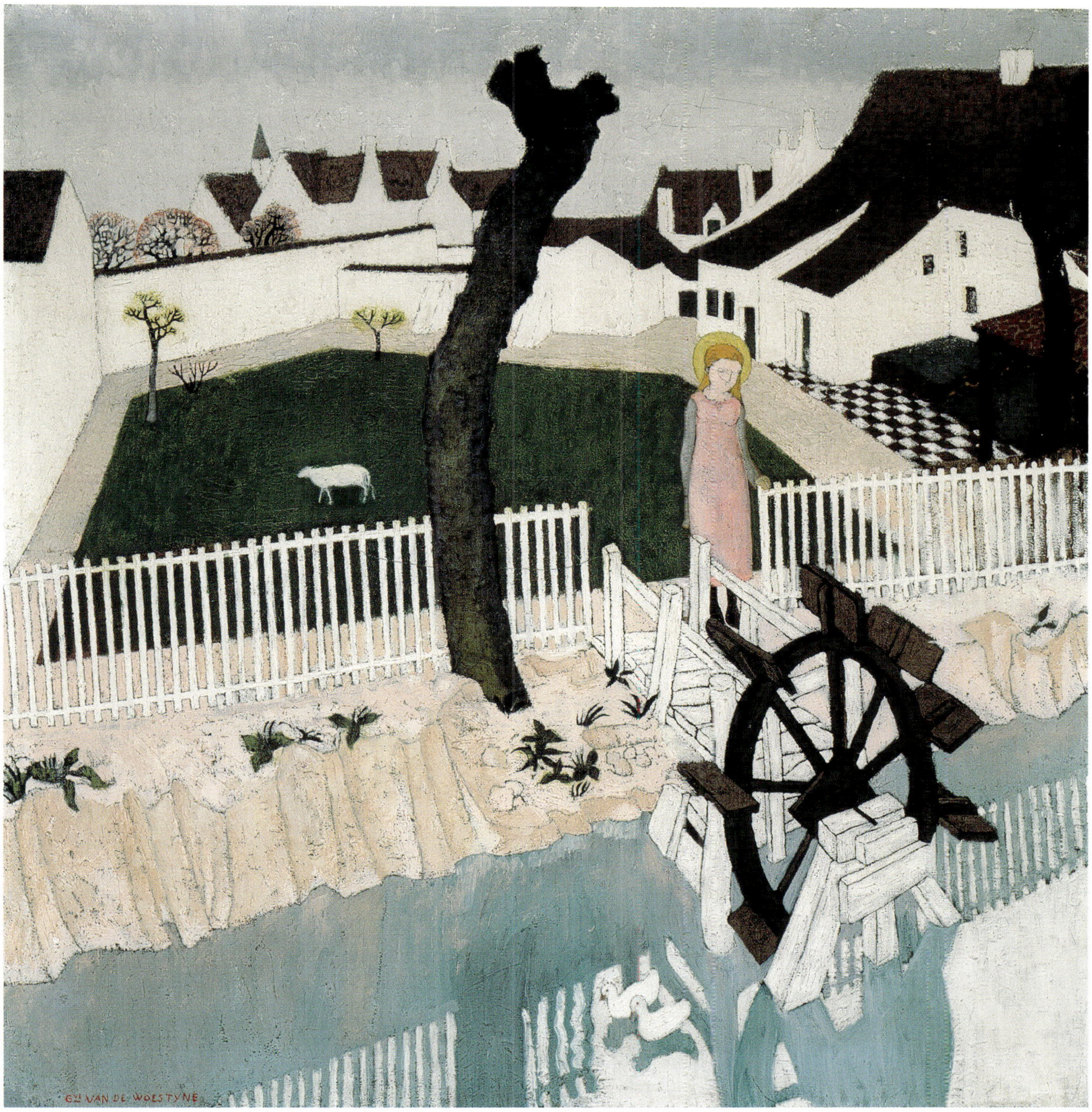

71 GUSTAVE VAN DE WOESTYNE • *Le Jardin de sainte Agnès* 1911

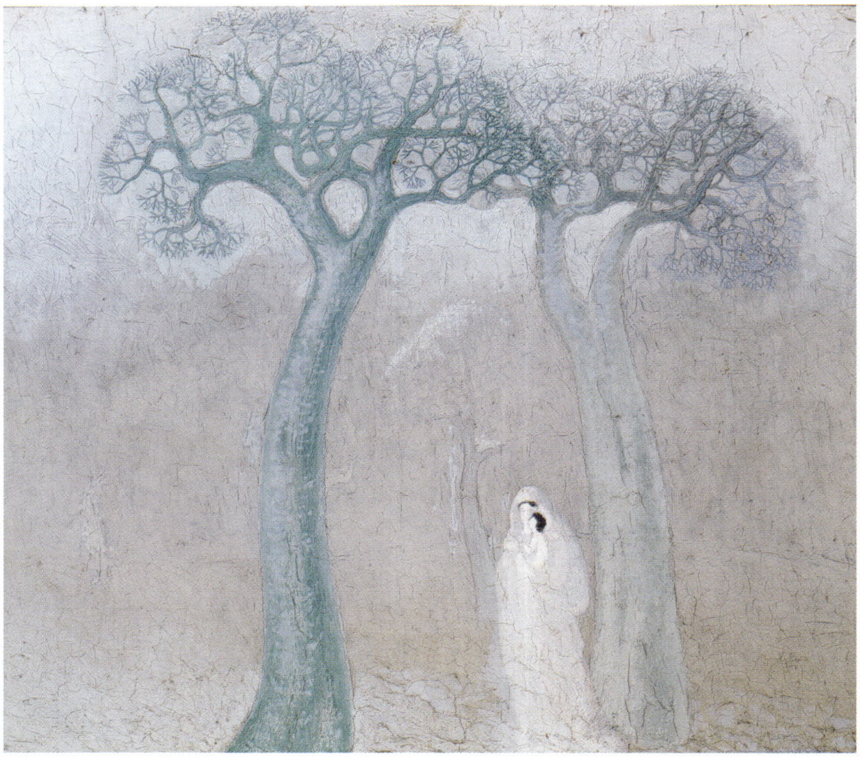

72 GUSTAVE VAN DE WOESTYNE • *Hora Alba* 1911

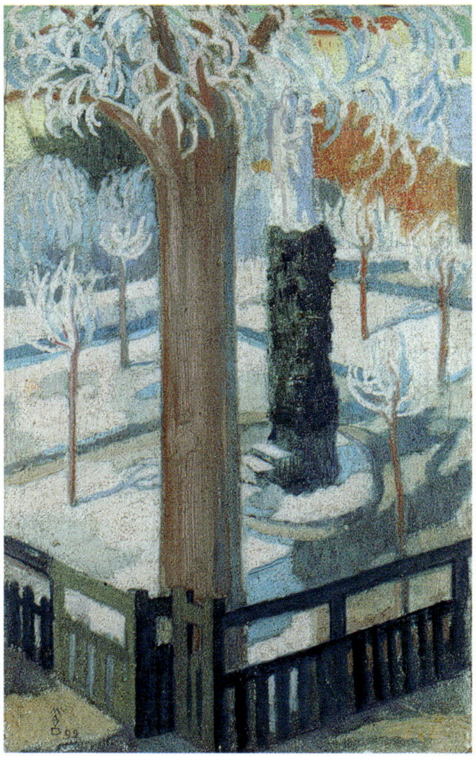

73 MAURICE DENIS • *Le Jardin du couvent sous la neige* 1892

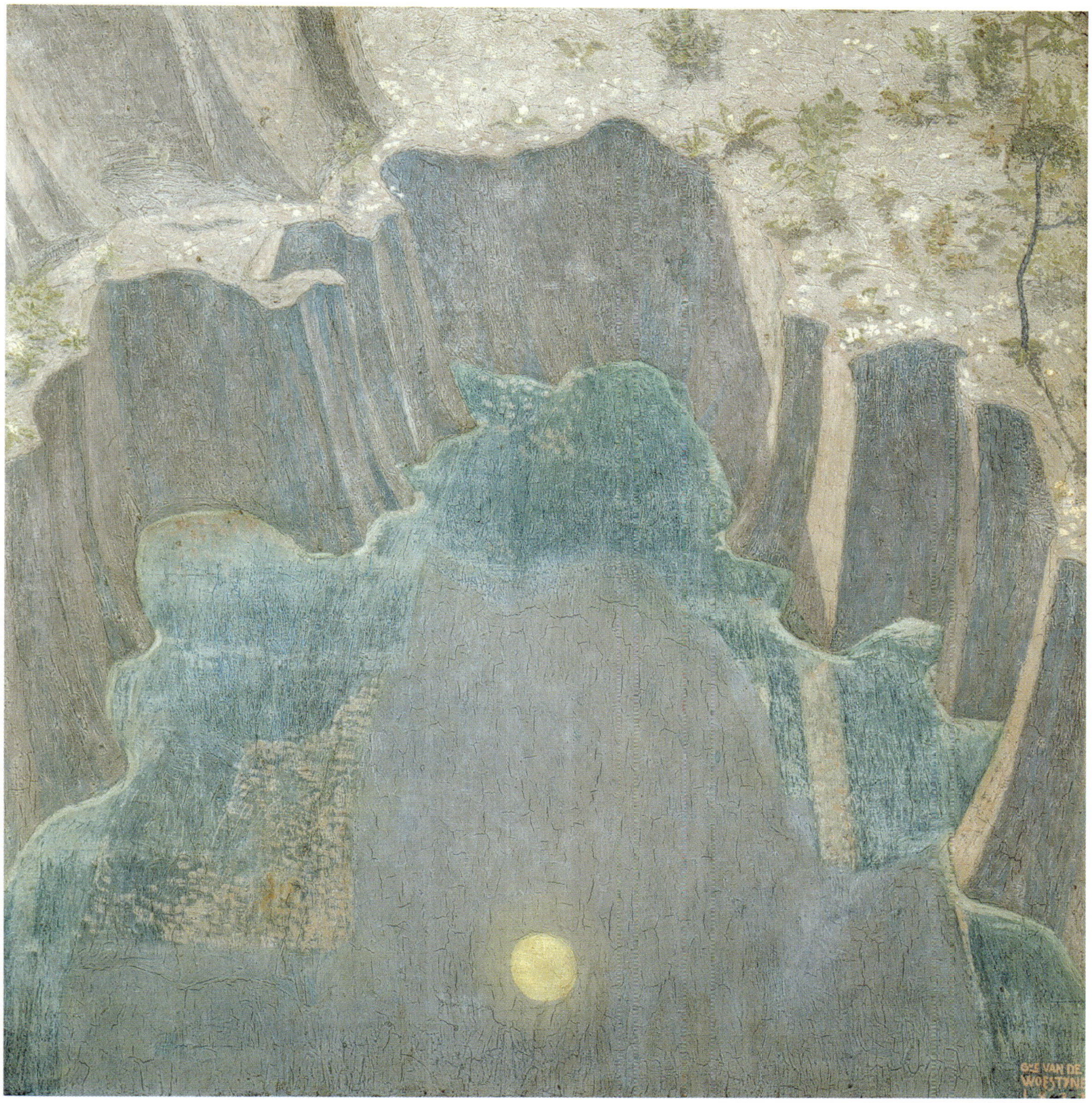

74 GUSTAVE VAN DE WOESTYNE • *Eternel Reflet* 1911

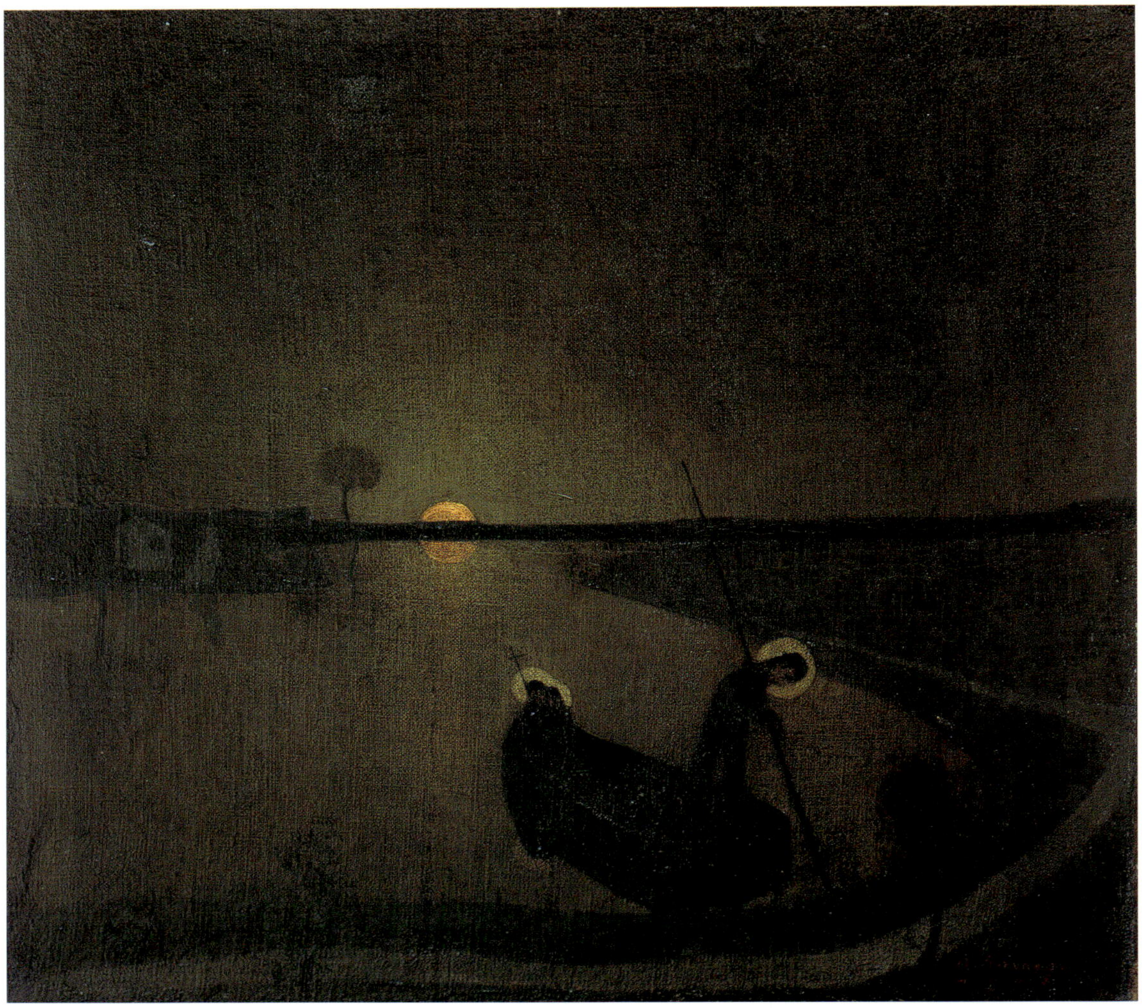

75 ALBERT SERVAES • *Sainte Soirée* 1905

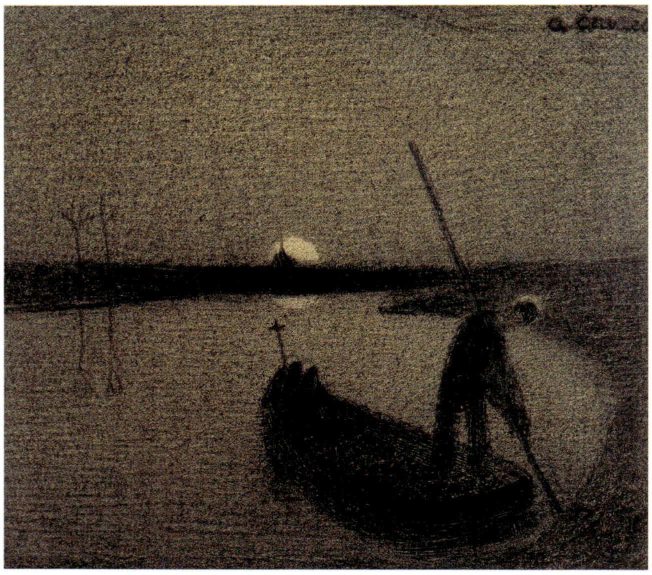

76 ALBERT SERVAES • *Sainte Soirée* [1905, retravaillé en 1912]
Etude du cat. 75

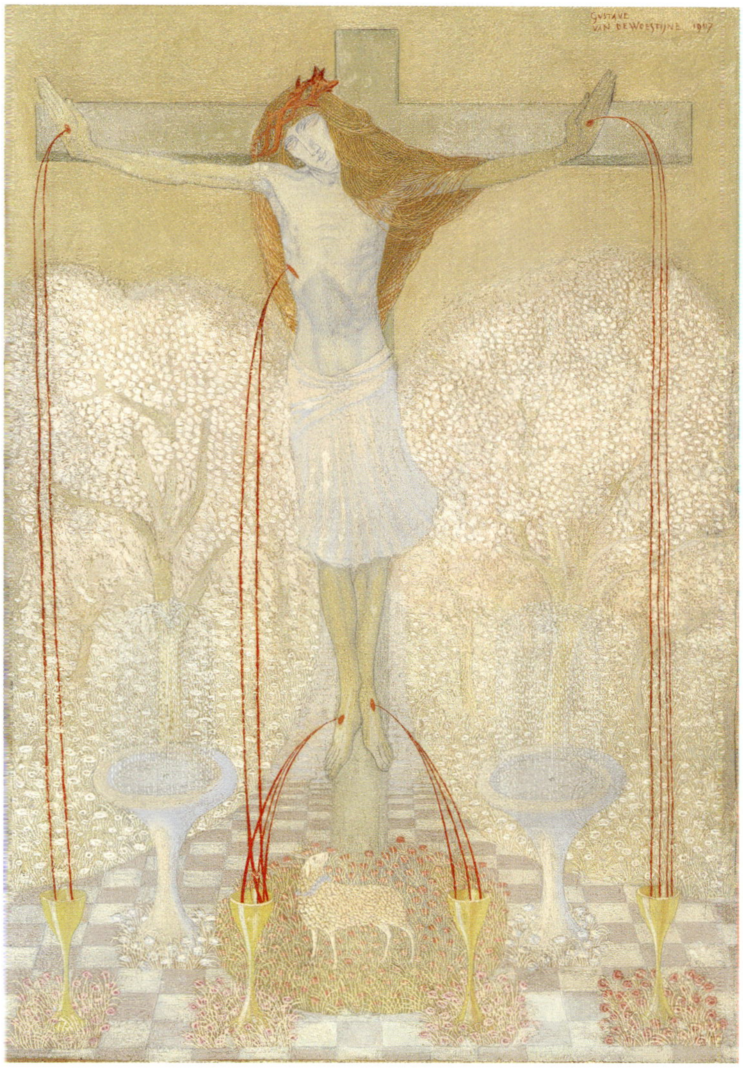

77 GUSTAVE VAN DE WOESTYNE • *Christ eucharistique* 1907

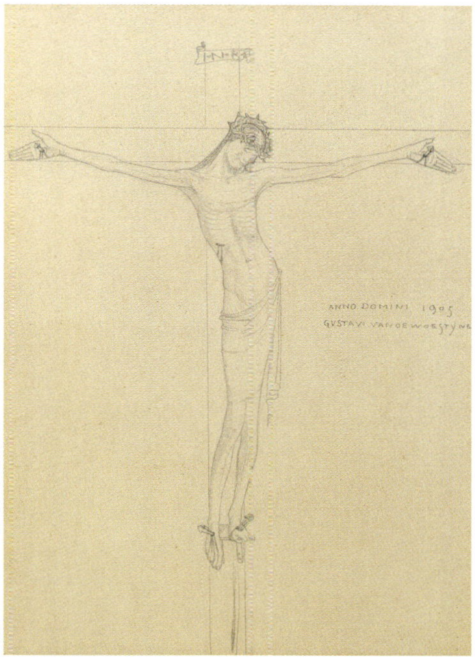

78 GUSTAVE VAN DE WOESTYNE
Le Christ sur la Croix 1905

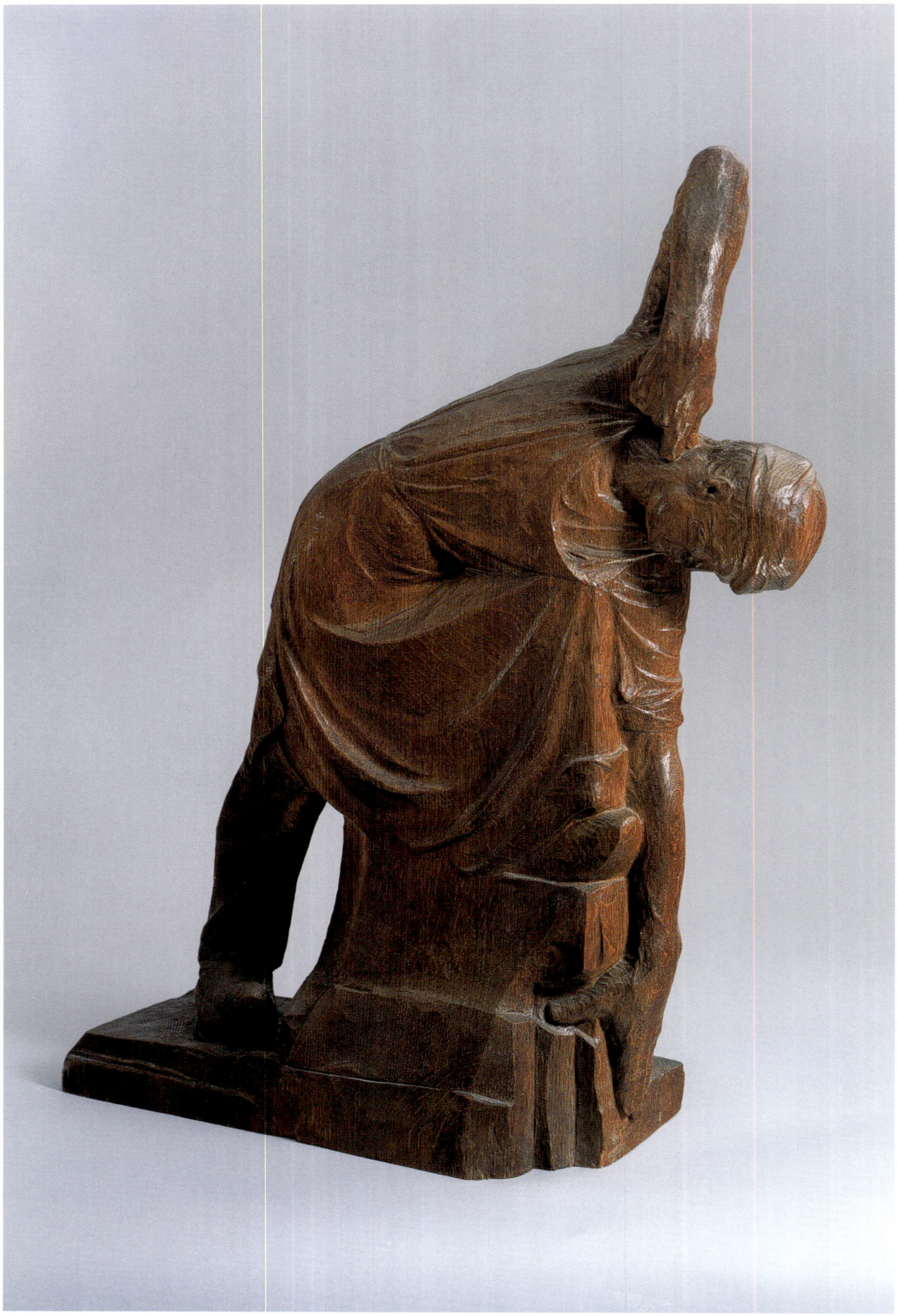

81 GEORGE MINNE • *Le Maçon* 1897

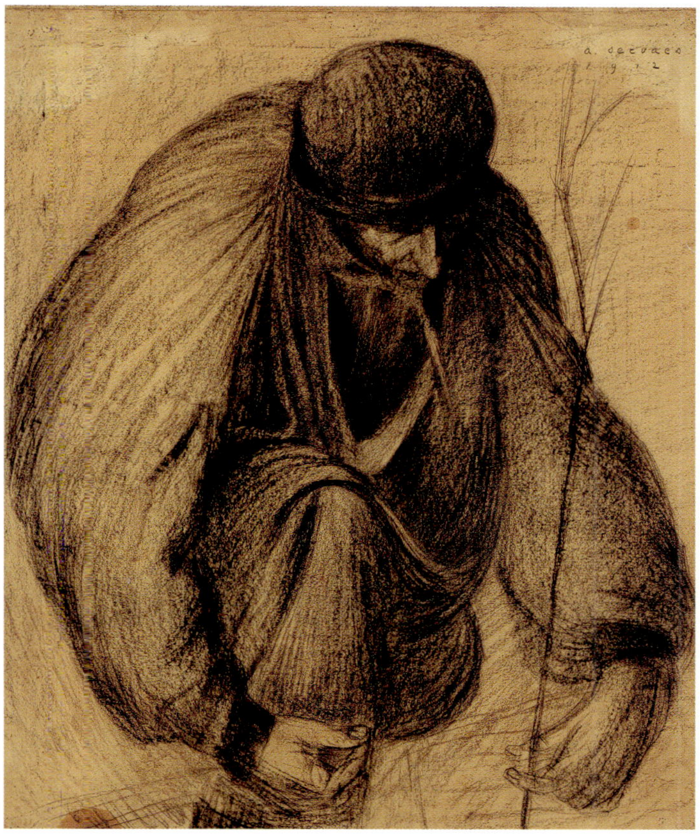

82 ALBERT SERVAES • *Le Planteur d'arbre* 1912

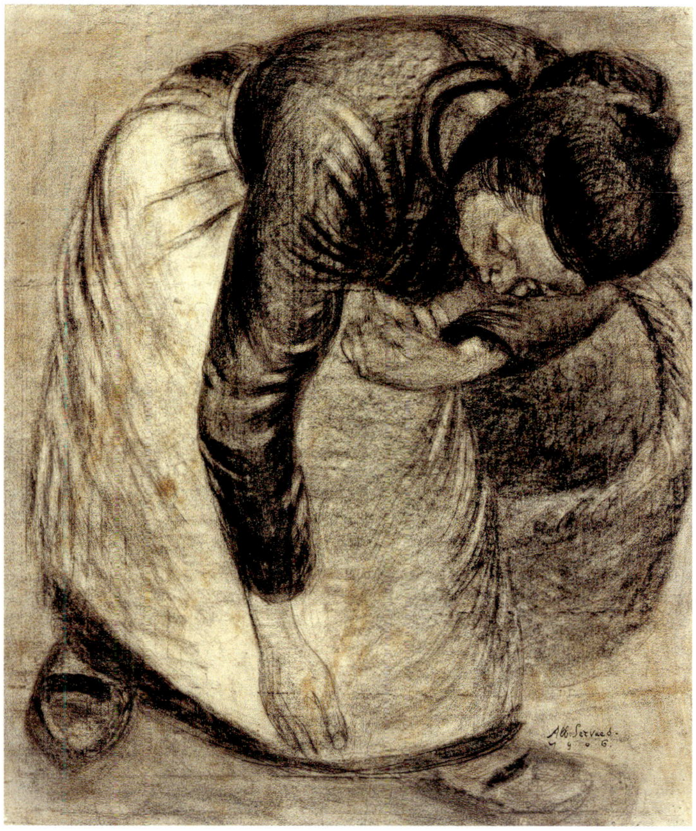

83 ALBERT SERVAES • *Paysanne au panier* 1906

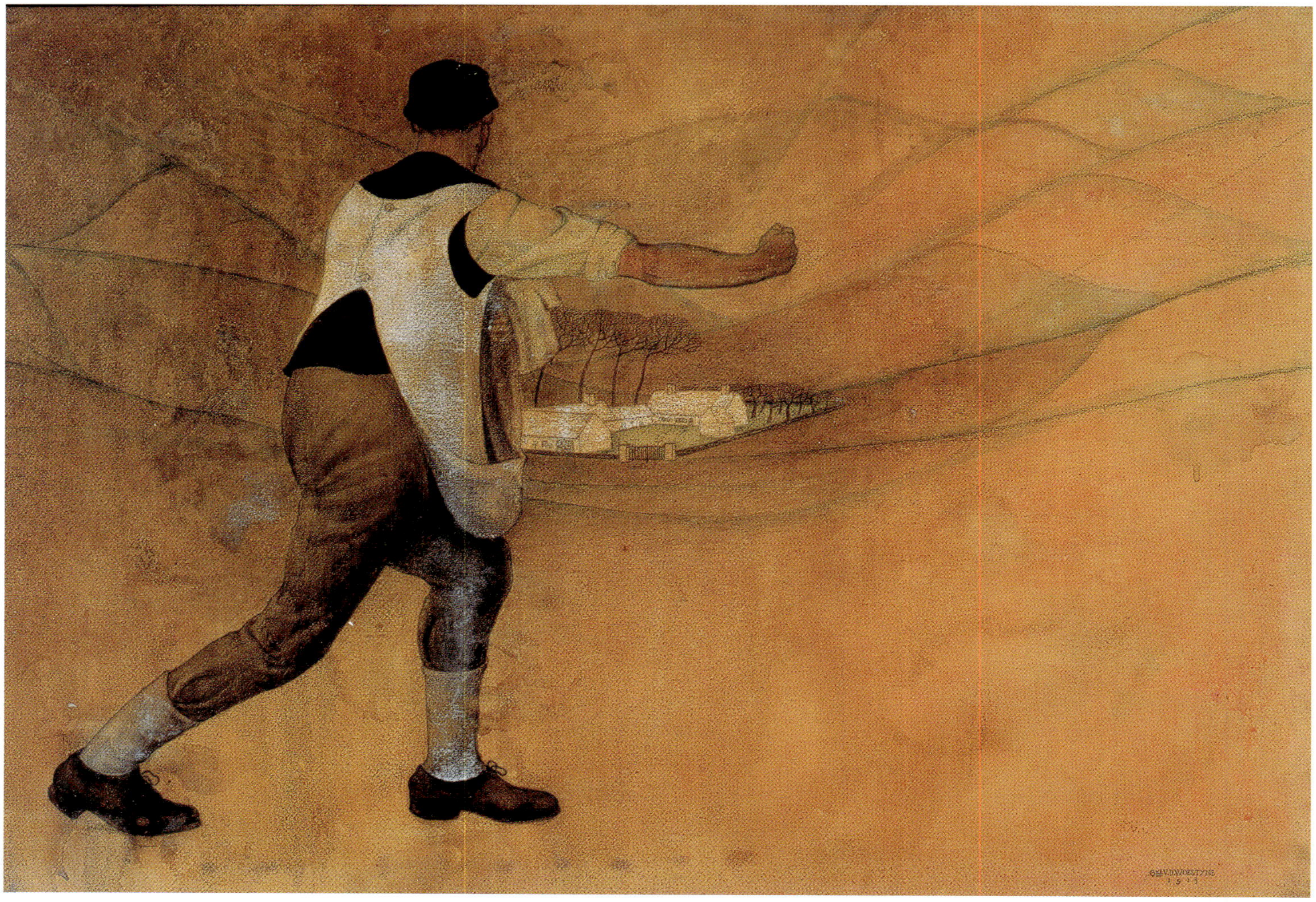

84 GUSTAVE VAN DE WOESTYNE • *Le Semeur* 1913

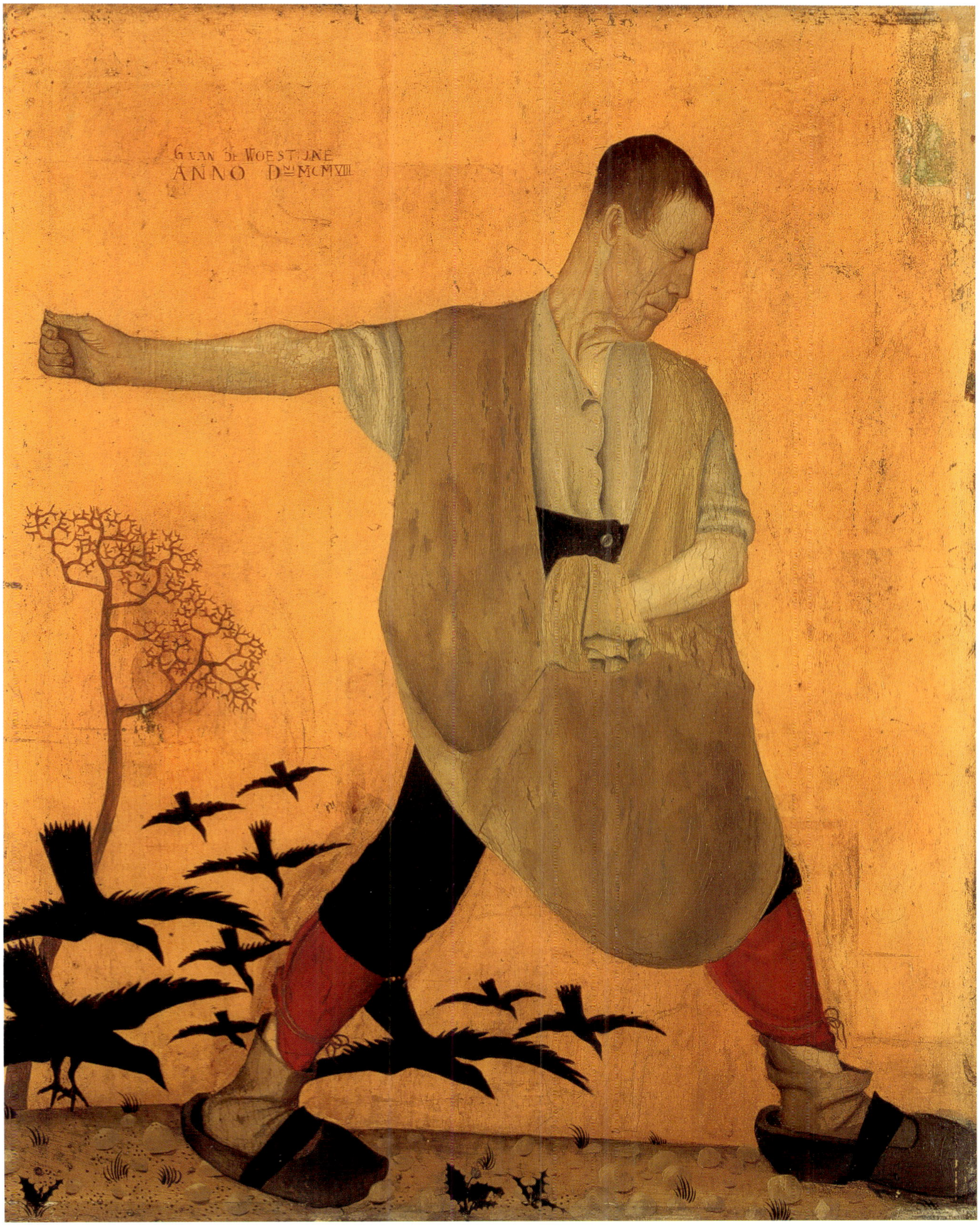

85 GUSTAVE VAN DE WOESTYNE • *Le Mauvais Semeur* 1908

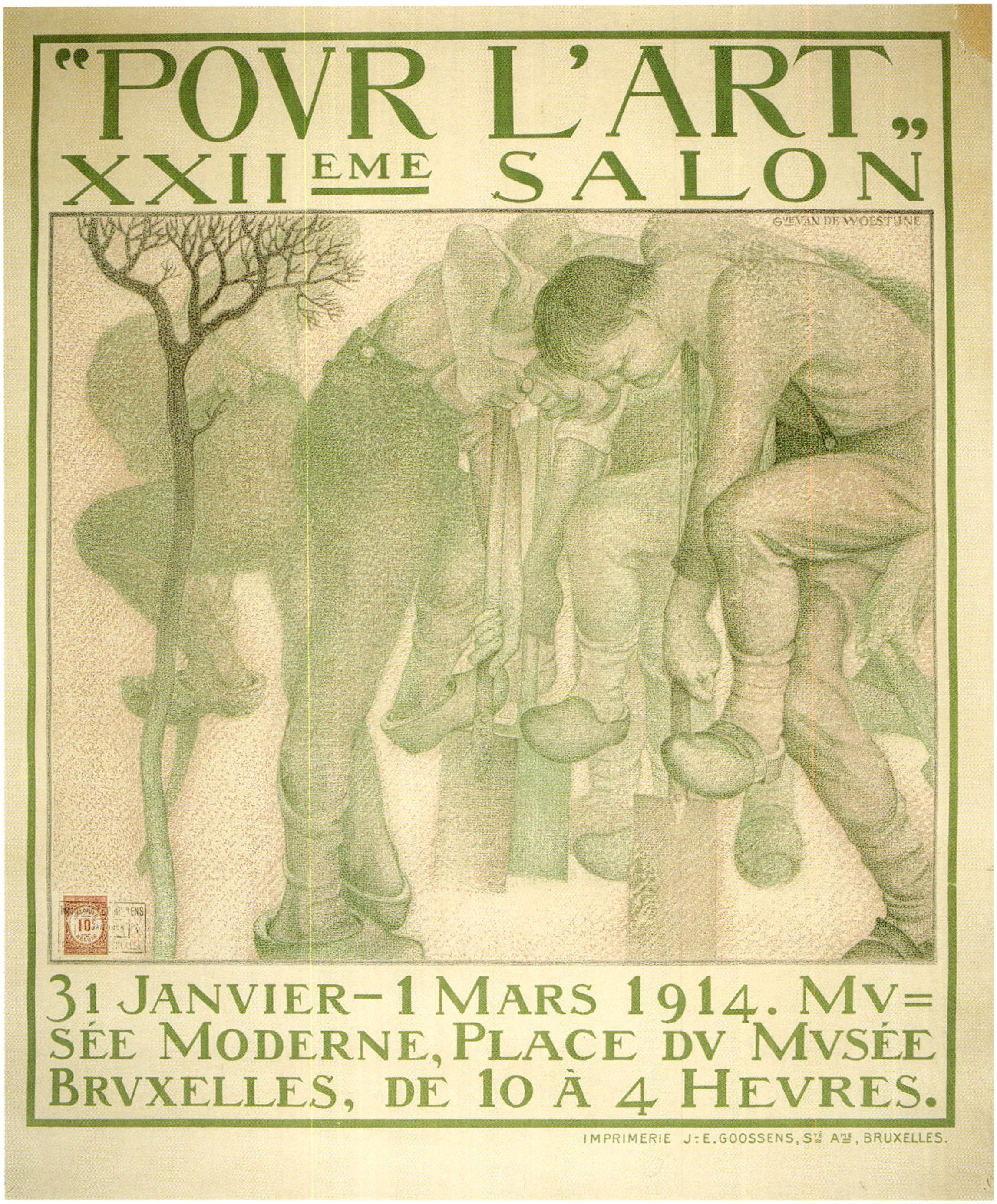

87 GUSTAVE VAN DE WOESTYNE • *Pour l'art* 1914

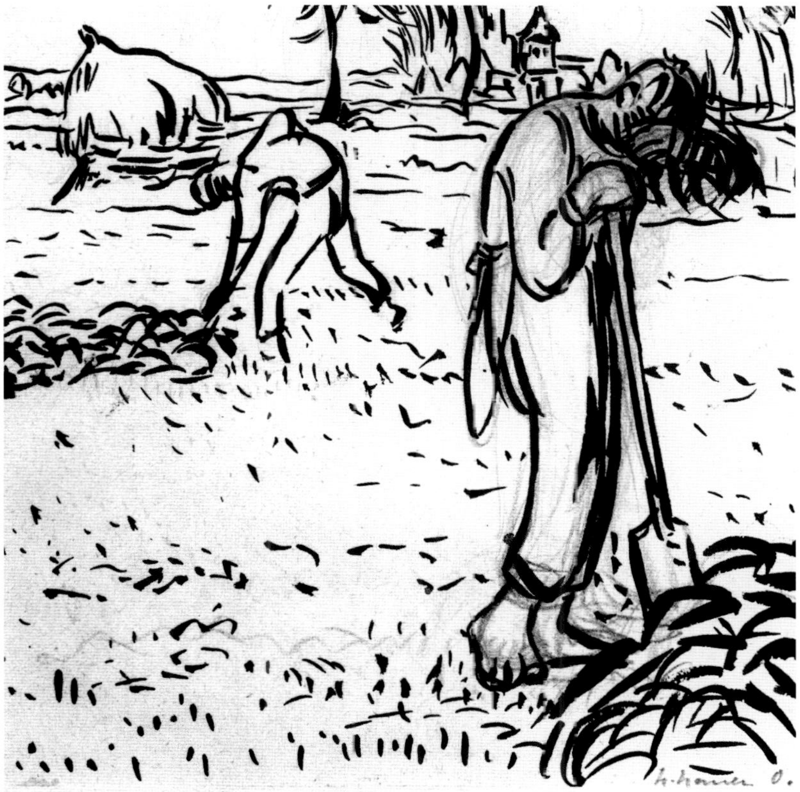

88 HEINRICH NAUEN • *Paysans au champ* 1905

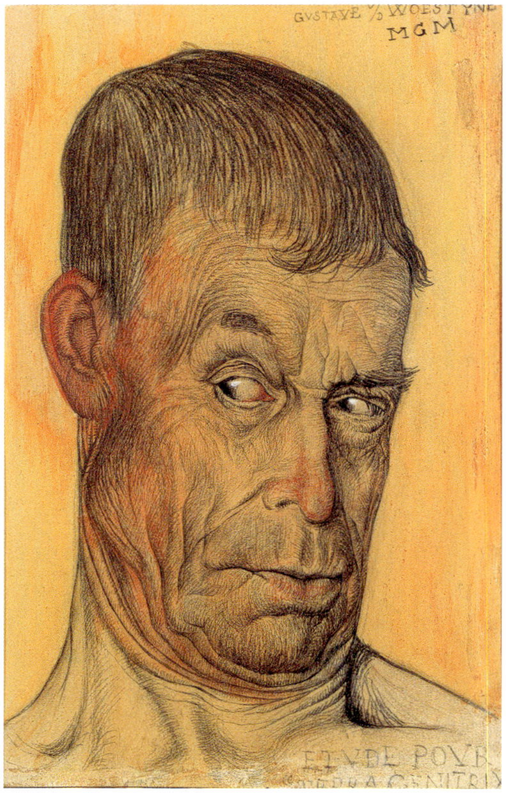

90 GUSTAVE VAN DE WOESTYNE • *Deeske* 1907

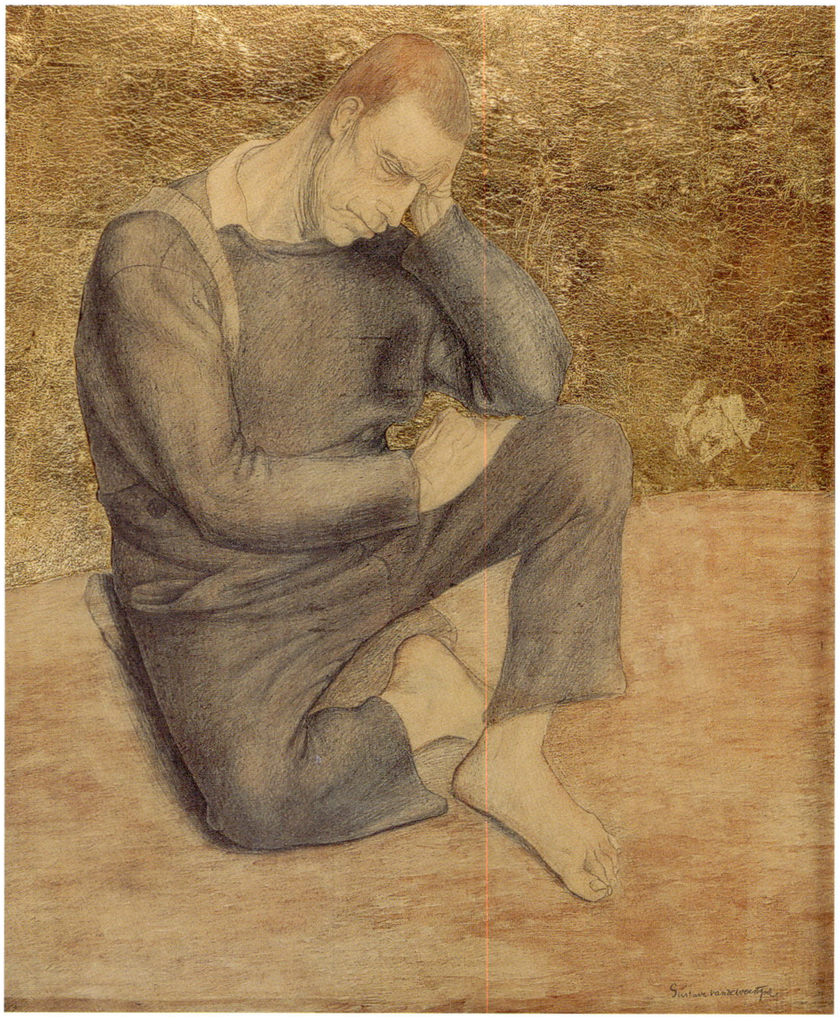

91 GUSTAVE VAN DE WOESTYNE • *Deeske accroupi* 1908

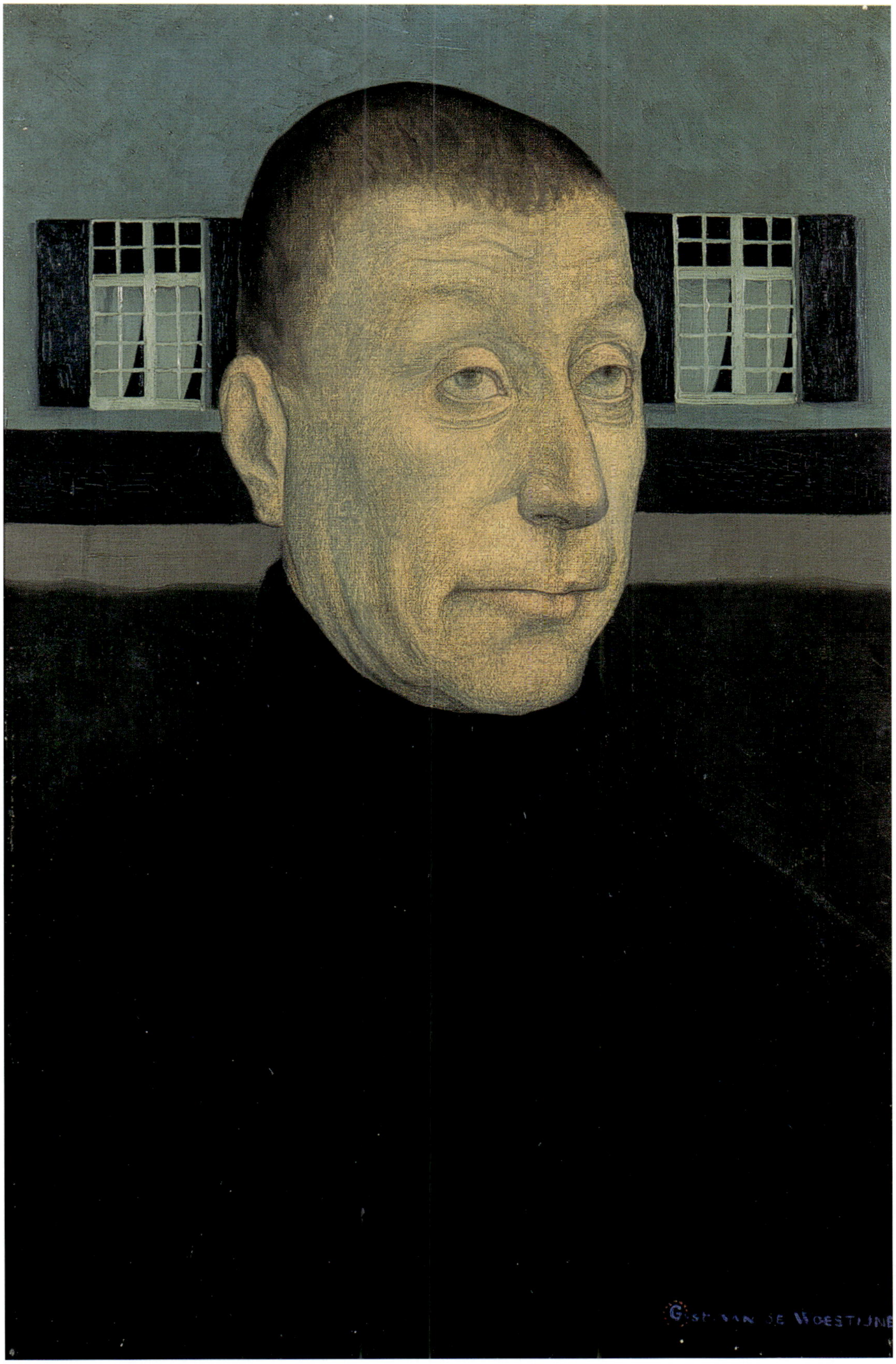

92 GUSTAVE VAN DE WOESTYNE • *Paysan / Soir* 1910

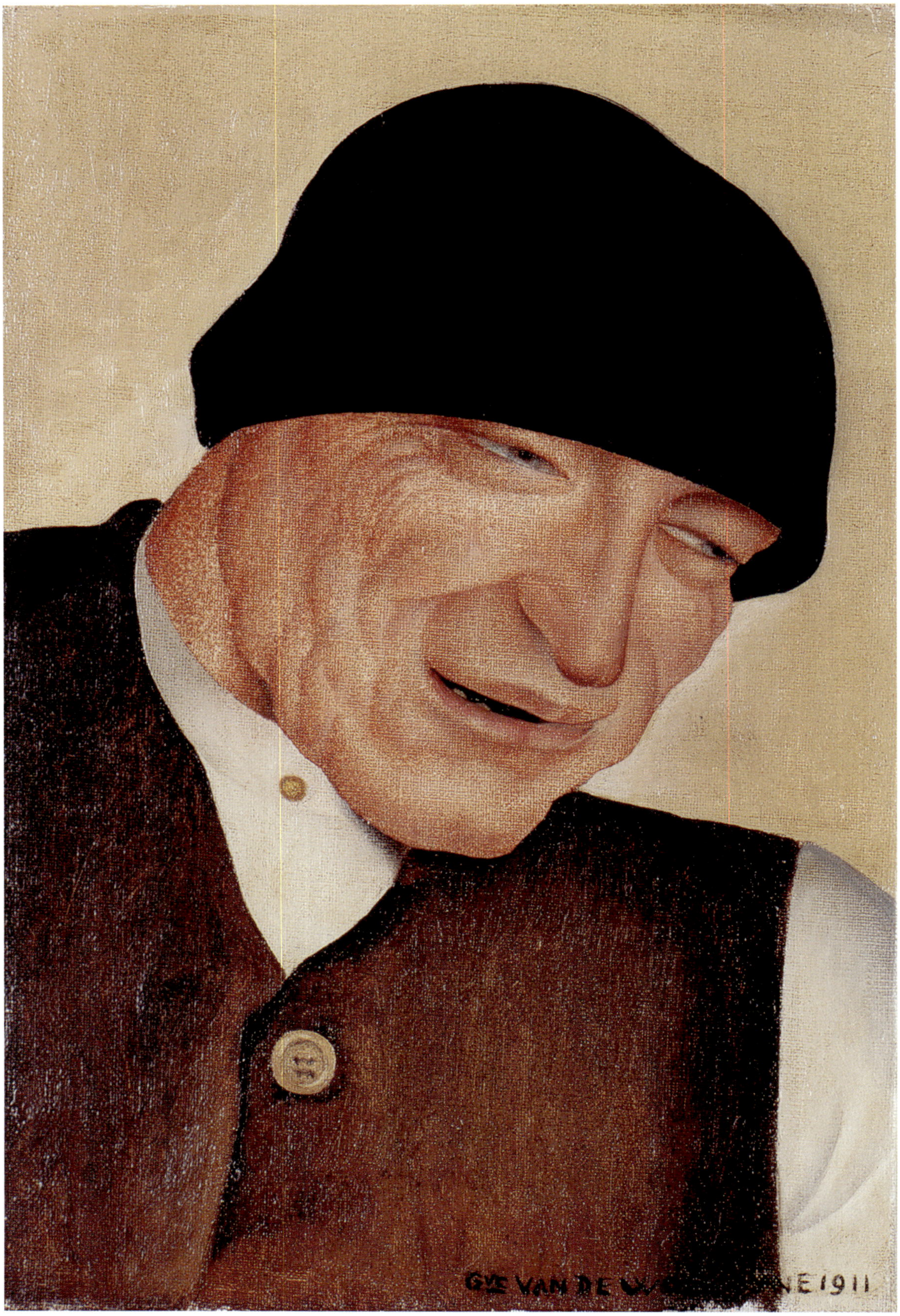

93 GUSTAVE VAN DE WOESTYNE • *Paysan au bonnet noir* 1911

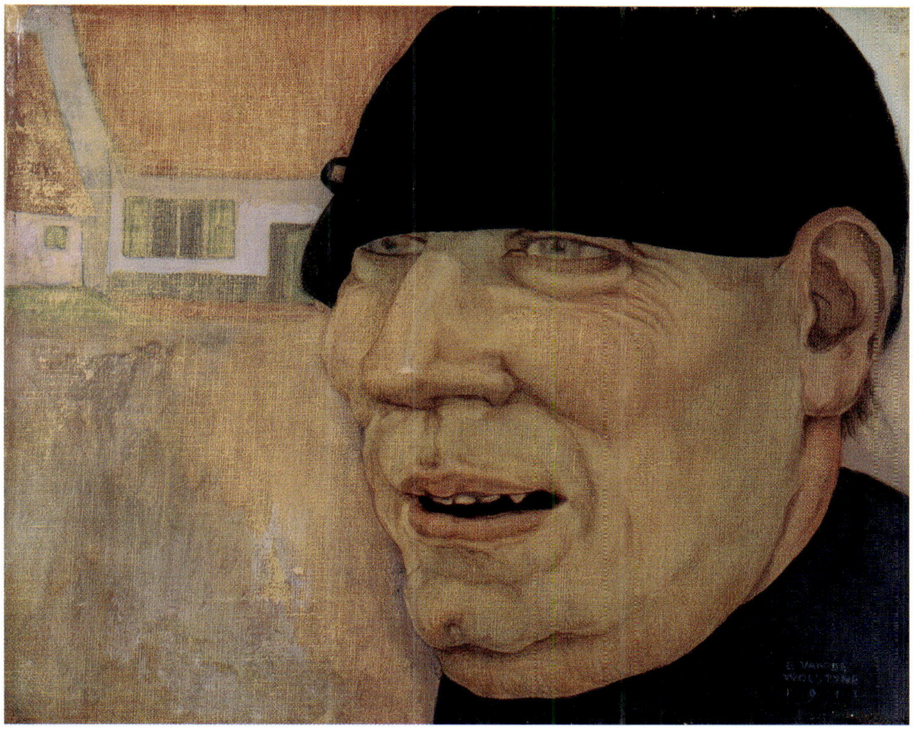

94 GUSTAVE VAN DE WOESTYNE • *Paysan / La Réponse* 1911

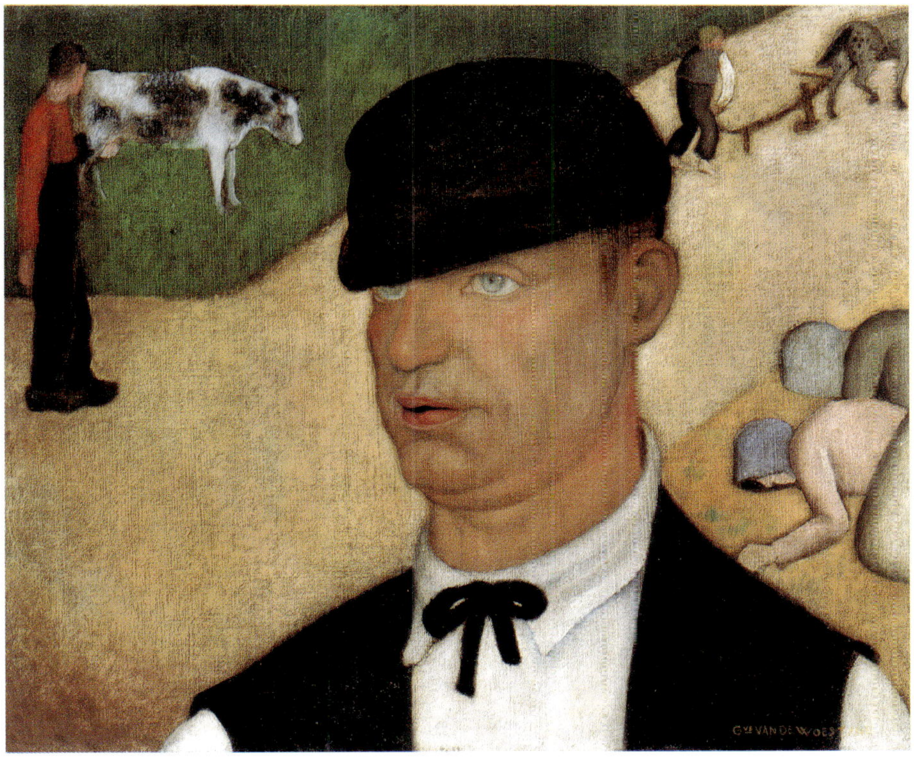

95 GUSTAVE VAN DE WOESTYNE • *Paysan au champ* [1909]

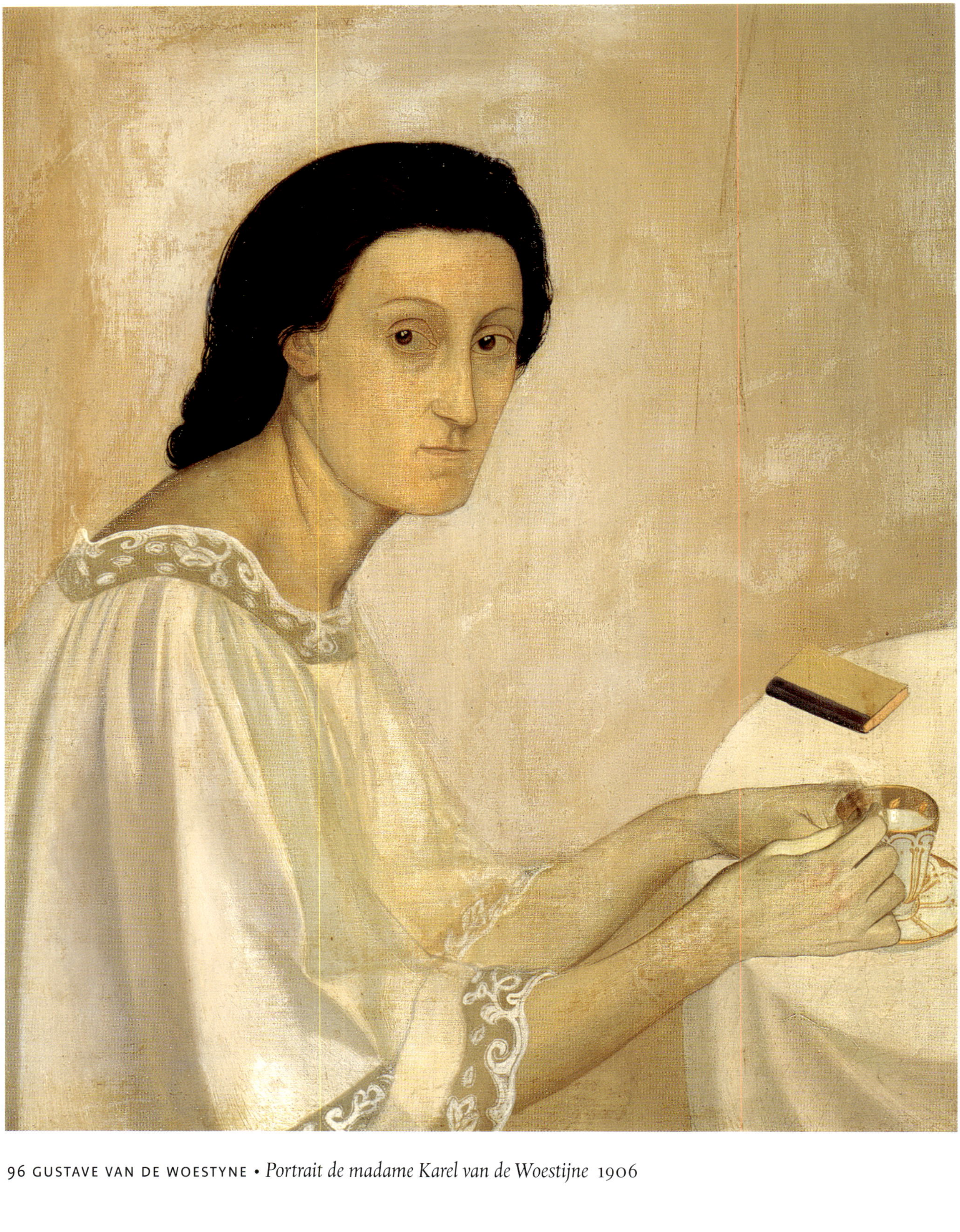

96 GUSTAVE VAN DE WOESTYNE • *Portrait de madame Karel van de Woestijne* 1906

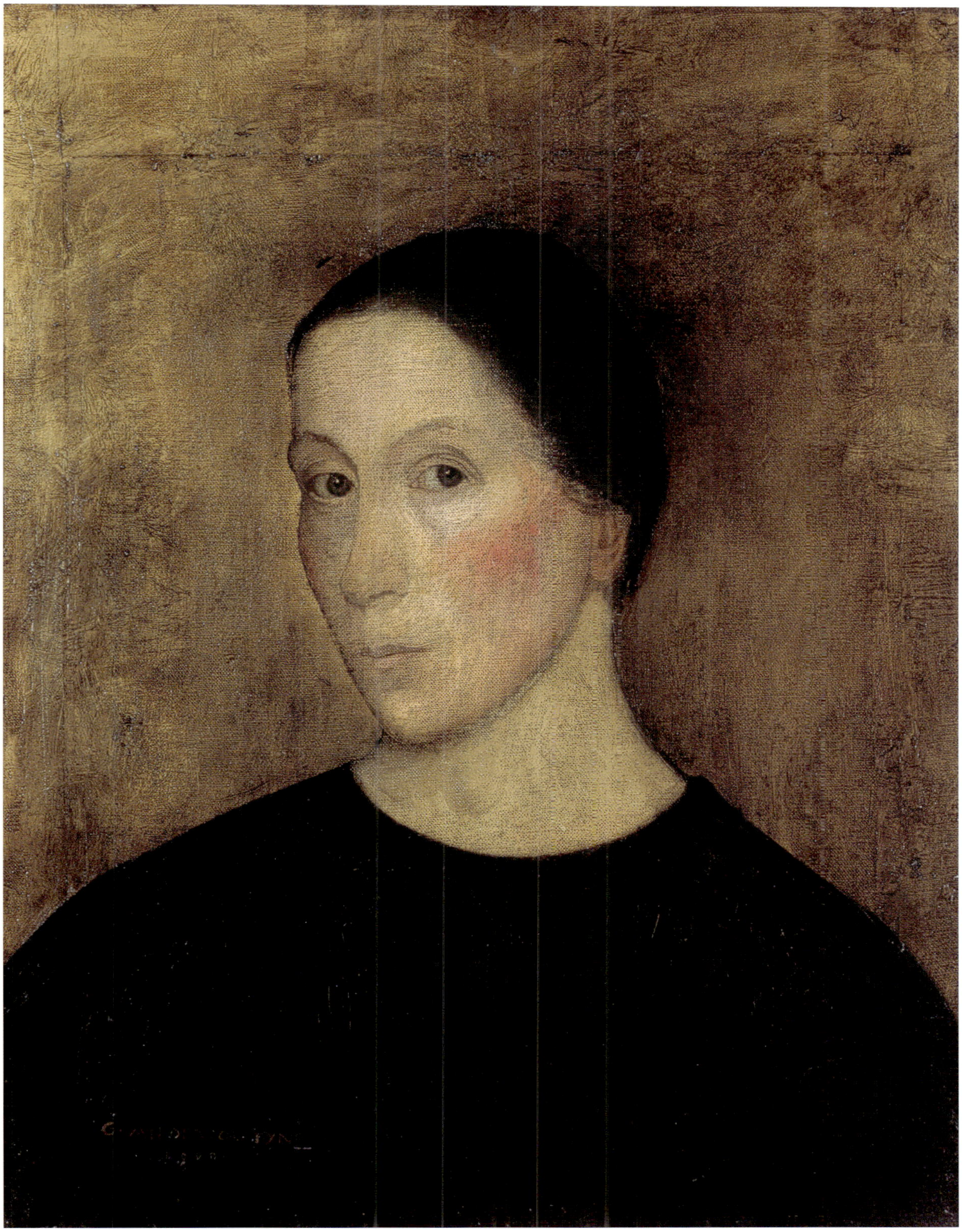

97 GUSTAVE VAN DE WOESTYNE • *Portrait de madame Minne* 1900

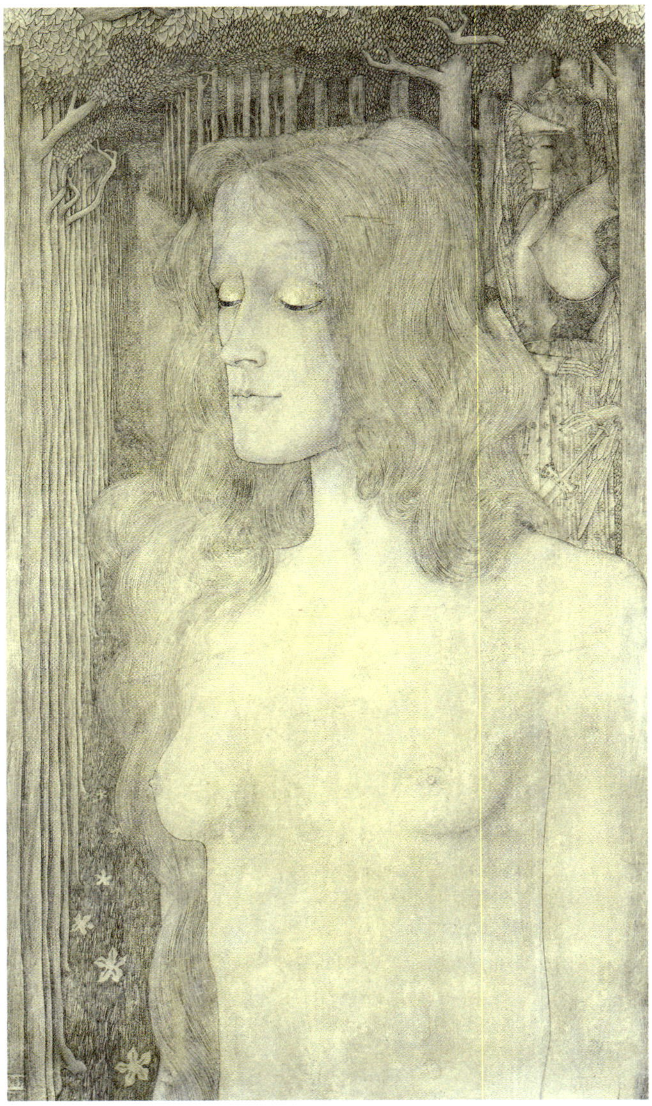

98 JAN TOOROP • *Nirvana* 1895

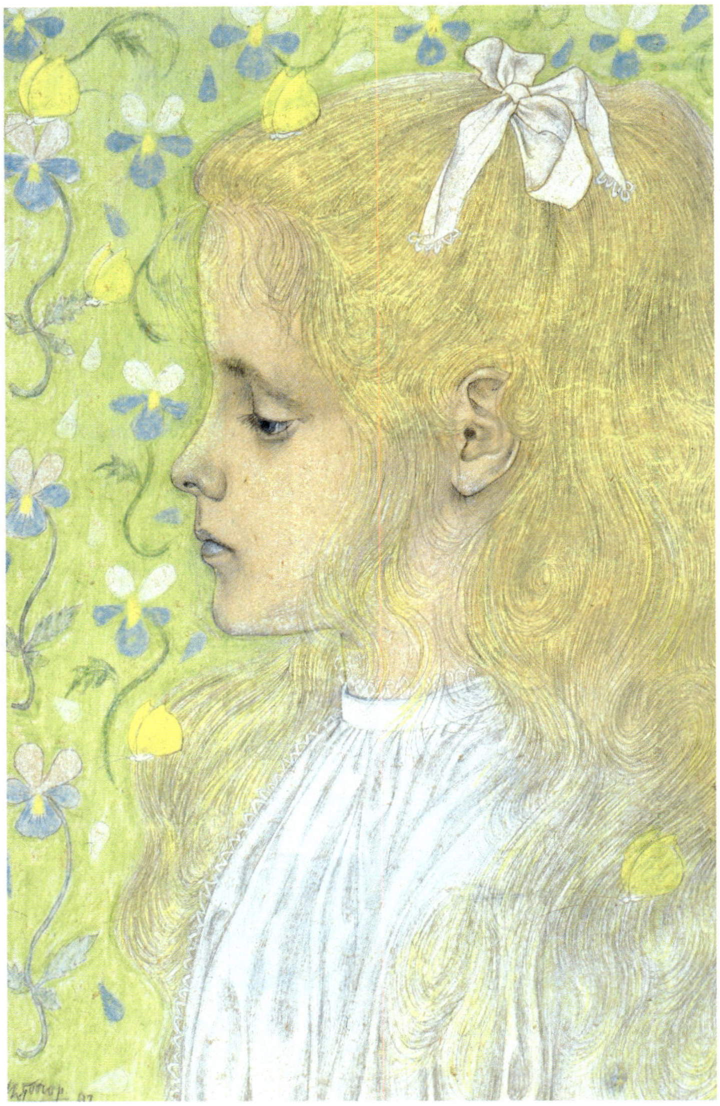

99 JAN TOOROP • *Charley* 1897

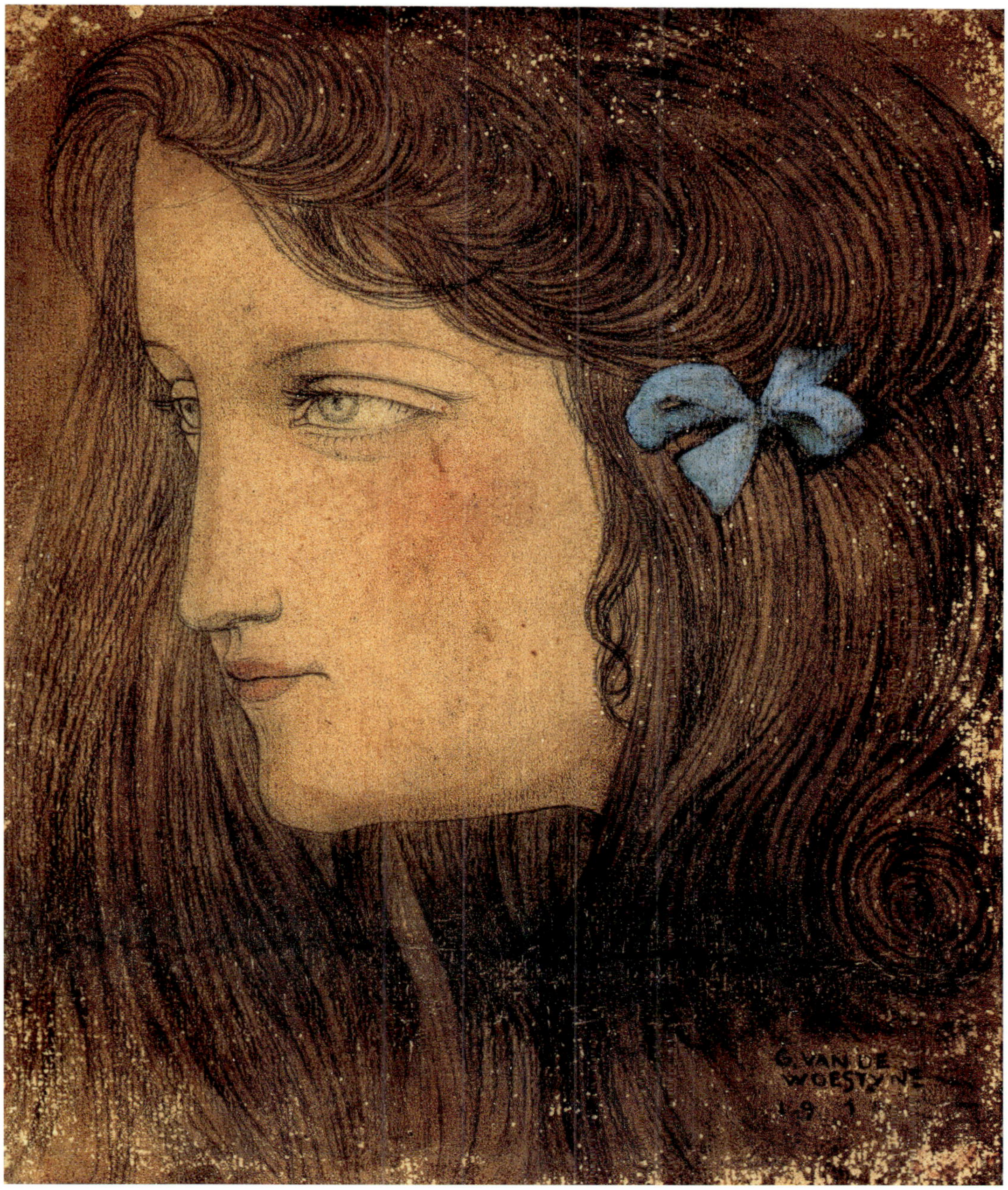

100 GUSTAVE VAN DE WOESTYNE • *Petite Fille rêveuse* 1911

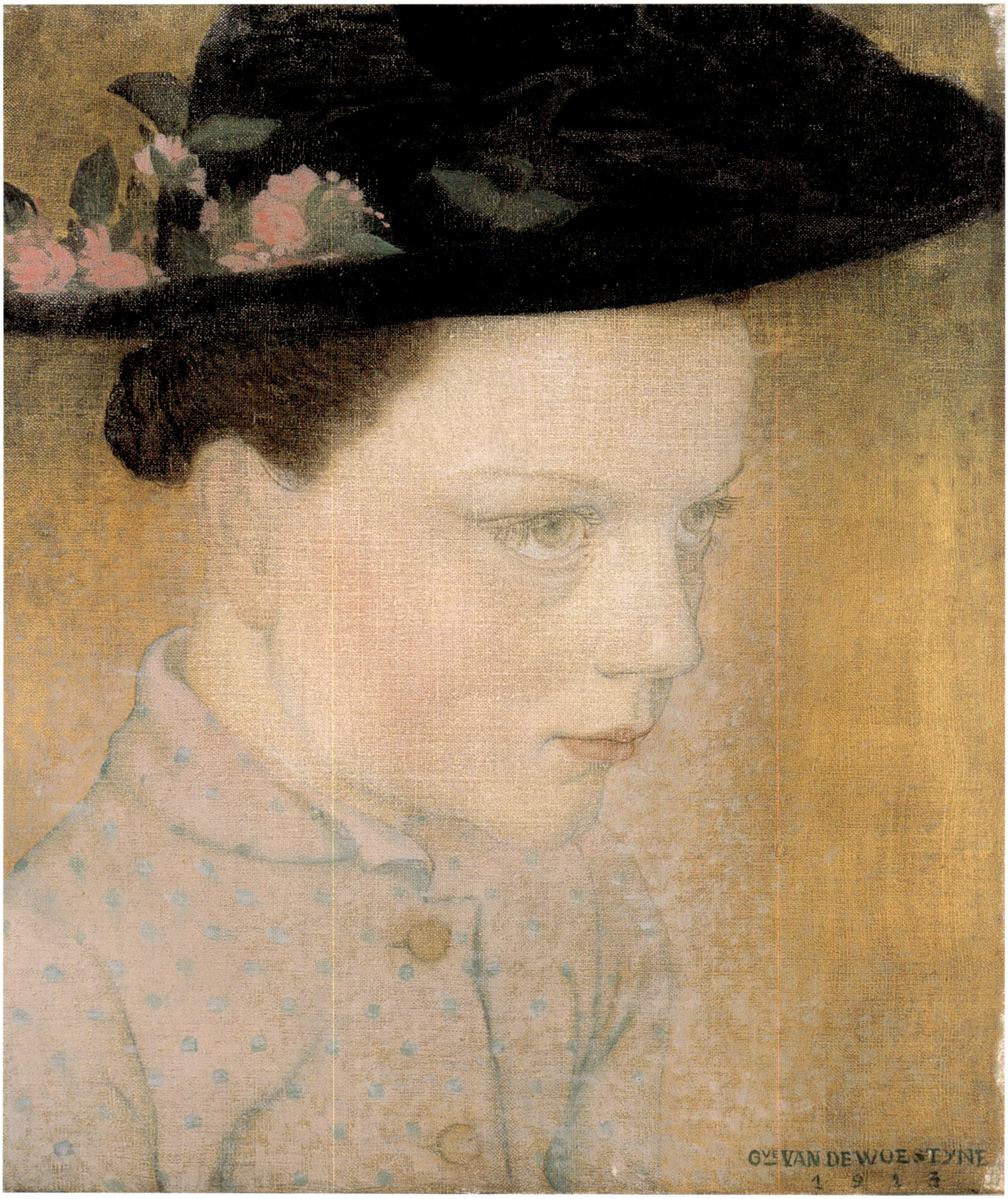

101 GUSTAVE VAN DE WOESTYNE • *Petite Paysanne* 1913

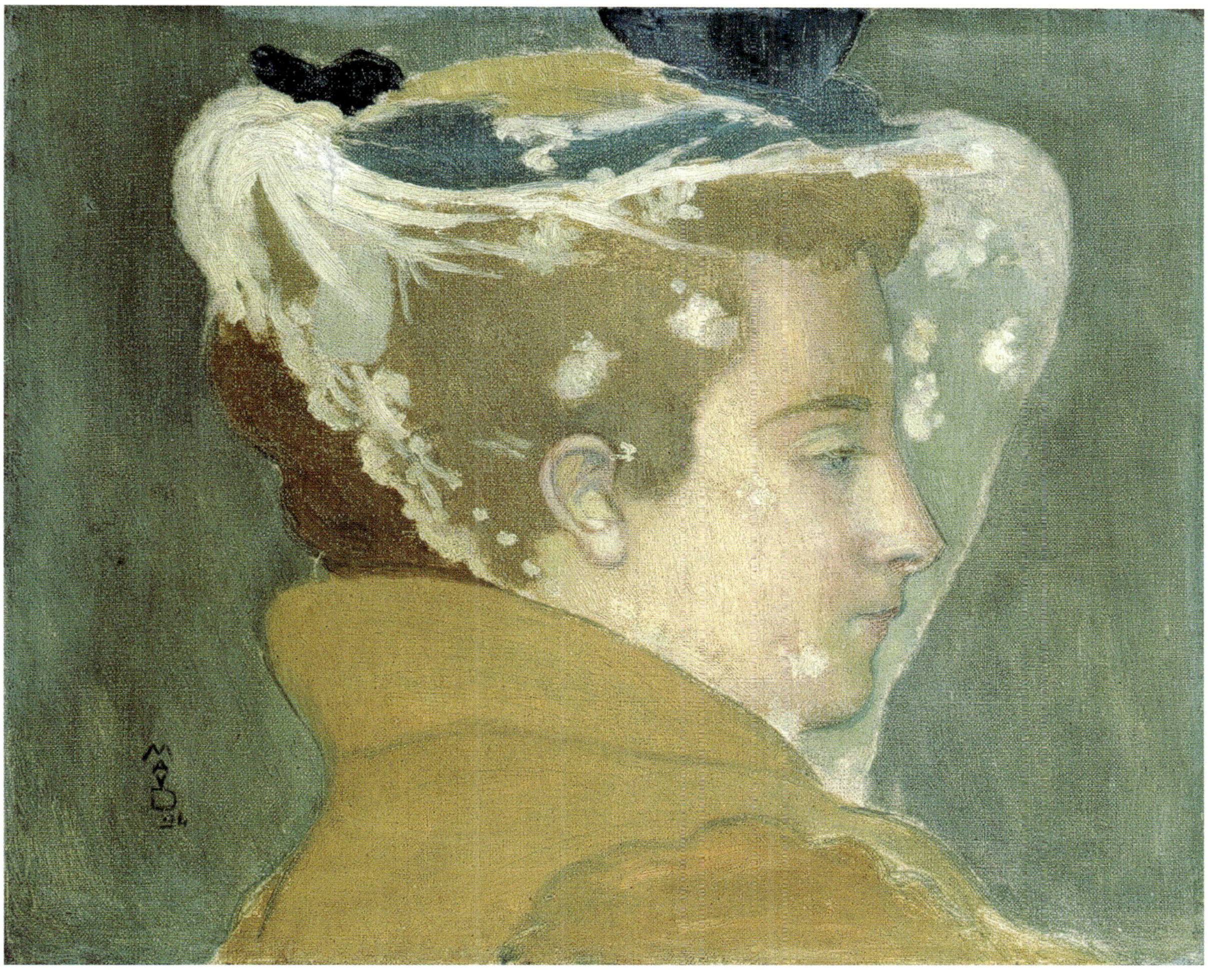

102 MAURICE DENIS • *Portrait de Marthe au voile blanc* 1894

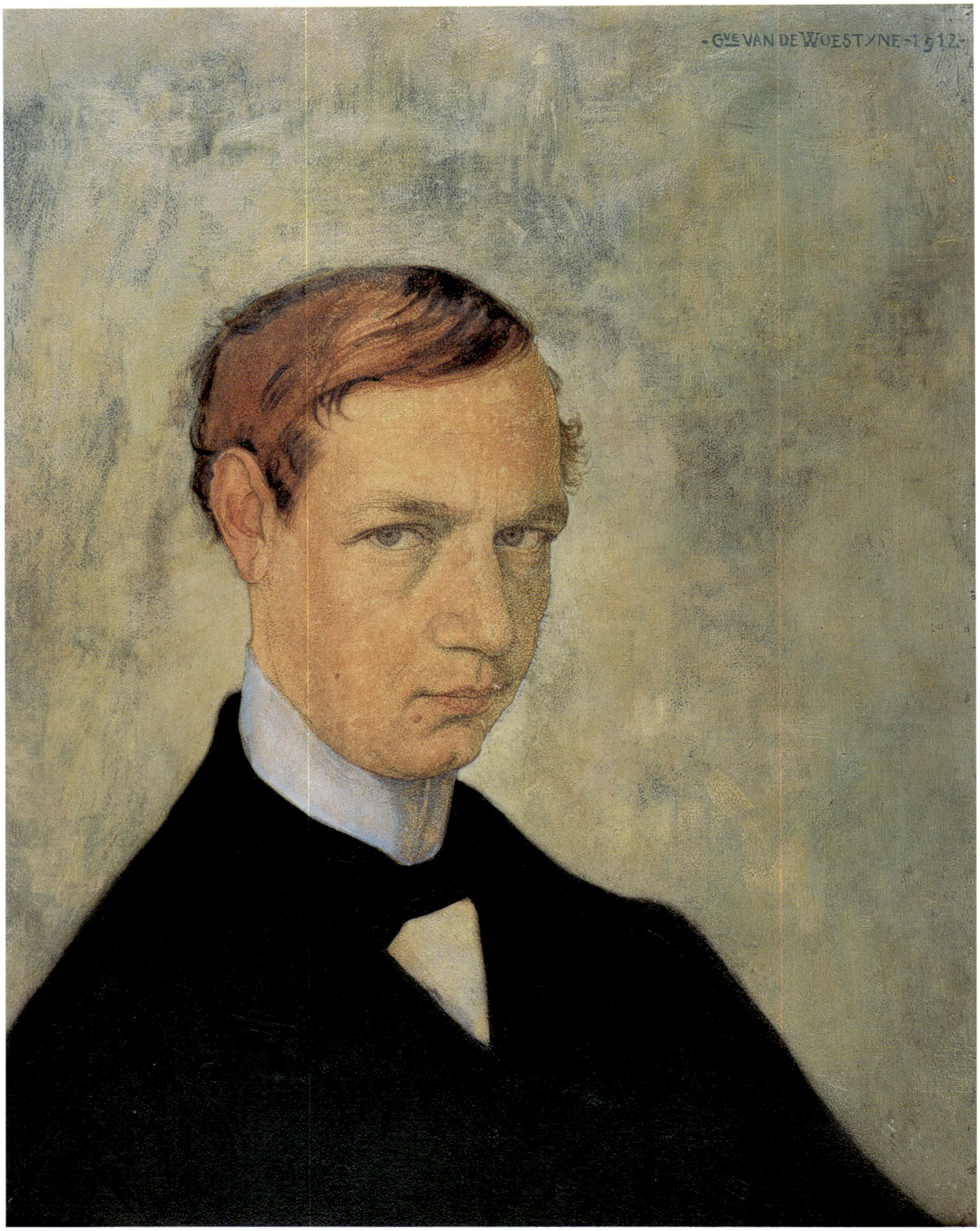

103 GUSTAVE VAN DE WOESTYNE • *Autoportrait* 1912

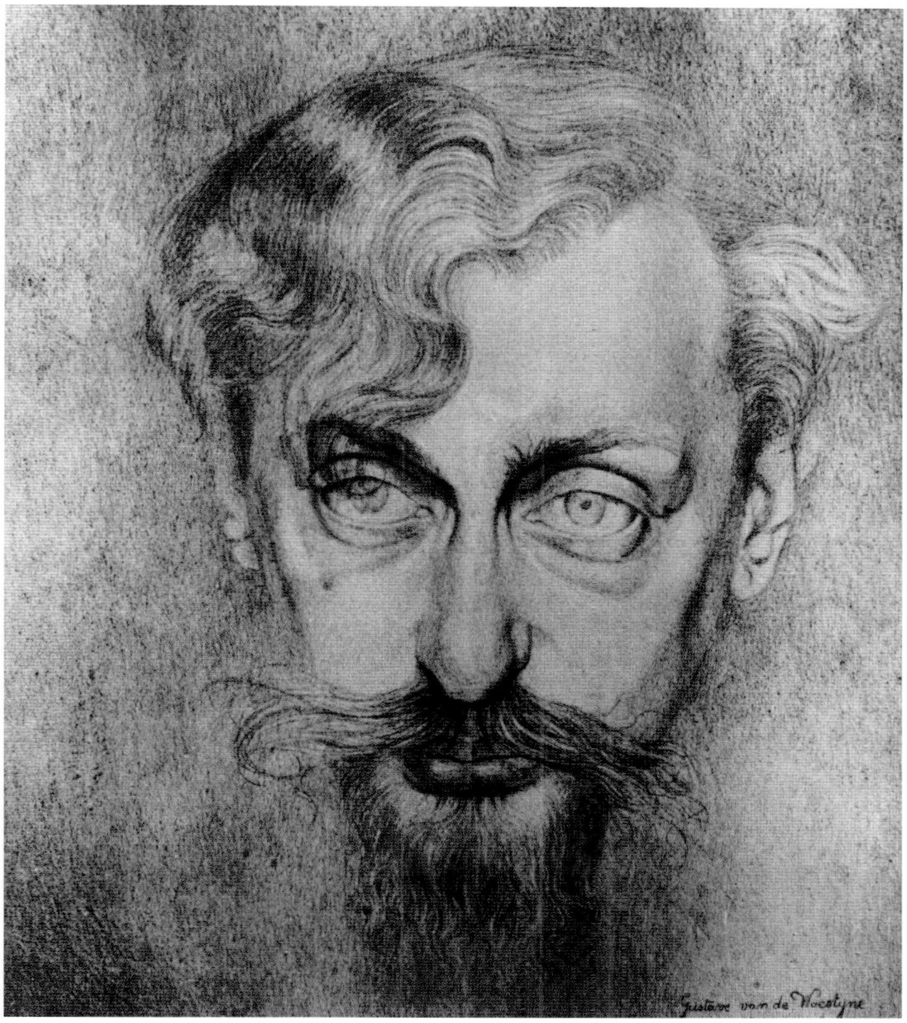

104 GUSTAVE VAN DE WOESTYNE • *Portrait de Karel van de Woestijne* 1910

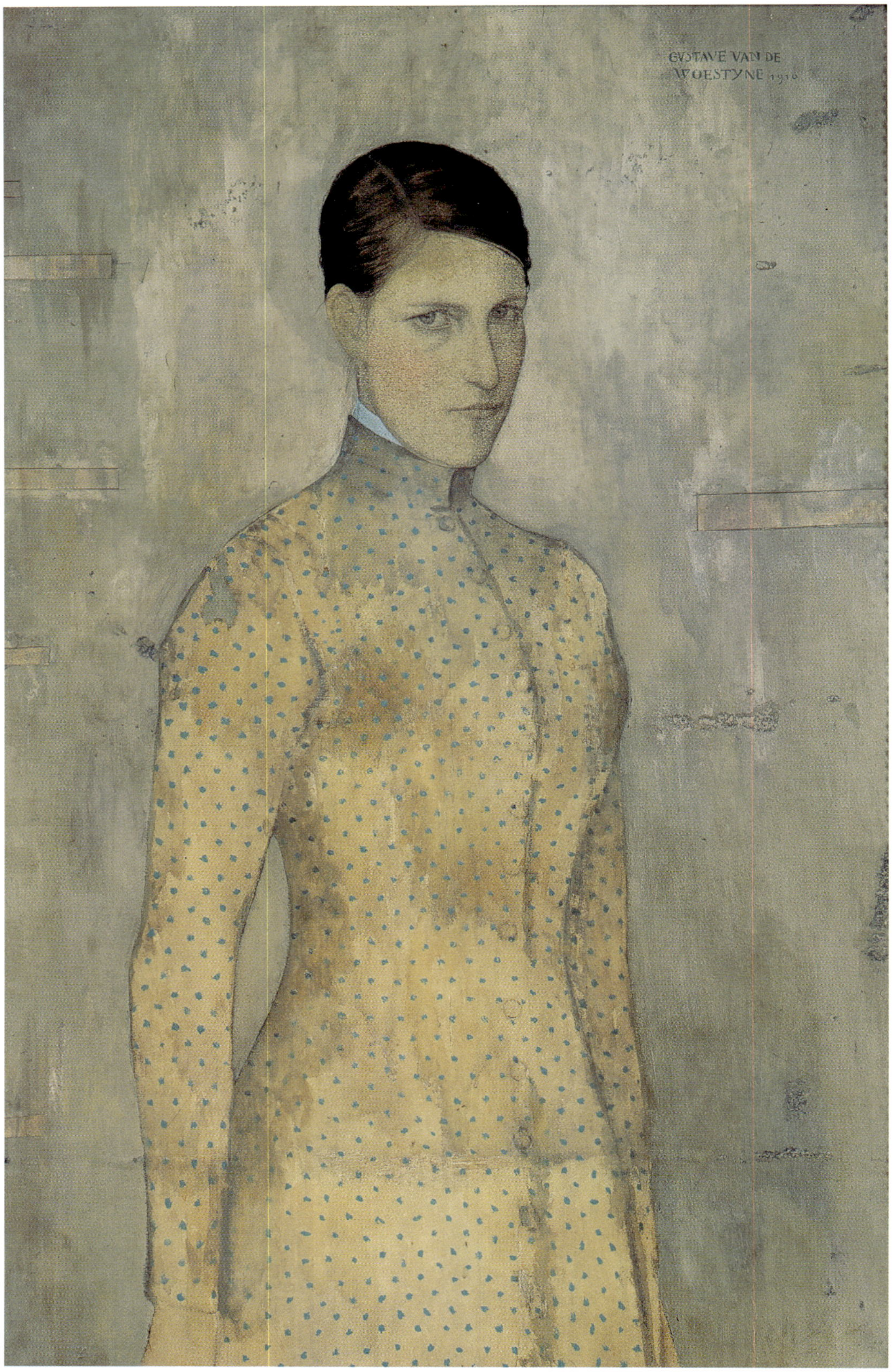

105 GUSTAVE VAN DE WOESTYNE • *La Femme de l'artiste* 1910

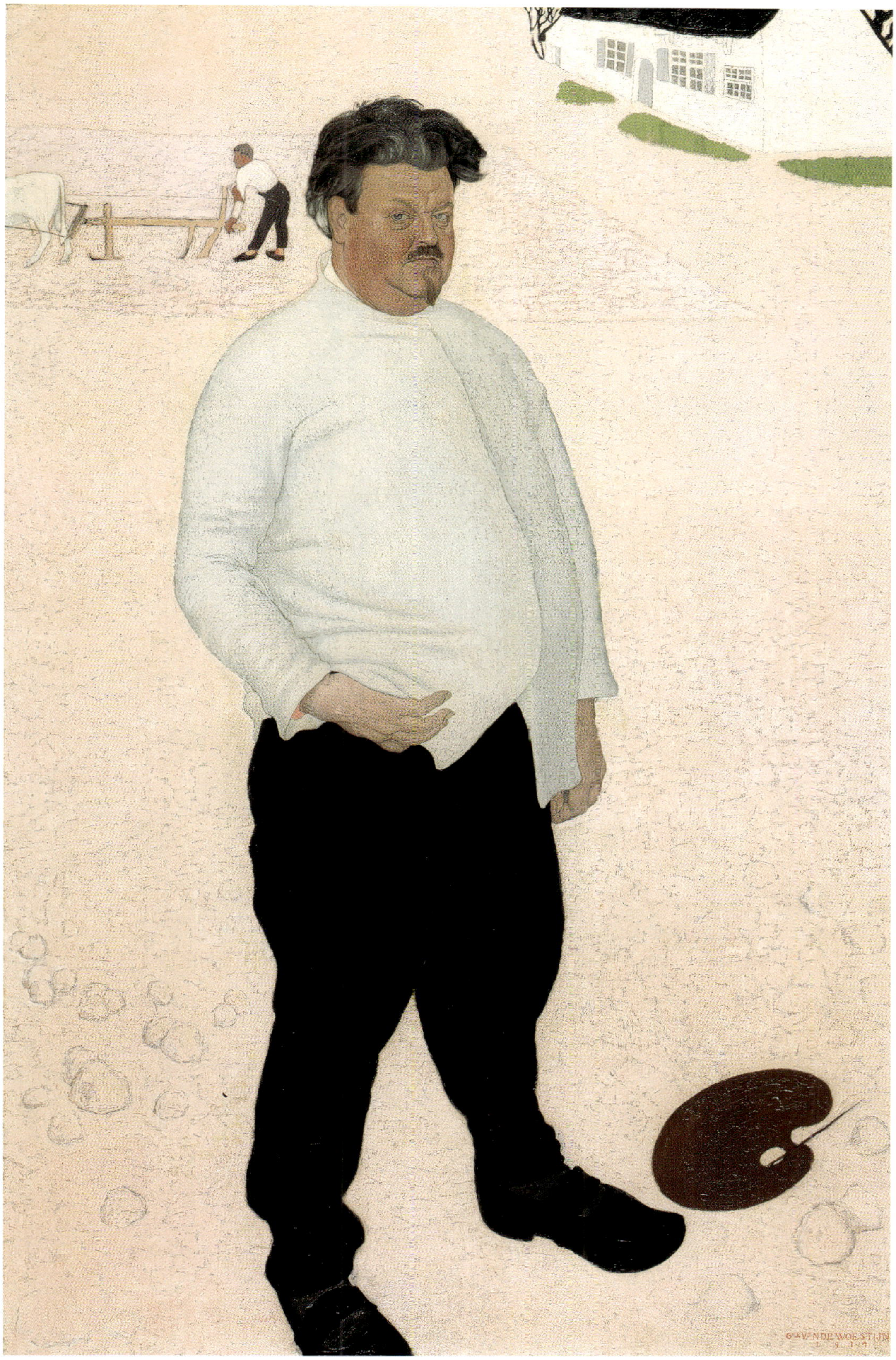

106 GUSTAVE VAN DE WOESTYNE • *Portrait de Valerius de Saedeleer* 1914

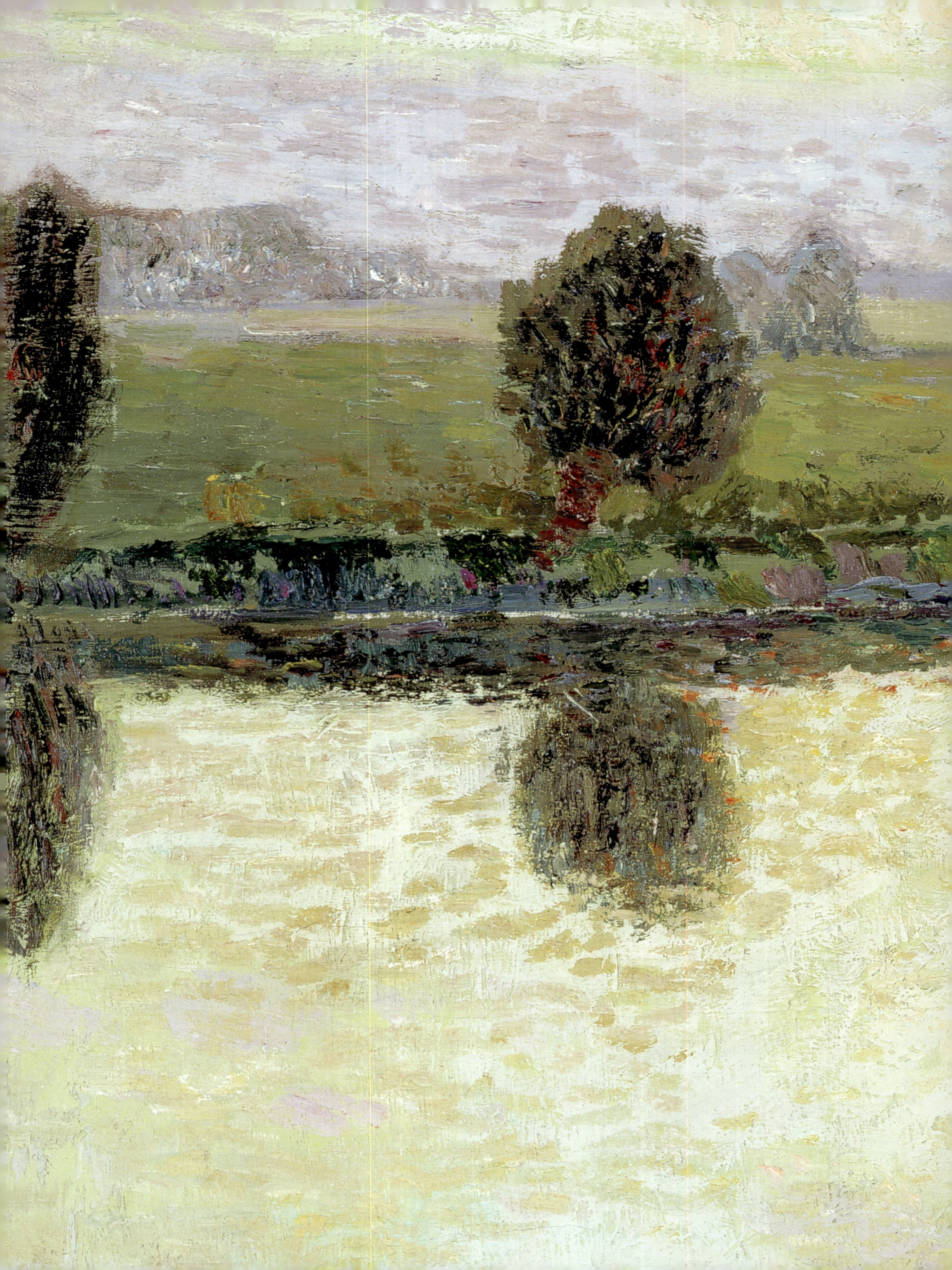

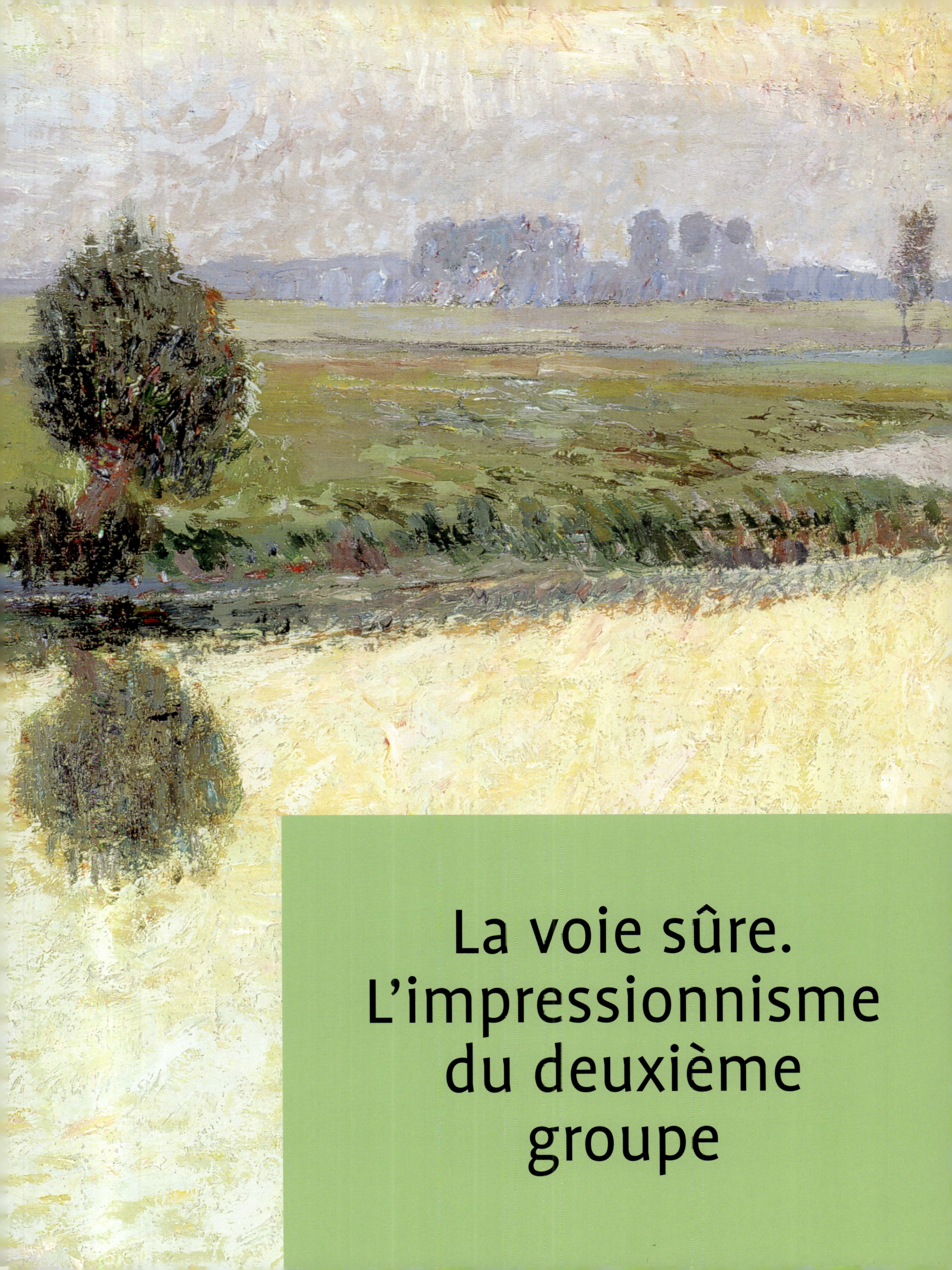

La voie sûre. L'impressionnisme du deuxième groupe

Vers 1908, on assiste à Laethem à la relève de la garde. Une deuxième colonie d'artistes prend ses quartiers au bord de la Lys. Son noyau se compose de Frits van den Berghe, Leon de Smet, Gustave de Smet, Constant Permeke et Maurice Sijs. Leur arrivée amorce une nouvelle phase autonome dans la chronique artistique bien étoffée de la région. Emile Claus travaille déjà depuis longtemps au bord de la Lys, légèrement en amont. Anna de Weert et Jenny Montigny voient en lui leur maître. Entretemps, le jeune Albert Saverys de Deinze se prépare aussi à des débuts saisissants. Ce qui les réunit tous, c'est l'écriture de l'impressionnisme, bien que le procédé ne soit pas appliqué de manière uniforme et qu'il donne lieu à des résultats très différents.

La situation de la peinture belge en 1905, donc quelques années avant la formation du deuxième groupe de Laethem, est loin d'être univoque. Le symbolisme perd progressivement de sa force, tant dans le domaine littéraire que plastique, même si son synthétisme contribue à ouvrir la voie à l'art moderne. Au départ de conceptions soumises à l'épreuve de la vie, de la méditation et de la lecture, les membres du premier groupe de Laethem adhèrent à une variante religieuse du symbolisme, en communion avec la nature. Ailleurs, des artistes comme Ensor, Laermans et Smits cherchent leur voie – chacun de leur côté – et abordent de nouvelles tendances. Leur révolte contre l'impressionnisme aboutit à un style plus synthétique, plus expressif, qui permet une intégration plus moderne de certains aspects de la « condition humaine ». Mais le renouveau n'est pas apprécié par tout le monde au début du XXe siècle. C'est ainsi que l'impressionnisme, en France depuis belle lurette au-delà de son apogée, demeure encore longtemps un style largement adopté en Belgique.
Aux environs de 1905, le luminisme y connaît même des jours de gloire. Octave Maus, chef de file de La Libre Esthétique, fait le point sur l'impressionnisme et le néo-impressionnisme français à Bruxelles. Une sélection de chefs-d'œuvre est présentée à l'exposition retentissante de 1904. Parmi les invités figurent notamment Manet, Degas, Renoir, Monet, Pissarro, Seurat, Sisley, Van Gogh, Toulouse-Lautrec, Bonnard, Denis et Vuillard[37]. Un an plus tard, le cercle artistique dresse un panorama de l'essor pris par l'impressionnisme dans des pays comme la Belgique, l'Espagne, l'Allemagne, l'Angleterre, les Pays-Bas et la Russie. Ensor, Heymans et Claus sont les compatriotes célébrés à Bruxelles. Entre-temps, une véritable association a vu le jour en 1904 à l'initiative de Claus, Morren et Heymans : Vie et Lumière, qui se propose de rassembler les adeptes du luminisme. C'est surtout le prestige d'Emile Claus qui s'y manifeste. Voilà peut-être pourquoi la contribution gantoise est particulièrement importante parmi les artistes membres[38].

Il semble donc que peu après 1900 le culte de l'impressionnisme ne soit nullement considéré comme un acte de régression. Aux yeux de beaucoup, c'est au contraire un mouvement qui s'oppose à l'académisme et au réalisme conventionnels du XIXe siècle. Certes, l'élan novateur des débuts est retombé. Mais pour de nombreux artistes et amateurs belges, le grand courant français est, aux environs de 1905, une esthétique solidement établie et bien vivante, non encore marquée du sceau de la décrépitude qu'on lui attribue souvent – et généralement à tort – après l'avènement du cubisme et de l'expressionnisme. A la lumière de cette influence étonnamment tardive, il est compréhensible qu'après le tournant du siècle de jeunes artistes frais émoulus se laissent porter par ce qui est en vogue. La génération de jeunes Gantois qui s'établit peu à peu à Laethem s'oriente elle aussi dans cette direction dès avant son départ pour la campagne. Le prestige d'un artiste comme Claus, considéré par beaucoup comme un pionnier, joue incontestablement un rôle dans ce processus. Son art, en tout cas au début, est une référence pour les nouvelles recrues de Laethem. Avec le temps, leur vénération se fait toutefois plus nuancée et d'autres possibilités sont expérimentées avec un succès variable.

Le deuxième groupe de Laethem a lui aussi ses racines à Gand. Ses membres se connaissent par la fréquentation des Salons et de l'académie de la ville. Les rencontres au Patershol sont également importantes. Vers 1906, ce quartier délabré est le lieu de rendez-vous préféré de

Un petit coin du « Patershol » à Gand en 1900

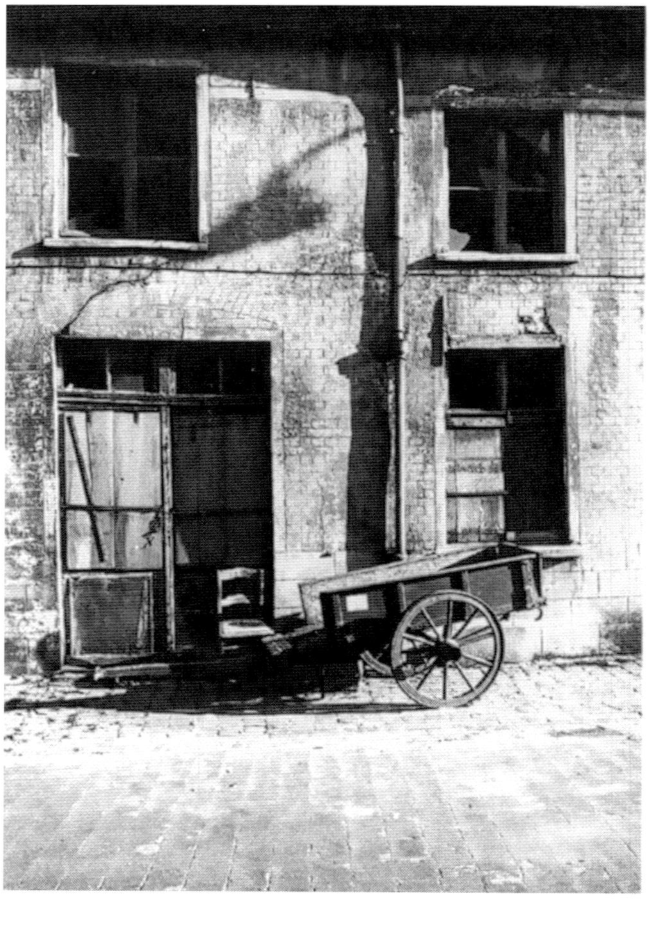

Gustave et Leon de Smet, Frits van den Berghe et Constant Permeke. Souvent, le jeune intellectuel et touche-à-tout Paul-Gustave van Hecke est leur hôte[39]. Tous sont gantois de naissance, à l'exception de Permeke. C'est là que se tissent les liens d'une amitié durable, c'est là aussi que commence l'histoire qui mènera finalement à l'exode au village tout proche sur la Lys. La raison de cet exode est aussi simple que banale : on veut jouir de la vie libre et peu coûteuse de la campagne, du contact direct avec la nature et ses motifs picturaux. De plus, le nouveau contingent connaît l'exemple des pionniers de Laethem qui séjournent depuis tout un temps déjà dans le village. Il apparaîtra au demeurant que pour ces jeunes, l'installation à Laethem-Saint-Martin n'a pas la signification particulière qu'elle avait pour leurs prédécesseurs. Si, dans le premier groupe symboliste, le choix d'une vie en pleine nature était dicté par des considérations antibourgeoises doublées d'un désir d'évasion, dans le deuxième groupe, ce sont plutôt des facteurs pratiques qui entrent en ligne de compte.
La distance entre deux mondes assez différents se marque déjà sur ce point : une certaine unanimité spirituelle parmi les « anciens », une bonne dose d'individualisme et d'opportunisme chez les nouveaux venus. Dès le départ, il manque à ces derniers l'élan pour travailler dans un esprit de solidarité et se présenter en tant que groupe.

Avant et pendant leur séjour à Laethem, les représentants du deuxième groupe s'ouvrent à l'influence de l'impressionnisme. Leur attitude est réceptive. Il n'est pas du tout question d'une lutte acharnée en faveur du renouveau, à un moment où, ailleurs, l'art moderne perce pleinement. On choisit provisoirement la voie sûre, qui peut également déboucher sur des résultats éloquents et convaincants. L'art français est le grand modèle, mais il existe également des antécédents en Belgique, dans les variantes proposées notamment par Théo van Rysselberghe (1862–1926) et Emile Claus (1849–1924). Le premier est d'abord connu pour ses portraits délicats de personnages rêveurs – assis ou debout –
ill. p. 10 dans leur intérieur. Ces œuvres baignent dans l'atmosphère contemplative si caractéristique du symbolisme. En dépit de la technique pointilliste, la figure humaine, posant souvent de profil, demeure parfaitement identifiable à l'intérieur de contours délimités. Frits van den Berghe et Leon de Smet réagissent, chacun de manière très différente, à l'exemple de Van Rysselberghe. L'œuvre de l'artiste français Pierre Bonnard (1867–1947) est aussi parfois une source d'inspiration importante, et dans ce cas, il arrive qu'objet et figure se fondent optiquement dans leur environnement. A son tour, l'art de Claus, avec sa prédilection pour l'espace ouvert, sert de modèle à presque tous les membres du deuxième groupe de Laethem, même si le travail humain dans les champs ne figure jamais à leur programme. Enfin, l'œuvre d'Henri Le Sidaner (1862–1939), ami de Claus, a également une certaine résonance. Le doux intimisme de ses paisibles vues de jardin se retrouve par moments dans l'œuvre des frères De Smet et de Van den Berghe.

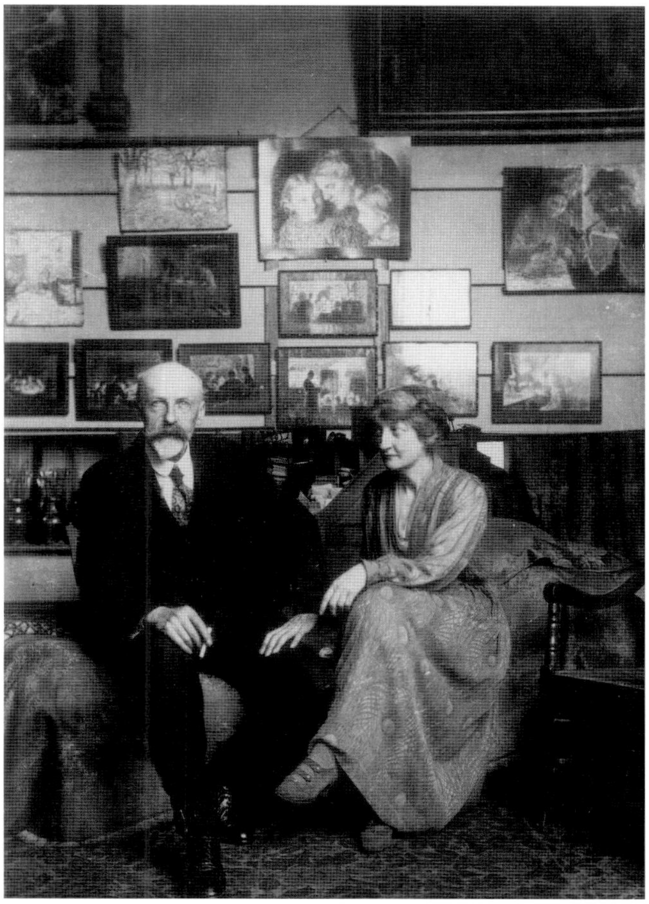
Emile Claus et Jenny Montigny dans l'atelier de celle-ci

LE PAYSAGE OUVERT

Les étendues de champs et de prés – avec ici et là une ferme isolée – sont caractéristiques du plat pays des bords de la Lys. Mais des rangées de buissons et d'arbres viennent parfois rompre la monotonie ; le regard se fixe alors tour à tour sur les différents éléments. Ce type de paysage occupe une place prépondérante dans l'œuvre d'Emile Claus.
Au début en tout cas, sa représentation de la nature est généralement habitée de figures humaines. Ce détail le différencie d'emblée des artistes de Laethem. Dans leurs panoramas de la nature, ceux-ci se limitent habituellement au paysage, avec tout au plus, pour attirer le regard, une chaloupe au bord de la Lys, quelques canards ou des arbres sur la berge, parfois une ferme dans le lointain.

Au moment où le deuxième groupe s'installe à Laethem, Emile Claus poursuit inlassablement à Astene, sur la Lys, sa série d'images rurales de la région. Dans un paysage à demi ouvert comme *Allée ensoleillée avec vaches* [117]
(1903) il recourt à des couleurs vives, ensoleillées, appliquées en touches brèves. La présence de bétail est fréquente dans son œuvre et lui confère un caractère narratif.
En dépit de l'orientation française de son impressionnisme, Claus reste avant tout lié à la tradition flamande. Il est très rare qu'il applique la méthode française à la lettre. Certes, il admet le système des couleurs complémentaires, mais – peu enclin aux spéculations théoriques – il n'agit jamais

de façon dogmatique en la matière. Son intention est plutôt de donner une certaine luminosité à ses paysages. Le dessin garde en outre une consistance remarquable : les formes de l'arbre, de l'être humain et de l'animal ne s'estompent pas jusqu'à ne plus être que des ombres confuses, comme dans les exemples français. Seules ses œuvres plus tardives baignent parfois dans un flou atmosphérique. Claus n'est pas le seul à se méfier de la dissolution de la forme. L'intérêt réaliste pour l'articulation de la figure et du paysage est manifestement une constante flamande, car la plupart des artistes de Laethem ont une attitude assez réservée à ce sujet[40].

Chez certains, l'influence de Claus ne s'impose qu'avec parcimonie. Le jeune Constant Permeke (1886–1952) est de ceux-là. En 1907, deux ans avant sa véritable arrivée à Laethem, alors qu'il séjourne à Gand, il peint la grande toile
[118] *La Lys*[41]. Il y donne une impression parfaitement maîtrisée de la lumière tamisée de midi au-dessus de la rivière. Peu de temps auparavant, l'immensité du paysage de la Lys avait inspiré à Valerius de Saedeleer de vastes panoramas avec une rivière s'écoulant, sinueuse, vers l'horizon, à partir d'un large premier plan. Nous trouvons une représentation analogue chez Permeke, mais la touche brève, ici et là encore hésitante, est empruntée au luminisme de Claus. Cette affinité avec le « peintre du soleil » ne se prolonge toutefois pas franchement, mais par à-coups. En effet, un penchant marqué pour l'indépendance et, en particulier, une manière personnelle de penser font qu'il est impossible à Permeke de rester durablement dans le cercle de Claus.

En 1908, Gustave de Smet (1877–1943) vient s'établir à Laethem. Les tons fluides qui font rarement violence à la matérialité des choses cèdent progressivement le pas à une technique de petits traits. Les formes commencent à se dissoudre, la délimitation disparaît de-ci de-là. Le sens de la représentation est toutefois rarement subordonné à l'émotion visuelle. De Smet se comportera dès lors rarement en impressionniste convaincu, comme le démontre son attitude en 1908, lorsque, dans le mensuel *Nieuw Leven*[42], Reimond Kimpe s'attaque aux lacunes de l'impressionnisme. S'il faut donc éviter de surestimer l'influence d'Emile Claus, il ne faut pas non plus nier l'impact de son succès. L'attention pour le rendu de certains effets de lumière se retrouve dans une série de vues de bois et de jardins, de vergers en fleurs et de paysages baignés par une rivière. Le grand méandre de la Lys près de Laethem – le thème classique de la plupart des artistes qui se retrouvent au village – est peint à plusieurs reprises sous une lumière changeante. Fixer sur la toile le reflet particulier à la surface de l'eau et l'atmosphère vaporeuse est un véritable défi. Quand la rivière est le thème principal, Gustave de Smet fait immanquablement appel à un schéma que nous reconnaissons chez De Saedeleer et Permeke : partant d'en bas, à gauche ou à droite, la Lys entre dans l'image en s'écoulant paresseusement selon une ample diagonale puis, arrivée au milieu de la scène, elle s'infléchit pour disparaître sur le côté dans un raccourci. Presque toutes les vues de la Lys à
Laethem réalisées par cet artiste suivent la même trame.
Citons comme exemples *La Lys aux canards* (1911) et *La Lys* [119, 130]
le soir (1911). Dans la première œuvre, nous discernons la main d'un peintre qui tout en utilisant la technique de l'impressionnisme arrive difficilement à contenir son penchant pour les formes puissamment et simplement découpées. Outre ces panoramas baignés par la Lys, on trouve dans l'œuvre de Gustave de Smet quelques somptueux lointains. Cependant, peu d'entre eux montrent la pleine lumière du soleil. En effet, lorsque le peintre privilégie l'ouverture et l'éloignement du paysage, il représente souvent un soleil couchant à l'horizon ou de la brume sur les champs. Son tempérament l'entraîne vers des motifs introvertis empreints de poésie.

Deux autres membres du deuxième groupe de Laethem, Leon de Smet (1883–1966) et Frits van den Berghe (1881–1939), effleurent aussi à l'occasion le thème du paysage ouvert. Mais chacun s'y prend à sa manière : c'est l'intensité de la conviction qui fait la différence. Bien que Leon de Smet, le frère cadet de Gustave, donne avant la guerre le meilleur de lui-même dans ses nus, ses intérieurs avec figures et ses natures mortes, le panorama ne le laisse pas indifférent. Ce sujet lui permet de donner corps aux idées du luminisme, auquel il s'adonne avec une ferveur totale. La vibration de la lumière dans l'atmosphère, avec des effets singuliers à la surface de l'eau, se concrétise dans un foisonnement de touches. Déjà dans une œuvre de ses
débuts, *Paysage près de Laethem* (1905), Leon de Smet essayait [122]
de capter cette ambiance particulière. Poursuivant sur cette voie, il fait de la représentation de la lumière – le rendu d'un moment atmosphérique déterminé – le sujet proprement
dit du tableau. Des toiles comme *Hiver à Laethem* (1909) et [120]
La Bruyère (1910) en sont des exemples typiques. Quoique [121]
conçus comme des panoramas, ces paysages n'offrent au regard qu'une portée limitée. L'univers est réduit et les volumes semblent perdus dans un voile : un ciel diffus plein de neige tombante ou de vapeurs orageuses est suggéré de manière saisissante. L'ambiance l'emporte sur l'observation et sur le choix du motif.

Entre 1904 et 1913, Frits van den Berghe, fils du bibliothécaire de l'université de Gand, passe le printemps et l'été à Laethem-Saint-Martin. Pendant cette période, il aura recours à l'écriture de l'impressionnisme, mais – sensible à des émotions plus profondes – réduira rarement son interprétation à un simple survol des apparences. A Laethem et dans son atelier de Gand, il a coutume de peindre des nus, des portraits et des scènes d'intérieur, souvent vus sous un angle surprenant. Son rapport au paysage est à la fois distant et complexe : il n'éprouve pas l'empathie simple et spontanée du peintre de plein air traditionnel. Le nombre de vues de la nature réalisées sur le vif reste pour cette raison extrêmement réduit. Vers 1905, quelques-unes de ces œuvres voient le jour dans ce style naturel et candide qu'affectionnent les impressionnistes, mais sans la tension secrète, souterraine, qui caractérise si bien l'art de Frits van den Berghe. Quand le peintre se sent malgré tout attiré par le paysage, il choisit de préférence la nature au crépuscule ou sous un éclairage inattendu. Souvent, il circonscrit alors délibérément l'espace et limite son champ de vision à quelques éléments susceptibles d'éveiller sa sensibilité[43].

Parmi les jeunes artistes de Laethem, Maurice Sijs (1880–1972), fils de cordonnier originaire de Gand, est en fait le plus pur représentant de la peinture de plein air. Son arrivée à Laethem vers 1906 marque en tout cas une rupture définitive avec le style d'atelier un peu lourd qui était le sien jusque-là. Armé de sa boîte de couleurs et de sa toile, il pénètre dans la nature : il s'intéresse avant tout à la vie sur et autour de l'eau. De nombreuses vues joyeuses de la nature voient le jour sur les bords de la Lys. Sa palette s'éclaircit progressivement. Les formes se désagrègent aussi à la manière impressionniste. Sijs ne perd toutefois jamais complètement de vue l'autonomie des objets. Au contraire, il s'en tient en général à un rendu précis et à un contour net, de sorte que le frémissement des vibrations de la lumière fait figure d'exception chez lui. Reflétant une notation rapide et expressive, sa touche dure, mesurée est celle du peintre de plein air. Ses œuvres les plus connues montrent des étendues du bord de Lys, au premier plan généralement ponctué de quelques bateaux. Sa palette se meut dans des tonalités de gris, vert, mauve et bleu, mais garde une certaine consistance. Maurice Sijs atteint rarement le degré de raffinement ou de mélancolie de certains de ses collègues
[125] de Laethem. Dans *Le Passeur de Laethem* (1910), le panorama, à la différence de ce qu'on voit chez les frères De Smet et Permeke, s'étale tranquillement sur quatre bandes horizontales : le paysage se prolonge dans les pensées du spectateur de part et d'autre de l'image. Au demeurant, et si l'on fait abstraction de l'influence générale de Claus, Sijs réalise ses œuvres de Laethem dans une relative autonomie. Il n'est redevable envers aucun de ses collègues laethémois. Il est ainsi le parfait représentant d'une colonie d'artistes qui vivent certes en bonne entente les uns avec les autres, mais chérissent de préférence leurs propres idées[44].

L'ESPACE DÉLIMITÉ

Outre le paysage panoramique à l'horizon ouvert, le deuxième groupe de Laethem pratique diverses variantes de ce que l'on pourrait appeler, avec quelque liberté, le « genre intime » de l'art du paysage. La vue dégagée est interrompue par un seul arbre qui domine l'ensemble du premier plan, par la façade blanche d'une ferme, par la lisière d'un bois ou d'un verger en pleine floraison. L'effet de clair-obscur est parfois prononcé : les arbres, vus depuis le côté ombragé, se découpent nettement sur un ciel clair. Mais plus souvent encore, un seul arbre – conformément aux idées de l'impressionnisme – capte la lumière au
[126] premier plan. La toile *Arbre au soleil* (1900) d'Emile Claus offre en la matière un modèle aussi monumental que saisissant aux artistes de Laethem.

[127] Une œuvre des débuts de Leon de Smet, *La Drève* (1906), représente un alignement de grands arbres dénudés, en partie à contre-jour. Avec cette grande toile, le peintre laisse l'académie derrière lui pour emprunter la voie de l'impressionnisme. Ici, la notation des jeux d'ombre et de lumière entre les hauts troncs l'emporte sur la précision du rendu, même si le réalisme et l'acuité de l'écriture n'ont pas encore totalement disparu. Par la suite, cette vision encore précise fera souvent place à une atmosphère onirique et poétique.

Cinq ans plus tard, *La Sapinière* (1911) de Gustave de [128]
Smet évoque une ambiance plus mystérieuse et plus insondable. Un bois de conifères vert foncé, éclairé par le soleil couchant, se dresse devant un léger talus. Au premier plan, quelques sapins captent les derniers rayons du soleil et brillent d'un rouge orangé. Des teintes bleues et violacées marquent les ombres. Plus que dans ses œuvres précédentes, le peintre semble désormais nouer un lien étroit avec la nature. Du point de vue de la composition également, De Smet fait preuve d'une plus grande audace. Ainsi, il dégage volontairement le premier plan, pour mettre en évidence les diagonales de la lisière du bois. Un sapin dominant constitue la charnière verticale de la représentation. L'attention croissante accordée à la linéarité des contours est probablement dictée par l'écriture de l'Art nouveau. Certes, il subsiste encore ici une recherche d'effets lumineux, mais en optant délibérément pour le mystère, le peintre touche aux confins du symbolisme. La mise en scène fermée, où seul un coin du bois est représenté, suggère un sens caché. Gustave de Smet fait néanmoins toujours montre de quelque réserve. Il garde en général ses distances par rapport à d'éventuels modèles et rejette le dogmatisme. Il n'est donc pas étonnant que son art ne s'encombre jamais de subtilités littéraires ; il s'en tient à une suggestion de mystère ou de mélancolie.

L'intérêt de Gustave pour le symbolisme se manifeste
également dans *Vue d'un bois le soir* de 1911. Mais il y a plus : [135]
cette œuvre réunit une série de qualités hétérogènes que l'on pourrait classer à la fois sous le symbolisme, l'impressionnisme et l'expressionnisme. Sur le plan de la représentation, le peintre applique la recette éprouvée d'Albijn van den Abeele, quoique de manière moins statique : un gros plan sur une pinède aux troncs rythmiquement groupés au premier plan et brutalement coupés. Les pins scintillent dans la lumière fuyante du soleil. En dépit d'un foisonnement de touches déliées, la composition est déjà prudemment constituée de quelques plans de couleur. On relève une tendance à la simplification et le style se fait progressivement plus structuré. La frontière entre le côté lumière et le côté ombre est ainsi très fermement marquée par un contour capricieux très ondulant. L'horizon incurvé est une convention empruntée au symbolisme. Le rythme décoratif des « horizontales » houleuses est contrebalancé à la verticale par le faisceau des troncs. De plus, la vive expressivité des couleurs rappelle l'œuvre de Vincent van Gogh. L'éclat rayonnant du soleil est rendu par les tons rouge orangé au premier plan, tandis que dans les zones d'ombre,

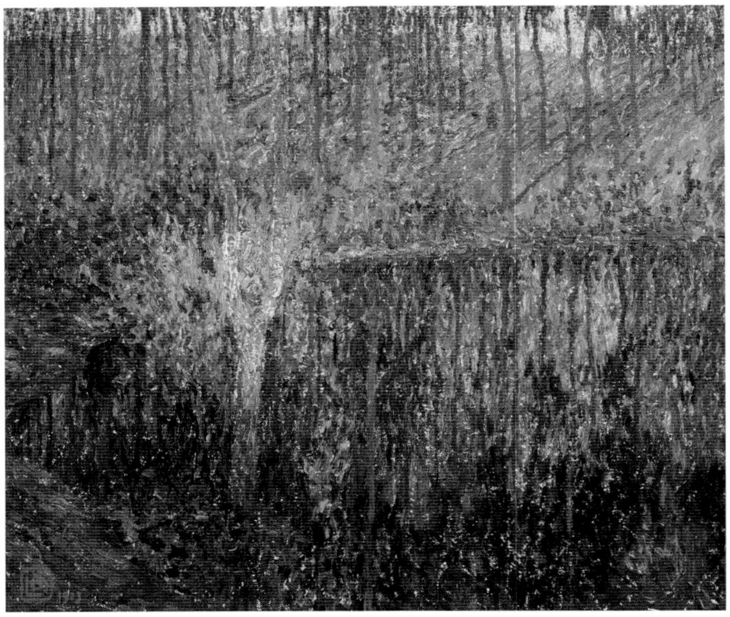

[139] Leon de Smet, *L'Etang*, 1913

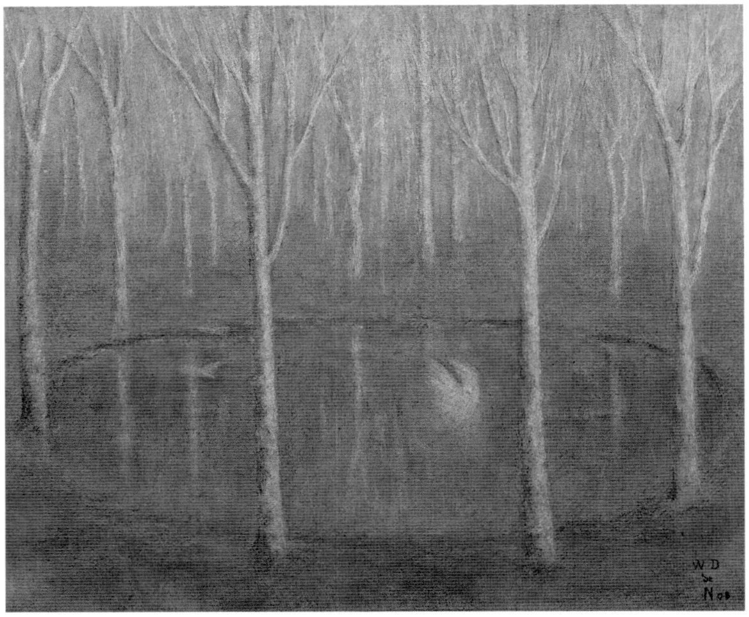

William Degouve de Nuncques, *Brumes matinales* [1908], Musée d'Art moderne et d'Art contemporain de la Ville de Liège

de nombreuses nuances de vert (la couleur complémentaire) apportent quelque compensation. Une vue forestière
[139] de Leon de Smet (1913), *L'Etang*, s'apparente à cette toile par la forme. Sur le plan du sujet également – le motif de l'étang délimité par un bord –, on relève une correspondance[45]. De manière générale, le motif paysager de l'étang ou du jardin clos est tiré de l'iconographie de l'art médiéval, remis à la mode par les symbolistes. Le choix de l'image, avec la silhouette des arbres tronqués, les reflets à la surface de l'eau et la lumière crépusculaire empreinte de mystère, renvoient en tout cas au symbolisme. Bien que très différente sur le plan de la matière et du coloris, une œuvre de William Degouve de Nuncques (1867–1935), les *Brumes matinales* (1908), offre une certaine parenté[46]. Cependant, les frères De Smet vont délibérément au-delà de l'approche à la fois contemplative et visionnaire de leur collègue wallon. On discerne clairement un désir d'intensification de l'expression. Les ombres vertes des arbres, les troncs flamboyants et le bleu-vert de l'eau trahissent une soudaine sympathie pour une palette irréelle, fauve. L'écriture puissante est en outre très éloignée du luminisme clair et ensoleillé des toiles plus anciennes.

On sait que Frits van den Berghe n'a réalisé que peu de toiles se distinguant par une luminosité insouciante. Selon la recette éprouvée des impressionnistes, il peint parfois un pommier dans cet esprit : disposé en solitaire devant un fond vert fermé, un arbre au premier plan sert de repoussoir sur lequel le soleil se reflète dans d'innombrables
[133] nuances[47]. Une autre œuvre, *Verger la nuit* (1909), conçue selon une mise en page analogue, correspond déjà davantage à l'approche poétique de Van den Berghe. L'atmosphère mystérieuse de cette scène nocturne, avec un arbre éclairé au premier plan, suggère une ambiance de méditation et de calme, de réflexion et de rêve qui correspond parfaitement au tempérament du peintre. Nous voyons aussi
un arbre au premier plan dans *Le Faune* (1912), mais ici pas [132]
la moindre trace d'effets de lumière. L'ensemble de la scène fait plutôt songer à un décor de théâtre, avec l'accotement élevé, quatre arbres et le satyre à contre-jour sur un fond jaune doré uni. On ne peut considérer la genèse de cette toile singulière indépendamment des retombées tardives du symbolisme littéraire du siècle précédent. Peut-être l'origine du motif se trouve-t-elle même très précisément dans le célèbre poème de Mallarmé, *L'Après-Midi d'un Faune* (1876)[48]. Avec une ambiguïté qui s'inscrit parfaitement dans le cadre symboliste, cette œuvre pastorale raconte l'histoire d'un faune s'éveillant lentement ou rêvant simplement de son réveil. Après avoir poursuivi en vain deux nymphes, le faune sombre dans un état de langueur béate, assis contre le flanc d'un volcan, dans la lumière du soleil couchant. Il se peut que Van den Berghe ait prêté à cette représentation mythico-légendaire une coloration particulière en raison de sa situation personnelle[49]. Vers 1912, une liaison extraconjugale ébranle en effet sérieusement sa vie émotionnelle. Quoi qu'il en soit, *Le Faune* illustre une fois de plus son aspiration à atteindre à l'expression non pas tellement par les moyens artistiques, mais par la suggestion d'un « contenu ».

LE JARDIN, ÉTRANGE ET FAMILIER

La pleine nature procure au peintre un arsenal de sujets mais, plus près de chez lui, le jardin aux couleurs bigarrées lui offre aussi de nombreuses possibilités. Souvent, le jardin d'agrément est un cadre apaisant où l'on passe son temps à rêvasser, à attendre quelqu'un ou à se détendre en compagnie d'amis. Le lointain ou l'horizon étant absent, c'est le caractère parfaitement clos et familier du jardin qui est habituellement accentué. Mais il arrive aussi qu'un sentiment d'étrangeté, voire de malaise, domine la scène. Et enfin, un coin ensoleillé du jardin peut fournir à l'artiste une bonne occasion de rythmer la scène de manière quasi décorative en recourant à toutes sortes d'accents colorés.

S'il est un peintre qui a donné une place prépondérante au jardin dans son œuvre, c'est l'artiste français Henri Le Sidaner, déjà cité. Il était, comme on le sait, l'ami d'Emile Claus et, en tant que représentant tardif de l'impressionnisme, il peint dans un style délicat et soutenu, qui vise moins à l'enregistrement des choses qu'à la poésie. Sa *Table*
[144] *au jardin, Gerberoy* (1900), une cour intérieure avec une table dressée dans la lumière crépusculaire d'un soir d'été, dégage une impression de vie pleine de chaleur et d'intimité. Ce qui frappe chez Le Sidaner, ce sont les teintes irisées, évanescentes, qui renforcent la mélancolie. Son intimisme suggère des secrets cachés derrière les choses et est assurément une réaction contre l'impressionnisme exubérant qui se limite au tangible.

Parmi les artistes du deuxième groupe de Laethem, quelques-uns reprennent – chacun à sa manière – l'approche spécifique de Le Sidaner. Leon de Smet, surtout, s'oriente plus d'une fois dans cette direction, dans des vues de jardin mais aussi dans des intérieurs où la figure humaine est rarement absente. Un tableau comme *Soir*
[145] *de printemps* (1912) est très proche de l'exemple français. La figure humaine a quitté la scène, bien que sa présence soit suggérée. C'est le soir et le peintre nous offre, depuis le séjour, une échappée sur le jardin où la pénombre crée un rapport calme et paisible entre les choses. Le bruit et la fureur du jour ont fait place à la tranquillité de la soirée. Tout comme Le Sidaner, De Smet crée une atmosphère de raffinement et de distinction en recourant à une composition symétrique dont l'axe est le sentier du jardin et à des attributs, tels les arbres taillés et la table de jardin dressée. Sa technique est néanmoins différente de celle de son collègue français. Il varie davantage le schéma de ses touches, qui sont tantôt courtes et ramassées, tantôt étirées. La palette est en outre plus bigarrée que la gamme délicate des tons assourdis utilisés par Le Sidaner.

Si, dans *Soir de printemps*, le dialogue entre intimité domestique et monde extérieur subsiste encore, avec une
[152] toile plus ancienne comme *Sur la terrasse* (1905), nous pénétrons dans l'univers d'une nature aménagée par l'homme. Le thème en tant que tel – le jardin ou la terrasse, peuplés de gens à l'air heureux et adoptant des poses élégantes – cadre parfaitement avec la peinture de la Belle Epoque. En Belgique, Lemmen, Morren et Van Rysselberghe proposent les premiers exemples, suivis d'un peintre comme Auguste Oleffe (1867–1931), qui réalise – souvent avec ostentation – d'amusantes scènes de thé dans des jardins à demi ombragés[50]. La terrasse, le jardin clos avec ses fleurs radieuses ou un coin du verger suggèrent un climat de bien-être et de sécurité et constituent ainsi un refuge face au tumulte de la vie et du monde. Dans le tableau cité, Leon de Smet représente la jeune famille de son frère Gustave. Le concept du portrait de famille bourgeois dans une pose recherchée, la touche fragmentée et le traitement décoratif de la lumière font penser aux scènes de plein air et aux vues de jardin de Théo van Rysselberghe. La lumière du soleil, douce et caressante, a ici pour fonction d'évoquer une atmosphère et de modeler les choses : peinture de plein air et peinture d'atelier luttent encore pour la prééminence. D'ailleurs, le groupe de personnages aux contours rigoureusement définis contraste violemment avec la dissolution de la forme dont l'impressionnisme français peut faire montre en pareil cas : la substance est préservée.

L'idée d'intimité et de vase clos est très explicitement présente dans *La Lettre*, vue de jardin que Leon de Smet [147]
peint en 1913. Nous y voyons une jeune femme, vêtue d'une élégante robe blanche, plongée dans la lecture d'une lettre. Par sa pose légèrement de profil sur le banc vert du jardin, elle rompt la symétrie rigoureuse de la tonnelle garnie de roses. Un artiste peut s'attaquer au thème du jardin multicolore pour apporter avec panache la preuve de ses qualités de coloriste. Cette aspiration se retrouve chez Leon de Smet, mais – il faut le souligner – il ne force pas pour autant la note. En jouant sur de subtiles nuances de couleur et en exploitant les possibilités du pointillisme, il réussit à créer une atmosphère mélancolique et onirique pleinement convaincante. De plus, le sujet classique de la femme lisant une lettre – elle est toujours la seule à en connaître le contenu – permet un vagabondage de l'imagination.
Au jardin (1913), une scène de thé avec deux dames élégantes, [148]
respire une ambiance différente : le climat est insouciant et le *dolce far niente* est incontestablement le thème illustré.

La *Table de jardin sous le pommier* (1909) de Gustave de [146]
Smet s'inscrit également dans l'iconographie des vues de jardin et de terrasse. La scène donne une impression d'abandon, mais la table dressée trahit une « présence » humaine. Si l'on compare cette toile de Gustave aux œuvres de son frère Leon, on est frappé par la dynamique de la composition et de la texture. L'effet structurant de l'arbre au premier plan doit avoir séduit Gustave : cette technique se retrouve dans les gravures japonaises sur bois ainsi que dans la peinture de Gauguin et de Van Gogh. La facture est en outre plus spontanée, moins systématique et s'élabore par touches plus grossières. Le sentiment poétique et onirique domine néanmoins, comme dans l'art de Le Sidaner.

Si les vues de jardin, avec ou sans personnages, dont nous avons parlé ci-dessus respirent l'insouciance, il n'empêche qu'il s'en dégage parfois une sensation étrange. C'est notamment le cas dans certaines toiles de Frits van den Berghe. Un exemple typique est *Fille avec un chien*, une [150]
œuvre peinte vers 1906. L'artiste a choisi comme modèle Fernande, la fille de son frère Herman, et l'a installée devant une prairie vide avec quelques bouleaux chétifs. Presque conformément à la tradition médiévale, le chien est assis à côté d'elle, en tant qu'attribut de sa qualité principale. Sur le plan de la technique, le peintre se situe encore à mi-chemin

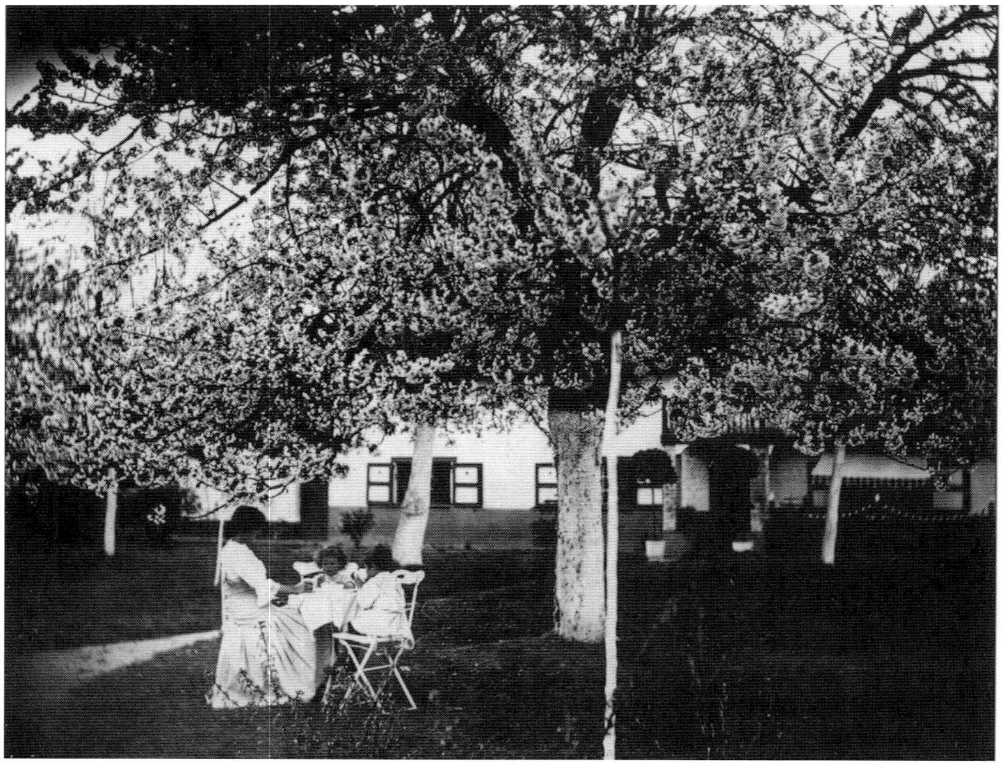

Le jardin de Leon de Smet à Laethem-Saint-Martin, vers 1910

entre une facture fluide, ouatée et les pointillés de l'impressionniste. Une écriture aussi vague accentue le caractère indéfini du sujet, qui s'inspire du symbolisme. La jeune fille est ainsi délibérément représentée de profil, la pose de prédilection d'artistes comme Khnopff, Montald et Frédéric : de la sorte, le modèle est isolé dans une zone séparée, sans contact avec le milieu du spectateur. Cette mise en page crée une distance et enferme la jeune fille dans son monde intérieur. Dans le symbolisme français, on trouve, chez des peintres comme Alphonse Osbert et Jean Edmond François
[151] Aman *(La Jeune Fille à la chèvre)*, le thème analogue d'une jeune fille, toujours accompagnée d'un animal domestique[51].

[149] Dans *Fillette au jardin* (1909), le sujet proprement dit n'évoque pas d'associations particulières : la fille de Van den Berghe, Yolande, pose dans un jardin clos avec quelques petits arbres fruitiers et des sapins ornementaux. La scène a pourtant quelque chose d'étrange, surtout en raison de la pose inattendue de la fillette. L'enfant se tient de face, devant la scène, ce qui rend la confrontation avec le spectateur directe et inconditionnelle. Sous l'effet de cette intervention, l'intérêt pour le décor naturel disparaît complètement. Les grands yeux clairs, la bouche ouverte et les mains esquissant un geste assuré – toute la physionomie de la fillette – expriment des sentiments de ravissement et d'admiration, mais aussi d'incertitude et d'angoisse. Une certaine tension – au sens symboliste – plane sur l'événement. Comme à l'accoutumée chez Frits van den Berghe, l'expérience subjective l'emporte sur les effets optiques.

L'INTÉRIEUR

Pour un artiste qui professe l'impressionnisme dans un cadre rural, la figure humaine dans un intérieur n'est pas vraiment le thème approprié. Deux hommes réalisent pourtant l'inattendu : Leon de Smet et Frits van den Berghe. Mais leurs interprétations sont fort divergentes. En termes absolus, on pourrait dire que l'un fait appel à toutes ses qualités pour maintenir le climat insouciant de la Belle Epoque, tandis que l'autre aborde de préférence dans le sujet choisi l'élément psychique dans sa dimension problématique et son étrangeté. L'approche de la forme est également différente. Chez De Smet, il n'est pas rare que les contours disparaissent : la lumière et l'atmosphère sont les sujets de la représentation. Son collègue opte en revanche pour une forme plus consistante aux contours clairement définis.

L'abondante production de Leon de Smet entre 1909 et 1913 témoigne de l'enthousiasme avec lequel il accueille, comme son propre courant, l'impressionnisme ou ses variantes. Au sein de cette tendance, il se montre beaucoup plus ambitieux que ses confrères de Laethem. Il assimile à sa façon diverses influences qui vont de Monet et Van Gogh à Bonnard en passant par Renoir. En Belgique, il s'inspire de l'art de Claus et surtout de Van Rysselberghe. Tout comme son frère Gustave, mais avec moins d'avidité que celui-ci, il lorgne de temps en temps du côté du symbolisme, qu'il découvre notamment à travers des illustrations dans les revues *Jugend* et *The Studio*. A partir de 1909, l'orientation « tous azimuts » de Leon de Smet débouche sur une série d'intérieurs peuplés de figures dans lesquels la réalité prend

souvent l'apparence d'un rêve. Ce sont des scènes domestiques qui ont pour sujet la femme ou parfois la famille. Le coup de pinceau se fait bref et convaincant, spontané et nettement marqué. Par leur effet vibratoire, les touches suggèrent la lumière, qui fait à son tour scintiller les objets. Une seule couleur, déclinée dans une foule de nuances déli-
[156] cates, domine le tableau *Harmonie blanche* (1909), un portrait de famille de sa femme et de ses enfants. Ici la monochromie ne lie pas totalement les personnages à l'arrière-plan : grâce à une distribution astucieuse de quelques accents divergents, ils se détachent davantage du fond. Derrière les membres de la famille qui posent, l'air un peu ennuyé, au premier plan, le regard du spectateur – après être passé devant une statue du porteur de reliques de Minne – est guidé vers la pièce voisine. L'ensemble est composé avec le plus grand soin : plusieurs verticales, perceptibles dans l'atmosphère diffuse, répondent à la double horizontale puissante de la table. Par sa structure équilibrée et le sujet empreint de raffinement aristocratique, *Harmonie blanche* a sa place à côté des célèbres portraits d'intérieur que Théo van Rysselberghe réalise avant et peu après 1900. Chez ce dernier, l'utilisation du pointillé est toutefois plus systématique, plus régulière et donc moins détendue.

[162] Dans *Femme à la fenêtre* (1909), le thème abordé est le côté ensoleillé d'un intérieur : la lumière qui pénètre à flots dans la pièce transforme tout en un continuum fluide. C'est le plein été : les rayons du soleil se reflètent sur la nappe et la porcelaine, et mettent la femme à droite à contre-jour. Les touches dynamiques et tourbillonnantes entament les contours et la substance de la réalité visible s'estompe. La composition repose néanmoins sur une structure solide parfaitement réfléchie. La surface illuminée de la table, qui accentue d'ailleurs le manque de profondeur de cette vue intérieure, constitue la charnière de la représentation. Aux lignes de force horizontales de la table disposée symétriquement par rapport au cadre font écho les nombreuses verticales des fenêtres. Ce jeu astucieux d'horizontales et de verticales rappelle une fois de plus l'art de Van Rysselberghe. De Smet ne tend pourtant pas à la stylisation hiératique de son collègue gantois : la couche picturale, qui épouse les mouvements de la lumière, est appliqué de façon bien trop impulsive et exubérante.

[172, 169] *La Table* (1910) et *Intérieur* (1911) sont deux scènes d'intérieur de grand format. Les personnages se trouvent à l'arrière-plan et sont privés de toute identité, mais ils déterminent néanmoins par leur présence, aussi furtive soit-elle, l'ambiance de la pièce. Dans la première toile, l'artiste a cherché une alliance entre la douceur des couleurs composées et la lumière tamisée du soleil. La silhouette de la femme assise est secondaire. Tout comme l'environnement, elle se dissout dans de petites taches vibrantes et est ainsi liée, par la matière picturale, à tout ce qui l'entoure. Ce rendu d'une pièce ensoleillée, avec un personnage à peine visible à l'arrière-plan, souligne une fois encore l'analogie avec l'œuvre de Bonnard et Vuillard. Dans *Intérieur*, Leon de Smet associe une nature morte à une scène d'amour. La lumière pénètre en diagonale dans la pièce depuis une haute fenêtre pour se concentrer en bas à gauche, sur la table. La palette claire aux nuances délicates utilisée pour représenter la porcelaine, le vase de fleurs et la nappe à carreaux, tout comme le manteau de cheminée et le porteur de reliques de Minne attirent l'attention sur ces objets. C'est comme si De Smet voulait induire le spectateur en erreur en détournant son attention du couple d'amoureux. Car les deux personnages, le canapé et le tapis forment une tache sombre dans l'ensemble : l'intimité de ce qui se joue dans l'ombre est puissamment soulignée par cette mise en scène. Par ailleurs, l'ambiance d'*Intérieur* se caractérise par une froide distinction. Le sévère manteau de cheminée, le plafond haut et la somptuosité de la porcelaine, des sculptures et des tableaux indiquent qu'il s'agit d'un milieu où aristocratie, goût et solennité vont de pair. Cet intimisme distingué est à bien des égards comparable au raffinement présent dans les œuvres d'Henri Le Sidaner, dont nous avons déjà parlé.

Dans *La Lecture* de 1913, Leon de Smet crée une atmo- [163]
sphère de rêverie et de sérénité pratiquement identique en recourant cette fois à une écriture plus pointillée. Devant ce tableau monumental avec ses personnages représentés pour ainsi dire grandeur nature, on a l'impression que la
célèbre toile de Van Rysselberghe *La lecture par Emile Verhae-* [164]
ren (1903), exposée depuis 1906 au musée de Gand, a servi de modèle à l'artiste. Dans les deux tableaux, la touche est vigoureusement pointillée pour le mur du fond et le tapis, plus retenue pour les personnages et leur visage. Peut-être même le thème de la lecture, quoique de portée et de signification totalement différentes, a-t-il été une source d'inspiration. Dans les deux cas, l'agenouillé de Minne est témoin de l'événement intime représenté. Pourtant, c'est un tout autre esprit qui préside aux deux œuvres. La toile de Théo van Rysselberghe est manifestement d'une conception différente : sa formidable galerie de portraits d'écrivains et d'artistes cultive avant tout le souvenir du triomphe du symbolisme, plus précisément de la richesse spirituelle et créative du mouvement[52]. Leon de Smet, en revanche, essaie avant tout de fixer l'impression laissée par une ambiance intime. Il en résulte une image rêveuse, chaleureuse et sereine, dans un décor anonyme de grandeur et de formalisme. Le sentiment de ravissement est souligné par l'usage monochrome de la couleur. Tandis que, dans *La lecture par Emile Verhaeren*, une palette de tons bleu-vert domine, avec ici et là une touche de rouge orangé complémentaire, c'est un éclat de tons chatoyants qui donne sa cohésion à l intérieur de De Smet. Seul le bleu contrebalance, dans la pièce adjacente, le rouge de la lumière du soir.

En 1905, Frits van den Berghe peint *Intérieur blanc,* [160]
une vue intérieure de sa maison de Laethem-Saint-Martin. Il évoque de manière pénétrante la présence poétique et sereine d'une femme dans un intérieur ; des traînées de couleur tendre font songer aux effets de lumière chauds

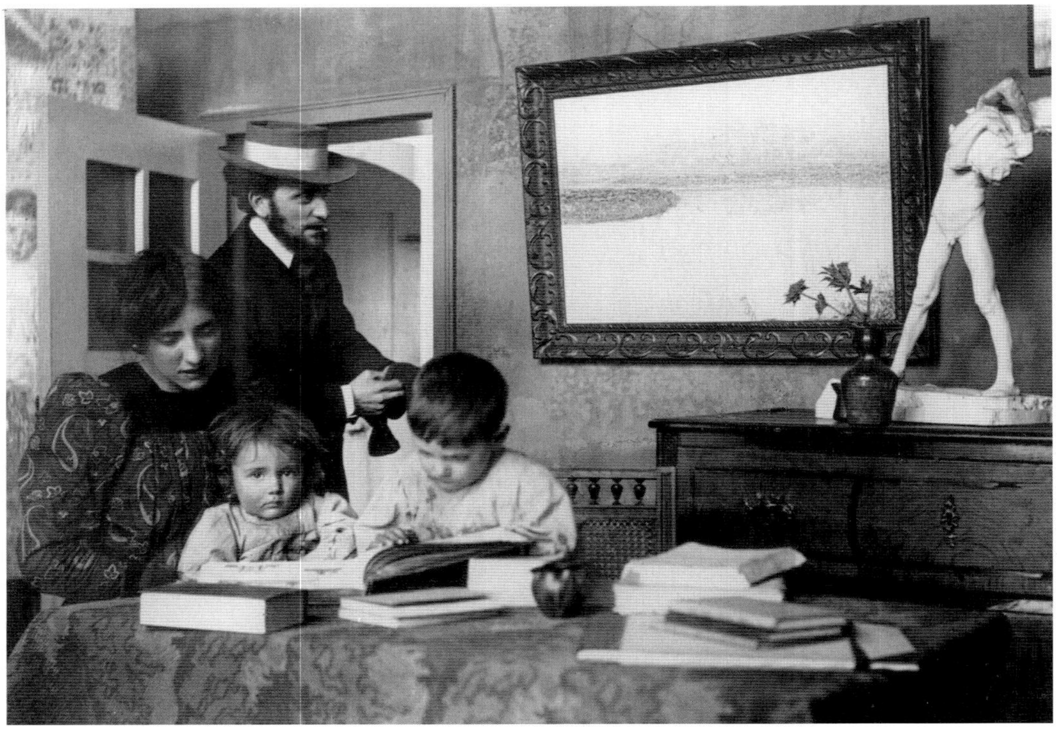

Leon de Smet, sa femme et leurs enfants dans leur maison à Laethem, vers 1910

et diffus d'Henri Le Sidaner. Vêtue d'une longue robe blanche, la jeune femme élancée se tient debout à côté d'une table dressée, le dos tourné vers le spectateur et disparaissant pratiquement dans le décor. Sous la lumière de la lampe, les formes s'estompent : le mystère se mêle à la mélancolie. L'invisible devient plus important. Ici aussi, l'intimisme des peintres français Bonnard et Vuillard semble avoir la sympathie de l'artiste.

Une grande simplicité et une grande distinction carac-
[165] térisent le *Portrait de madame Herckenrath* (1908). Le modèle est représenté rigoureusement de profil, comme figé dans une attitude d'introspection. La robe noire moulante au haut col fermé souligne le tracé élégant de la silhouette. Bien que l'œuvre présente la touche brève de l'impressionnisme, l'affinité avec ce courant stylistique a en grande partie disparu. Les formes, et surtout les contours, gagnent nettement en consistance ; le foisonnement des touches et des traits se limite principalement au fond. En fait, cette peinture délicate se situe exactement à la zone-frontière où le désaccord avec l'impressionnisme s'inverse en une attention croissante pour le symbolisme. La pose de profil, en particulier, s'inscrit dans la ligne directe de ce que montrent des artistes comme Khnopff, Montald, Frédéric et Van Rysselberghe. Cette attitude impartit volontairement au modèle son espace propre et empêche ainsi tout contact avec le spectateur. Par cette voie, Frits van den Berghe semble avant tout chercher à accentuer le moi au sens symboliste : l'âme errante en quête d'elle-même.

[167] L'impressionnant *Portrait de mon père* (1912) est à la fois proche de cette toile et très différent. La touche est toujours celle de l'impressionnisme, mais plus brève cette fois, plus retenue aussi. L'effet vibratoire, qui détourne l'attention des volumes, est presque complètement absent. En outre, le regard du modèle n'erre plus de côté hors de l'image, mais est impliqué dans la scène proprement dite. Le peintre choisit d'attirer l'attention sur trois points qui facilitent la compréhension : la tête grise du *pater familias,* sa main droite qui repose sur son genou et le livre ouvert. Une telle disposition explicite plus ou moins le sens du tableau. Van den Berghe veut souligner la grande érudition et la sagesse de son père. Entre le modèle et le livre, objet d'étude et source du savoir, un vide imposant se déploie au départ d'une forme trapézoïdale, un vide qui – aussi paradoxal que cela puisse paraître – est comblé de lucidité et d'esprit. Cette zone ouverte semble également être une métaphore appropriée de la largeur d'esprit caractéristique du père Van den Berghe. Quoi qu'il en soit, l'influence du symbolisme est nettement perceptible dans la pose et l'ambiance contemplative qui domine la représentation.

On est frappé, dans l'œuvre de Frits van den Berghe, par son intérêt précoce – par rapport à ses amis de
Laethem – pour le nu féminin. Dès 1905, il peint *La Petite* [171]
Eve, une jeune femme nue, plus ou moins surprise dans sa chambre à coucher. On retrouve ici la parenté avec les toiles de Bonnard, mais cette fois sur un autre plan, celui du choix du sujet. Par ailleurs, *La Petite Eve* manifeste une plus grande réserve ou pudeur que les exemples français. On n'y trouve guère trace d'un érotisme brutal. On relève plutôt

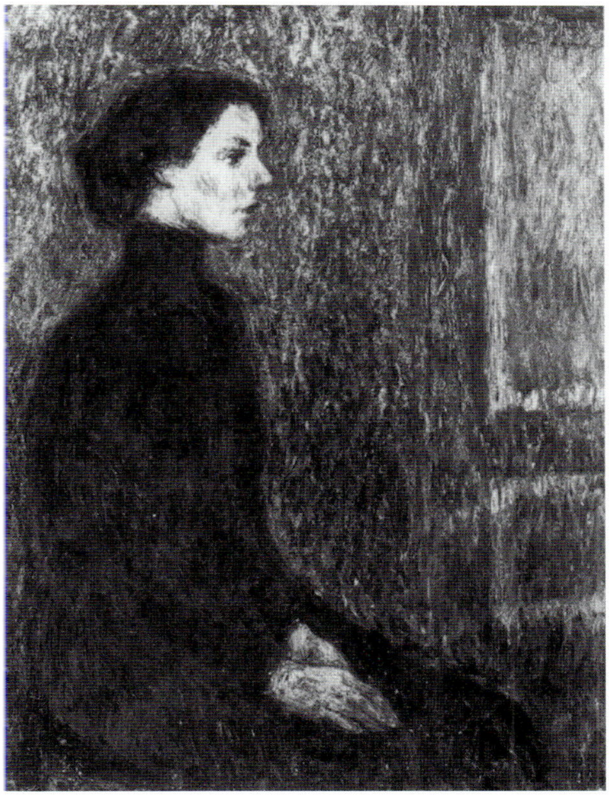

[165] Frits van den Berghe, *Portrait de madame Herckenrath* [1908]

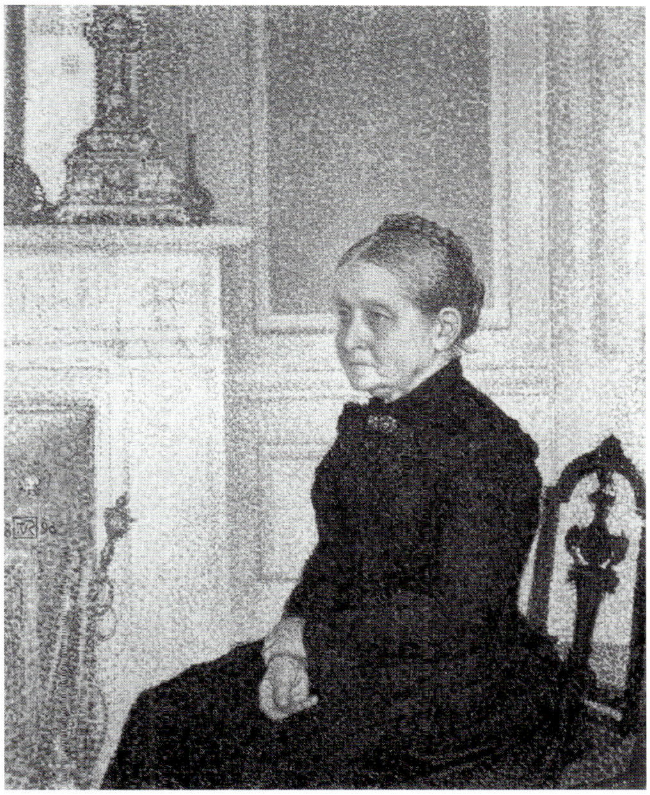

Théo van Rysselberghe, *Portrait de madame Charles Maus* [1890], Musées royaux des Beaux-Arts de Belgique, Bruxelles

une affinité avec les éphèbes maigres et élancés de Minne, qui semblent chérir leur sensualité virginale. Mais ici également, il est impossible de pousser très loin la comparaison. Dans l'image émaciée de l'agenouillé, c'est une intuition en quête d'une forme spiritualisée qui trouve sa concrétisation. Van den Berghe, par contre, fait précisément entrer le physique sous tous ses aspects dans la problématique de l'existence humaine. De manière générale, l'évocation de la sexualité naissante fait partie de l'iconographie du symbolisme[53].

Paraissant issue d'un tout autre milieu, la sensualité
[170] raffinée, presque mondaine, d'*Harmonie rose* (1912) de Leon de Smet est aux antipodes de la nudité innocente de *La Petite Eve*. Une fois encore, le spectateur pénètre dans l'intimité d'une chambre à coucher, où une femme à demi nue somnole sur son lit. L'éclairage est diffus, uniforme, sans ombres marquées, surgissant du doux chromatisme de la surface picturale. Une harmonie de tons délicats et de lignes caressantes suggère une atmosphère de tendresse, de rêverie et de désir muet. A de nombreux égards, *Harmonie rose* résume l'œuvre de Leon de Smet à la Belle Epoque. Une joie de peindre lie étroitement l'artiste à son temps. Son centre de gravité se situe dans le monde clos de la joie tranquille, de la matière précieuse et du bien-être. Dans ce contexte raffiné vient s'inscrire tout ce qui est beau et charmant : des femmes aimables, de la porcelaine fine, des bouquets de fleurs des champs, du mobilier de luxe. Ce qui frappe à chaque fois, c'est l'absence d'action : la femme est inactive, bouge à peine, est comblée par sa seule féminité. Parfois, elle se distrait par la lecture ou elle fait sa toilette ; en général, elle est plongée dans ses pensées, dans l'attente ou simplement dans la conscience de sa beauté et de sa grâce. C'est la raison pour laquelle, chez Leon de Smet, la femme est habituellement dépourvue de toute identité : elle se présente comme le modèle de la féminité, sans plus. Une certaine distance empêche en outre le spectateur de pénétrer réellement dans ce milieu de charme distingué.

À LA RECHERCHE DE LA SIMPLICITÉ

Les atermoiements des jeunes artistes belges dans les années précédant la Première Guerre mondiale ont pu surprendre. Ailleurs, des chercheurs « éclairés » inaugurent un véritable renouveau de l'art : un canon de formes complètement différentes et un emploi extrêmement audacieux de la couleur s'annoncent. Mais pendant ce temps, des artistes comme De Smet, Van den Berghe et Permeke dansent tardivement la ronde de l'impressionnisme. Dans l'Europe de 1910, l'art est en pleine mutation. Un nouvel élan parcourt les milieux artistiques. Depuis quelques années déjà, le désir de repartir à zéro, de travailler en puisant dans la plénitude de la vie, de manière intuitive et vitale, se fait sentir. La peinture sort d'une certaine léthargie et se prépare à une aube bouillonnante. Mais durant cette phase impétueuse et excitante, en Belgique – contrairement à ce qui s'était passé vingt ans plus tôt à l'époque des Vingt –, rares sont ceux qui s'ouvrent aux bouleversements venus de l'étranger. L'avant-garde, l'expérimentation, l'innovation sont pratiquement inexistantes et le gros des troupes se contente de suivre les chemins battus. En d'autres termes, l'indifférence face à la nouveauté est assez générale. On tente d'expliquer ce phénomène en dénonçant une certaine autosatisfaction régionaliste, un désintérêt pour les échanges culturels, l'absence d'une critique d'art sévère, plus précisément d'un journal polémique qui s'attaque avec virulence aux conventions[54]. Même les artistes de Laethem qui seront demain les chefs de file de l'expressionnisme flamand ne prennent pas part, provisoirement, au grand mouvement européen qui se manifeste non seulement dans l'art, mais aussi dans de nombreux autres domaines. Chez Gustave de Smet, Van den Berghe et Permeke, la volonté de renouveau est certes latente, mais ils n'ont visiblement guère de raison de se presser. A Laethem, on capte assurément le signal de l'innovation artistique, mais au départ les jeunes se réjouissent davantage à l'idée de profiter de leur camaraderie[55]. C'est ainsi que s'installe un climat d'amitié et d'insouciance qui refoule le besoin de profondeur et de remise en question des valeurs.

Cette explication n'est toutefois pas complète. D'une part, la réserve vis-à-vis de l'avant-garde n'est pas un phénomène exclusivement belge. Au-delà des frontières, dans des pays comme l'Angleterre, l'Allemagne, la France et l'Italie, de nombreux artistes s'appuient également sur le second souffle de l'impressionnisme et obtiennent ainsi des résultats convaincants. Même la thématique concorde : c'est ainsi que l'intérieur dépouillé ou au contraire luxueux, peuplé de un ou de plusieurs personnages, fait régulièrement son apparition. D'autre part, dès avant la guerre, il est question de un léger revirement dans le groupe de Laethem. A partir de 1912, quelques-uns s'opposent au courant dominant ou lui apportent leurs propres nuances. Le changement s'opère prudemment, pas toujours avec une totale conviction et généralement dans des œuvres au format réduit. Parfois, on se contente d'intensifier la touche (brève), ce qui accroît sensiblement l'expression. Certains se mettent à la recherche de l'essence cachée du motif, le paysage de préférence, et ce à travers une synthèse formelle de plus en plus puissante. Les effets artistiques délicats font place à une approche plus primaire, en quête de l'essentiel.

Peu après 1910, Gustave de Smet se détache progressivement de l'atmosphère impressionniste. Interrogé à ce sujet une décennie plus tard, il souligne les défauts du luminisme : « Je sentis fortement l'insuffisance des possibilités d'expression de l'impressionnisme et je cherchai sans repos au-delà[56]. » Il s'absorbe dans des problèmes de style qui correspondent plus étroitement à sa vision artistique. Mais il continue provisoirement à tourner en rond. Le changement ne se fait pas du jour au lendemain. Parfois, De Smet revient même sur ses pas. Certaines œuvres peuvent encore être qualifiées d'apostille à l'impressionnisme, tandis que d'autres laissent clairement entrevoir l'impact du symbolisme. Peu avant la guerre, on observe une recherche structurelle explicite dans de petits paysages. Dans *Chute de neige* [181]
(1914), un paysage hivernal est divisé en grandes zones délimitées par de solides contours. Trois arbres forment un écran au premier plan. L'aspiration à la pureté, à la simplicité est tout à fait manifeste. Par son sujet et par sa mise en scène, cette œuvre se rapproche du *Paysage d'hiver* réalisé [183]
deux ans plus tôt par Constant Permeke. Elle rappelle également De Saedeleer et Bruegel.

Même Leon de Smet ne se limite pas toujours à son « ensemble majestueux » d'intérieurs monumentaux et de tableaux peuplés de figures. Il réalise aussi, avant 1914, des toiles de format plus petit qui révèlent une manière sommaire de travailler, dans des compositions délibérément sobres. Ailleurs, la touche devient impulsive et fougueuse : on a brusquement le sentiment que l'artiste veut volontairement pousser plus loin l'expression. L'expérience de l'intimité et du bonheur se transforme en une sensation plus directe, plus intense (*Paysage d'automne*, 1914). Mais en [175]
même temps, Leon de Smet continue à s'intéresser au système néo-impressionniste de Seurat et de Signac. En recourant à une trame cohérente de touches brèves et de points, il atteint même à un certain degré d'abstraction. Au départ de sa vision personnelle et avec la réserve appropriée, l'auteur semble explorer les limites du divisionnisme. Les formes naturelles sont en grande partie sacrifiées au profit de la touche libre, expérimentale.

Nous avons dit plus haut que Frits van den Berghe apportait une tonalité particulière à l'impressionnisme du deuxième groupe de Laethem. Il s'intéresse peu à ce qui est purement visuel. A de rares moments, il est question d'une sensation, d'une perception apparemment directe qui reçoit d'ailleurs une expression immédiate. Mais en général, c'est l'expression d'une signification intérieure qui domine. Dès lors, ses essais picturaux ne témoignent que rarement d'une force plastique directe ; c'est le contenu qui se trouve privilégié. Pour Van den Berghe, la nature, au besoin dans une mise en scène surprenante, représente d'abord ce qu'il vit au plus profond de son âme. Il s'investit à tel point dans le contenu qu'il consacre moins d'attention à la forme et se sent en tout cas moins attiré par les expériences purement picturales. Il ne participe donc pas à la simplification ou à l'intensification tentées par d'autres, mais s'en tient, pendant plusieurs années encore, à la méthode de l'impressionnisme pour projeter son vécu intérieur.

Après quelque temps, Constant Permeke adopte lui aussi un comportement plus énergique qu'auparavant. Il manifeste ouvertement son impatience dans de petites toiles : les couleurs encore fraîches de l'impressionnisme ne sont plus réparties en touches brèves, mais juxtaposées en traits fougueux ou en grands aplats. Ici et là, l'artiste fait usage de la spatule. Tant par le sujet que par la technique, *Neige* rappelle nettement – dans un climat hivernal – [176]
le *Poirier en fleurs* (1888) de Vincent van Gogh. Vers 1911, Permeke fait preuve d'une véhémence accrue dans une poignée de petites œuvres qui représentent sommairement la nature : *La Maison* et *La Lys*. La fluidité et la concision de sa [179]
facture faite de coups de pinceau violents et impulsifs sont

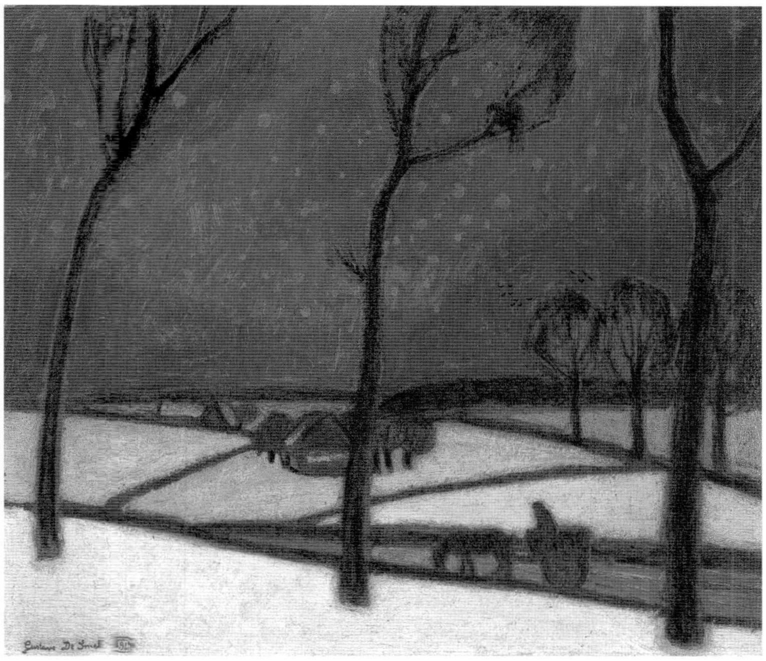

[181] Gustave de Smet, *Chute de neige*, 1914

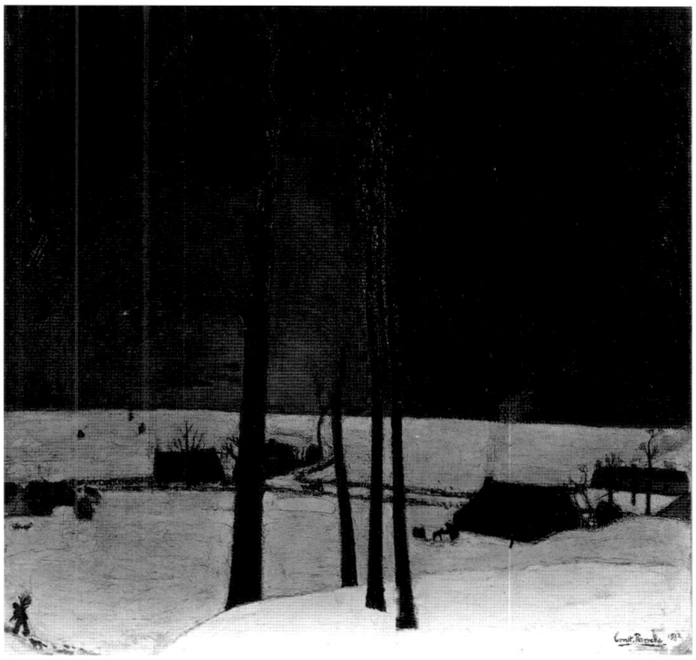

[183] Constant Permeke, *Paysage d'hiver*, 1912

caractéristiques. La simplicité de la composition confère une allure monumentale à ces paysages en dépit de leurs dimensions modestes. Aussi simples soient-elles, ces œuvres font résolument montre d'une recherche formelle et chromatique et d'une profonde inspiration. S'agit-il déjà ici d'un avant-goût de l'expressionnisme ? Quoi qu'il en soit, l'impressionnisme semble en tout cas définitivement sur le retour.

Par ailleurs, on constate une étroite analogie avec les paysages peints au même moment par Albert Servaes. Peu après 1910, un échange passionnant s'observe entre Permeke et Servaes. L'apport vient tantôt de l'un, tantôt de l'autre. Peut-être Permeke, fort d'un surplus de capacité créatrice, a-t-il un ascendant naturel sur son ami autodidacte, mais cet avantage ne fait pas obstacle à son appréciation de Servaes. Vers 1911, celui-ci réalise une émouvante série de vues de la nature en format réduit. Ces œuvres se distinguent par leur facture puissante, faite de très larges touches. La sobriété de la composition, basée sur le contraste entre de grands plans
[182] colorés, confère au paysage *Champ avec meules* (1911) une allure monumentale d'une grande expressivité. Le peintre n'hésite pas à utiliser le couteau à palette. Cette œuvre est révélatrice de l'audace croissante qui caractérise à ce moment presque toutes les représentations de la nature. L'accent est en outre mis sur le côté intense et tragique, sur le sens profond – au-delà de l'instant – de la nature. Tandis que Valerius de Saedeleer tente de percer l'âme d'une région par le raffinement du graphisme, Servaes n'hésite pas à recourir à la violence picturale. C'est dans ces premiers paysages profondément sentis que l'expressionnisme fait son apparition, plus explicitement que dans les compositions plus connues avec personnages.

Vers la fin de son bref séjour à Laethem, Constant Permeke change de cap tout en continuant à faire preuve d'une certaine prudence. Après le morcellement de l'impressionnisme, les formes acquièrent une sobriété expressive. Il est frappant, quoique compréhensible, de constater que le jeune peintre, encore peu sûr de lui, ne cherche pas à se rattacher à l'art international, mais puise son inspiration dans son propre environnement, chez des artistes tels que De Saedeleer et Servaes. Une conception cosmique de la
nature apparente son *Paysage d'hiver* (1912) à des toiles simi- [183]
laires de De Saedeleer. Dans un passé lointain, l'œuvre de Bruegel est une source d'inspiration pour tous deux. Dans la vue enneigée de Permeke, ce sont surtout le haut talus au premier plan, la silhouette caractéristique des arbres et les petits personnages perdus dans l'immensité qui rappellent les paysages hivernaux du maître ancien. En ce qui concerne la technique, le parallélisme n'est pas de mise. Permeke opte pour une surface « active », c'est-à-dire une couche picturale qui visualise l'action du peintre et contribue à renforcer l'expression. A bien des égards, le *Paysage d'hiver* marque l'attitude ambivalente de Permeke au moment où il quitte Laethem. Il s'est manifestement détaché de l'impressionnisme, que certains de ses collègues laethémois professent encore avec une foi intacte, d'autres avec une aversion croissante. A moitié convaincu, il cherche conseil auprès de Servaes, se sent attiré par la solidité du langage plastique de Smits, apprécie la sobriété des paysages de De Saedeleer et intègre ces éléments des vues de la nature de Bruegel. Il crée ainsi une étrange synthèse de l'ancien et du nouveau, dans laquelle il tente de donner forme à son penchant pour l'expressivité. Vers 1912, Permeke expérimente plus que jamais, à la recherche d'une direction précise.

Si l'on résume l'intermède des artistes du deuxième groupe de Laethem, il convient d'insister sur quelques points. Tout d'abord, il y a la position que les « jeunes » occupent par rapport à leurs prédécesseurs. Précisons que le contact entre les deux groupes est de courte durée, et peu intense. A strictement parler, seule l'année 1908 offre une occasion de rencontre à la plupart des membres. Une collaboration étroite est dès lors exclue. Ceux qui parlent d'un échange profond entre les deux groupes vont par conséquent un peu vite en besogne et unissent l'inconciliable. Les jeunes éprouvent réserve et méfiance envers « l'art à la Botticelli » des premiers venus – art qui se caractérise par un grand raffinement formel. Peut-être les germes de la différence entre les deux générations, indépendamment des éléments personnels qui entrent en jeu, se trouvent-ils déjà en partie dans le milieu d'origine des artistes. En effet, la plupart des membres de la première génération – à l'exception de Valerius de Saedeleer – sont issus d'un milieu privilégié, possédant la fière assurance de la considération et de la tradition. A l'époque symboliste, une conception relativement élitaire de la carrière artistique voit le jour dans ce milieu intellectuel et distingué. Le désir de contemplation et de culte personnel l'emporte sur le sentiment populaire. A l'opposé, la génération des jeunes de Laethem est somme toute d'extraction plutôt modeste. La plupart d'entre eux – Frits van den Berghe excepté – sont issus d'une famille d'artistes ou d'artisans. Pour eux, le fait d'être artiste représente avant tout un gagne-pain et non la noble activité d'une élite. Cette différence d'origine fait d'avance obstacle à une synthèse des deux groupes. Les uns se complaisent dans une existence où priment les questions métaphysiques et religieuses, les autres, de plain-pied dans la vie, peignent avec une saine sensualité. Les jeunes, attirés par le foisonnement de la vie, se laissent guider par l'improvisation plutôt que par l'esprit critique. Leur enthousiasme les empêche presque tous, pendant quelque temps, de trouver le chemin d'un autre monde, plus intérieur celui-là. Bref, ce n'est pas un hasard si aucun membre de la jeune génération ne tente sérieusement d'assimiler le langage plastique de Minne, De Saedeleer ou Van de Woestyne. Tout au plus quelques-uns sont-ils confortés intuitivement dans leur opposition à l'impressionnisme. Sans doute ces peintres pure race trouvent-ils la manière de leurs prédécesseurs un peu légère. La sécheresse d'une peinture transcendante et insaisissable s'oppose ainsi à une plénitude naturelle, l'esprit à la matière.

Outre le rapport instable avec leurs prédécesseurs, on relève une absence d'affinité entre les « jeunes » de Laethem eux-mêmes. Ils ne forment pas un véritable ensemble. Entre eux, la différence de formation, de tempérament et d'aspiration est telle que la notion d'Ecole ne se dégage jamais nettement. Certes, la vie au sein d'une colonie favorise les échanges de points de vue : une communauté se prête à la formation de pensées communes. Mais dans le deuxième groupe, la cohérence spirituelle est moins forte que dans le premier. On se rencontre, on renforce les liens d'amitié et on continue à militer pour le luminisme, sans réserve ou à moitié convaincu seulement. En outre, on ne s'inspire pas de l'exemple d'un seul et même maître, ce qui est pourtant une condition sine qua non pour pouvoir parler d'Ecole. Bien sûr, la peinture d'Emile Claus inspire à beaucoup le respect, mais personne ne se sent appelé à prolonger avec orthodoxie le luminisme du maître d'Astene. Ces artistes ont toutefois un point commun, en tout cas dans les premières années de leur séjour à Laethem : le caractère expansif de leur rapport avec le monde extérieur. Au risque d'exagérer, on pourrait dire que Laethem-Saint-Martin est pour eux un cadre agréable, un décor qui regorge de motifs utilisables. Contrairement à leurs prédécesseurs, ils ne pénètrent pas l'essence de la campagne et de ses habitants. Provisoirement, cette introspection n'est d'ailleurs pas à leur programme. S'ils choisissent fréquemment des sujets inhabituels pour des peintres de plein air – intérieurs, nus et natures mortes par exemple –, ils s'arrêtent encore trop souvent à la surface des choses. Peu avant la guerre, on perçoit un certain revirement. Pendant leur exil aux Pays-Bas, Frits van den Berghe et Gustave de Smet s'ouvrent à d'autres influences. Le contact direct avec l'art moderne, en particulier avec l'œuvre de Sluijters, Gestel et Le Fauconnier, entraîne bientôt une transformation spectaculaire. Pendant ce temps, Constant Permeke, qui se trouve en Angleterre et suit sa propre voie, en arrive intuitivement à des compositions lyriques qui trahissent son admiration pour William Turner.

37 « Exposition des peintres impressionnistes », *La Libre Esthétique,* cat. exp. Musée Moderne, Bruxelles 1904, 25 février – 29 mars 1904 ; G. Eekhoud, « Het Salon der Libre Esthétique – Tentoonstelling der Impressionisten », *Onze Kunst,* Anvers, III, 1904, pp. 15–20 ; M.-O. Maus, *Trente années de lutte pour l'art : 1884–1914,* Bruxelles 1926, pp. 307–333 ; S. Goyens de Heusch, *L'impressionnisme et le fauvisme en Belgique,* Anvers 1988, pp. 209–212.

38 Pour une étude assez récente sur Vie et Lumière, voir D. Derrey-Capon, « "Vie et Lumière". Prémices sur un air nationaliste et débuts prometteurs », in J. Block (éd.), *Belgium, The Golden Decades 1880–1914,* New York 1997, pp. 99–138 ; J. De Smet, *Sint-Martens-Latem en de kunst aan de Leie 1870–1970,* Tielt – Zwolle 2000, pp. 79–81.

39 Pour le *Vikingertijd* (temps des Vikings) gantois de Paul-Gustave van Hecke et ses amis, voir P. Kenis, « De vriend Frits », in *Het boek in Vlaanderen* (Jaarboek van de Vereeniging van Letterkundigen en de Vereeniging ter Bevordering van het Vlaamsche Boekwezen), Gand 1933, pp. 27–28 ; P. Boyens, *Frits van den Berghe,* Anvers 1999, pp. 102–104, n. 19. L'histoire agitée du Patershol a abondamment été évoquée à l'exposition « De muren weten ervan », Museum voor Volkskunde, Gand, 19 juli – 30 september 1997.

40 Pour Emile Claus, voir surtout l'étude récente de J. De Smet, *Emile Claus 1849–1924,* Gand – Anvers 1997 (éditée à l'occasion de l'exposition « Emile Claus » au PMMK Ostende, 14 juin – 5 octobre 1997).

41 En 1906, Constant Permeke déménage à Gand pour y accomplir son service militaire. Inscrit à l'académie de Gand, il est incorporé dans l'*Universitaire Compagnie.* Il y entretient des contacts avec les frères De Smet, Servaes, Van den Berghe et Paul-Gustave van Hecke. En mars 1908, il est démobilisé et retourne à Ostende.

42 R. Kimpe, « Naar aanleiding van het "literaire" in de schilderkunst », *Nieuw Leven,* Gand, octobre 1908, I, pp. 3–77 ; Boyens, *Frits van den Berghe* [note 39], p. 77, n. 43.

43 Entre 1900 et 1914, on peut tout au plus attribuer cinq paysages ouverts, la plupart de très petit format, à Frits van den Berghe ; voir le catalogue de l'œuvre de P. Boyens, P. Derom, G. Marquenie, *Frits van den Berghe,* Anvers 1999, n°s 15, 17, 41, 45 et 85.

44 G. Sijs et J. Murez, *Maurice Sijs,* Saint-Nicolas 1980 ; cat. exp. en hommage à « Maurice Sijs 1880–1972 », Latemse Kunstkring, Laethem-Saint-Martin, 17 août – 14 septembre 1980 ; Goyens de Heusch, *L'impressionnisme…* [note 37], pp. 248–250 ; *Retrospectieve tentoonstelling Maurice Sys 1880–1972,* Museum van Deinze en de Leiestreek, Deinze, 6 oktober – 4 december 1989, introduction Guido Sijs ; Boyens, *Sint-Martens-Latem…,* [note 32], pp. 69–70, 373–374.

45 On songe ici aux n°s 162, 170 et 171 du catalogue raisonné : P. Boyens, *Gust. De Smet,* Anvers 1989 ; *L'Etang* (1913, huile sur toile, 43 x 53 cm, en bas à gauche : monogramme, collection particulière) par Leon de Smet est reproduit in P. Boyens et H. Bosschaert, *Leon De Smet,* Tielt 1994, p. 83.

46 *Brumes matinales,* 1908, pastel sur carton, 35,5 x 45 cm, en bas à droite *W.D. de N. 08,* Musée d'Art moderne, Liège. Le *Paysage d'hiver* (1916) de Constant Montald (68 x 79 cm, collection particulière), quoique d'une date ultérieure, est assez comparable, voir F.-Cl. Legrand, *Le symbolisme en Belgique,* Bruxelles 1971, p. 99, ill. 51.

47 Voir pour quelques exemples : Boyens *et al., Frits van den Berghe…* [note 43], n°s 73, 75, 76, 77, 83.

48 Stéphane Mallarmé propose une version de *L'Après-Midi d'un Faune* pour le recueil *Le Parnasse contemporain, recueil de vers nouveaux.* Anatole France, membre du jury, refuse avec ces mots : « On se moquerait de nous », voir aussi A. R. Chrisholm, *Mallarmé's Grand Œuvre,* Manchester 1962.

49 Sur la relation extraconjugale de Frits van den Berghe avec l'actrice Stella van de Wiele (1887–1954), voir Boyens, *Frits van den Berghe…* [note 39], pp. 12–13, 21, 24, 28–29, 76 (n. 8).

50 Goyens de Heusch, *L'impressionnisme…* [note 37], pp. 312*sqq.,* 441*sqq.*

51 Alphonse Osbert (1857–1935), *La Vision,* 1892, huile sur toile, 235 x 138 cm, Paris, Musée d'Orsay (E. Lucie-Smith, *Symbolist art,* Londres 1972, ill. 87 ; cat. exp. Montréal 1995 [note 1], pp. 229–231, ill. p. 230), représentant sainte Geneviève avec un agneau à son côté ; Jean Edmond François Aman (1858–1936), *La Jeune Fille à la chèvre,* vers 1905–1910, huile sur toile, 192 x 54 cm, MSK Gand.

52 Pour un commentaire circonstancié de *La Lecture,* J. Block, « Twee sleutelwerken van Théo van Rysselberghe », in *200 Jaar verzamelen…* [note 14], pp. 195–201.

53 Que l'on compare aussi l'œuvre avec *Puberté* (1895) d'Edvard Munch (huile sur toile, 151,5 x 110 cm, signé en bas à droite : E. Munch), Nationalgalerie, Oslo ; voir aussi Arve Moen, *Edvard Munch : Woman and Eros,* Oslo, 1957. Outre chez George Minne, on trouve cet intérêt pour la sexualité naissante chez Henri Evenepoel, dans, par exemple, son tableau *Eve* (1896 ; huile sur toile, 155 x 90 cm, MRBAB, Bruxelles, inv. 4187). En 1901, Frank Wedekind fait grand bruit avec son *Frühlings Erwachen* aujourd'hui célèbre. Au sens large, le motif d'Eve fait partie de l'idéologie et de l'iconographie du symbolisme. En 1904 paraît de surcroît en Belgique une œuvre littéraire importante qui se fonde sur ce sujet : *La Chanson d'Eve* de Charles Van Lerberghe ; voir également : H. Hofstätter, *Symbolismus und die Kunst der Jahrhundertwende,* Cologne 1965, p. 191 ; Legrand, *Le symbolisme…* [note 46], p. 227 ; G. Cogeval, « L'éveil de l'adolescence », in cat. exp. Montréal 1995 [note 1], pp. 421–437.

54 André de Ridder s'intéresse pour la première fois de près à l'attitude hésitante des Belges envers l'art étranger dans son article « L'Ecole belge contemporaine », *Cahiers de Belgique,* Bruxelles, 4 (1931), n°s 4–5, pp. 177–195 ; voir également R. Hoozee, « Vlaams expressionisme in Europese context », in *Vlaams expressionisme in Europese context 1900–1930,* cat. exp. MSK, Gand 1990, pp. 13–17. Pour la réponse modérée du cubisme et du futurisme et les prétendus problèmes liés au caractère national du « pays de Bruegel et de Jordaens », voir aussi S. Faucherau, « Les années constructivistes en Belgique », in *L'Art en Belgique. Flandre et Wallonie au XXe siècle – un point de vue,* cat. exp. Musée d'Art moderne de la Ville de Paris, Paris 1990, 13 décembre 1990 – 10 mars 1991, p. 80 ; également E. Pil, « Verschuivingen binnen de avant-garde – Evoluties in de plastische kunsten in België, 1917–1929 », in *Avant-Garde in België 1917–1929,* Bruxelles – Anvers 1992, pp. 60–63 et enfin J. F. Buyck, « Het interbellum : Kunst van Heden en het debat omtrent het Vlaams expressionisme », in *In dienst van de kunst – Antwerps mecenaat rond Kunst van Heden 1905–1959,* cat. exp. KMSK, Anvers 1991, pp. 129–142.

55 L'idée selon laquelle on demeure éloigné de tout et de tous à Laethem-Saint-Martin est entre-temps dépassée. Il y a ainsi la visite d'André de Ridder à la région de la Lys et aux artistes du deuxième groupe de Laethem dans le courant de l'été 1909. De Ridder s'avère être bien informé des évolutions de l'art moderne. Le 24 février 1909, quatre jours après la parution du premier manifeste futuriste dans *Le Figaro,* il écrit déjà une lettre à Marinetti dans laquelle il ne cache pas son admiration pour le nouveau mouvement (AMVC, R.462/B).

56 F. M. Huebner, *Gustaf De Smet,* Leipzig (Junge Kunst, 38), 1923 ; « Gustave De Smet se confesse », *Sélection* 3 (1924), pp. 547–548 ; Boyens, *Gust. De Smet* [note 45], pp. 3[illegible], 52.

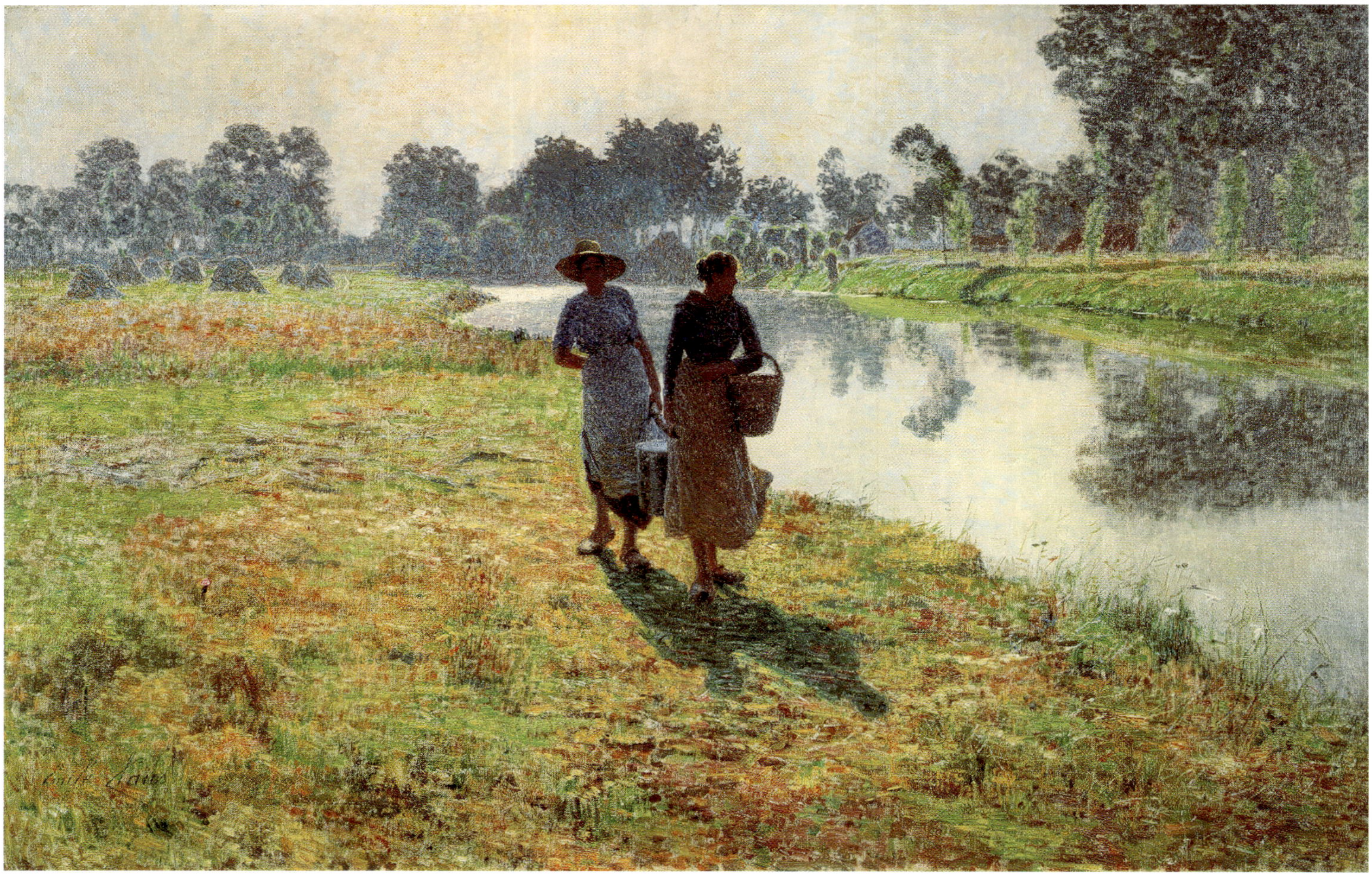

116 ÉMILE CLAUS • *Jeunes Paysannes le long de la Lys* [vers 1895]

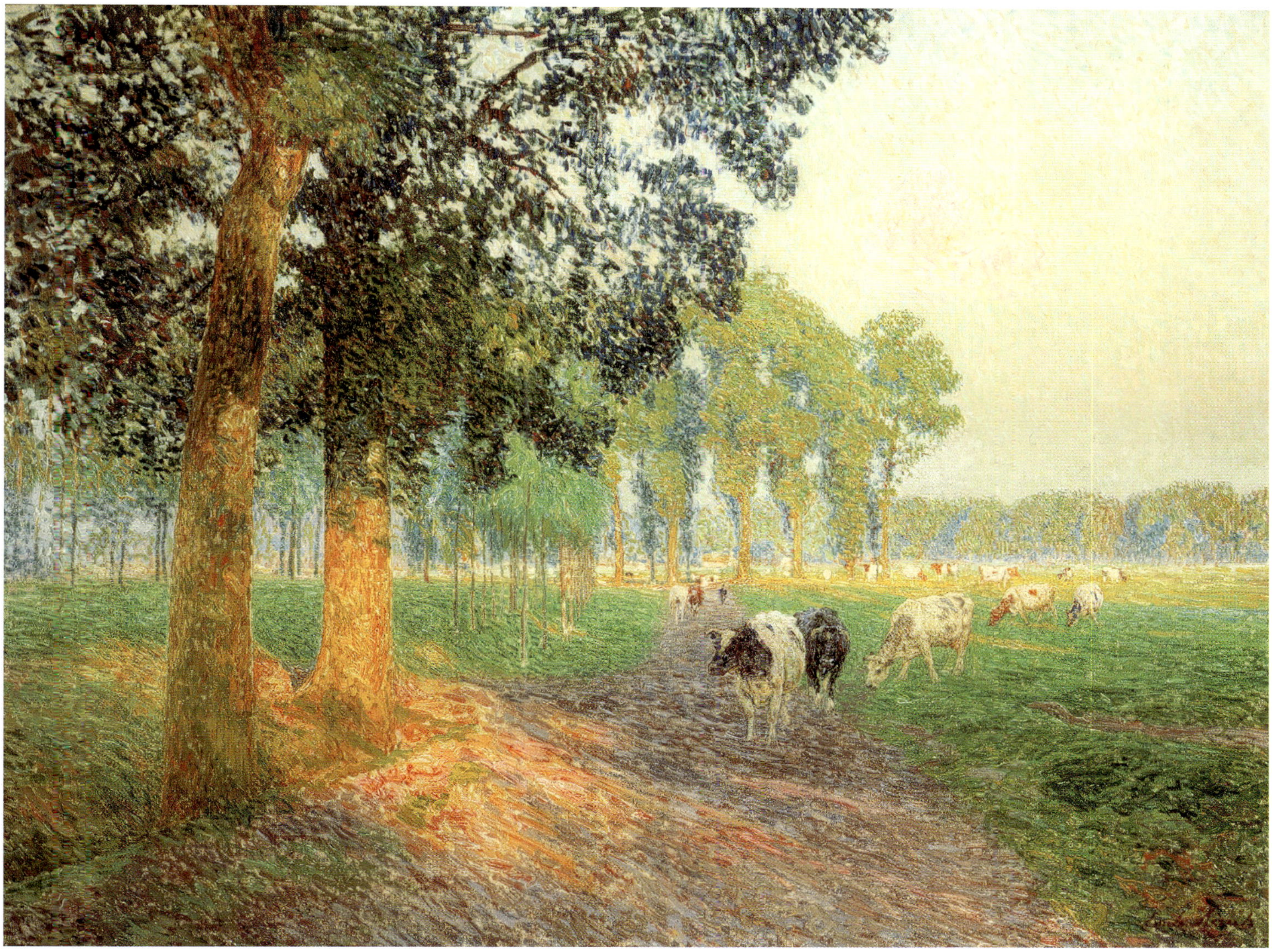

117 ÉMILE CLAUS • *Allée ensoleillée avec vaches* 1908

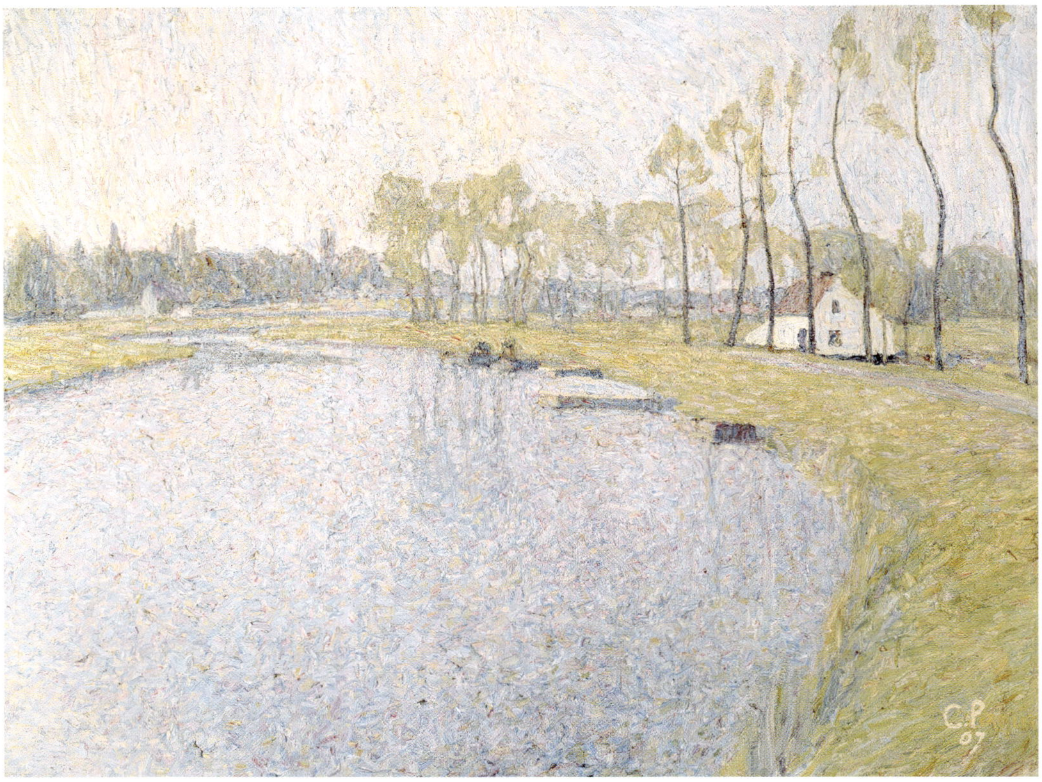

118 CONSTANT PERMEKE • *La Lys* 1907

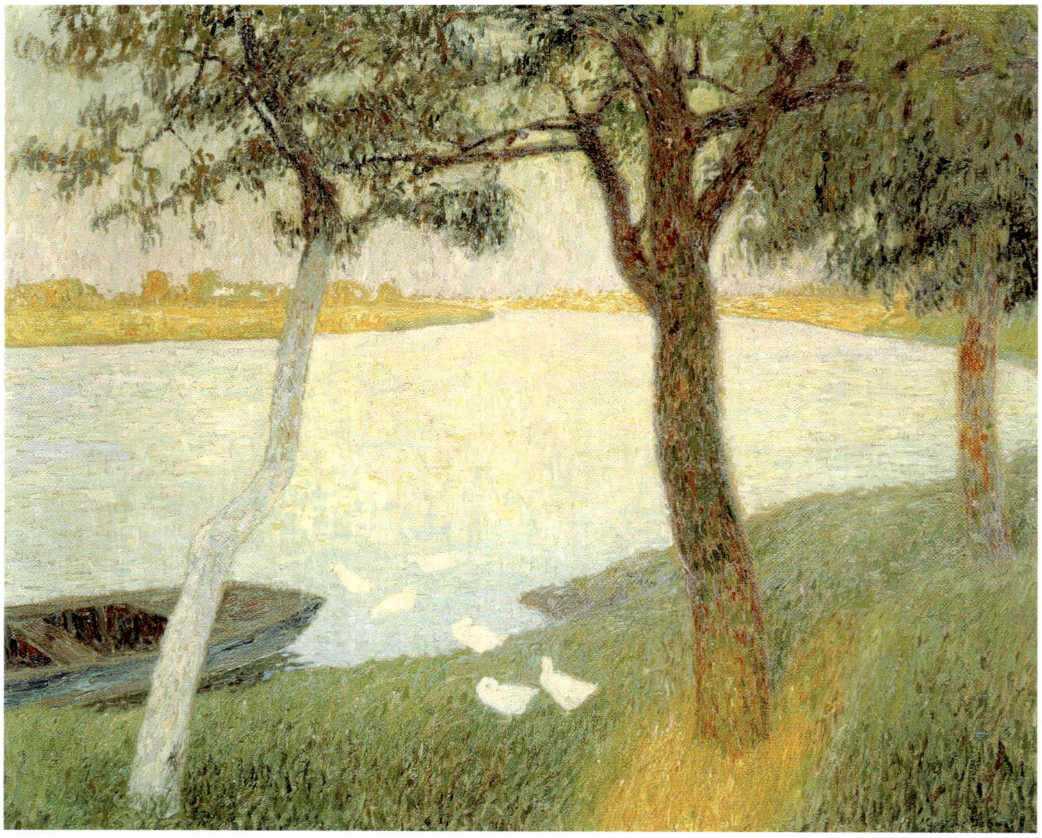

119 GUSTAVE DE SMET • *La Lys aux canards* [1911]

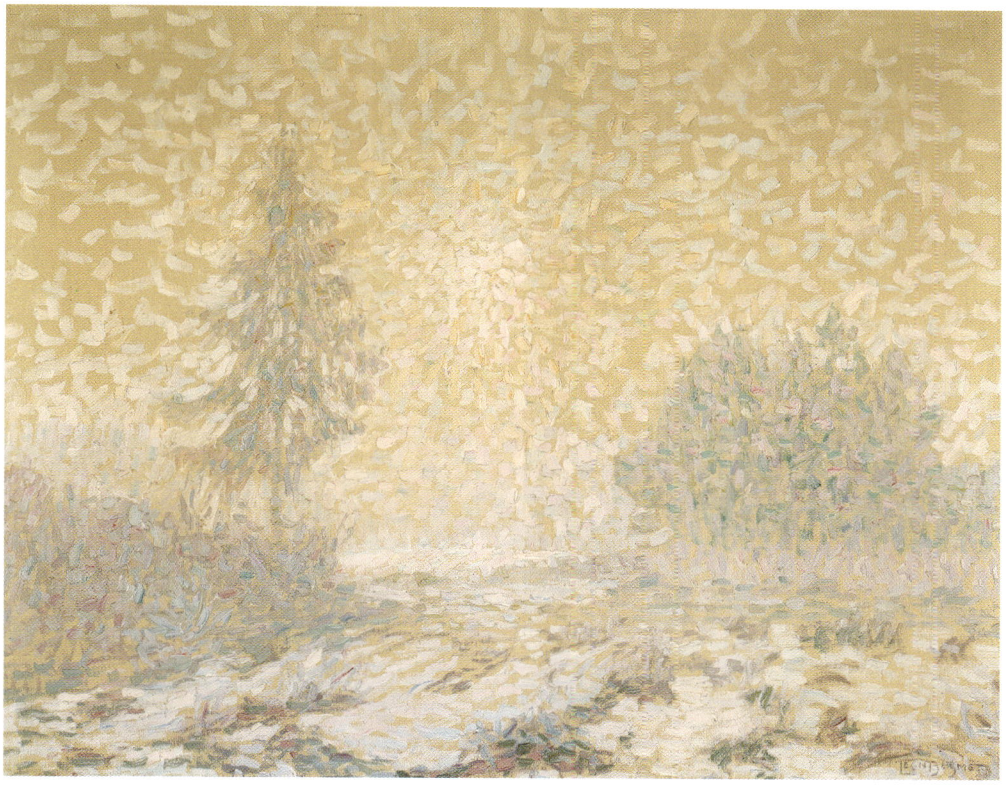

120 LEON DE SMET • *Hiver à Laethem* 1909

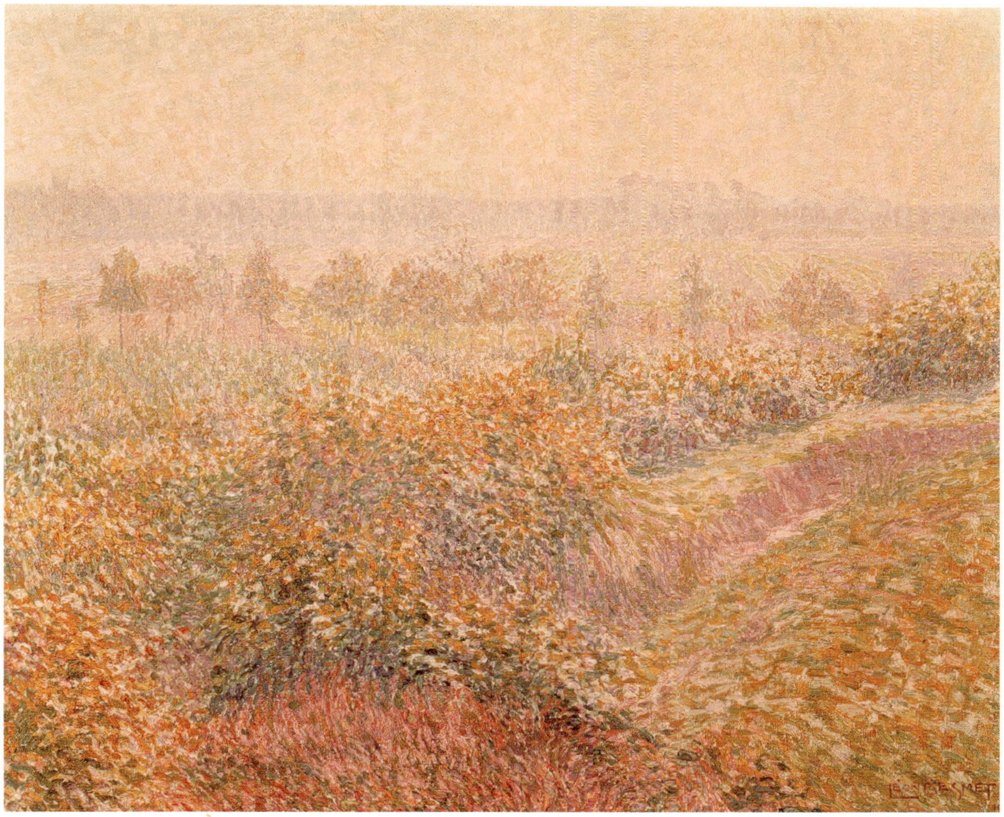

121 LEON DE SMET • *La Bruyère* 1910

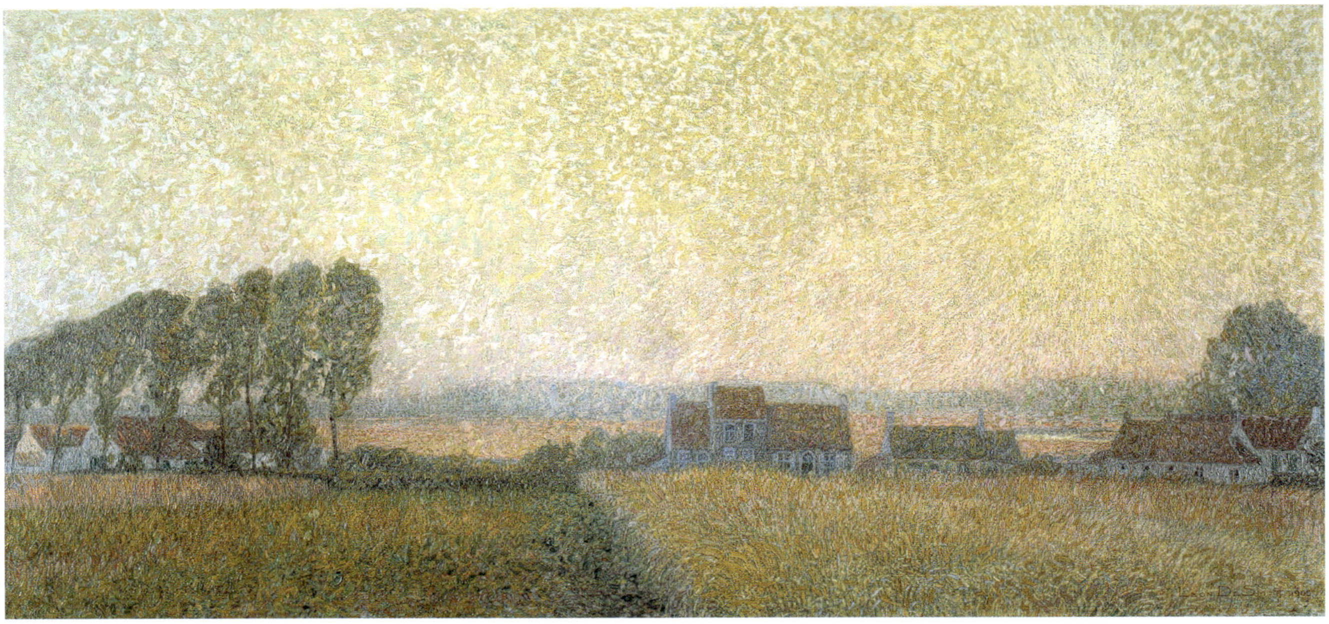

122 LEON DE SMET • *Paysage près de Laethem* 1905

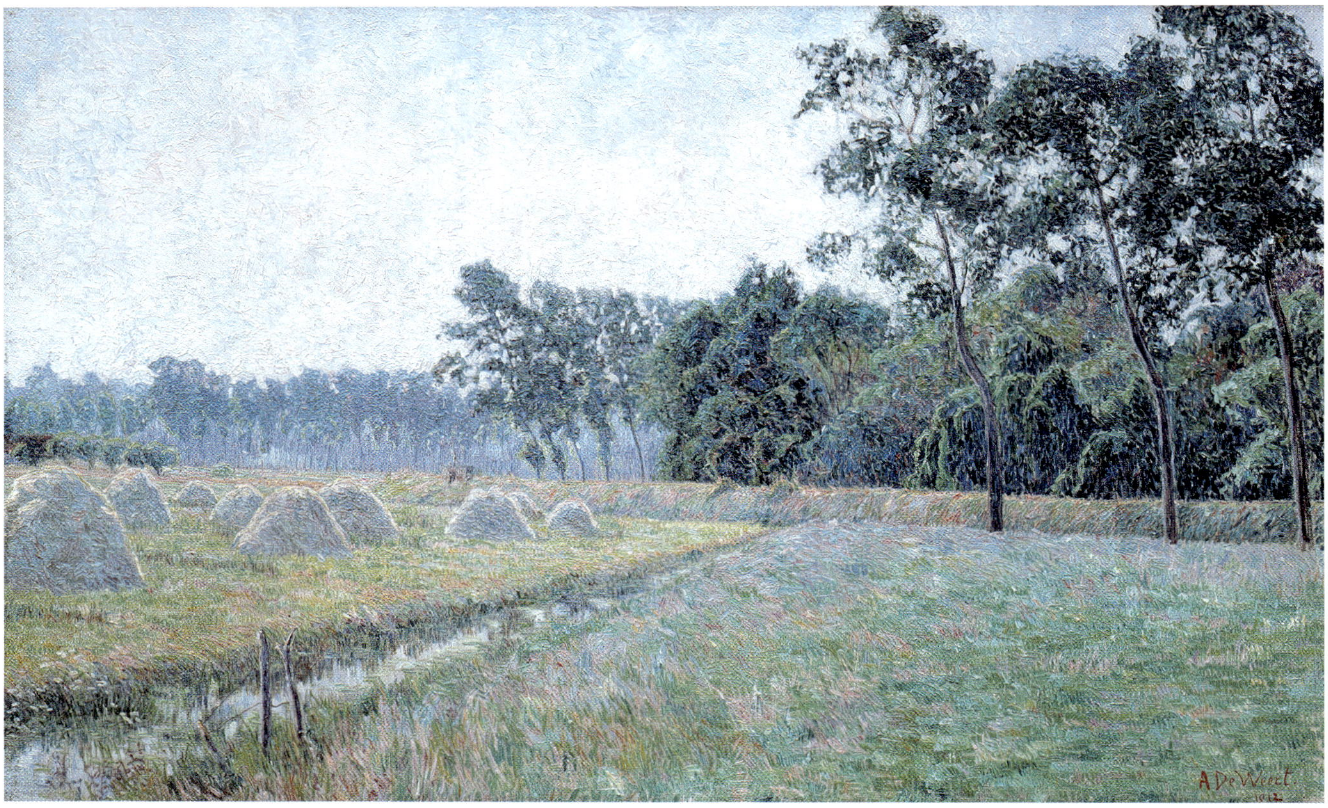

123 ANNA DE WEERT • *Prairies en juillet* 1912

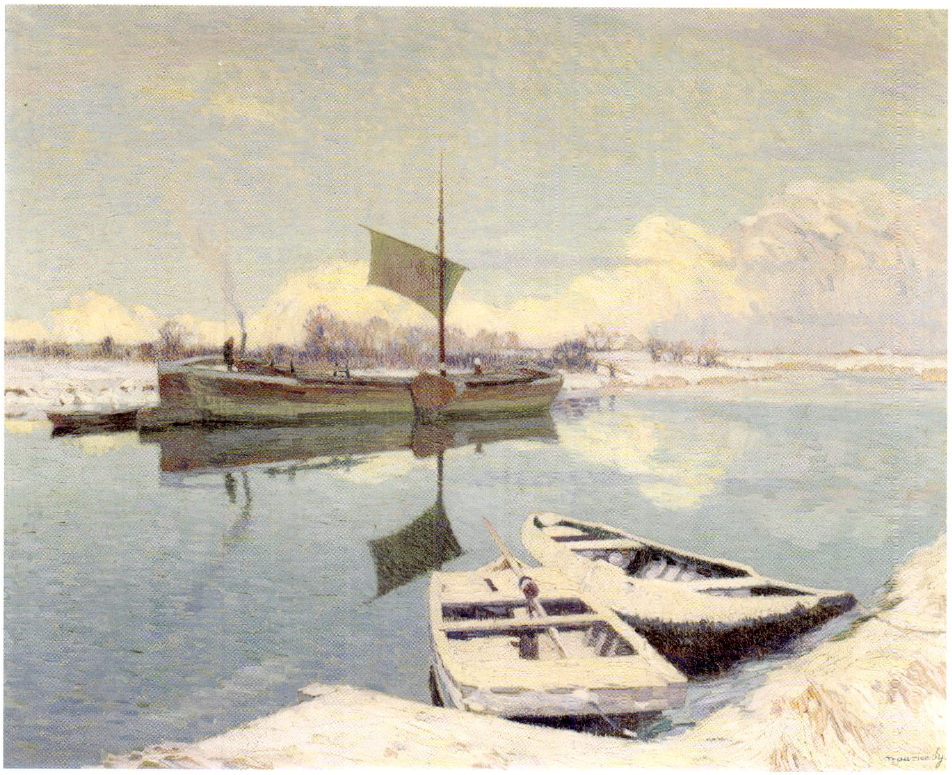

124 MAURICE SIJS • *La Lys en hiver* [1910]

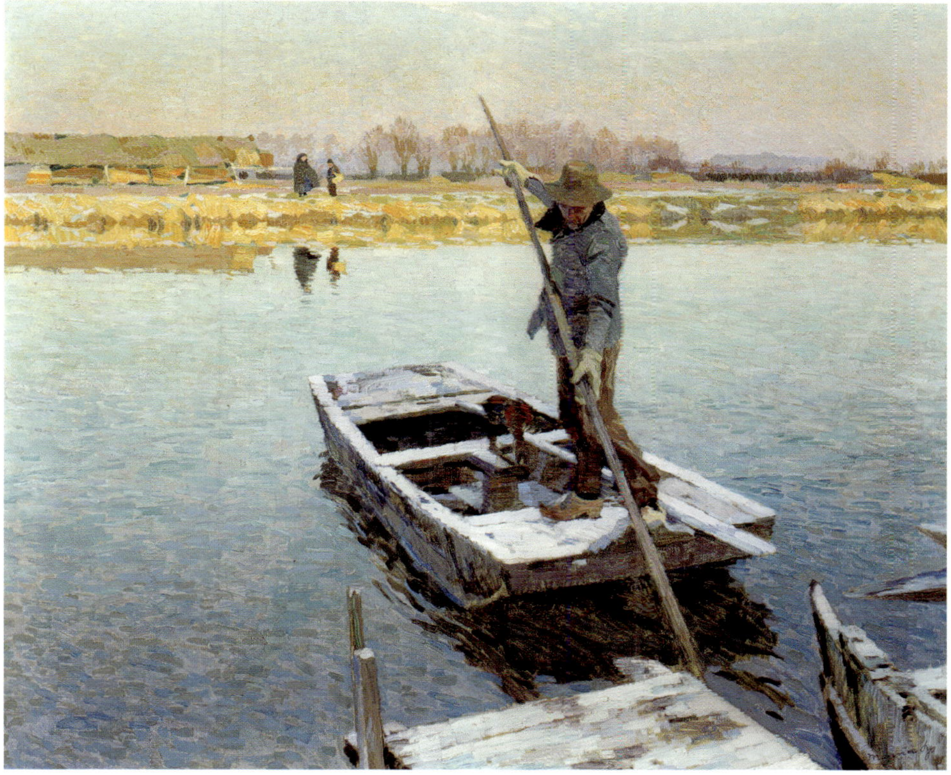

125 MAURICE SIJS • *Le Passeur de Laethem* [1910]

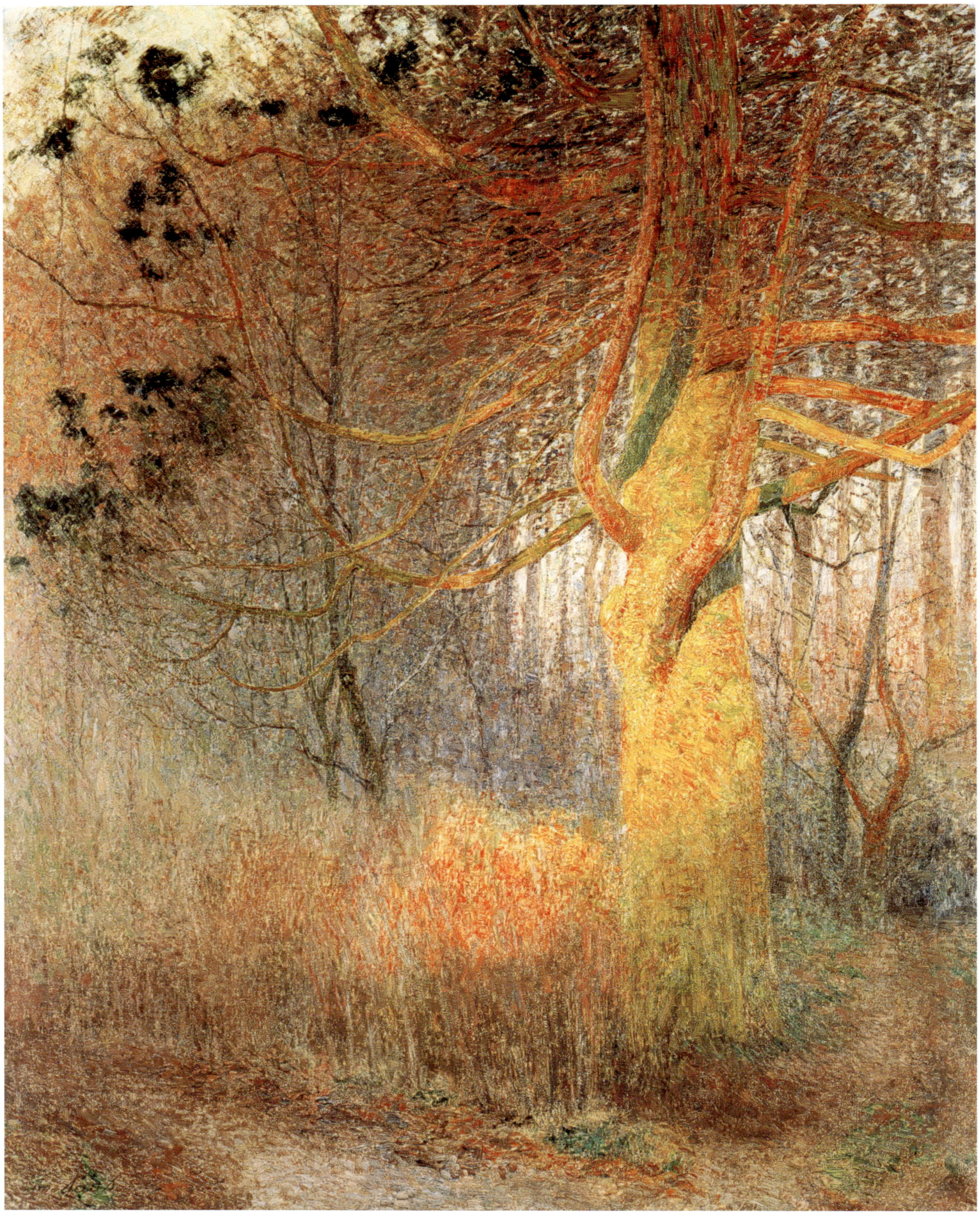

126 ÉMILE CLAUS • *Arbre au soleil* 1900

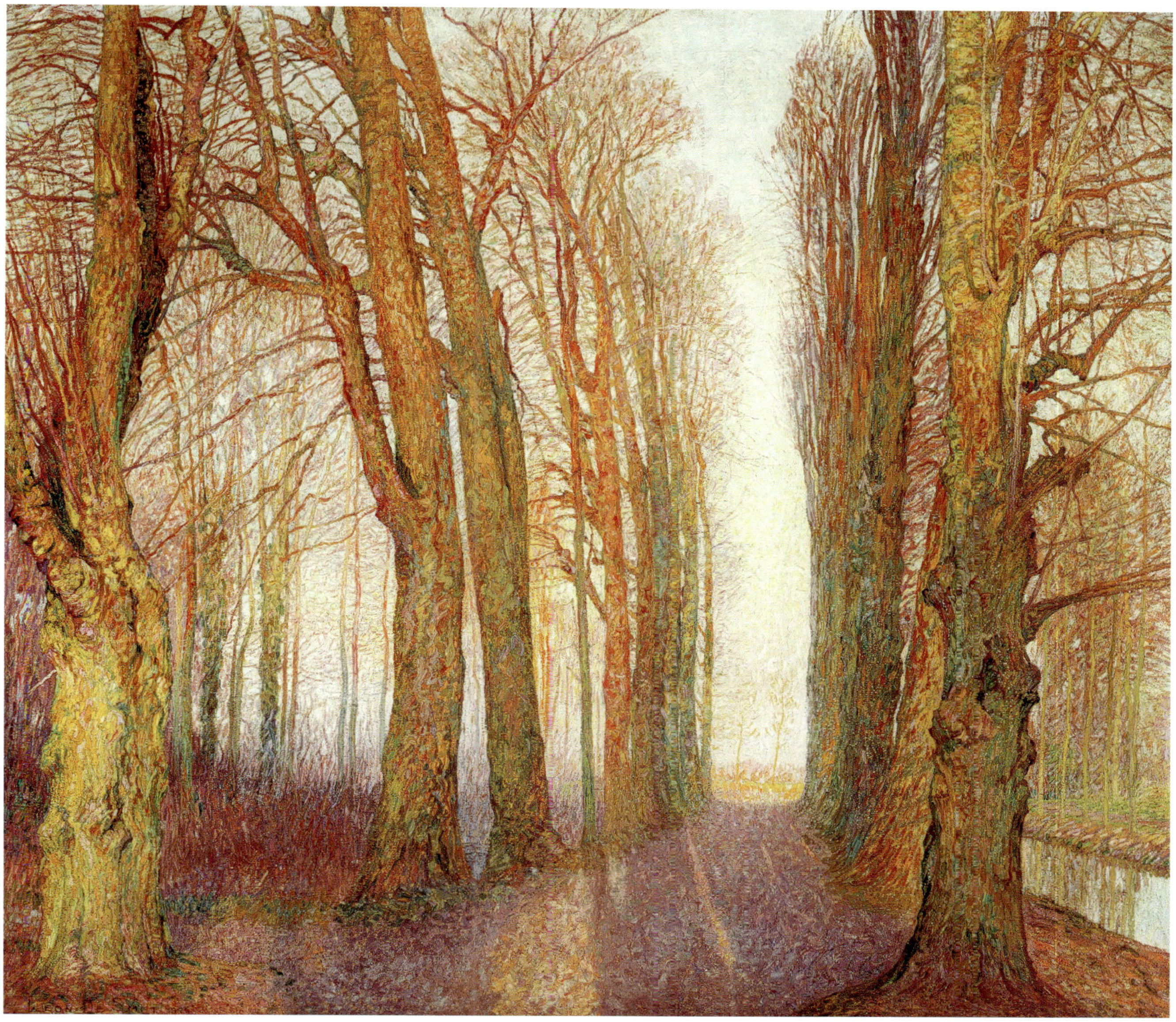

127 LEON DE SMET • *La Drève* 1906

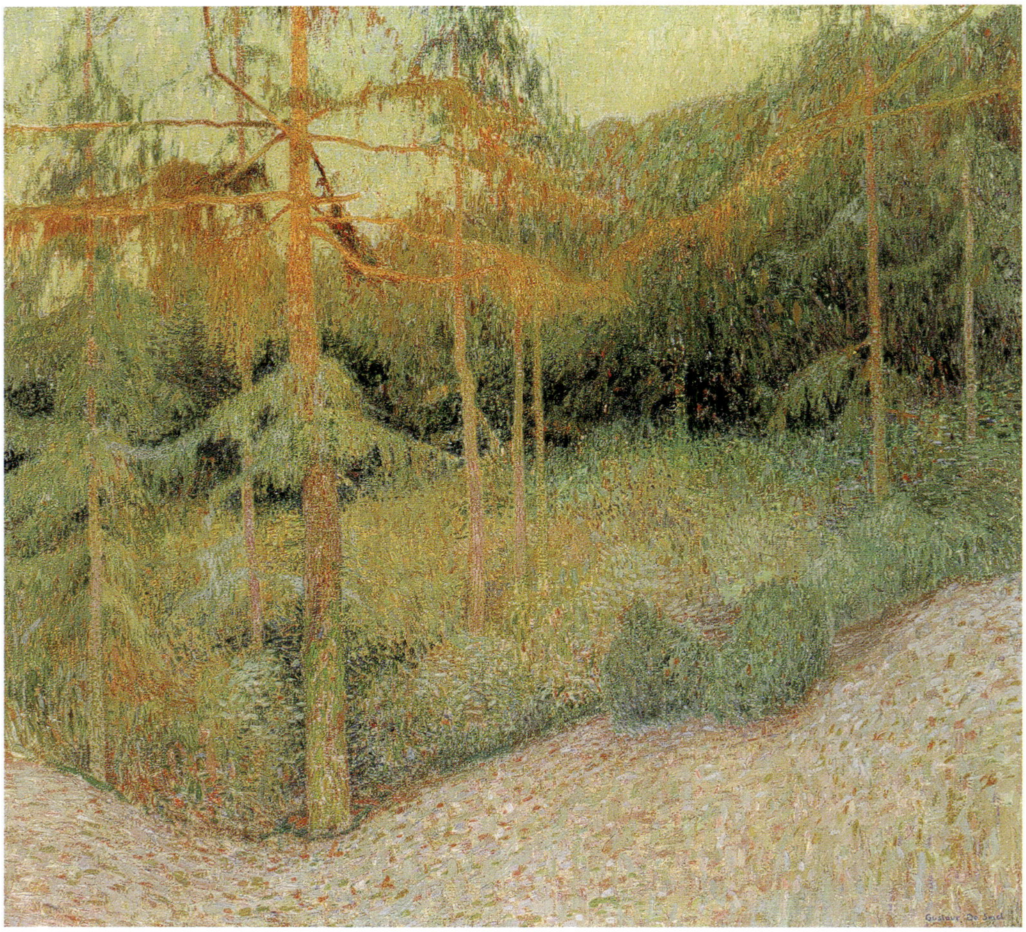

128 GUSTAVE DE SMET • *La Sapinière* [1911]

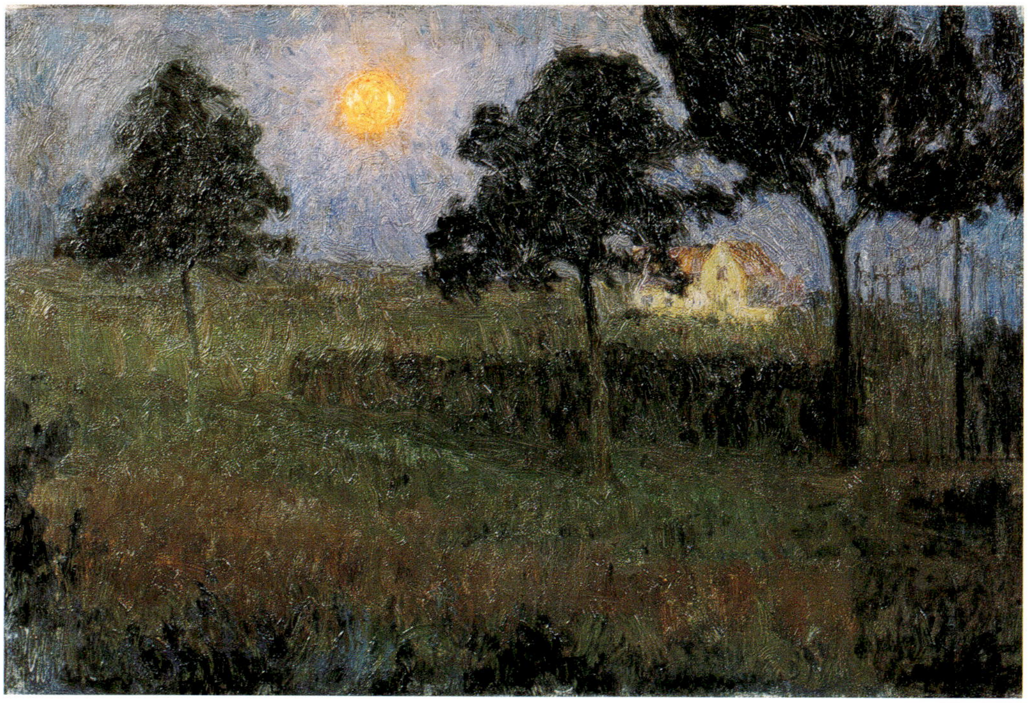

129 FRITS VAN DEN BERGHE • *Paysage au crépuscule* [1905–1906]

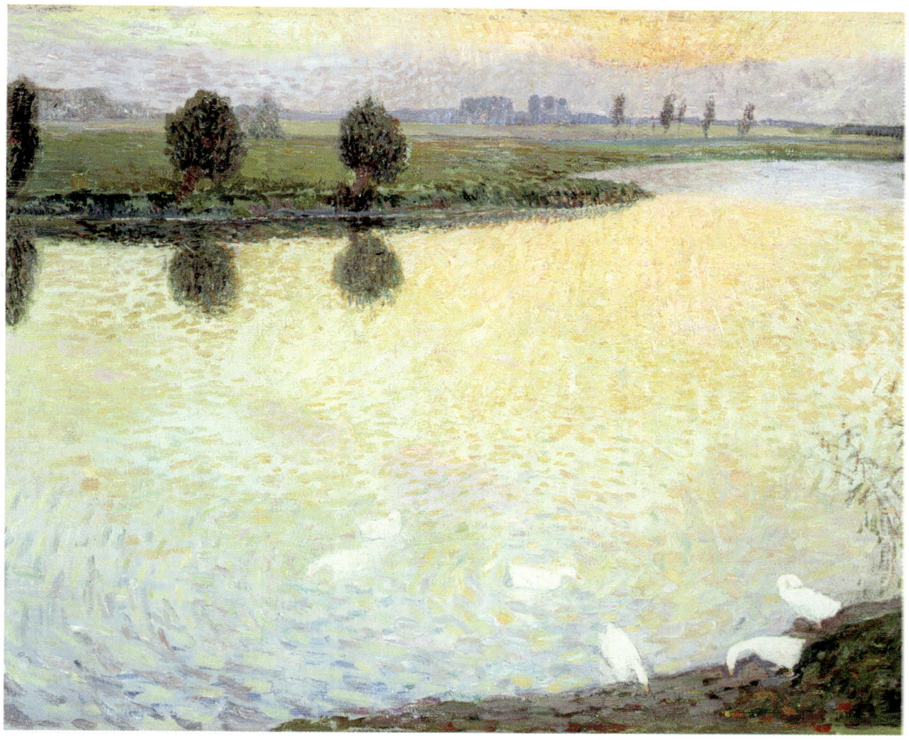

130 GUSTAVE DE SMET • *La Lys le soir* [1911]

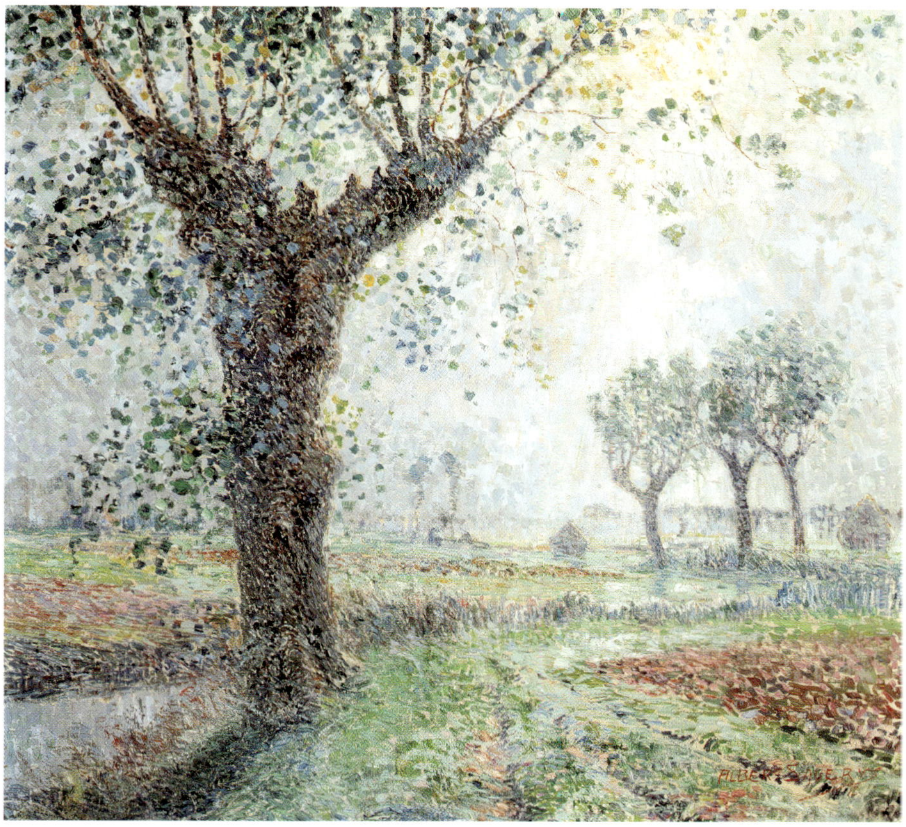

131 ALBERT SAVERYS • *Paysage automnal* 1912

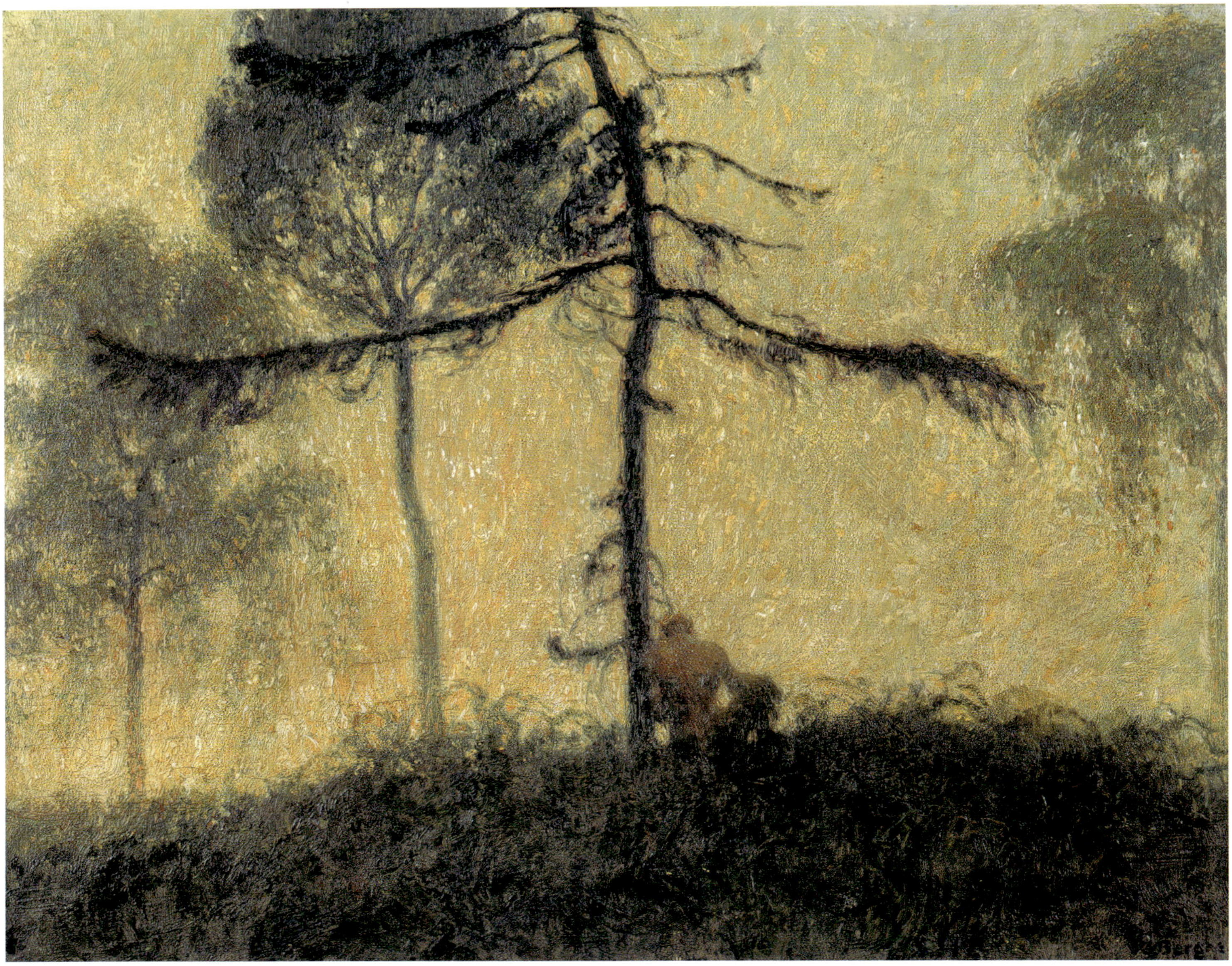

132 FRITS VAN DEN BERGHE • *Le Faune* [1912]

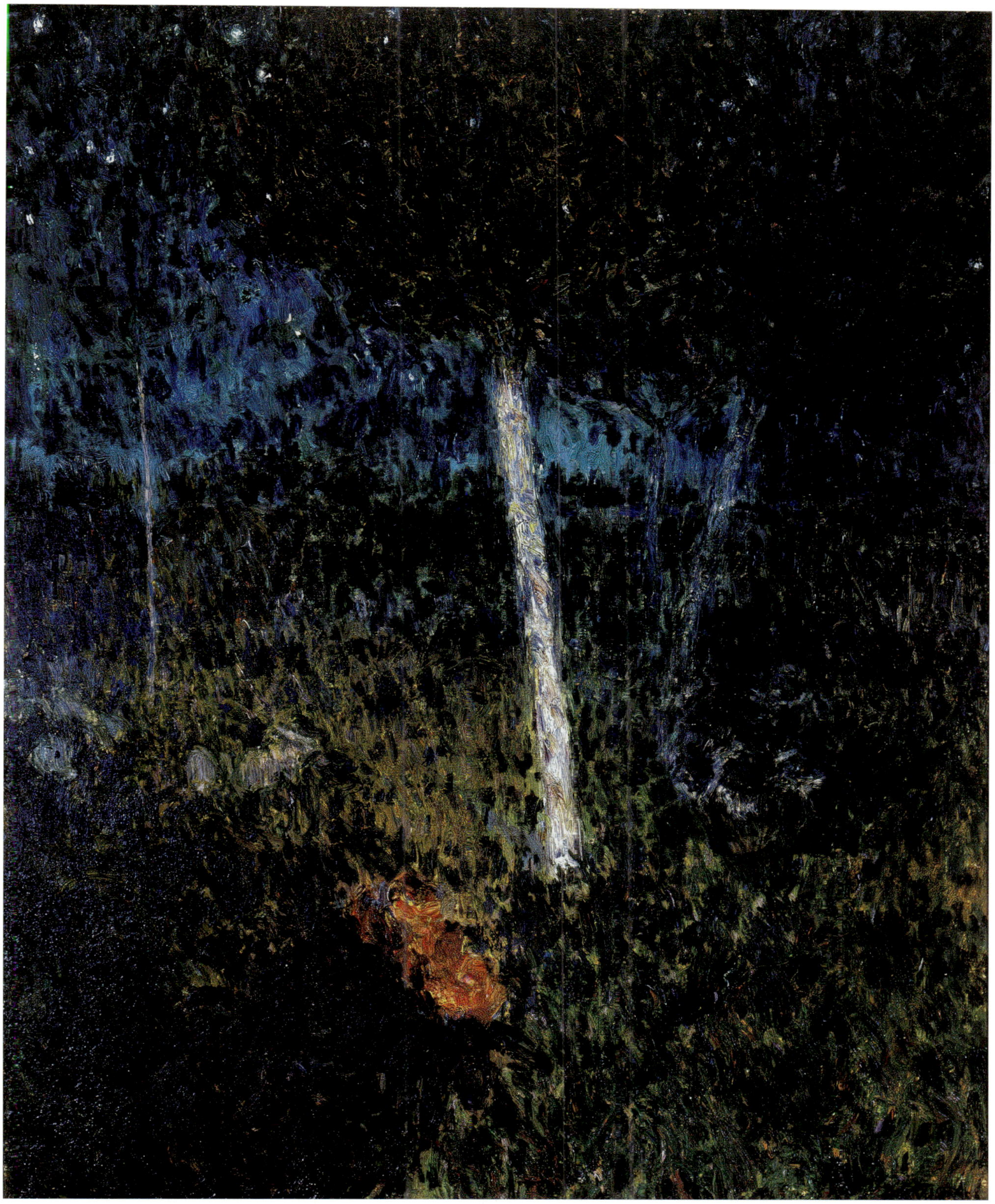

133 FRITS VAN DEN BERGHE • *Verger la nuit* 1909

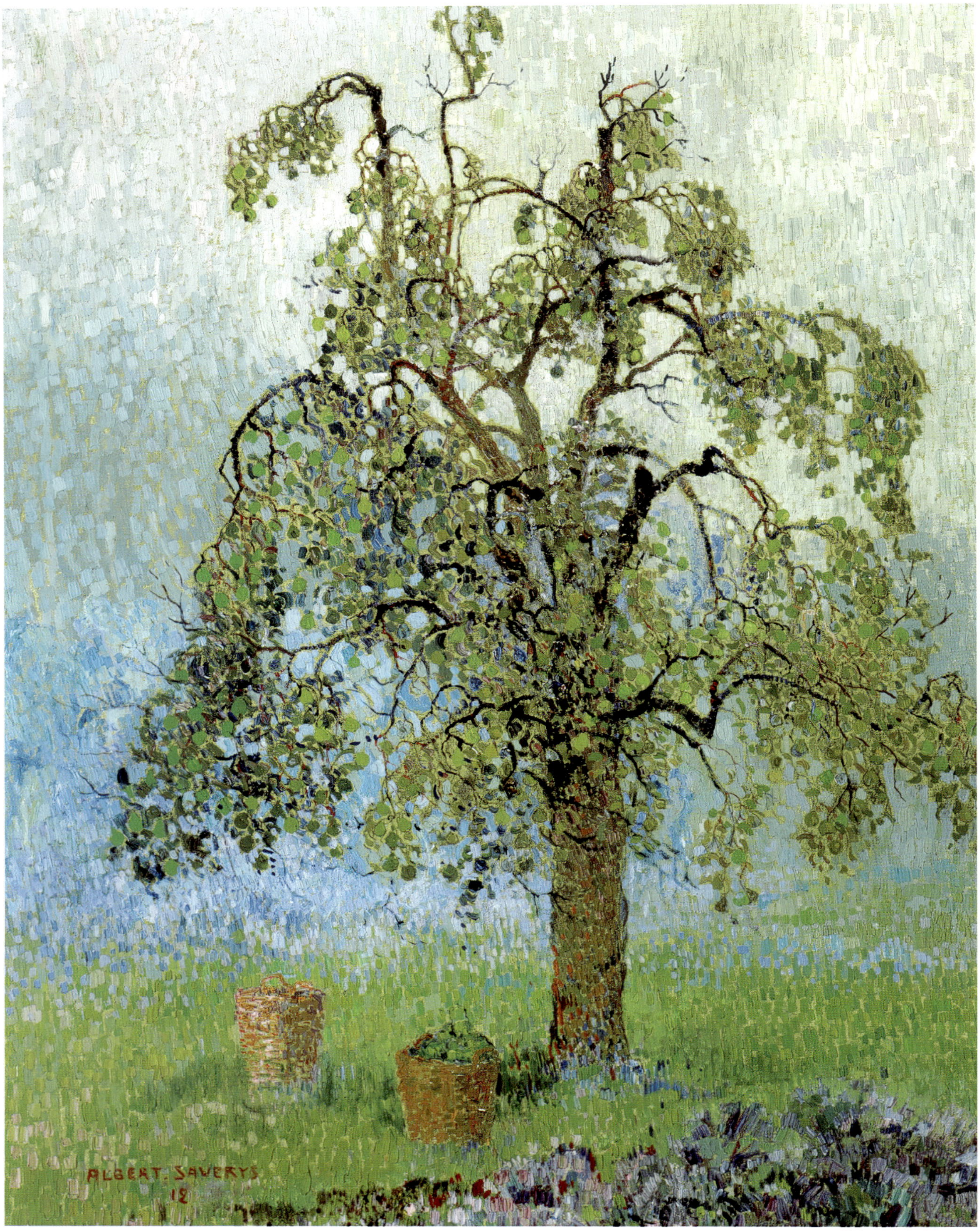

134 ALBERT SAVERYS • *Poirier* 1912

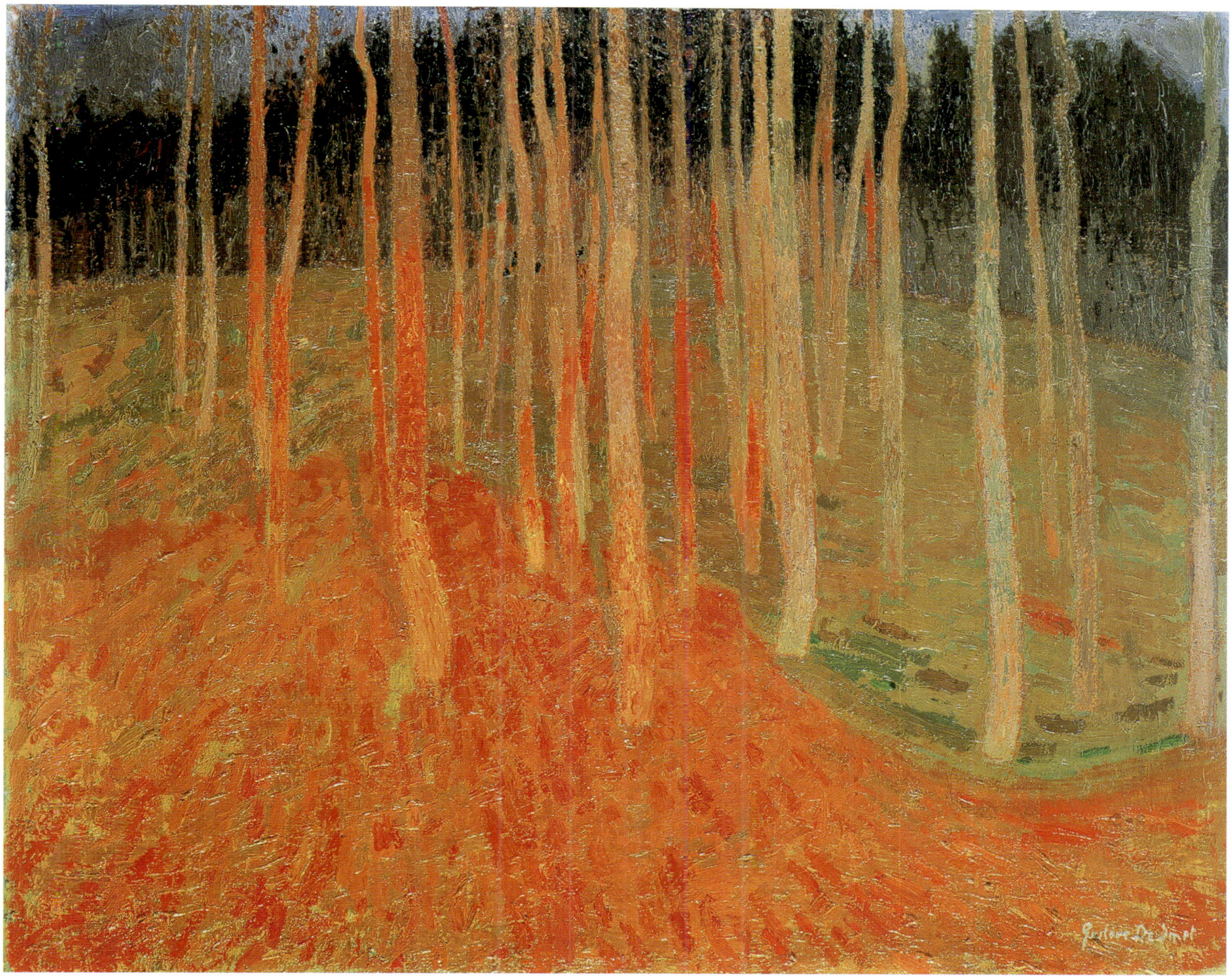

135 GUSTAVE DE SMET • *Vue d'un bois le soir* [1911]

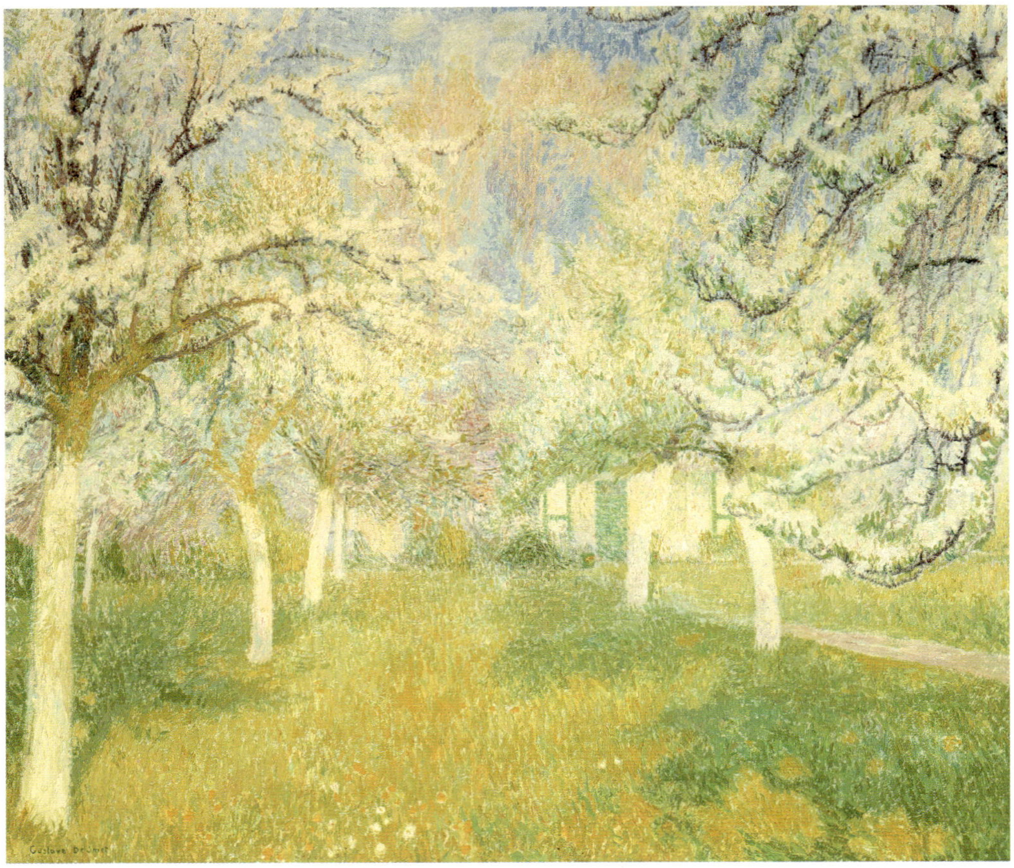

136 GUSTAVE DE SMET • *Verger en fleurs* [1910]

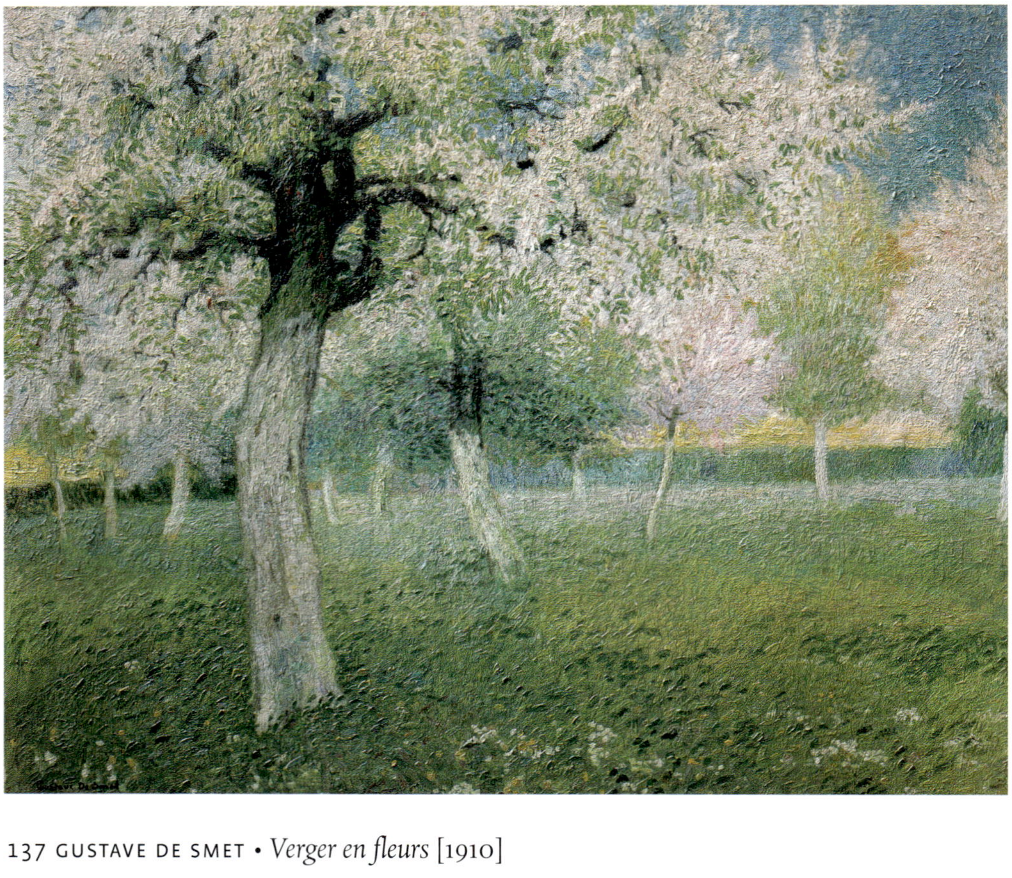

137 GUSTAVE DE SMET • *Verger en fleurs* [1910]

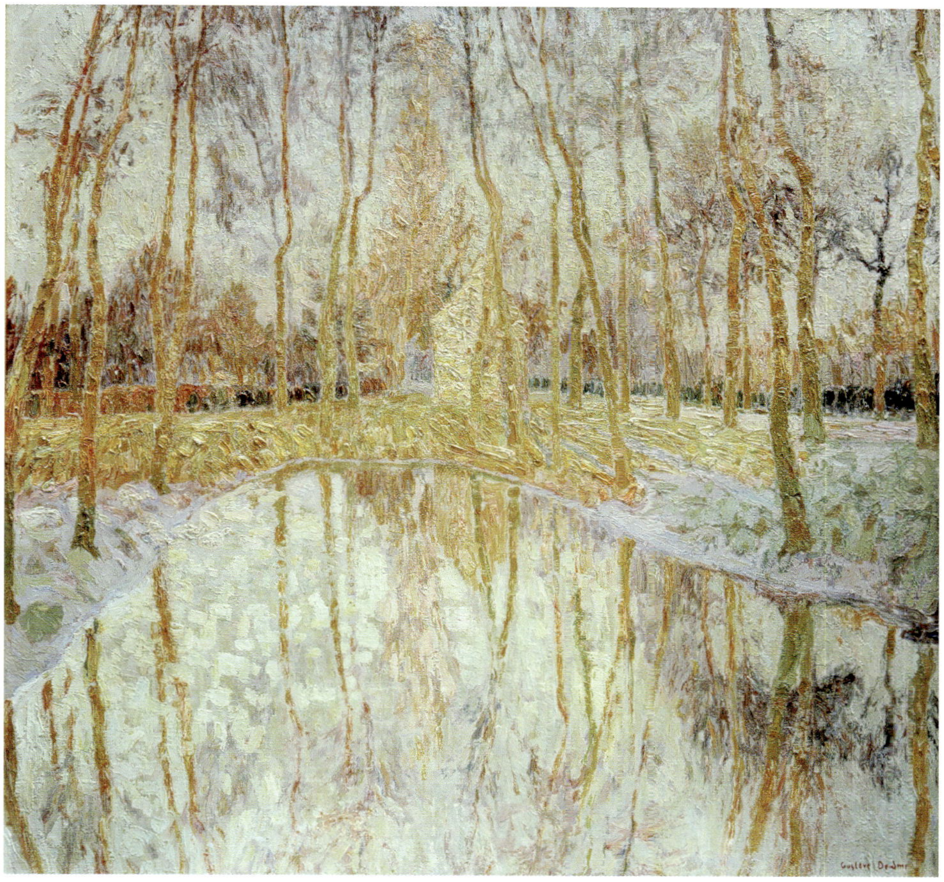

138 GUSTAVE DE SMET • *L'Etang* [1911]

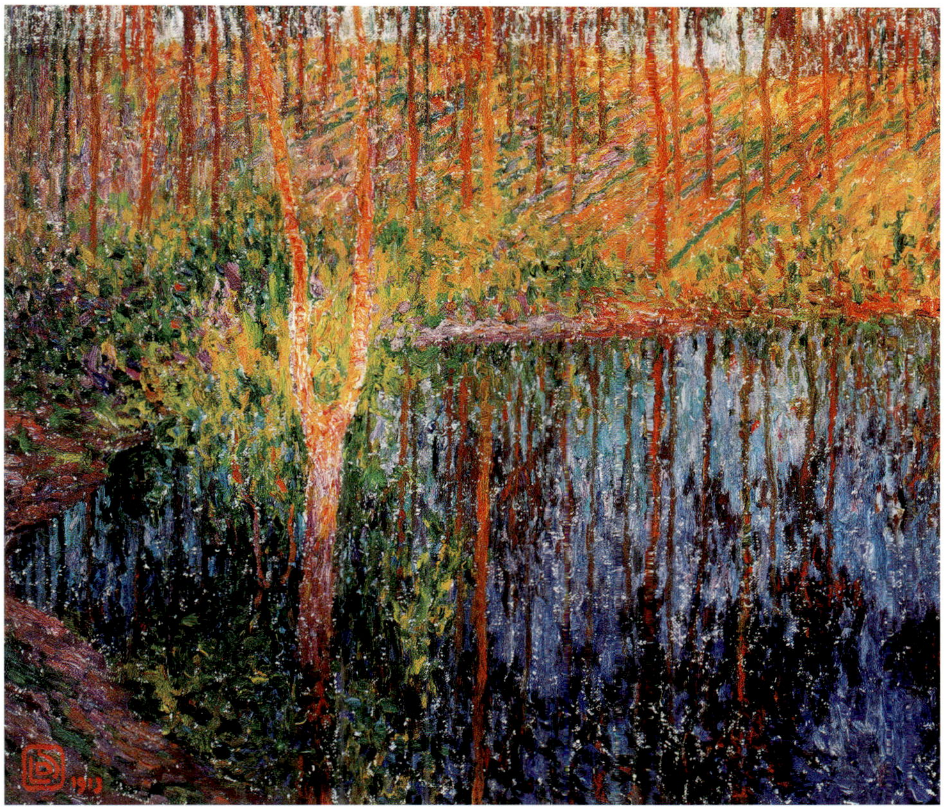

139 LEON DE SMET • *L'Etang* 1913

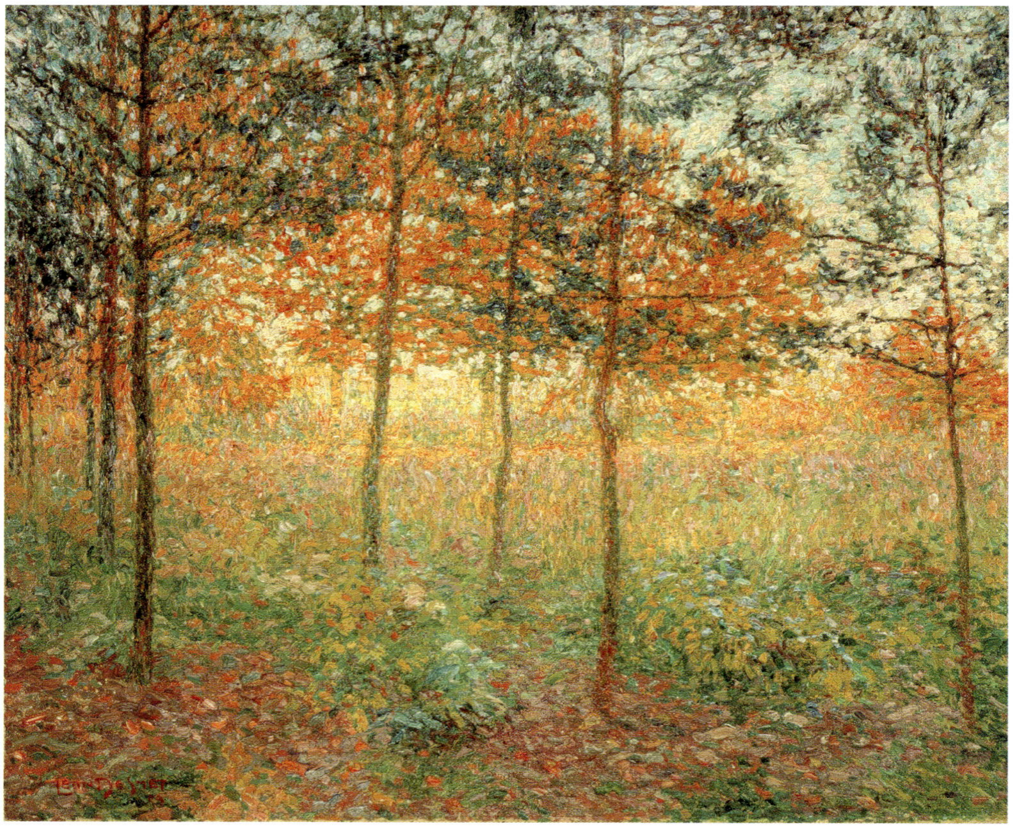

140 LEON DE SMET • *Vue d'un bois* 1909

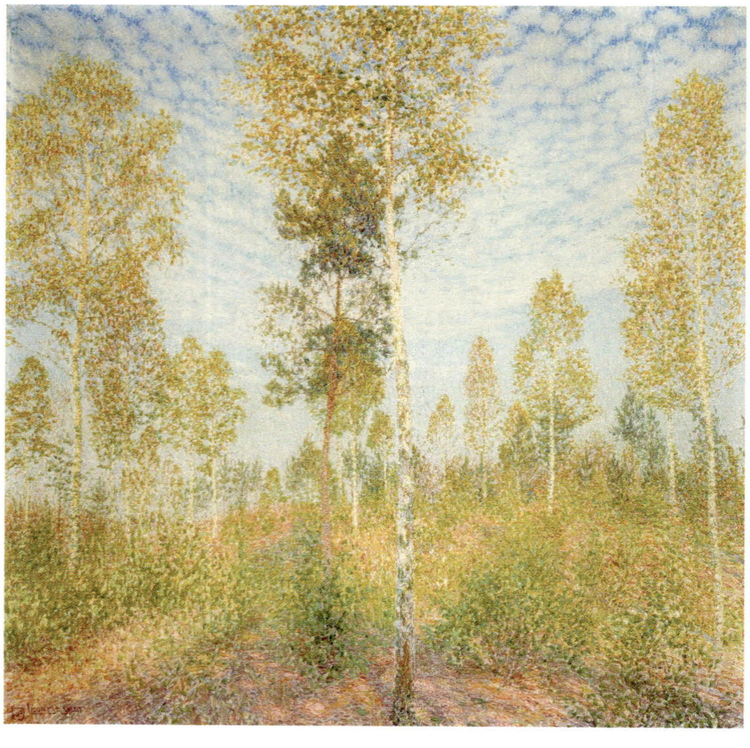

141 LEON DE SMET • *Bouleaux blancs* 1912

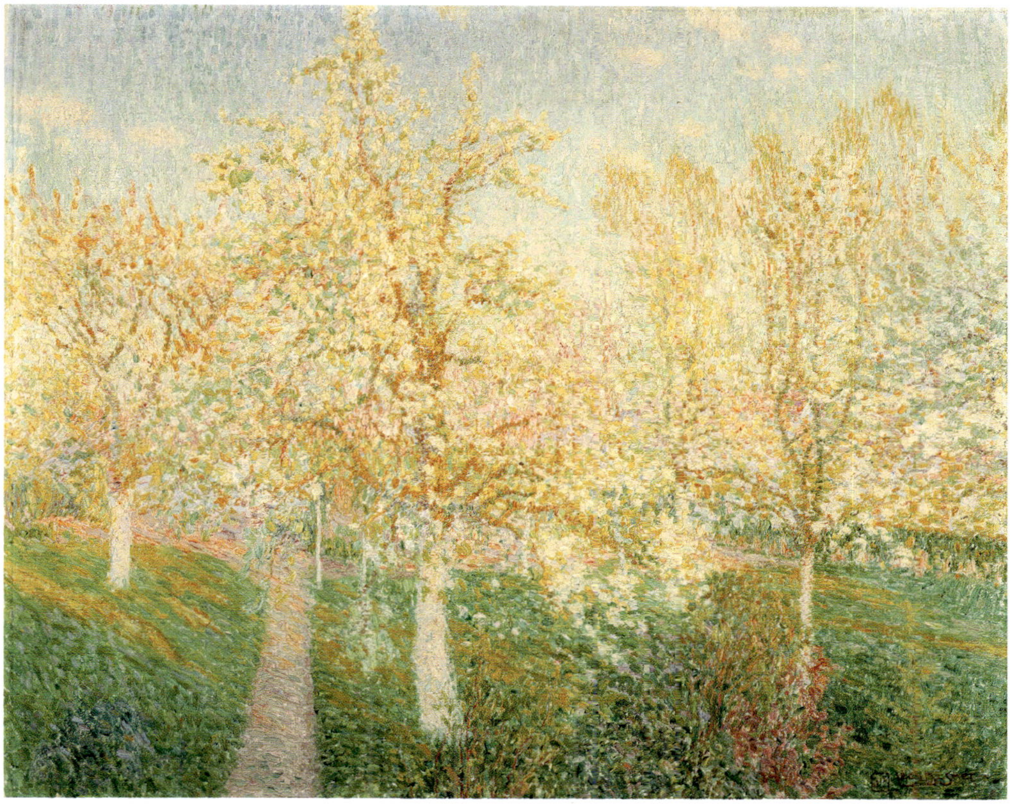

142 LEON DE SMET • *Verger en fleurs* 1912

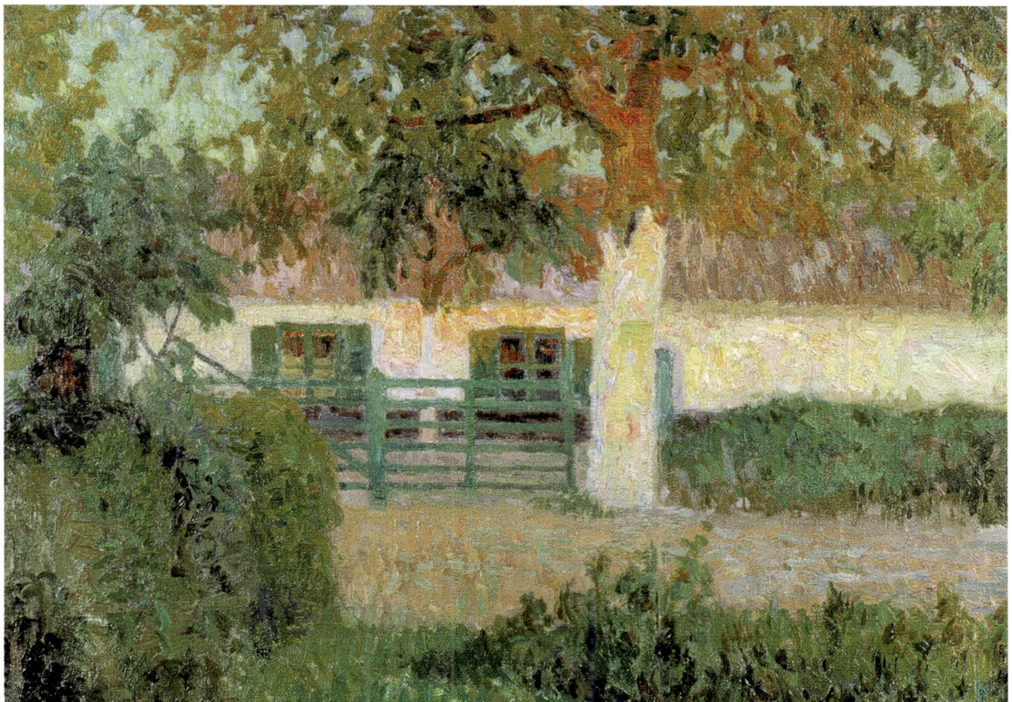

143 GUSTAVE DE SMET • *La Ferme blanche* [1910]

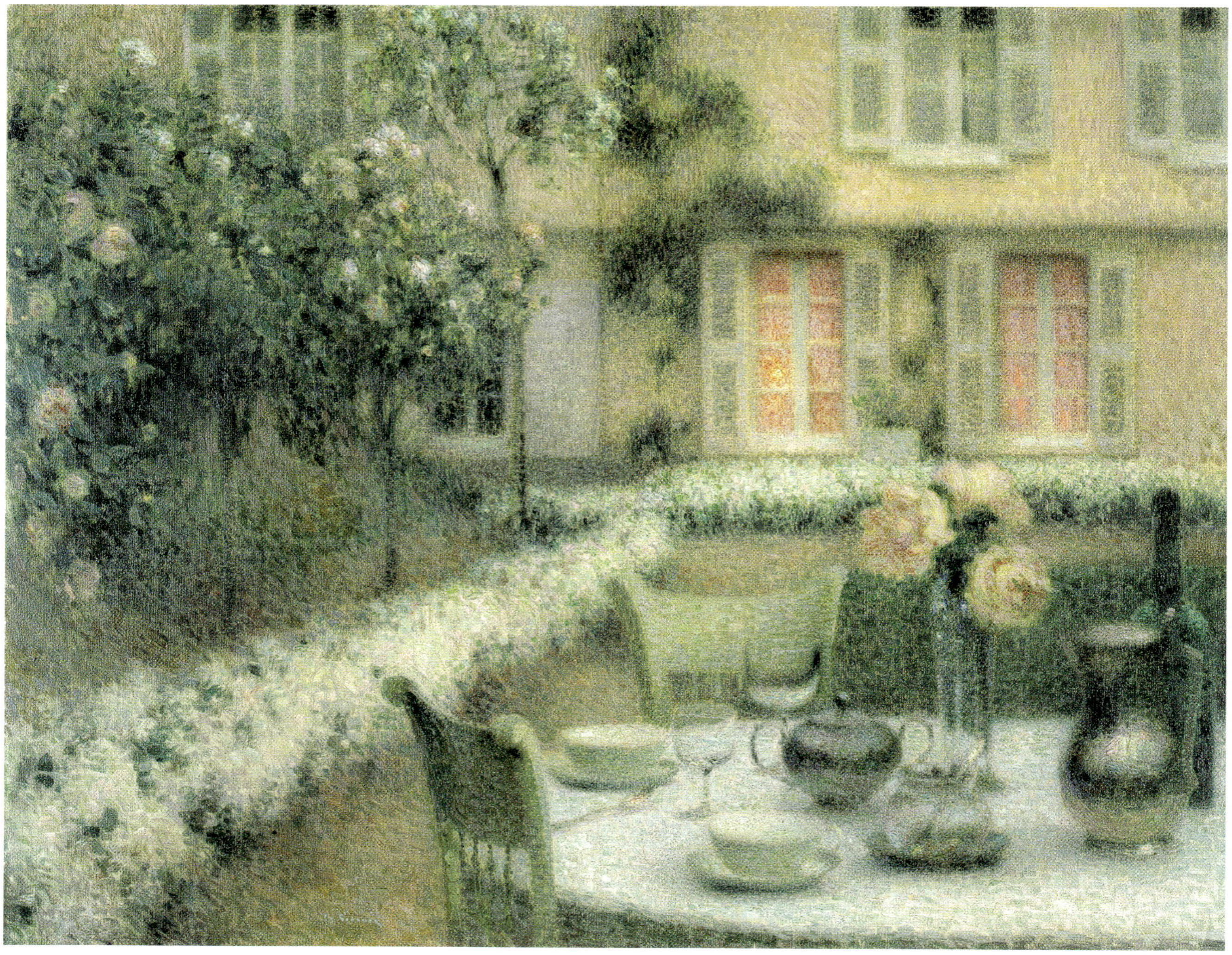

144 HENRI LE SIDANER • *Table au jardin, Gerberoy* [1900]

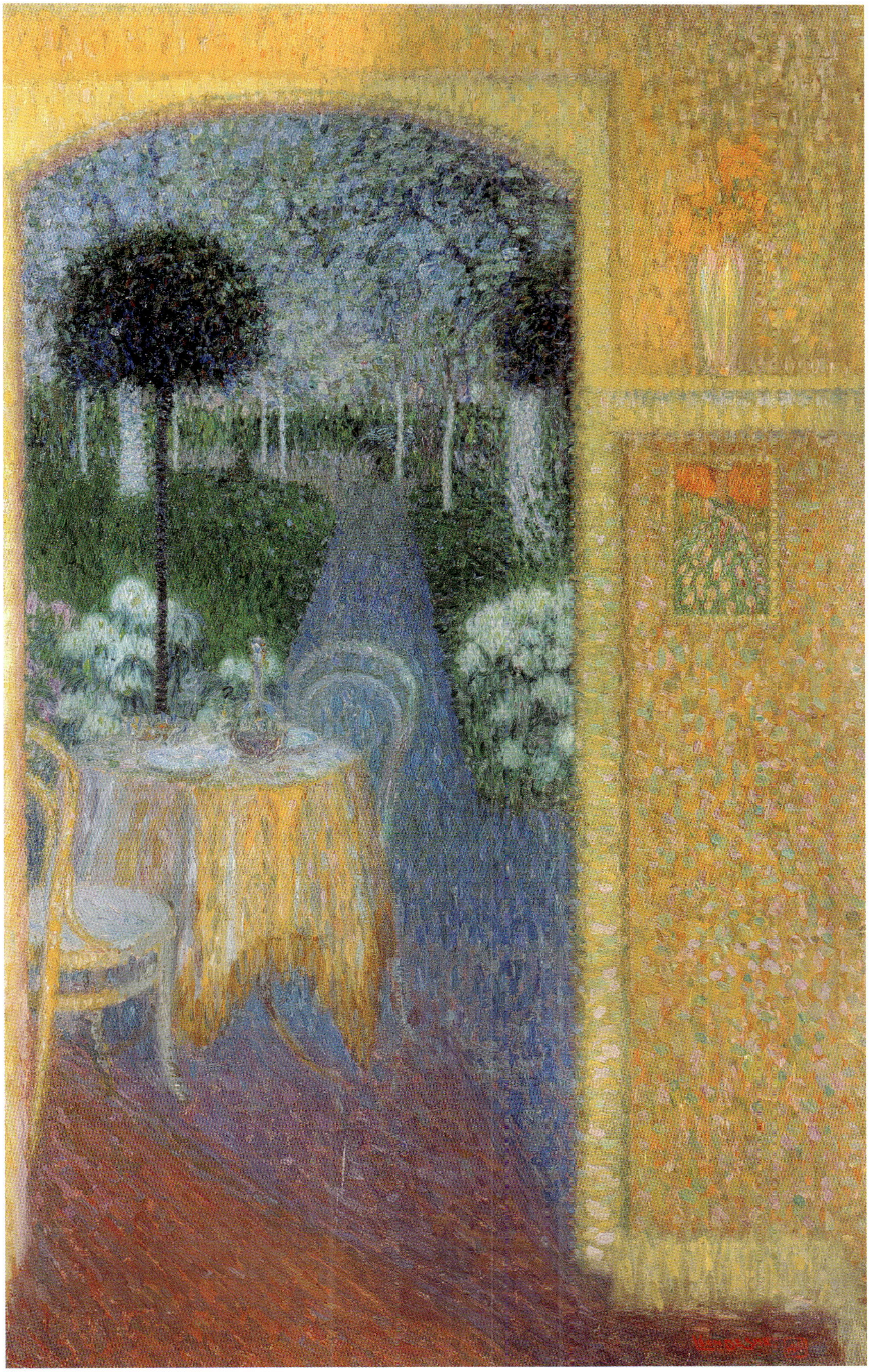

145 LEON DE SMET • *Soir de printemps* 1912

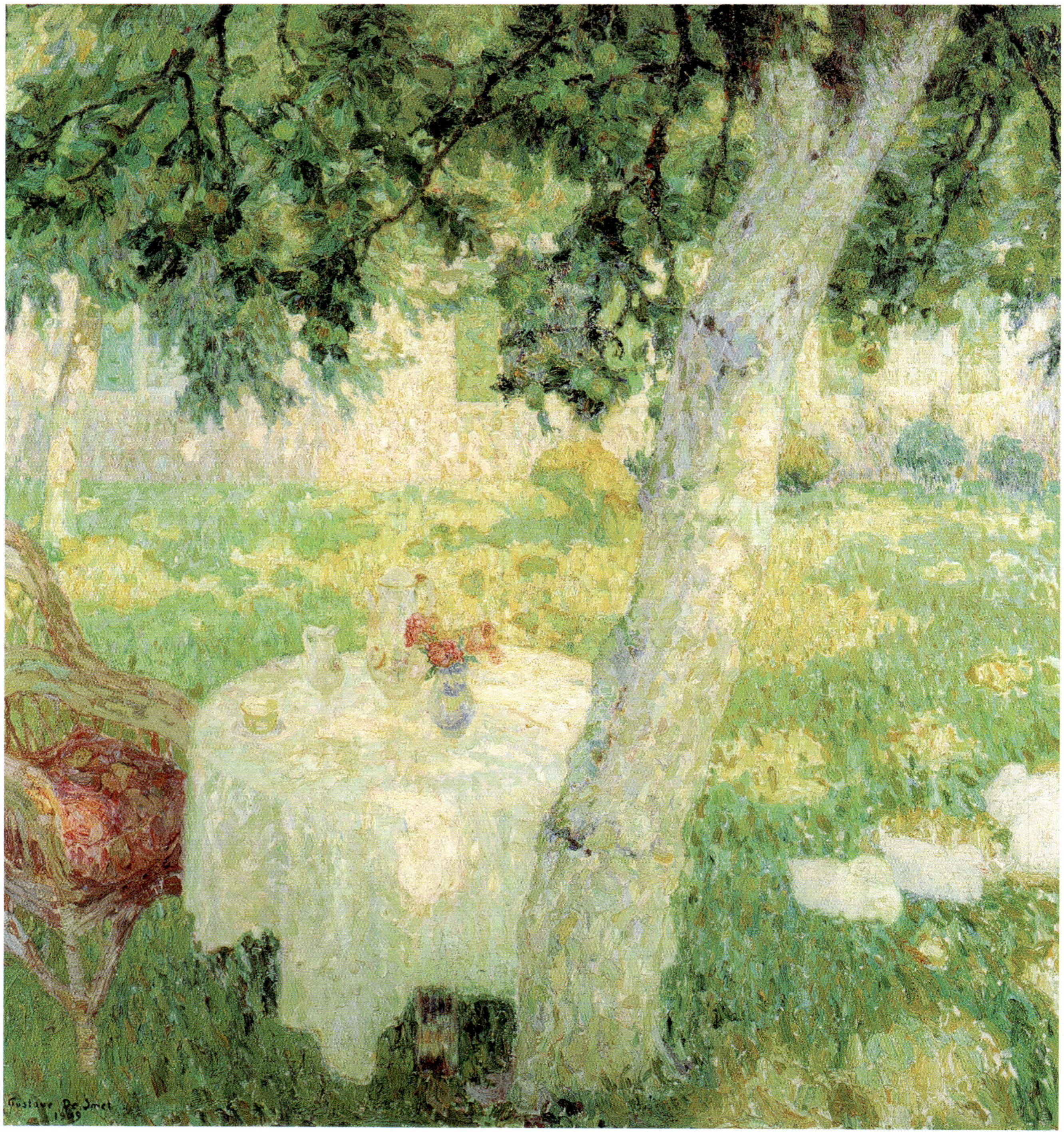

146 GUSTAVE DE SMET • *Table de jardin sous le pommier* 1909

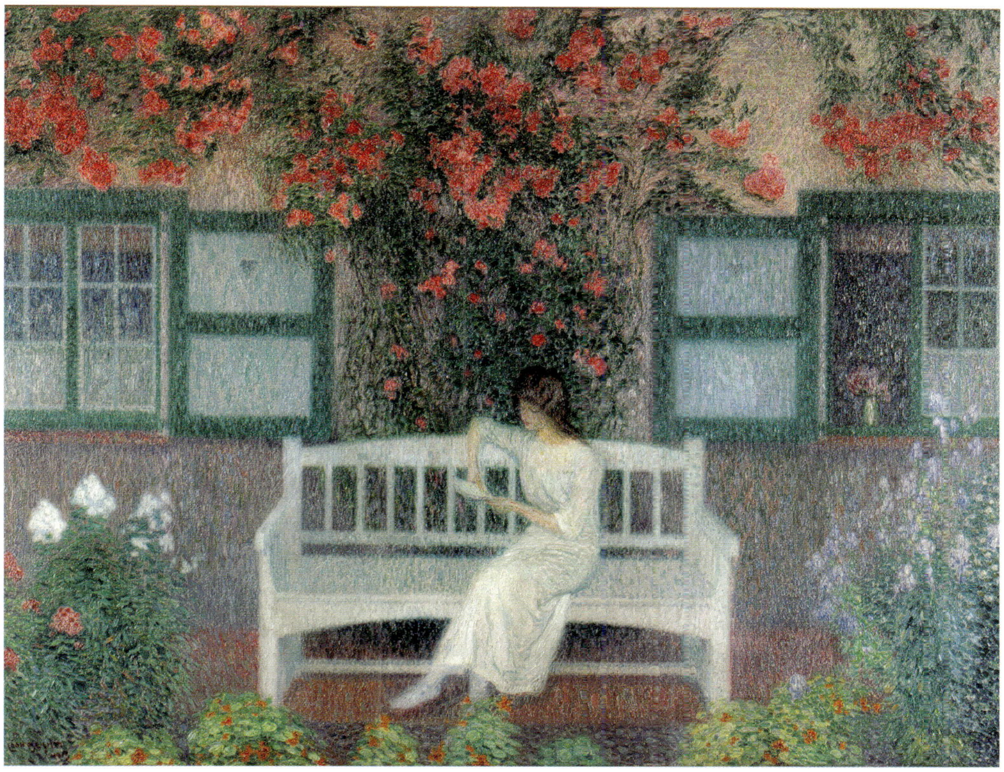

147 LEON DE SMET • *La Lettre* 1913

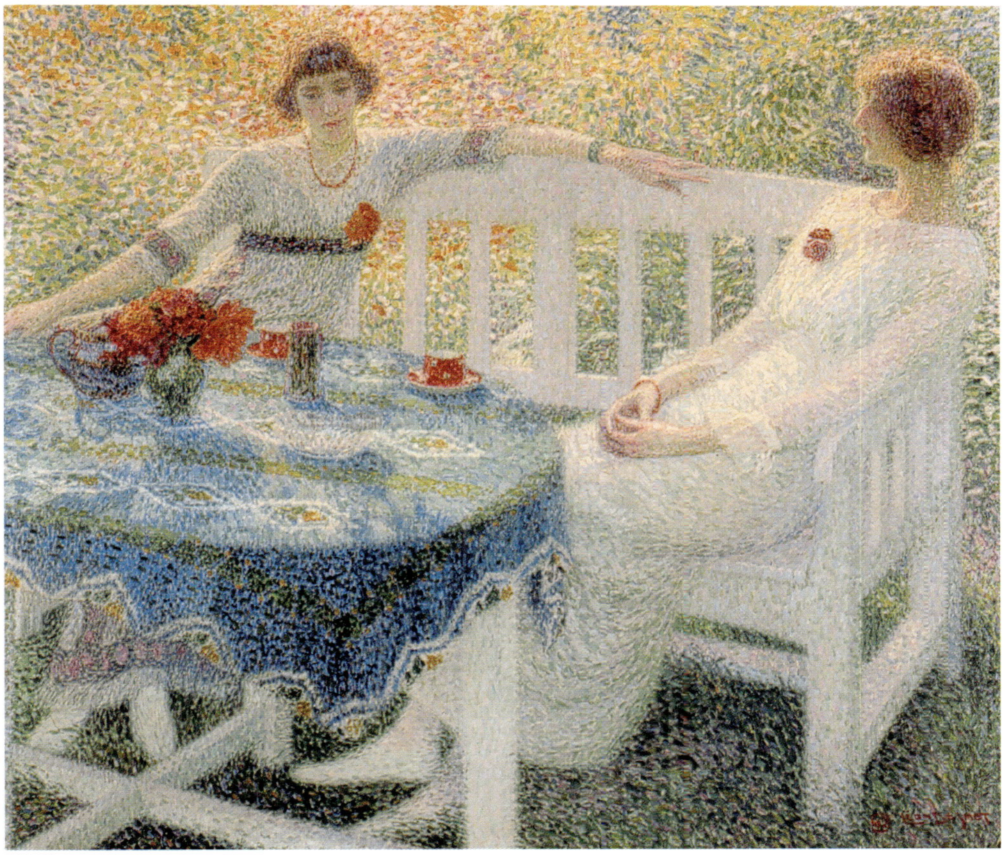

148 LEON DE SMET • *Au jardin* 1913

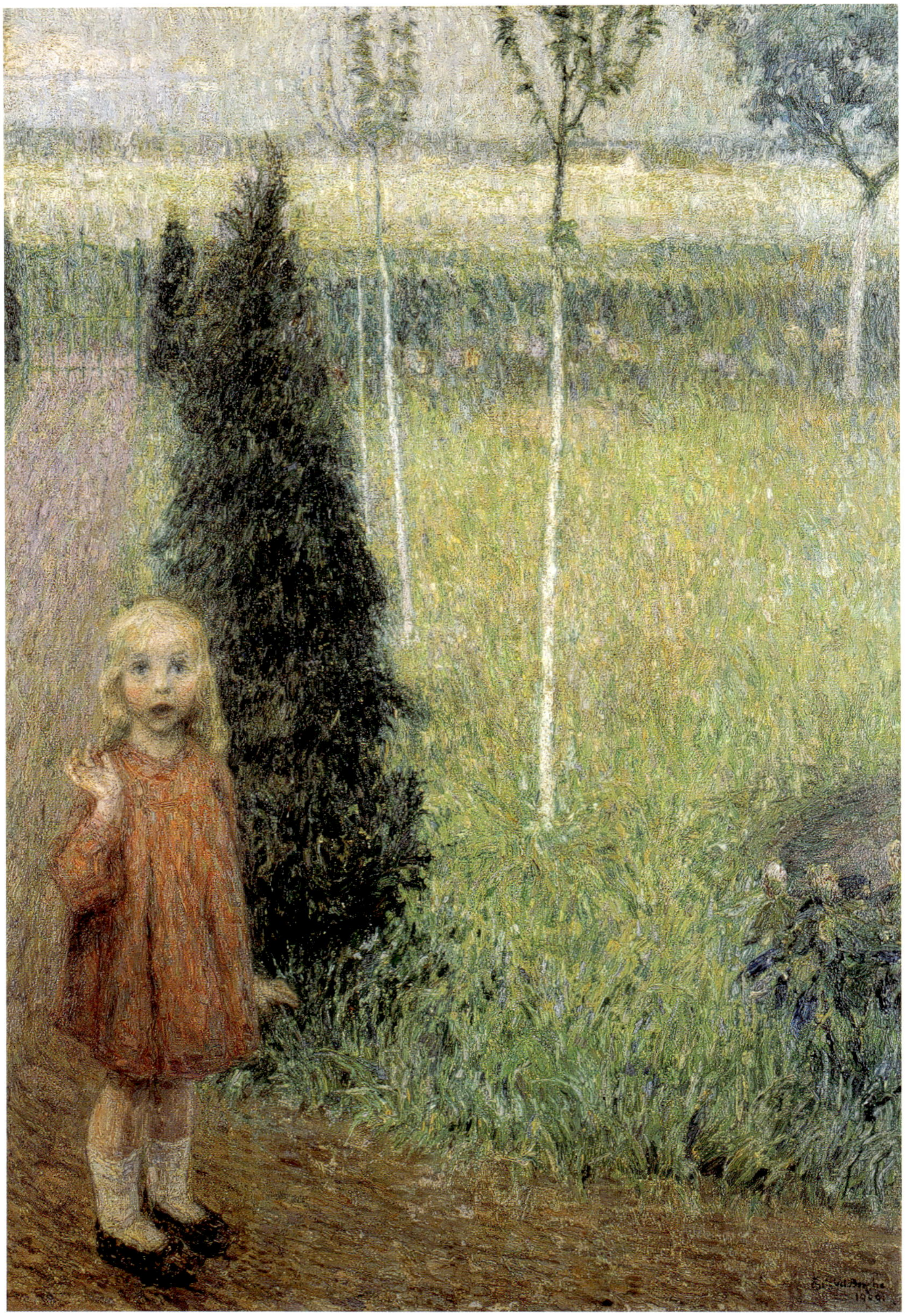

149 FRITS VAN DEN BERGHE • *Fillette au jardin* 1909

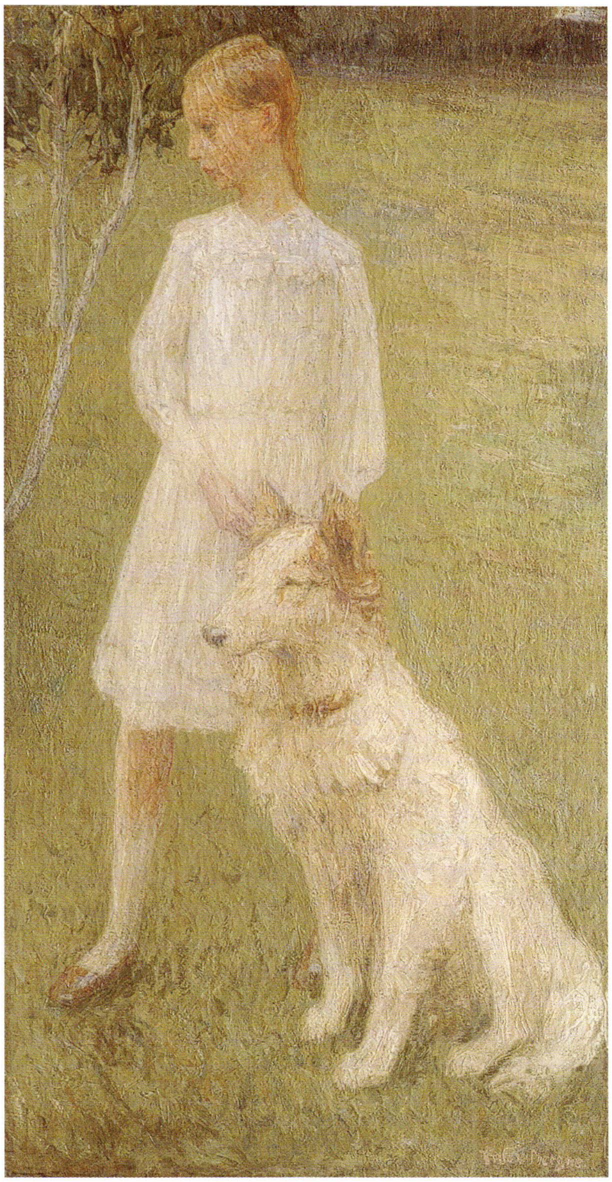

150 FRITS VAN DEN BERGHE • *Fille avec un chien*
[vers 1906]

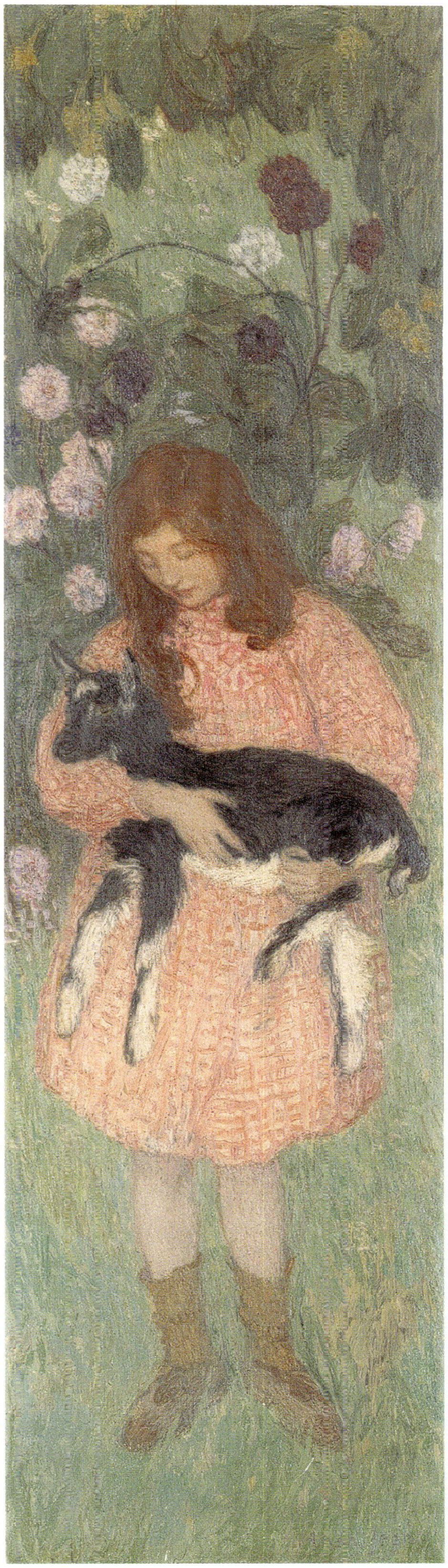

151 JEAN EDMOND FRANÇOIS AMAN
La Jeune Fille à la chèvre

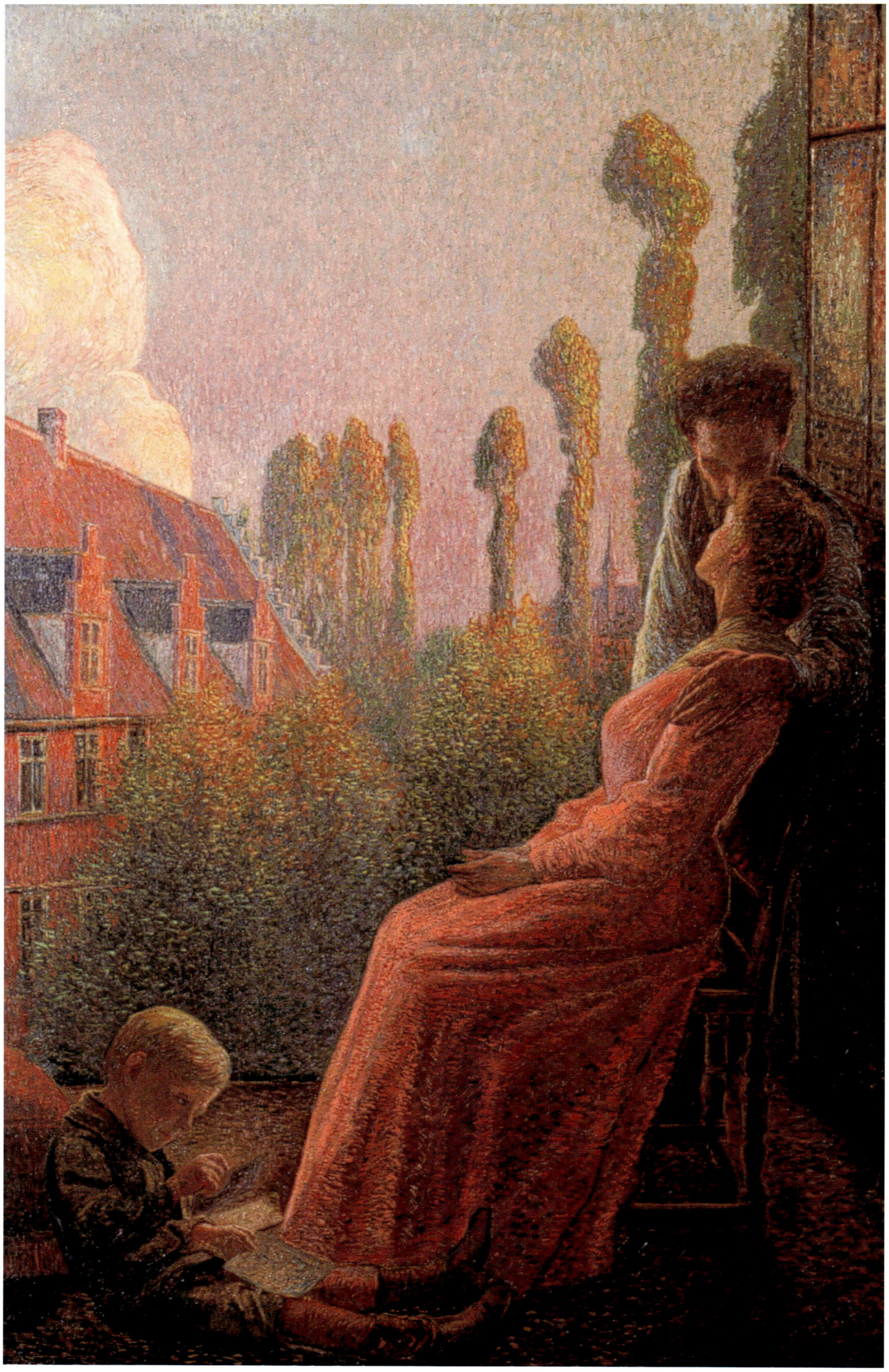

152 LEON DE SMET • *Sur la terrasse* 1905

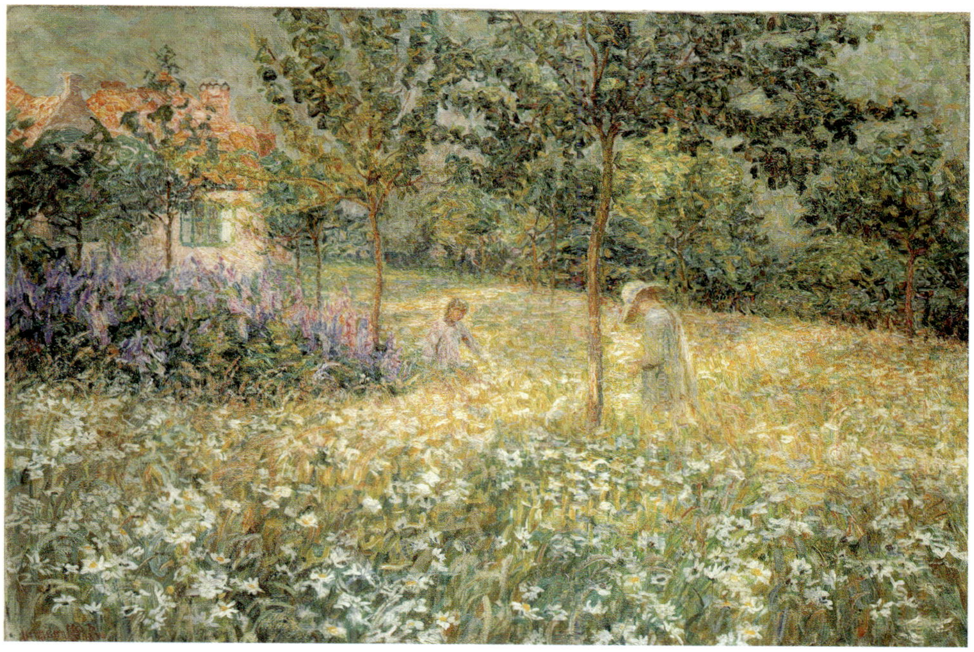

153 JENNY MONTIGNY • *Enfants dans un jardin fleuri* 1912

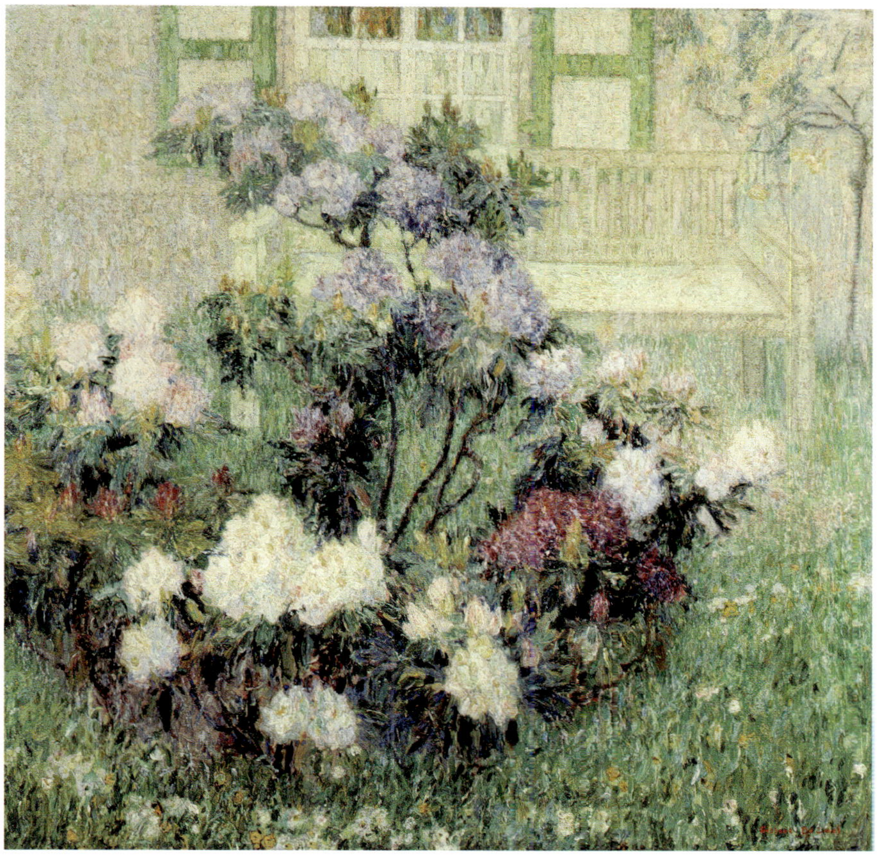

154 GUSTAVE DE SMET • *Coin ensoleillé au jardin* [1908]

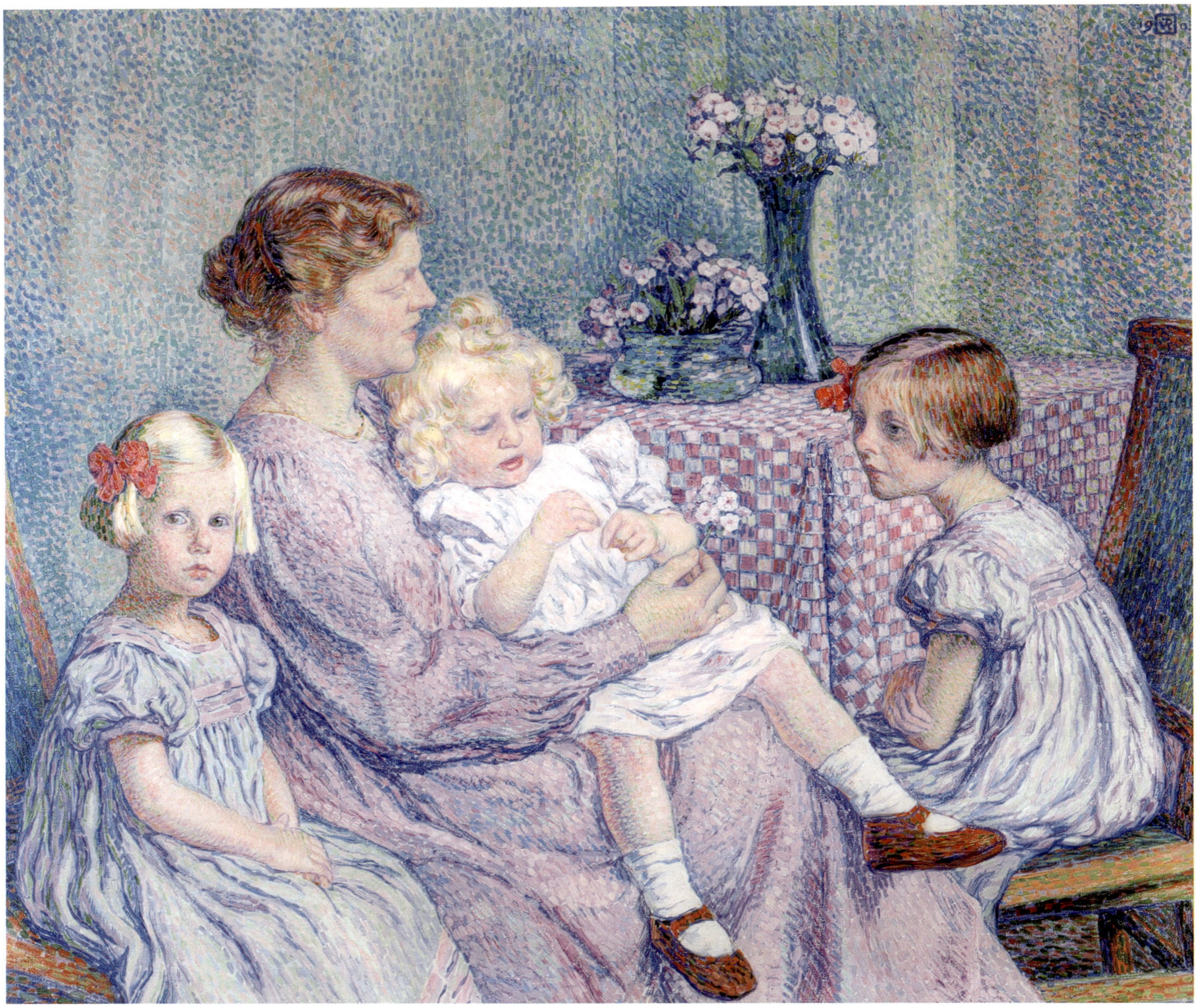

155 THÉO VAN RYSSELBERGHE • *Madame Van de Velde et ses trois enfants* 1903

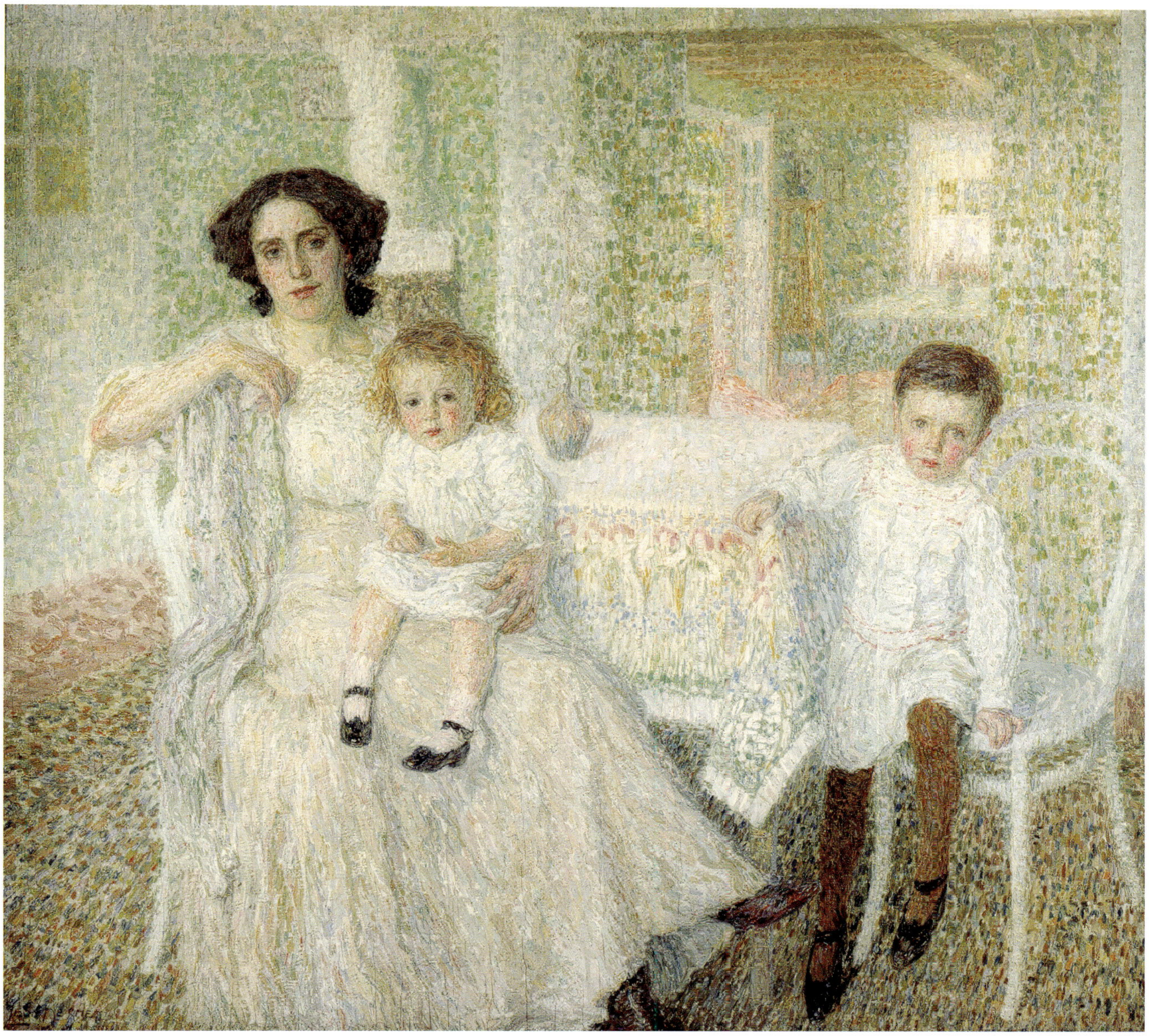

156 LEON DE SMET • *Harmonie blanche* 1909

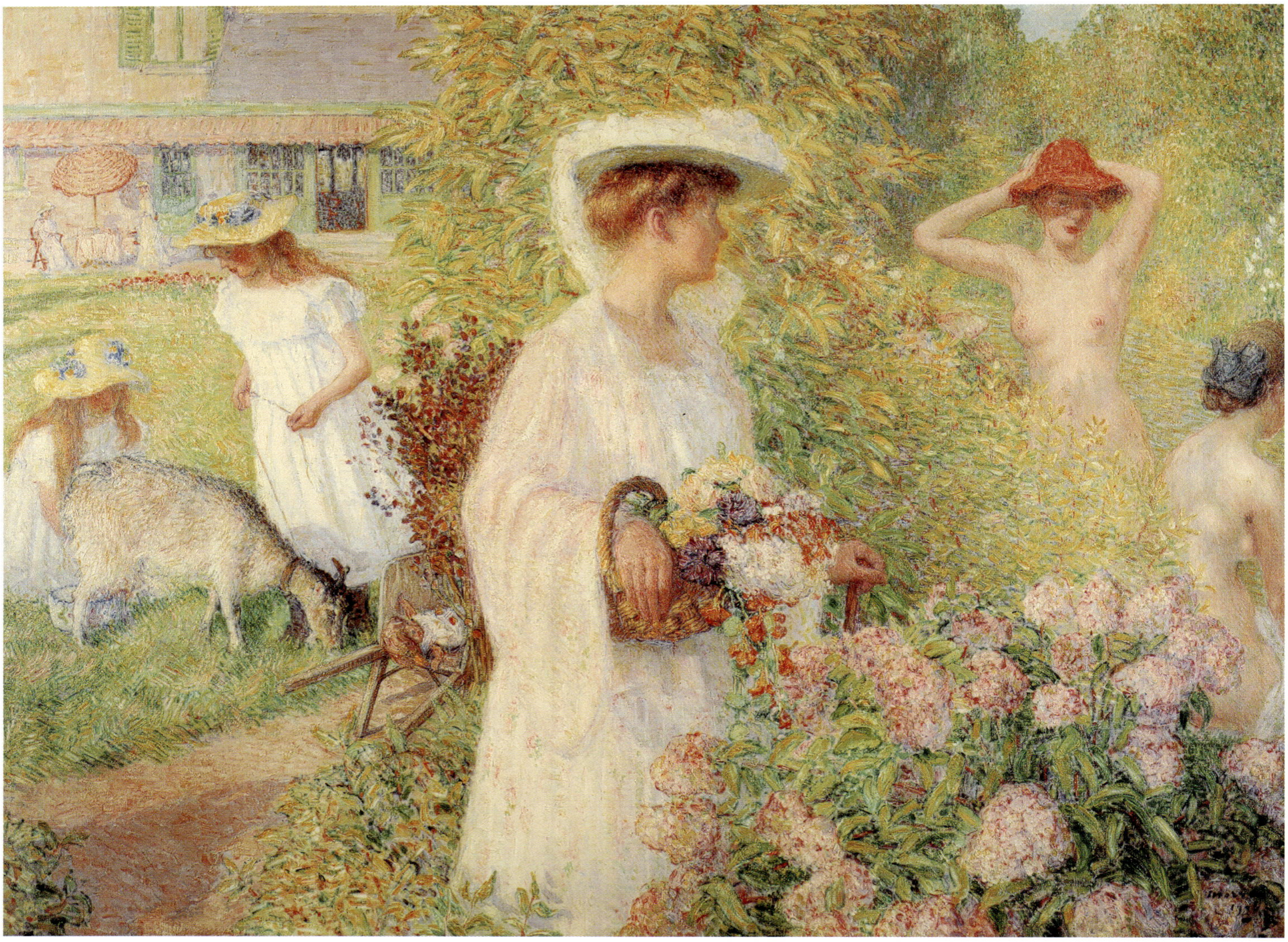

157 GEORGES MORREN • *Au jardin* 1906

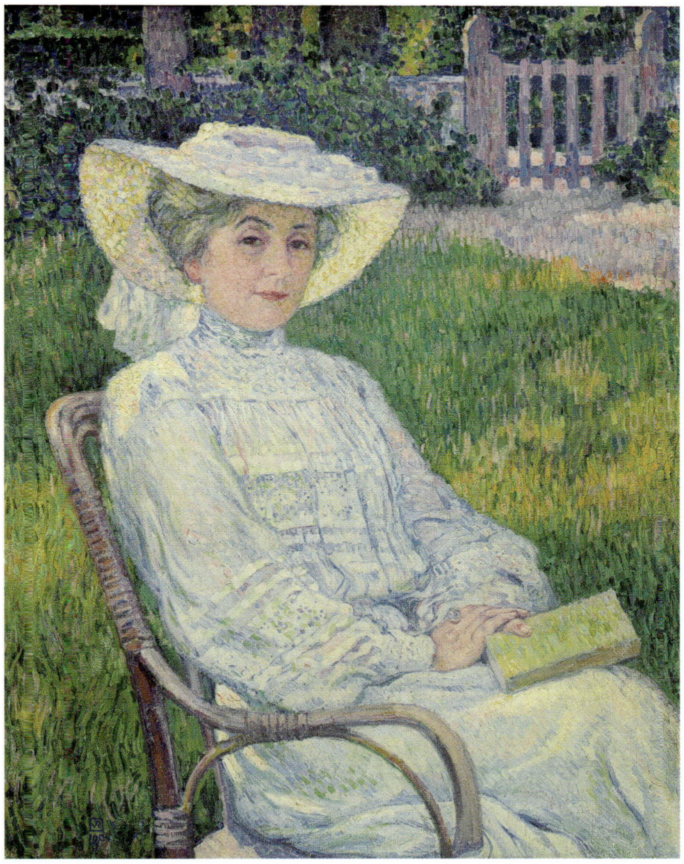

158 THÉO VAN RYSSELBERGHE • *Madame Théo van Rysselberghe au jardin / La Dame en blanc* 1904

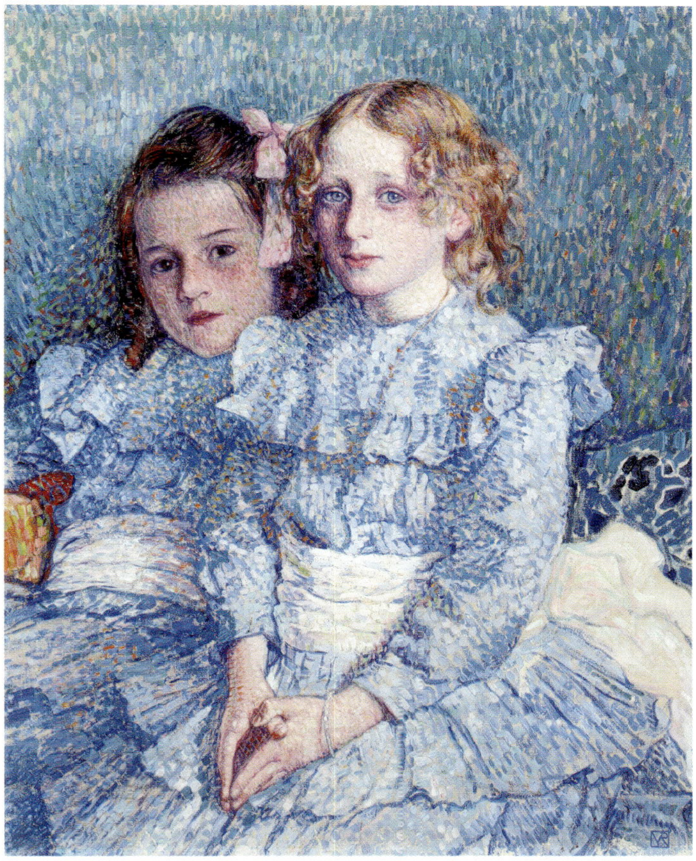

159 THÉO VAN RYSSELBERGHE • *Portrait d'Hélène et Michette Guinotte* 1901

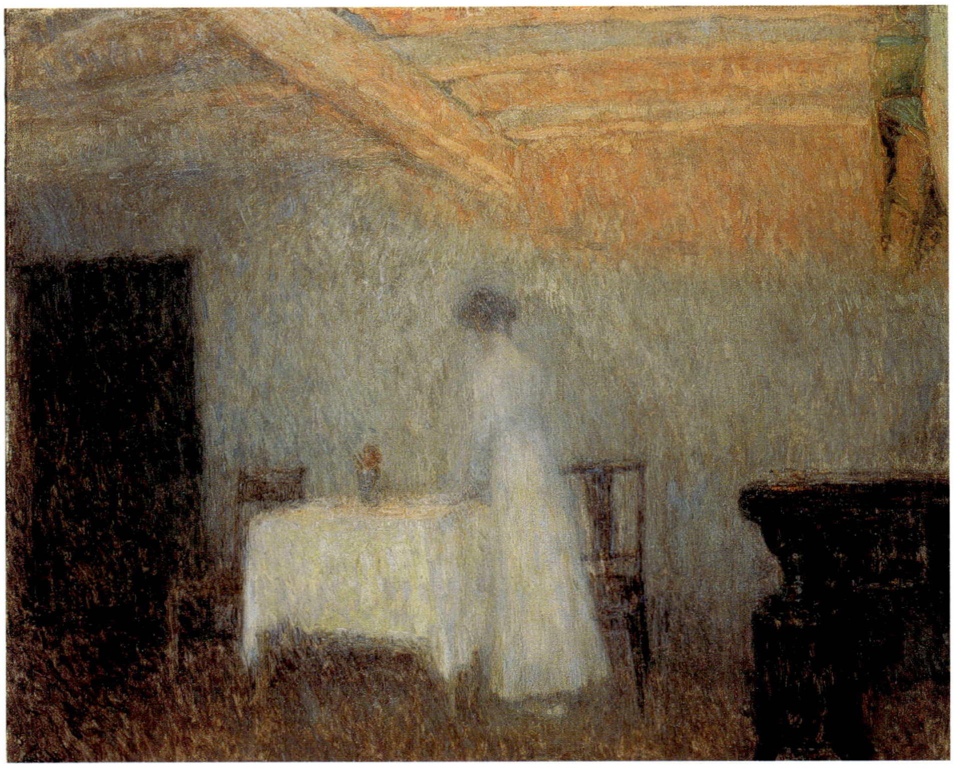

160 FRITS VAN DEN BERGHE • *Intérieur blanc* [1905]

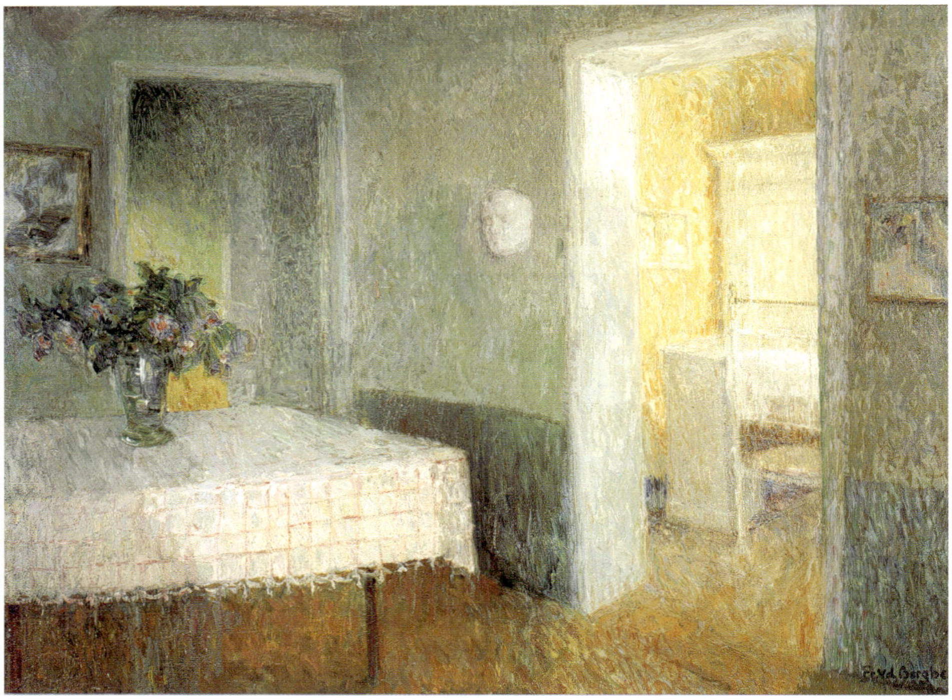

161 FRITS VAN DEN BERGHE • *Intérieur* [1905]

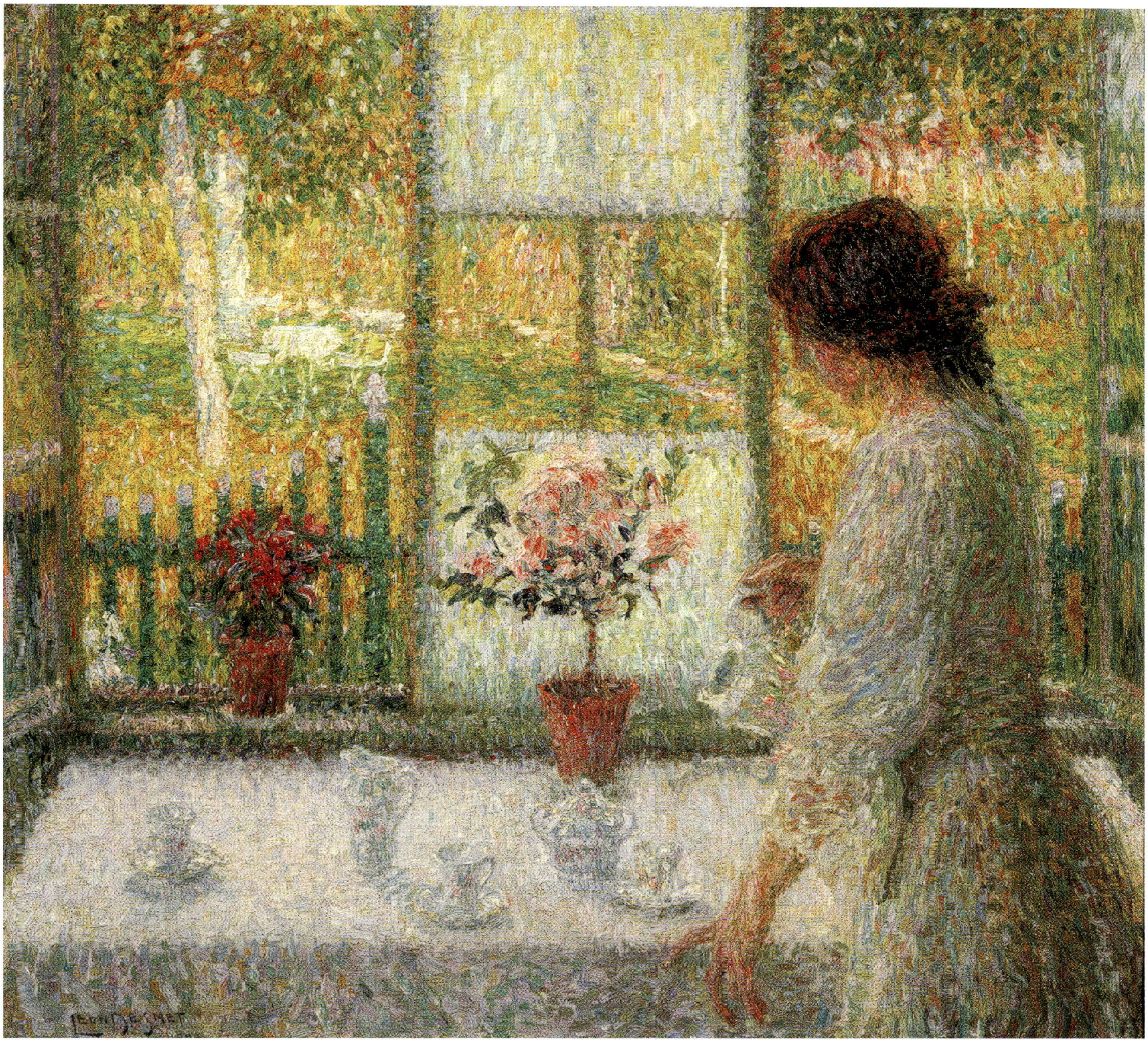

152 LEON DE SMET • *Femme à la fenêtre* 1909

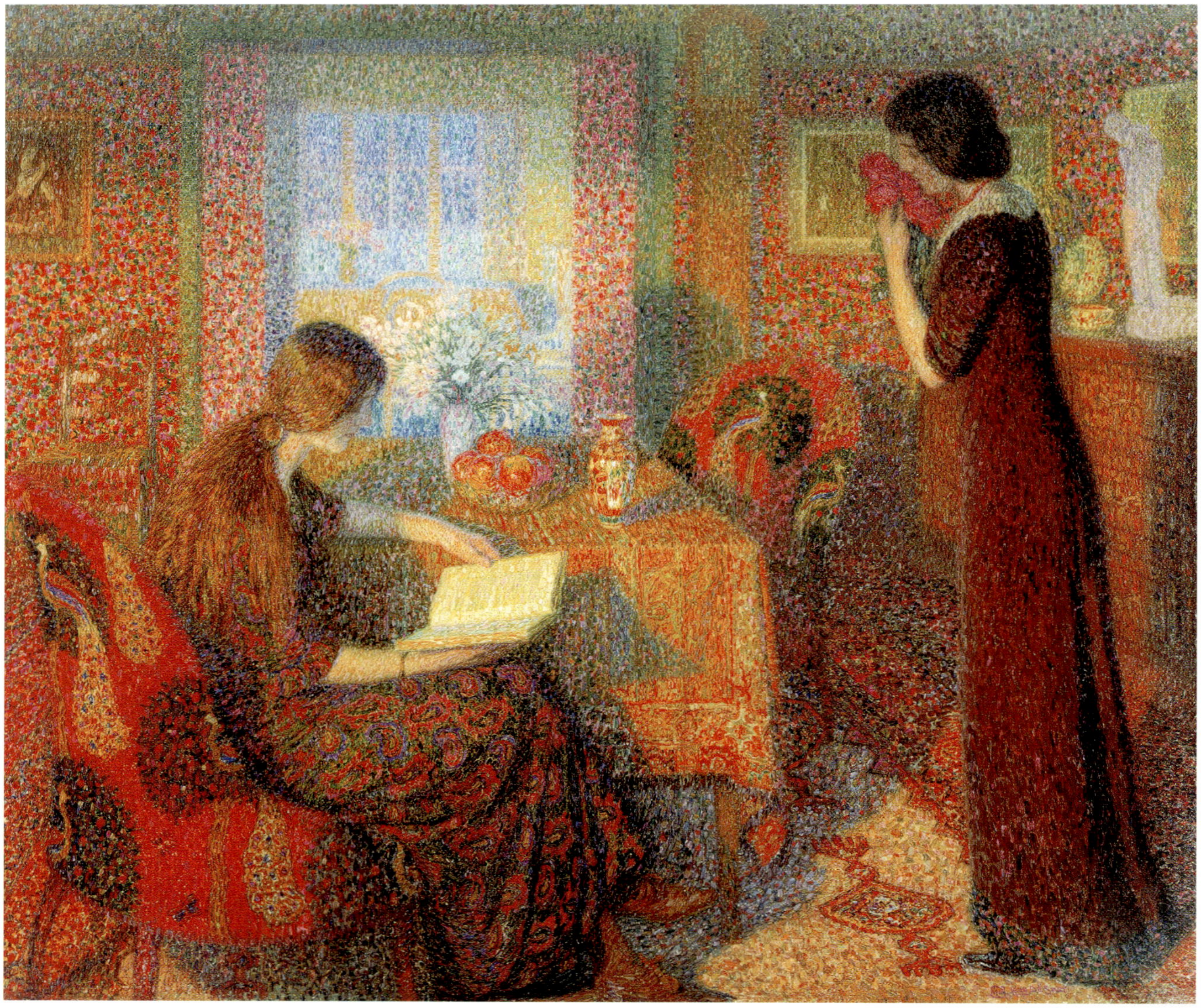

163 LEON DE SMET • *La Lecture* 1913

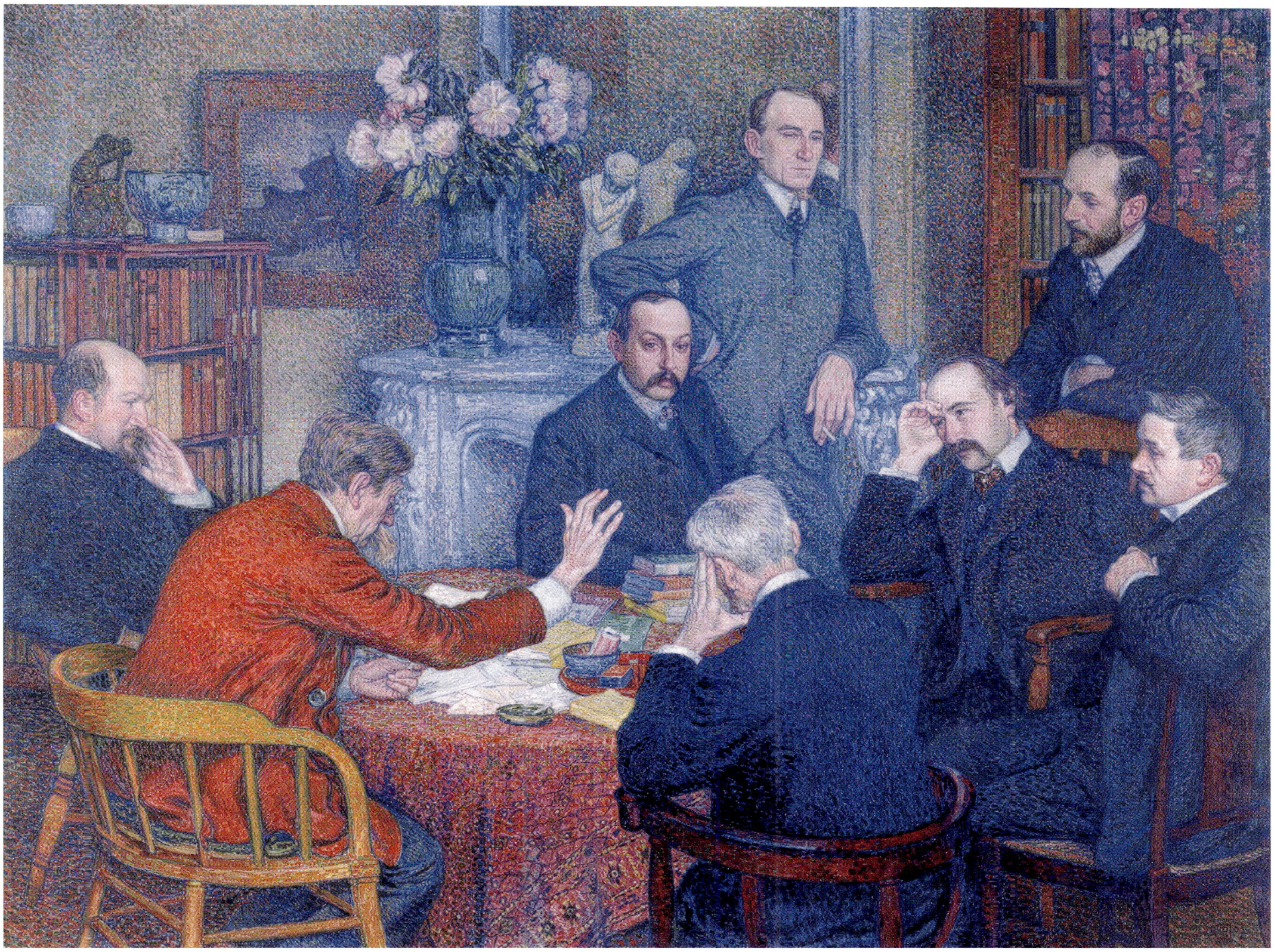

164 THÉO VAN RYSSELBERGHE • *La lecture par Emile Verhaeren* 1903

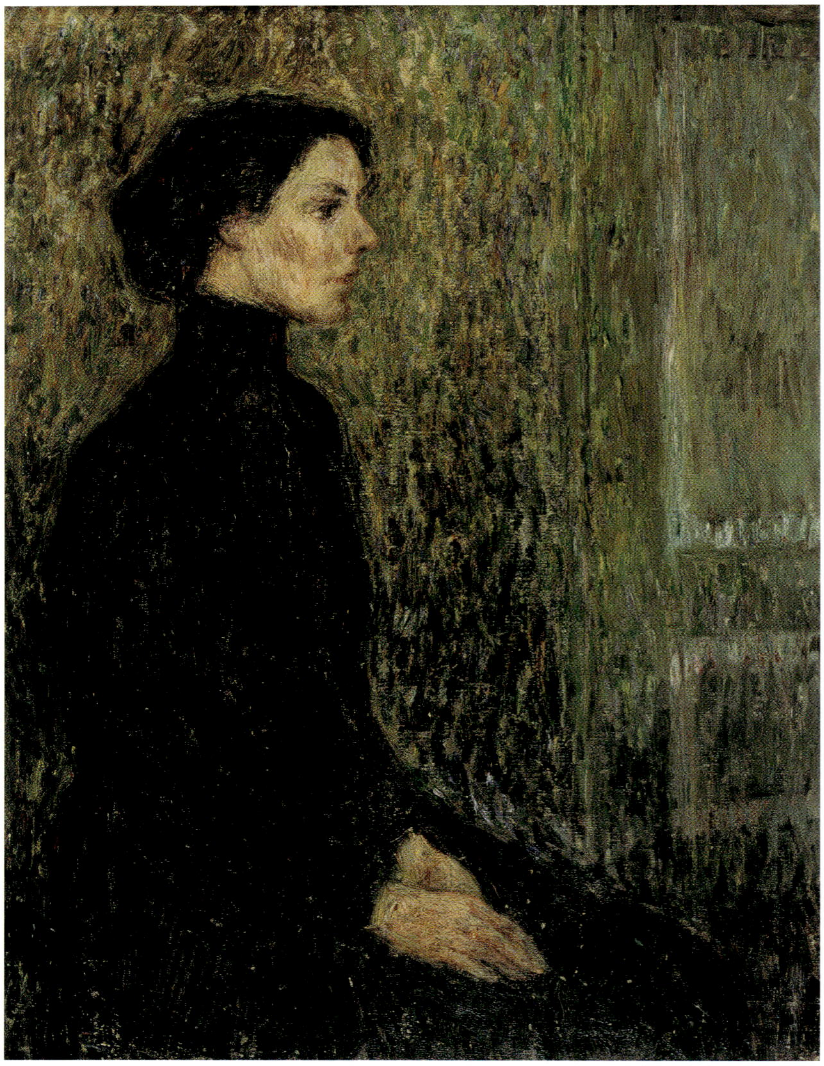

165 FRITS VAN DEN BERGHE • *Portrait de madame Herckenrath* [1908]

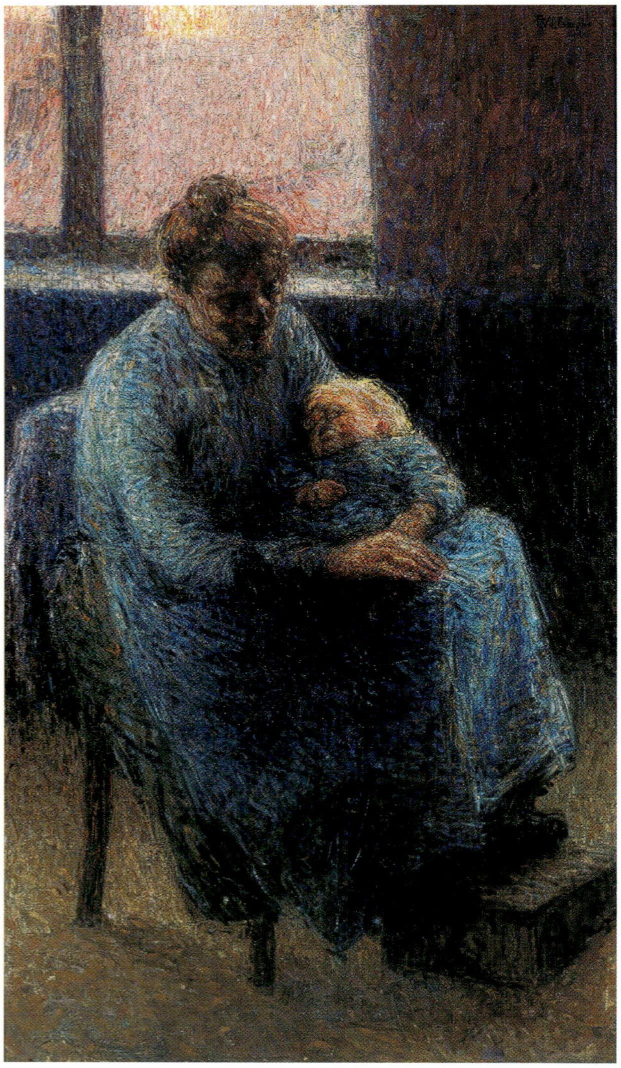

166 FRITS VAN DEN BERGHE • *Mère et enfant* [1910]

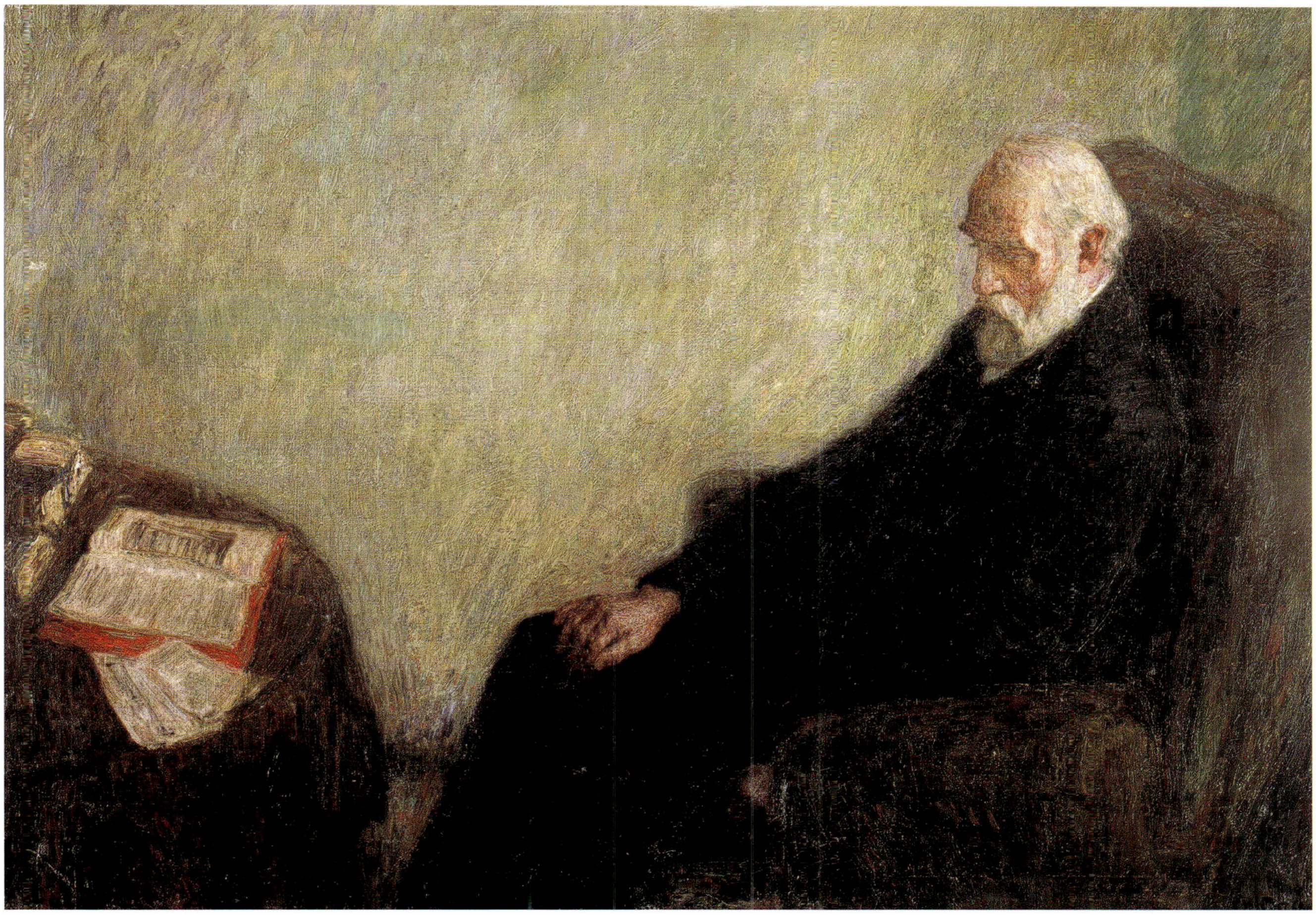

167 FRITS VAN DEN BERGHE • *Portrait de mon père* 1912

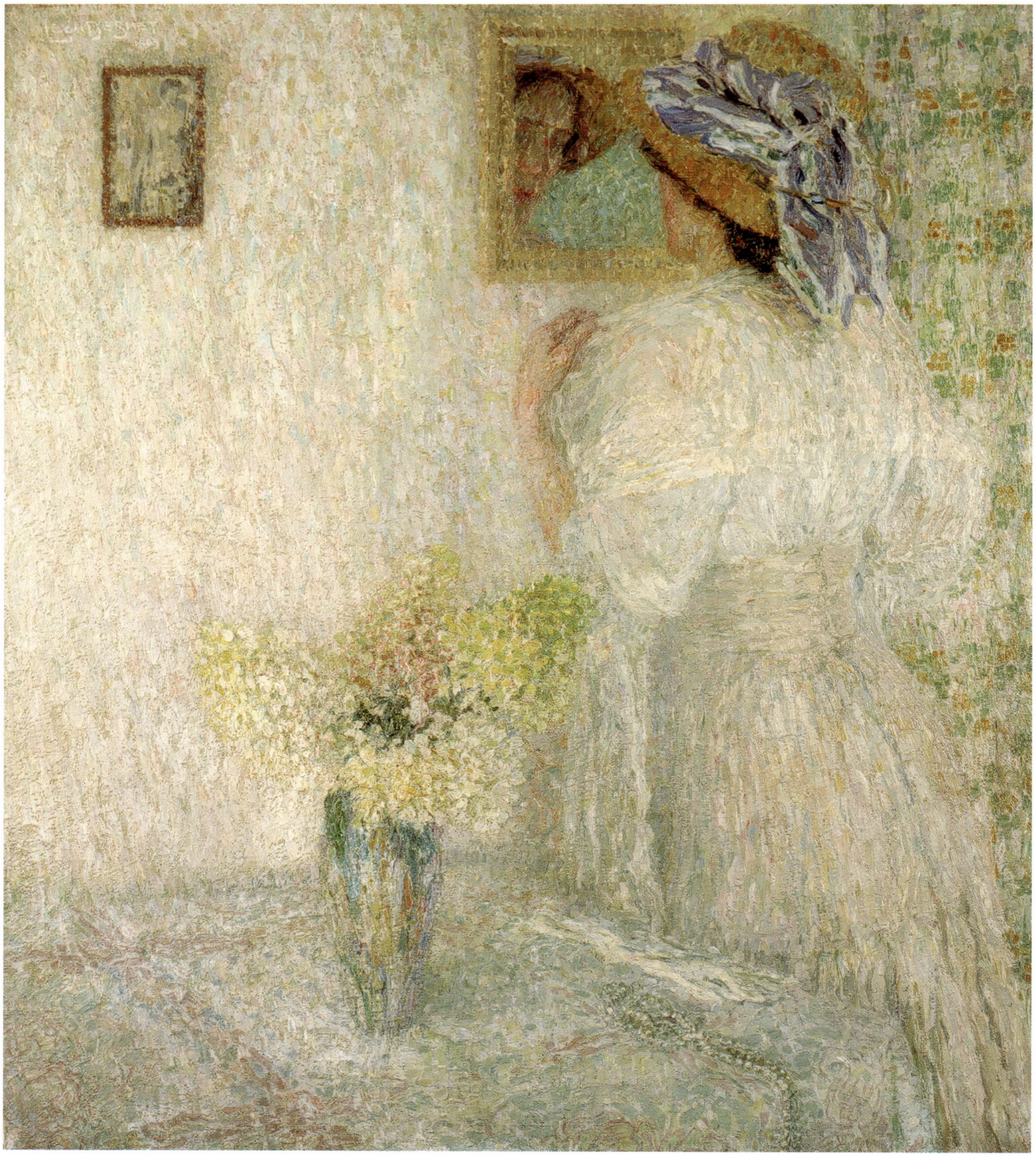

168 LEON DE SMET • *Femme au miroir* 1909

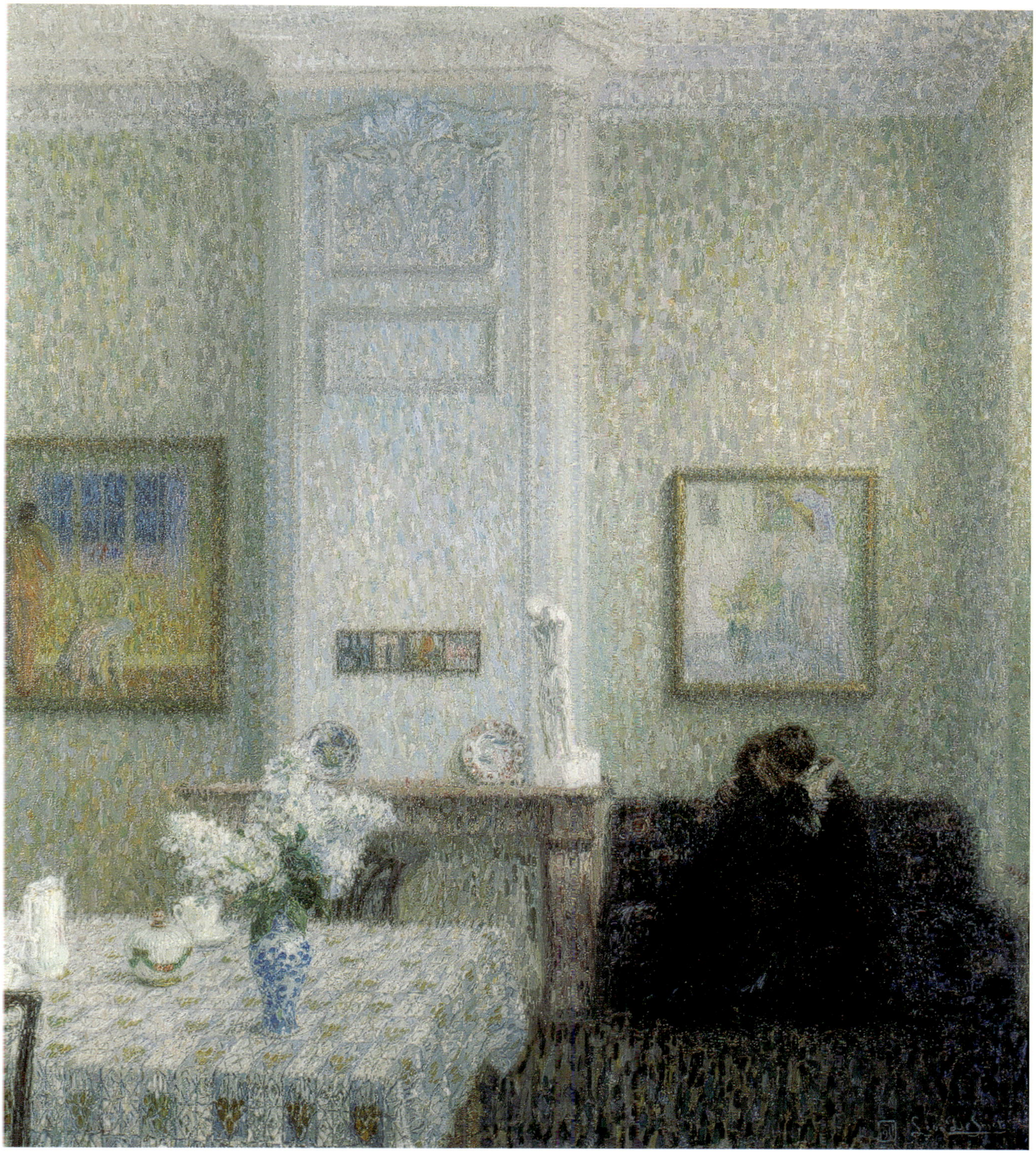

169 LEON DE SMET • *Intérieur* 1911

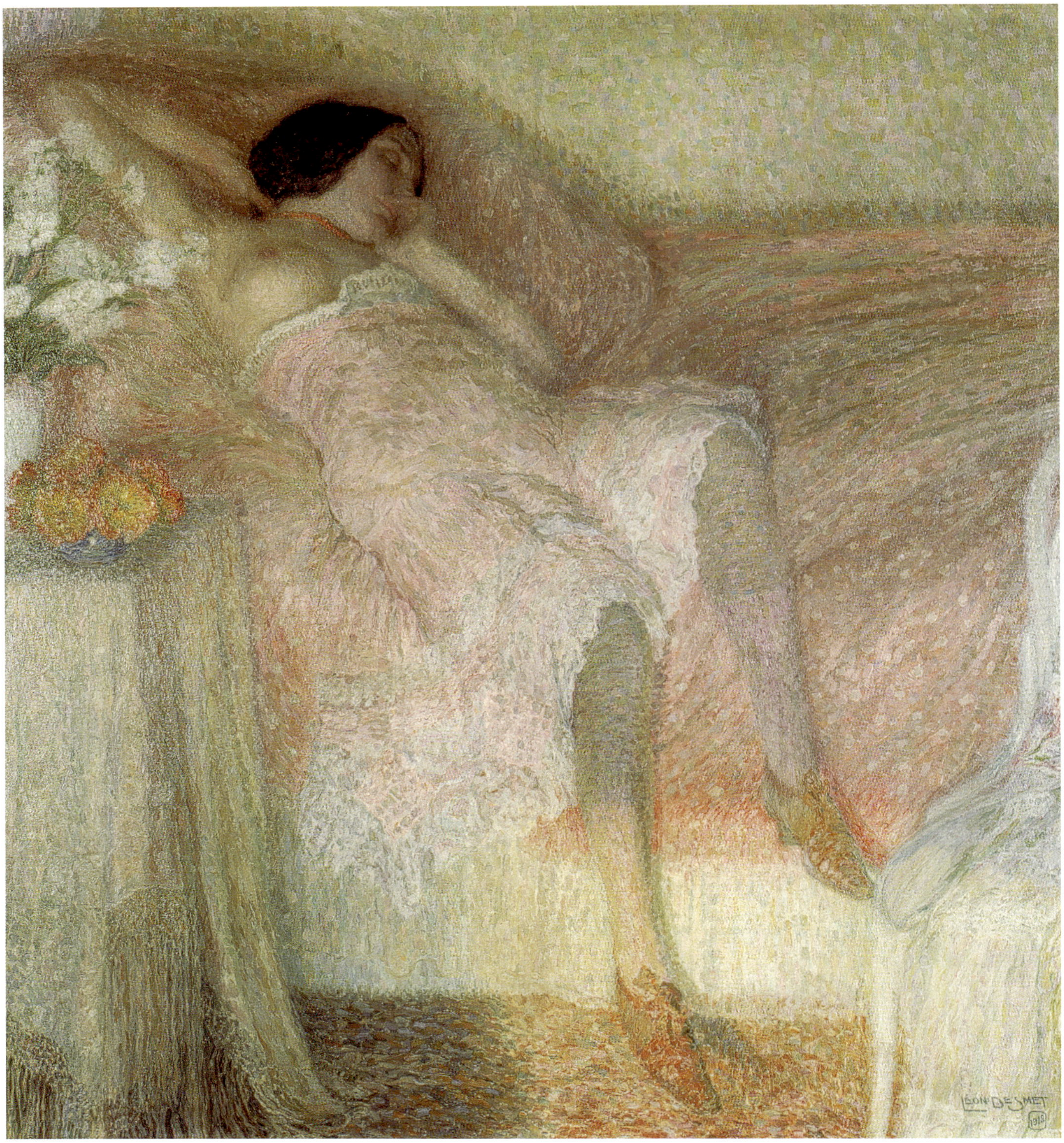

170 LEON DE SMET • *Harmonie rose* 1912

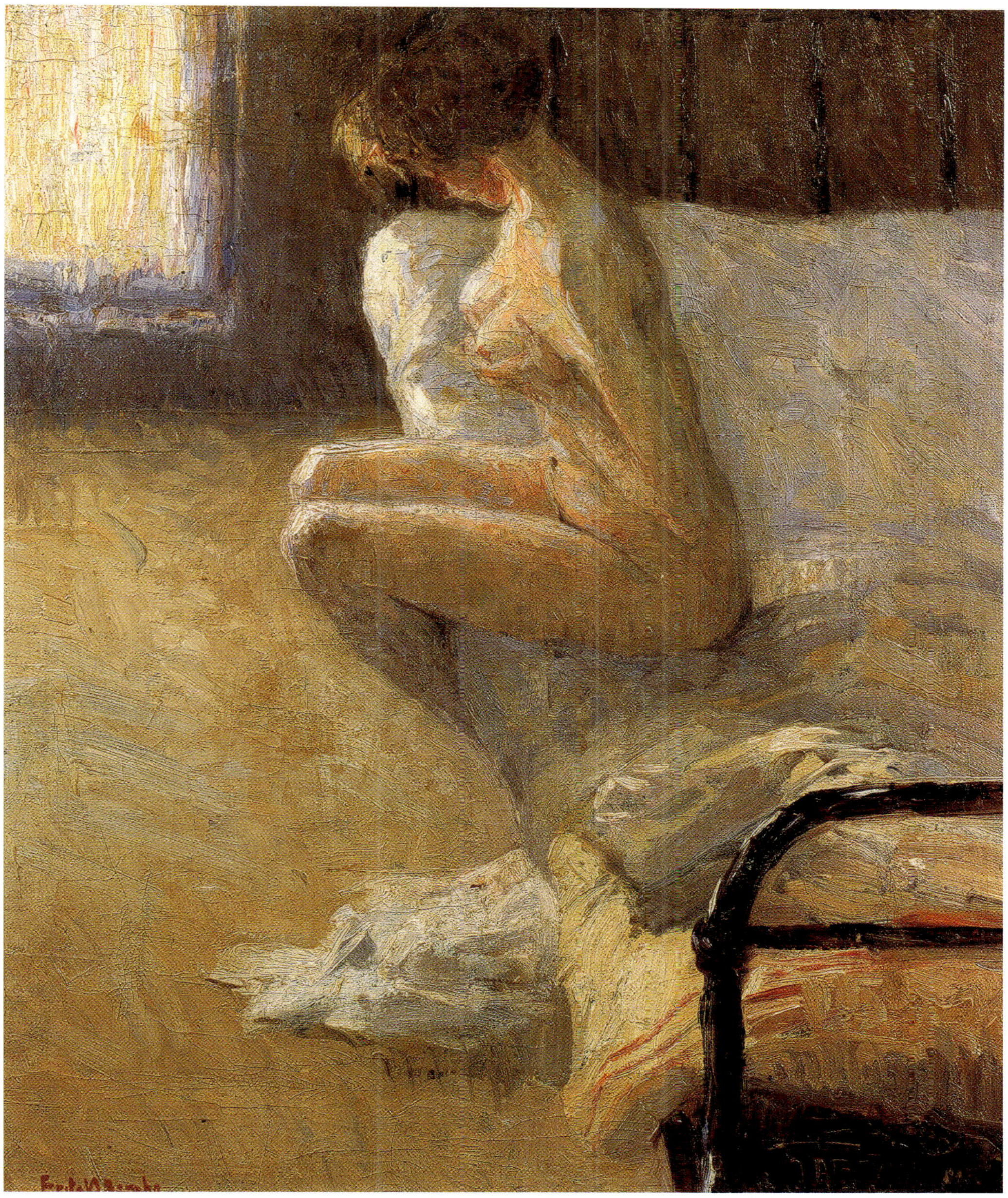

171 FRITS VAN DEN BERGHE • *La Petite Eve* [1905]

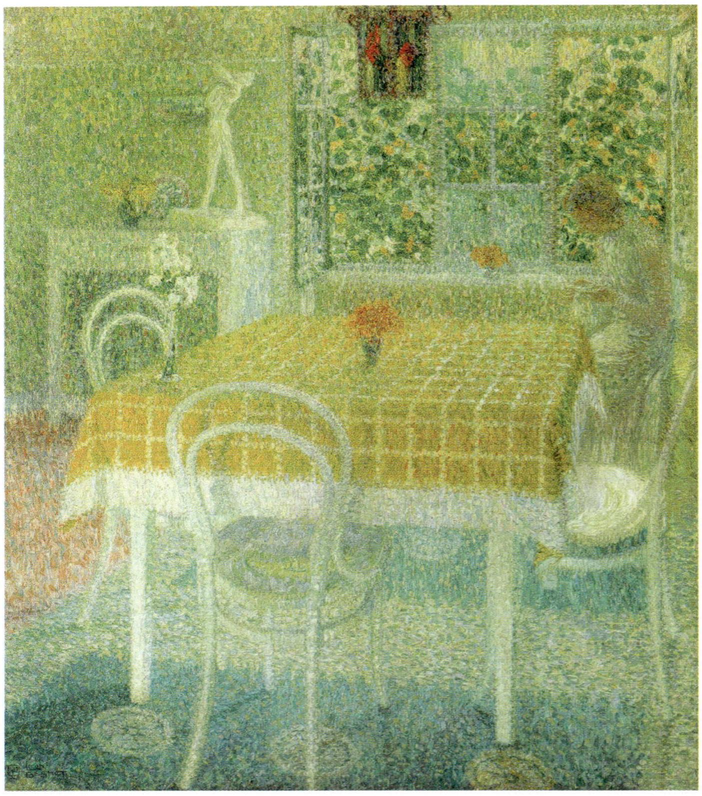

172 LEON DE SMET • *La Table* 1910

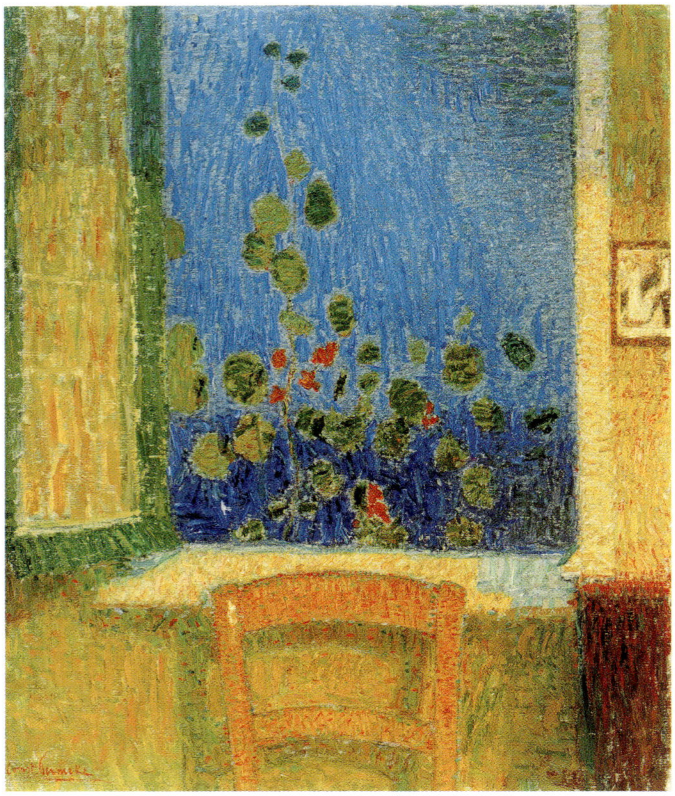

173 CONSTANT PERMEKE • *Ma fenêtre le soir* [1911]

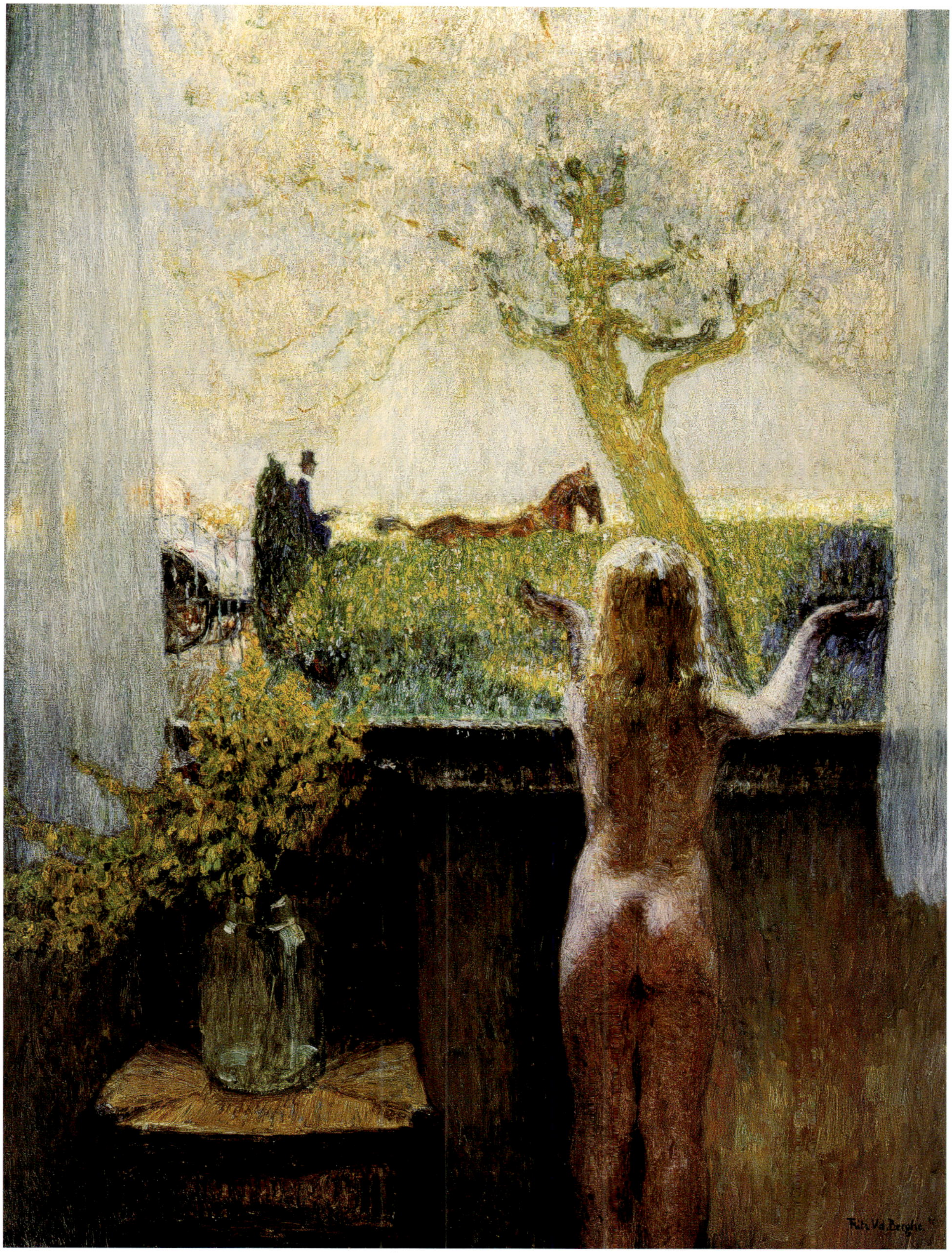

174 FRITS VAN DEN BERGHE • *L'Enchantement* [1910]

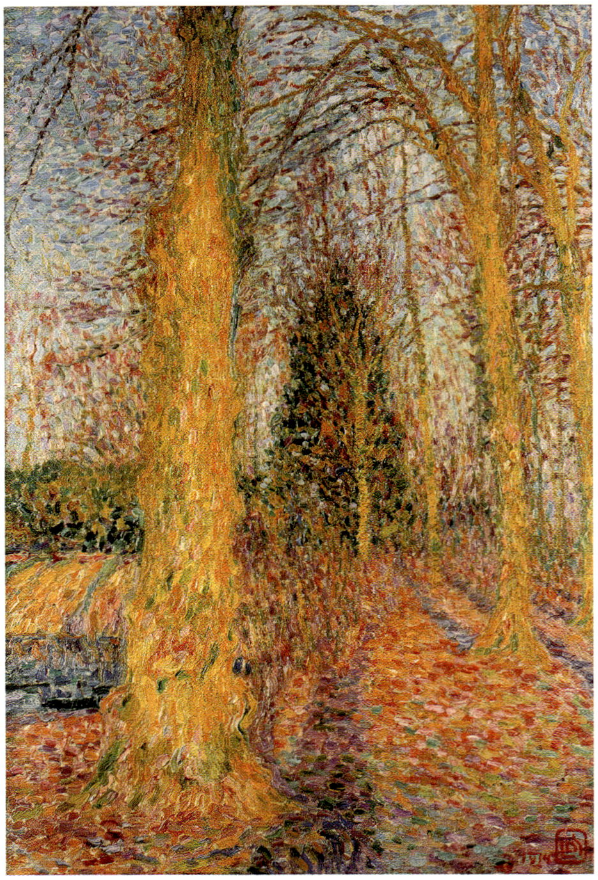

175 LEON DE SMET • *Paysage automnal* 1914

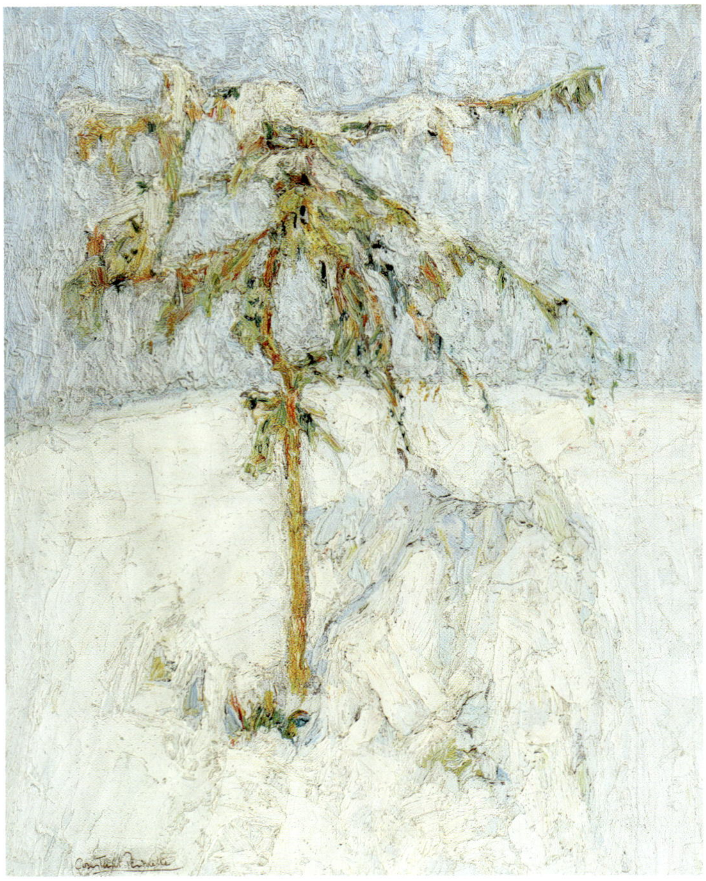

176 CONSTANT PERMEKE • *Neige* [1909]

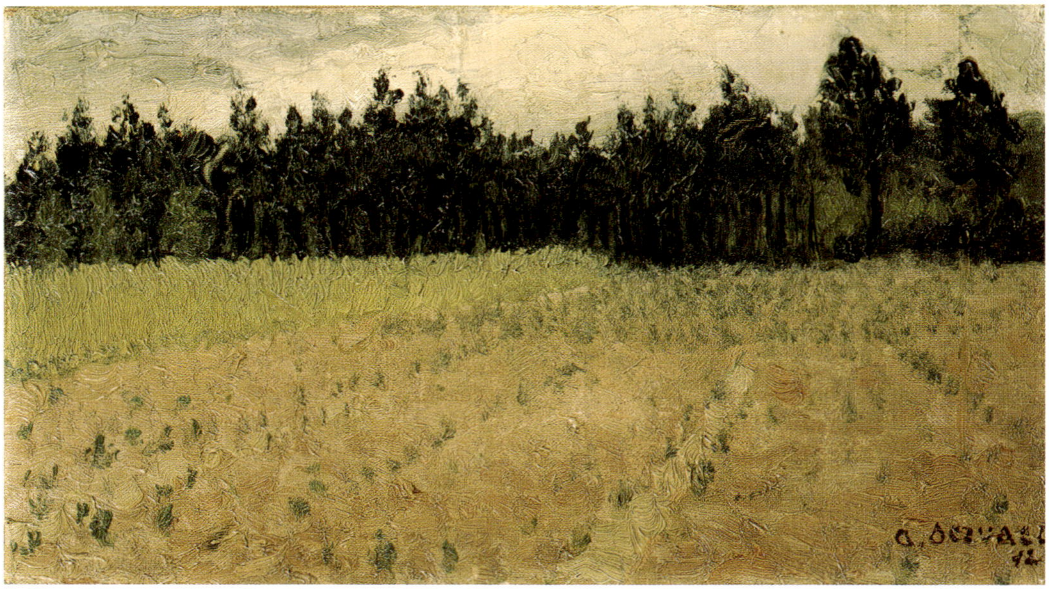

177 ALBERT SERVAES • *Paysage* 1912

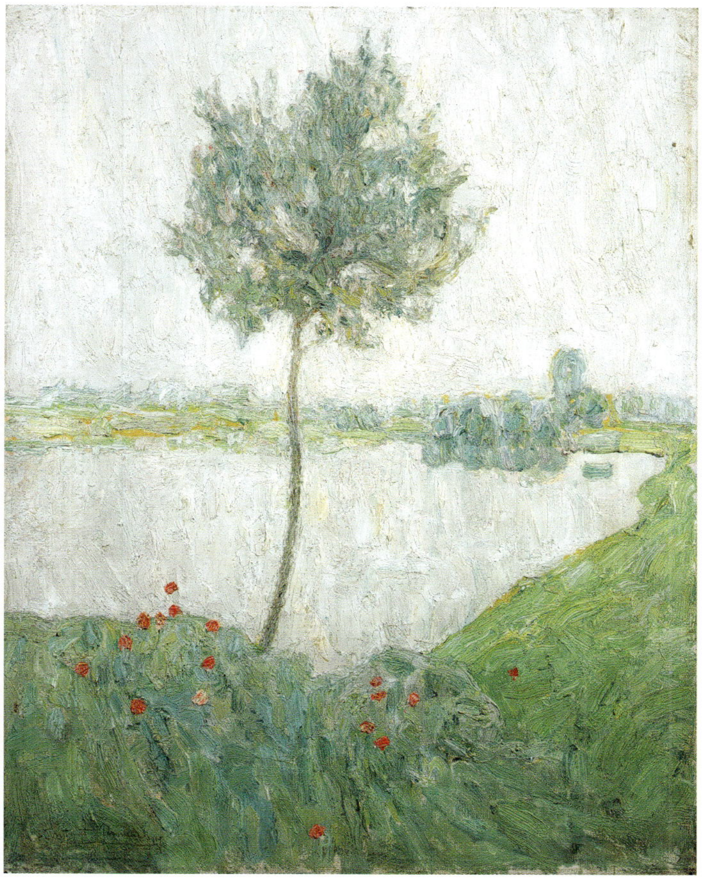

178 CONSTANT PERMEKE • *Arbre près de la Lys* 1909

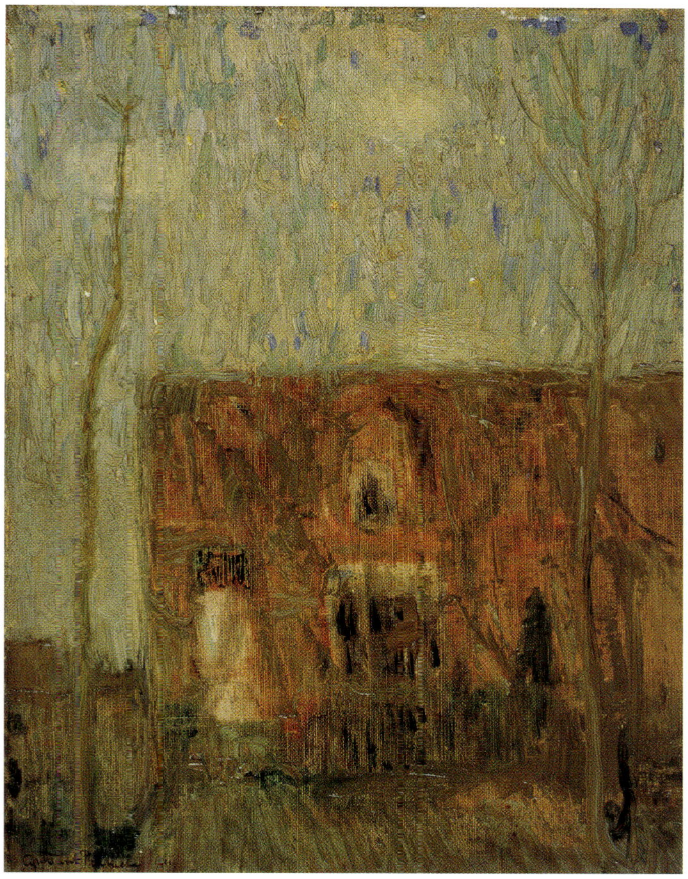

179 CONSTANT PERMEKE • *La Maison* 1911

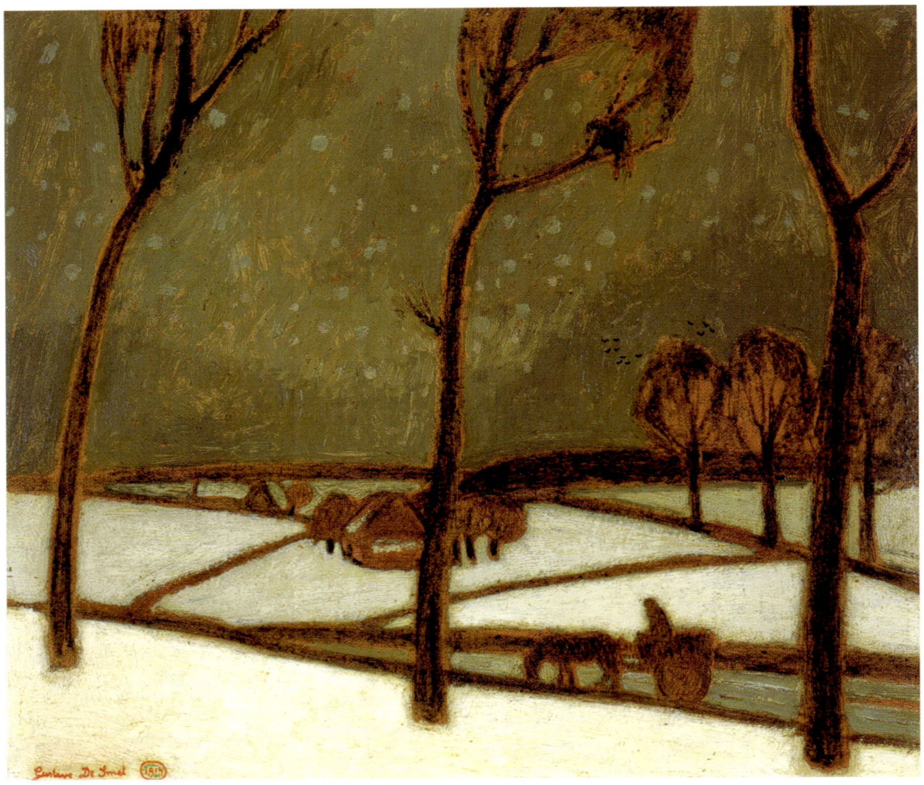

181 GUSTAVE DE SMET • *Chute de neige* 1914

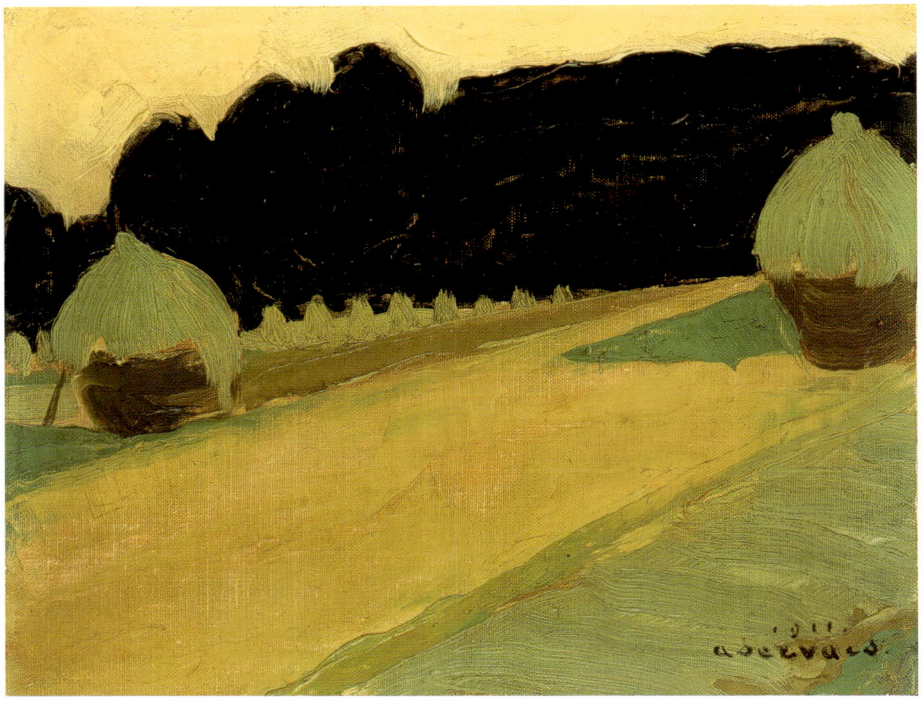

182 ALBERT SERVAES • *Champ avec meules* 1911

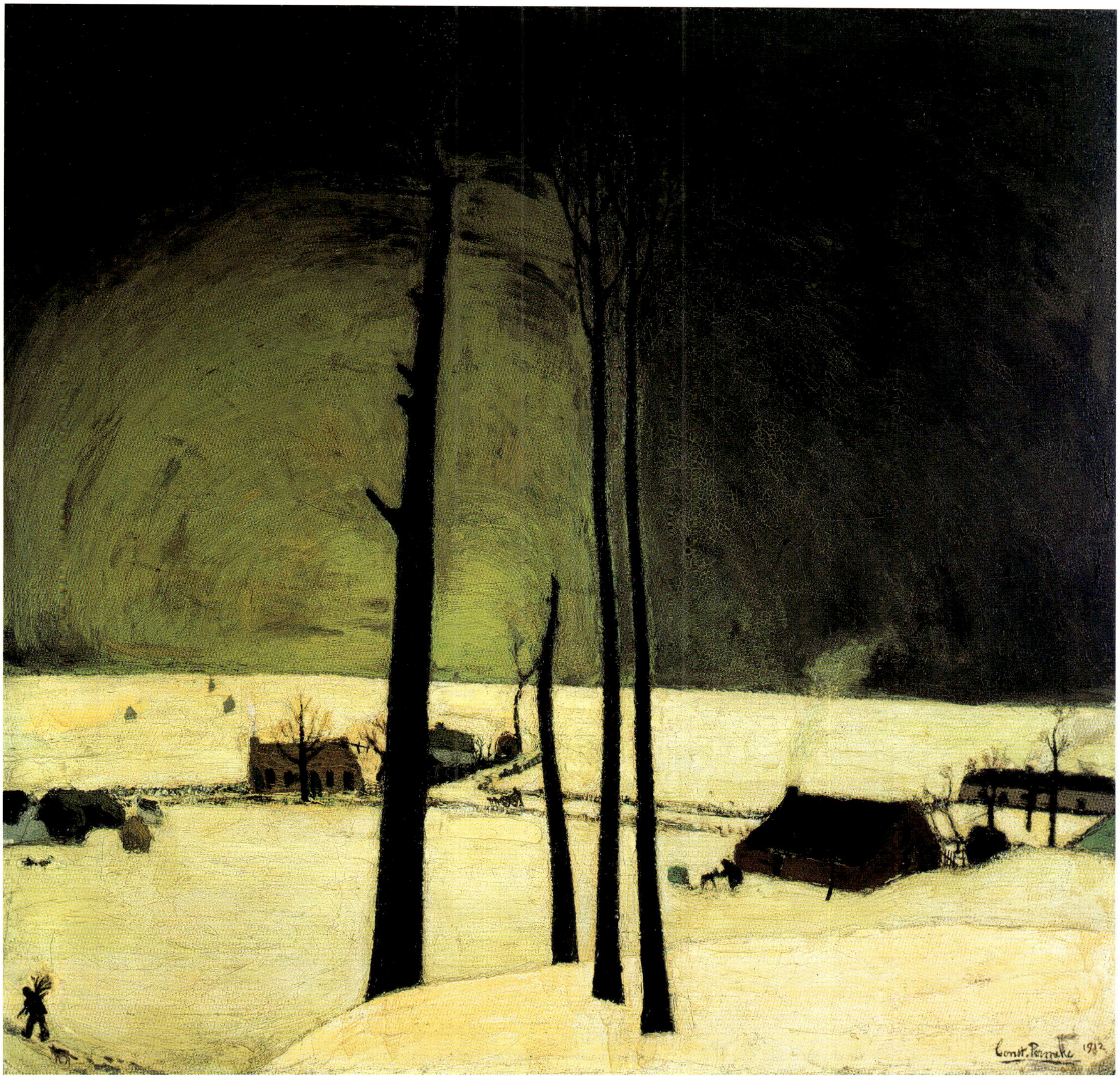

183 CONSTANT PERMEKE • *Paysage d'hiver* 1912

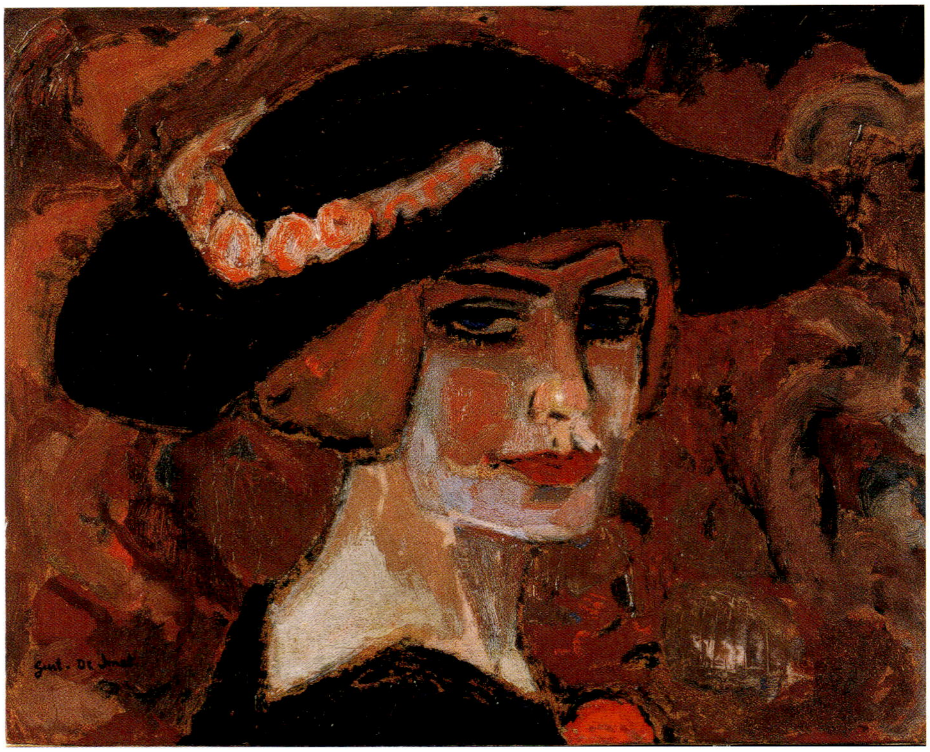

184 GUSTAVE DE SMET • *Femme au chapeau* [1915]

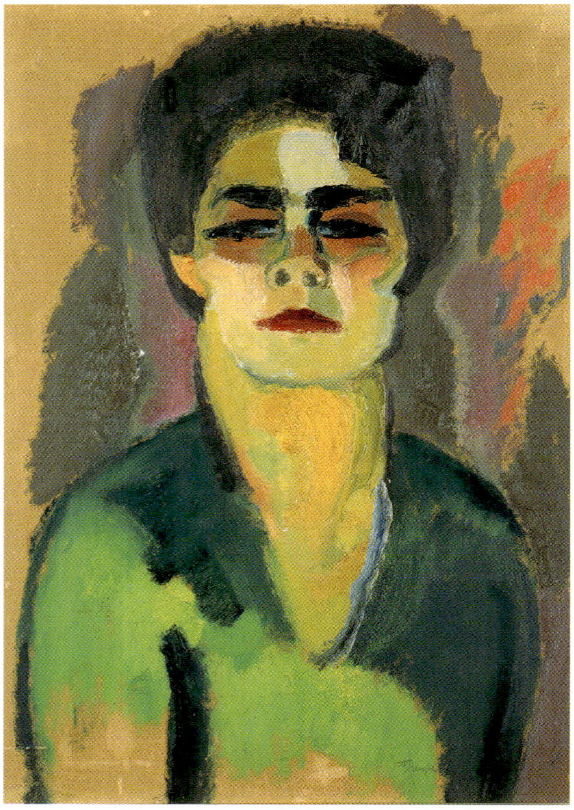

185 FRITS VAN DEN BERGHE
Portrait de Fortuna Brulez [1919]

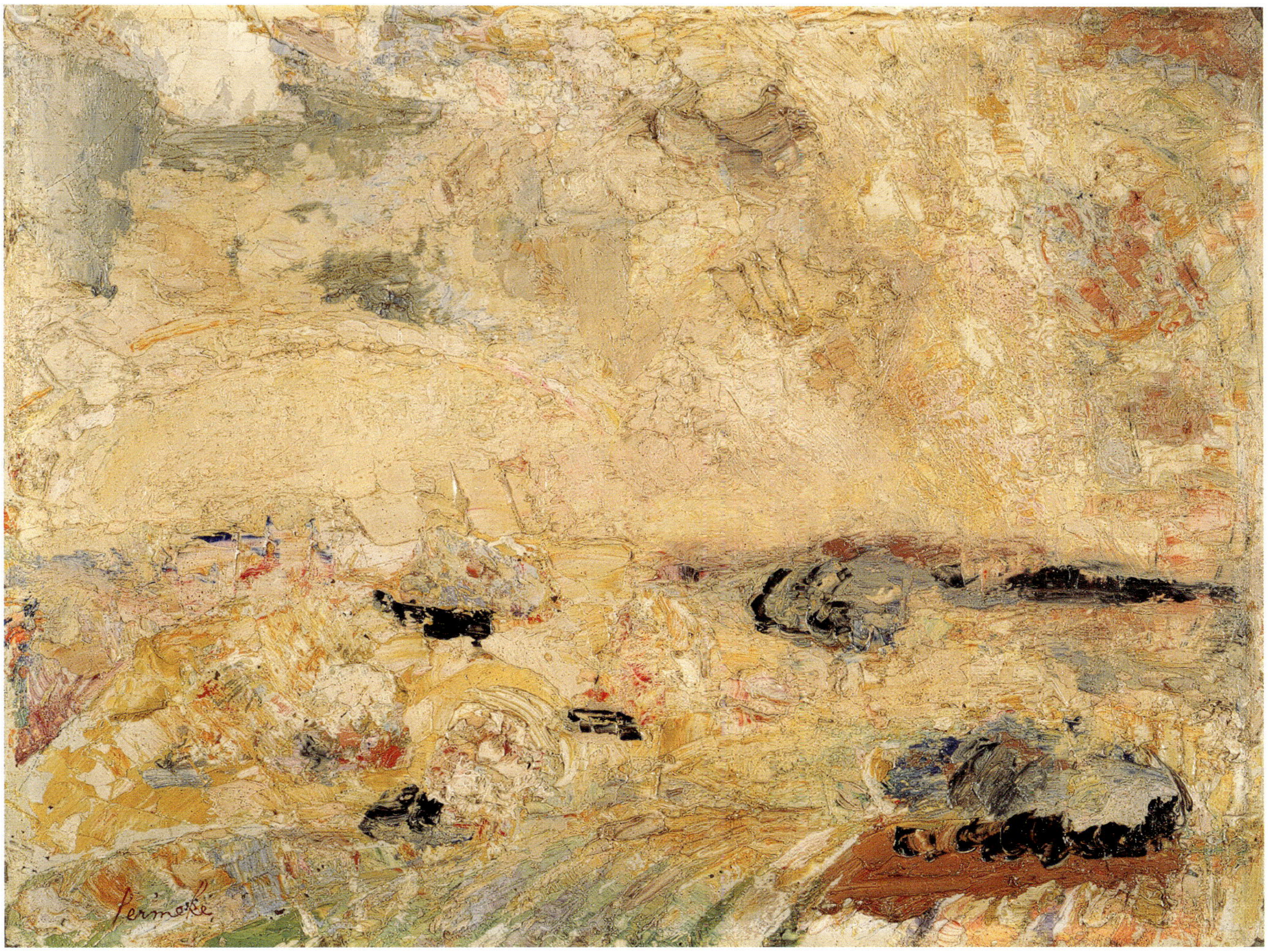

186 CONSTANT PERMEKE • *Paysage du Devon* [1917]

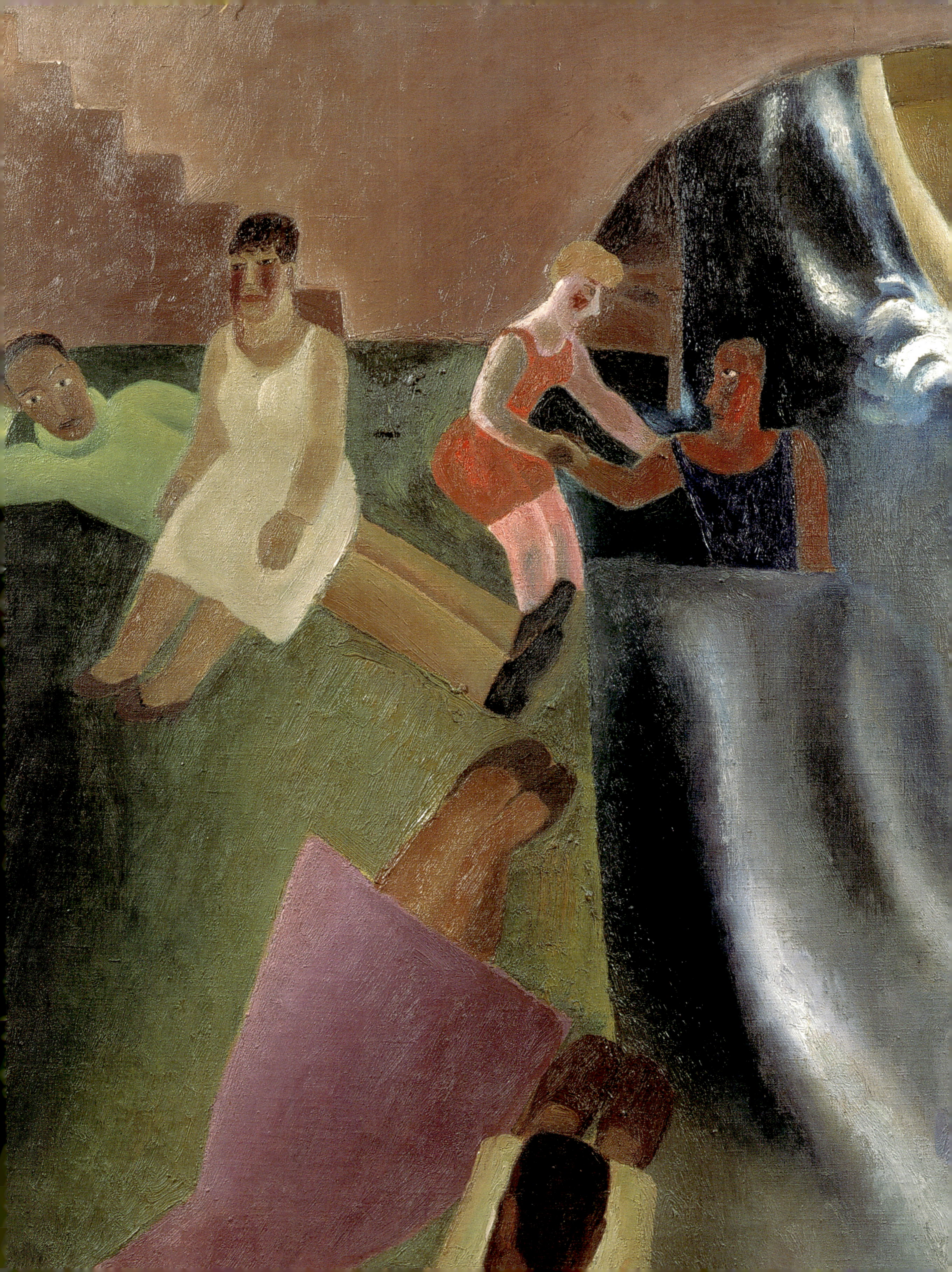

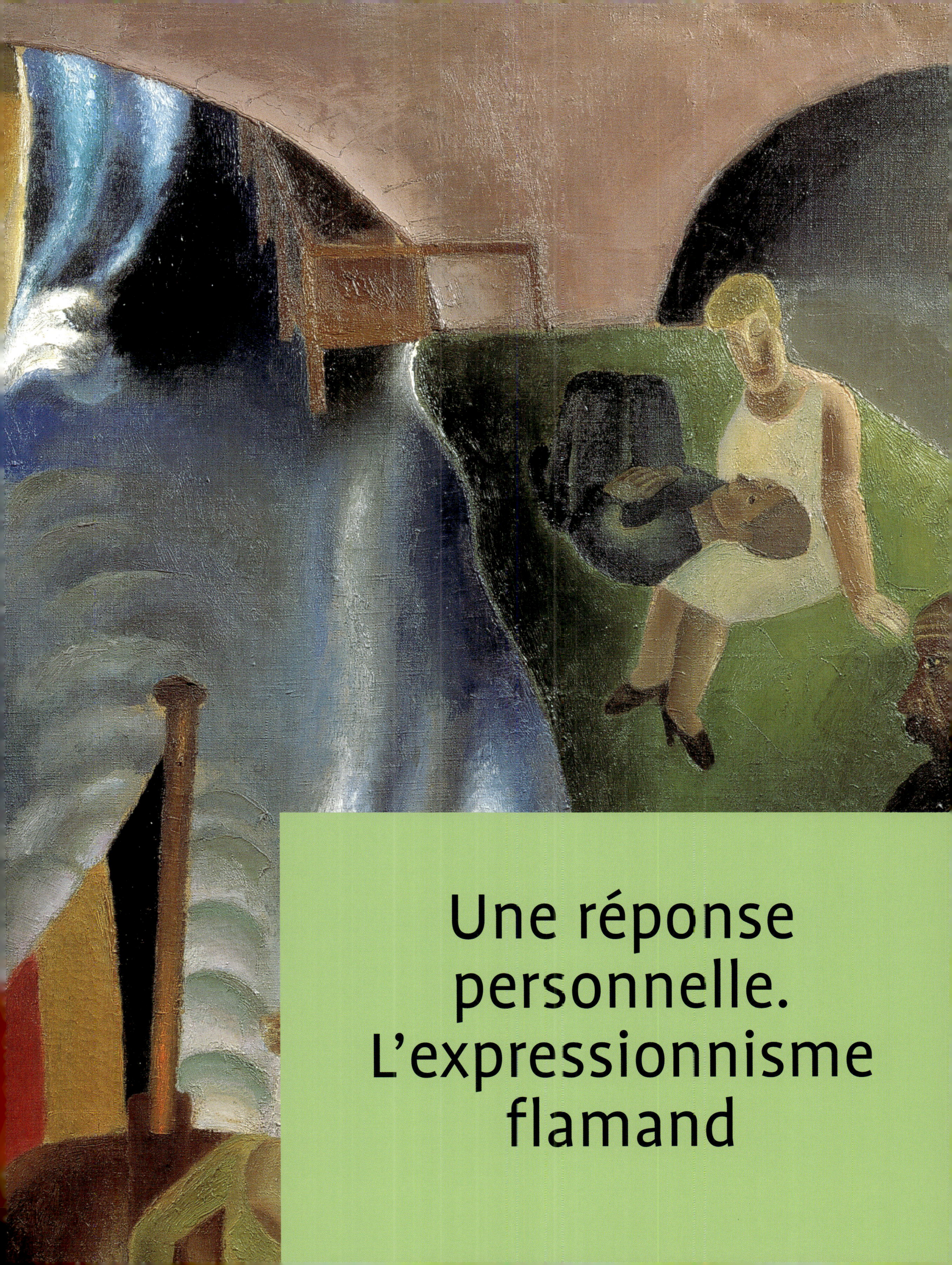

Une réponse personnelle. L'expressionnisme flamand

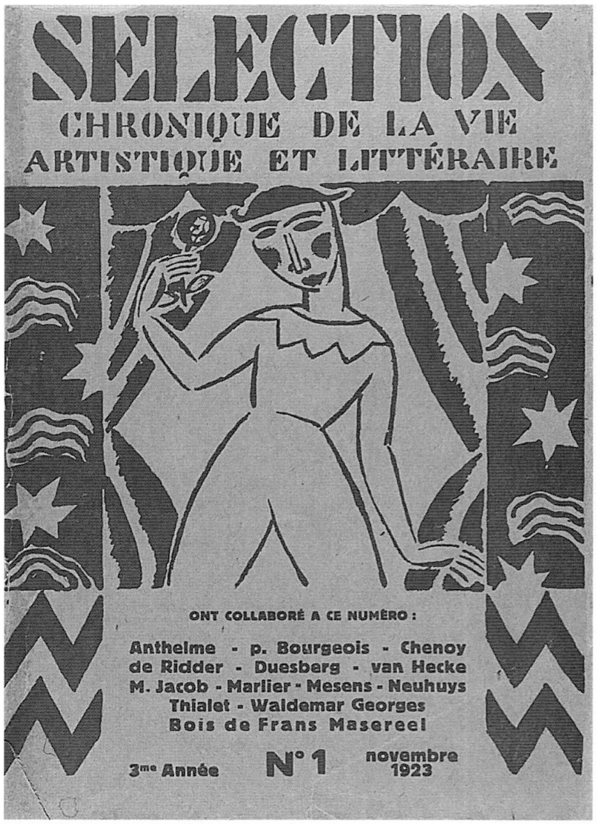

Couverture du mensuel *Sélection*, publié à Bruxelles

POUR PLUSIEURS ARTISTES FLAMANDS DE PREMIER PLAN, les années de la Première Guerre mondiale sont d'une importance cruciale. Paradoxe singulier d'un exil de plusieurs années : le déracinement physique, quoique tragique en soi, apporte à certains les bienfaits de la nouveauté. C'est ainsi que l'art moderne perce définitivement dans l'œuvre de peintres comme Gustave de Smet et Frits van den Berghe. Quelque chose a changé dans leur attitude face à l'être humain et au monde. Le cubisme et l'expressionnisme ont pris le dessus sur la conception du monde du XIXe siècle. Le lien avec le monde visible est vécu plus profondément, ce qui confère à leur art un caractère moderne. Le sensualisme et la froide analyse font place au sentiment et à l'intuition, à une vigoureuse réponse personnelle au défi de la réalité. Bien que cette attitude fût déjà présente avant 1914, la guerre a entraîné une spectaculaire accélération de ce changement.

LA SCÈNE INTERNATIONALE

A la fin des années « néerlandaises », De Smet et Van den Berghe trouvent enfin une orientation stable. Les contacts mutuels entretenus à Blaricum, où Jozef Cantré (1890–1957) s'est également installé en novembre 1918, vont déterminer dans une large mesure leur évolution ultérieure. Les amis flamands, mis sur la voie en grande partie par des collègues néerlandais, suivent désormais, et de façon de plus en plus nette, une ligne personnelle, sans plus s'occuper de l'œuvre de leurs hôtes. La leçon d'art graphique dont ils bénéficient chez Cantré constitue une impulsion importante.
Aux Pays-Bas, Cantré continue de se consacrer tant à la sculpture qu'à la gravure sur bois. Il puise son inspiration dans les gravures de l'expressionnisme allemand.
Des périodiques tels que *Der Sturm* et *Das Kunstblatt*, qui peuvent être achetés et consultés librement aux Pays-Bas pendant la guerre, sont rehaussés de xylographies dues à Marc, Munch, Campendonk et aux peintres de Die Brücke. Leur exemple incite à la synthèse et mène à une plus grande sobriété expressive.

Mais l'inspiration ne vient pas seulement de l'est. A partir de 1920, c'est du sud que vont venir pour les immigrés flamands des impulsions encore plus décisives. Bruxelles et Paris captent pour longtemps leur attention. La fondation de la galerie Sélection à Bruxelles, animée par Paul-Gustave van Hecke et André de Ridder, ouvre la voie à de nouvelles influences qui se font sentir depuis la France. Aux expositions bruxelloises, les arts plastiques de cette période semblent être entièrement placés sous le signe du cubisme dans toutes ses variantes, mais généralement sans l'orthodoxie et l'intransigeance des débuts.

Vers 1920, un revirement se dessine à l'échelle internationale dans la réflexion plastique. On observe un regain d'intérêt pour un rendu plus fidèle de la nature. Plus tôt déjà, le réalisme classique de Derain et le classicisme de Picasso ont indiqué la direction à suivre. L'écho de ce changement se retrouve dans la peinture de Léger. En 1920, les tableaux de celui-ci se font sereins et adoptent un grand format. La construction abstraite et la description visuelle de l'objet et de la figure ressortent le mieux dans les *paysages animés* : une composition aux amples articulations réunit spontanément des éléments de paysage anguleux et les volumes sculpturaux de l'être humain et de l'animal.
Une structure simple et claire ordonne le tableau et lui prête un équilibre serein[57]. L'influence de Léger est perceptible de manière générale et dans des parties de certains tableaux avec figures de Frits van den Berghe et de Gustave
de Smet, par exemple *Portrait de Constant Permeke* (1922) et [201]
Le Joueur d'harmonica (1926). En Italie aussi, les conceptions [200]
changent. La Pittura Metafisica règle son compte au futurisme et veut rendre à nouveau visible la *solidità* classique de l'objet et de la figure. On reconnaît dans cette vision des réminiscences de la distinction des Anciens. Aux environs de 1918, ces idées sont accueillies et développées avec enthousiasme par plusieurs artistes qui se regroupent autour de la célèbre revue *Valori Plastici*.

On relève donc une aspiration générale à une nouvelle définition de la réalité. La réflexion sur les valeurs de l'art ancien entraîne un regain de sérénité, de simplicité et de retenue. Tourné vers la France, le cercle artistique Sélection donne aux idées nouvelles la notoriété souhaitable, surtout par le biais de son mensuel. Outre Léger que nous avons déjà cité, Picasso, Braque, Survage, Gleizes, Metzinger, Lhote et Zadkine exposent régulièrement à Bruxelles. L'idée

maîtresse qui sous-tend le programme de Sélection est claire, du moins en principe : propager et présenter un art qui réussit à concilier l'esprit de construction avec la vie elle-même. Dans cette philosophie, cubisme et expressionnisme doivent se rejoindre, quels que soient les éléments hétérogènes qui y sont mêlés. Pour André de Ridder qui, en tant que chef de file du cercle bruxellois, essaie de répandre cette notion de synthèse au-delà des frontières, les idées d'André Lhote (1885–1962) comptent beaucoup[58].
Ce peintre et théoricien essaie d'atteindre la perfection classique en représentant la nature, sans renoncer pour autant aux acquis du cubisme. Somme toute, l'histoire, ici, se répète, ou plutôt se poursuit. Tout comme avant la guerre dans l'œuvre des dissidents de Montparnasse (Le Fauconnier, Léger, Metzinger, Gleizes), le cubisme revêt à nouveau un visage humain. L'émotion joue un rôle central et l'expressionnisme cherche dans le cubisme une base solide. Aux yeux d'André de Ridder, la voie médiane ouvre des perspectives intéressantes pour échapper aux extrêmes indésirables des deux formes stylistiques : « Notre temps doit donner sa chance à un art qui est aussi spontané que raisonné, aussi passionné qu'intelligent, aussi réel que fantastique[59]. » Dans ses œuvres, Lhote recherche une structure équilibrée et rythmique dans laquelle objet et figure humaine s'inscrivent presque « organiquement ». La libre exploration de l'espace et le jeu des volumes transparents constituent un défi visuel permanent. Le fait que l'artiste français reste souvent rationnel et réservé, surtout dans l'emploi de la couleur, ne passe pas inaperçu dans le milieu de Sélection. Il n'empêche que Gustave de Smet et plus tard aussi Hubert Malfait (1898–1971) sont sensibles à l'art de Lhote et à ses idées.

Un autre artiste connu de la colonie flamande aux Pays-Bas et apprécié par Sélection au début des années vingt est le sculpteur Ossip Zadkine (1890–1969). En septembre 1920, il est présent à l'exposition « Les cubistes et néo-cubistes » organisée par le cercle artistique bruxellois. A peu près à la même époque, à Blaricum, Jozef Cantré se tourne vers l'œuvre de son collègue russe, après s'être inspiré initialement de George Minne. Le jeune Gantois affiche désormais sa prédilection pour les mouvements anguleux et les mains plutôt carrées, plaçant les volumes contre le corps. Par affinité avec le maître parisien, l'accentuation des articulations physiques devient le procédé de style par excellence. Gustave de Smet et surtout Frits van den Berghe subissent aussi l'influence incontestable de Zadkine, ainsi qu'il ressort principalement du traitement de la figure humaine dans des tableaux qui voient le jour au début des années vingt. Citons comme exemples éloquents la *Promenade des amants* (1920) de De Smet et *Le Peintre du soleil* (1921) de Van den Berghe.[60] Les formes du corps sont volumineuses, statuaires : sculptures de bois ou de pierre contraintes à se soumettre à la discipline du plan. La prédilection pour la figure sculpturale n'est nulle part aussi manifeste que dans *Le Peintre du soleil*. Avec grande conviction, l'auteur place nettement son modèle en diagonale, rythmant son corps en six volumes par le biais de stries peu profondes. Le long des lignes de séparation, la lumière se heurte à l'obscurité : la connaissance de la sculpture et la pratique personnelle de la xylographie donnent ici à l'artiste support et inspiration. En dépit des différences d'exécution, on décèle dans les tableaux avec figures des deux peintres flamands des caractéristiques inhérentes à l'œuvre de Zadkine. En fait, ils ont reconnu leurs propres aspirations et possibilités dans ses

[196] Jean-Emile Laboureur, *Le Tir forain* [1920]

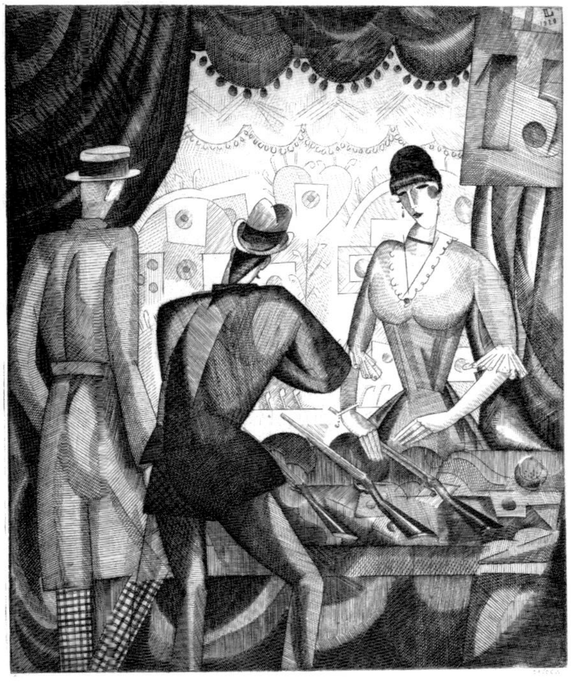

Gustave de Smet, *Le Tir forain* [1923], Groeningemuseum, Bruges

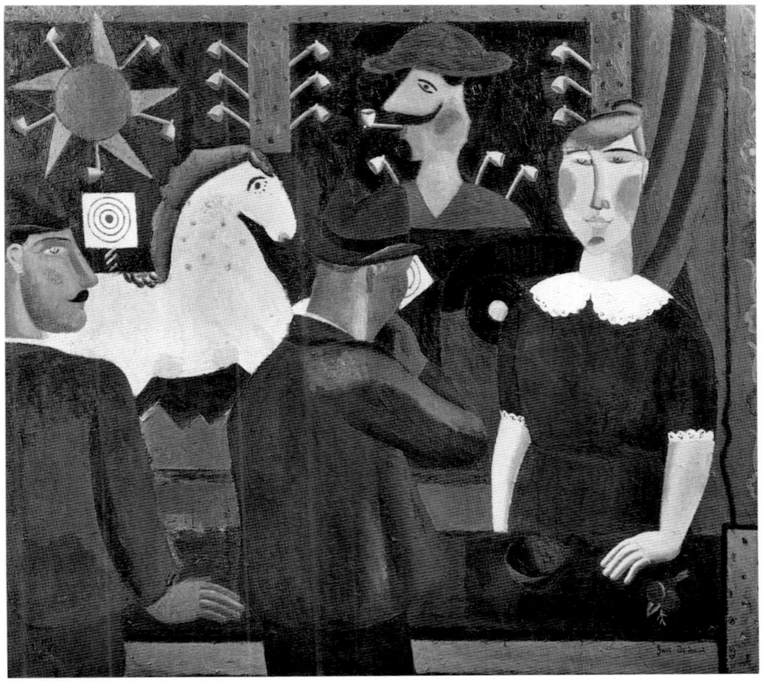

créations. Cantré aura certainement stimulé ses amis. La structure de la silhouette humaine est ainsi fixée dans les grandes lignes pour les années à venir. Par ailleurs, il se peut que Zadkine, avec d'autres, ait également exercé une influence sur les Flamands dans leur choix du procédé de la gouache ou de l'aquarelle. De nombreux artistes recourent à cette approche plus libre dans les années vingt. Les résultats sont régulièrement exposés à Bruxelles, dans les galeries de Sélection et du Centaure. Quelques revues également, parmi lesquelles le mensuel *Sélection* bien sûr, présentent des exemples de cette méthode caractérisée par sa fluidité. Dans la capitale, on est manifestement sous le charme de Zadkine. Mais les aquarelles et gouaches d'artistes français comme Metzinger, De la Fresnaye et Dufy y recueillent aussi une attention bienveillante.[61] Des gravures françaises circulent également à Bruxelles et sont parfois une source d'inspiration très directe. En 1922, par exemple, la galerie Le Petit Centaure expose plusieurs gravures de
ill. p. 157 Jean-Emile Laboureur, parmi lesquelles *Le Tir forain* (1920). Gustave de Smet a plus que probablement cette eau-forte en tête lorsqu'il conçoit *Le Tir forain* (1923). En tout cas, la ressemblance est frappante à maints égards.

Un artiste expose régulièrement à Paris et Bruxelles des exemples de sa réponse singulière au cubisme : il s'agit de
ill. p. 161 Léopold Survage (1879–1968). Après 1915, il parvient dans
[189, 190] ses *Paysages* à une version libre et ludique du grand style. Le plan pictural est divisé en bandes géométriques se répétant rythmiquement, bandes qui sont généralement perpendiculaires les unes aux autres et offrent chaque fois une perspective différente. Très attentif au coloris uniforme et délicat, à la ligne droite et à l'équilibre des proportions, Survage compose avec élégance et raffinement un espace fictif. Imagination et réalité s'entremêlent ainsi dans la merveilleuse poésie d'un paysage ou d'une vue urbaine. C'est une variante accessible du cubisme, variante qui, avec sa structure théâtrale, comptera beaucoup pour un peintre comme Gustave de Smet[62].

Hormis l'art moderne français, l'expressionnisme allemand marque également de son empreinte l'œuvre des artistes flamands, en particulier par l'intermédiaire de Heinrich Campendonk (1889–1957), représentant de l'expressionnisme rhénan. Sous l'influence de Marc, celui-ci en arrive à faire éclater la représentation en fragments cubiques. Dans des tableaux touffus, il combine objets, animaux et figures figées, sans traits individuels, flottant souvent dans un espace indéfini. La scène est insérée dans un cadre qui varie en fonction des intentions iconographiques. Les tableaux de Campendonk, notamment son *Zustandsbilder* (vers 1920), évoquent l'idylle d'une communauté harmonieuse réunissant être humain, animal et nature. Dans certaines toiles, Van den Berghe et De Smet vont dans le même sens. De Smet, en particulier, se montre sensible à la physionomie éloquente des personnages de Campendonk.[63]

UN EXPRESSIONNISME « CLASSIQUE »

Il est évident que la découverte de la nouvelle tendance a exercé une grande influence sur Frits van den Berghe et Gustave de Smet, les deux protégés de Sélection. Mais ils ont aussi suivi leur orientation personnelle. En effet, l'intérêt pour l'art français coïncide d'heureuse façon avec l'aboutissement de l'évolution entamée aux Pays-Bas et donne un nouvel élan au processus d'épuration en cours. Les premières œuvres réalisées en Belgique montrent que l'expérimentation touche à sa fin, que le dynamisme tapageur s'atténue sans que les formes perdent de leur tension intérieure.

En juin 1922, les deux artistes rentrent au pays. Ils séjournent brièvement chez Permeke à Ostende. Tous deux profitent de cet intermède à la côte pour réaliser une imposante série de dessins d'après le modèle. De Smet exécute divers croquis de baigneurs debout, assis et couchés sur la plage. Il explore minutieusement les contours de la figure humaine. Ce style linéaire rencontre les aspirations de l'artiste, désireux d'étendre les formes dans le plan pictural. En fait, toutes ces études sont un prélude aux superbes compositions avec figures qui voient le jour les années suivantes. Entre-temps, Frits van den Berghe réalise à Ostende les premiers dessins de son *Carnet de croquis d'Ostende – Bachte-Maria-Leerne*. Il détaille des fragments de composition dans de petits croquis nerveux à la mine de plomb. [202]

Gustave de Smet, Norine van Hecke, Frits van den Berghe et P. G. van Hecke à Afsnee, vers 1923

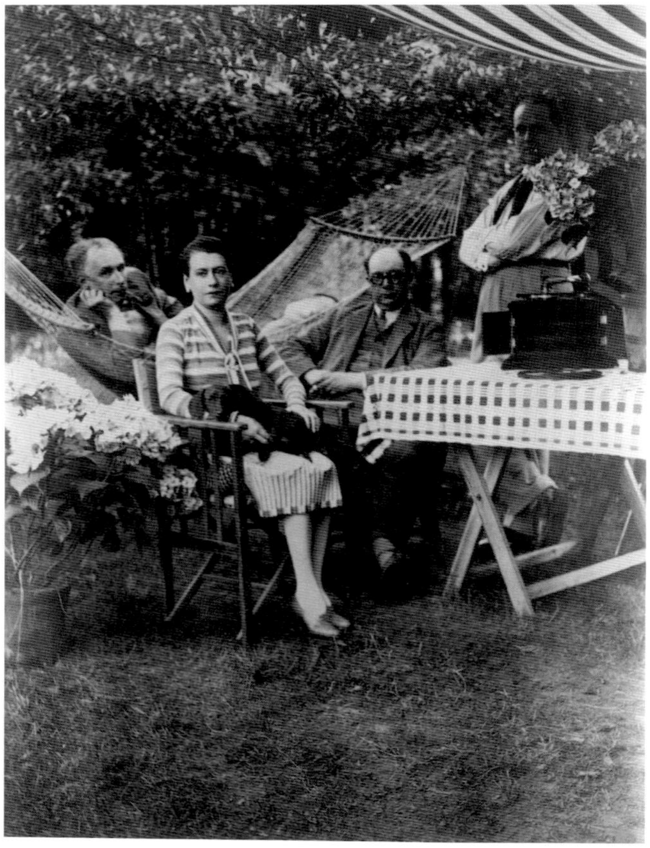

Parfois, un dessin contient toute la scène qui est ensuite transposée sur la toile sans grandes modifications. La facture est moins linéaire que chez Gustave de Smet, plutôt schématique. Van den Berghe va aussi se servir de ce carnet de croquis de quarante pages comme d'un jeu d'échantillons pour des compositions ultérieures : toute une série de toiles qu'il réalise avant 1926 au bord de la Lys remonte à cet album. On est frappé par le grand nombre de paysages figurant parmi ces études. Ce choix soudain d'un répertoire rural – après les nombreux tableaux avec figures de la période précédente – est peut-être lié à l'amélioration de la situation personnelle du peintre.

En septembre 1922, De Smet et Van den Berghe arrivent dans la région de la Lys. A Bachte-Maria-Leerne puis à Afsnee, ils ont l'occasion de poursuivre l'épuration de leur art. Lorsque Permeke vient chercher le contact avec ses amis et s'installe provisoirement dans le voisinage, l'histoire semble se répéter. Pour ce deuxième contingent réduit, on dirait qu'une nouvelle phase « laethémoise » commence. Mais beaucoup de choses ont changé par rapport à autrefois, surtout dans la vision des artistes. Le retour sur les rives de la Lys marque la fin de l'expérimentation laborieuse, d'une période de fluctuation permanente où de multiples influences demandaient à être assimilées chacune d'une façon différente. Le prélude, le temps des gammes est achevé, la voie est à présent ouverte au développement d'un style pictural abouti et classique. A ce propos, on peut aisément affirmer que les deux périodes de cinq ou six ans s'étendant de part et d'autre de l'exil sont carrément aux antipodes l'une de l'autre. Le doute et l'insatisfaction avant la guerre, la maturité et même la certitude après. Les toiles que Van den Berghe et De Smet réalisent après les années hollandaises font montre d'une sobriété et d'une pondération de plus en plus grandes. L'émotion extériorisée fait place à l'apaisement. Ainsi naît un art pictural qui est expressif sans tapage. La tension et l'émotion se dissimulent précisément derrière l'architecture contenue du tableau.

La notion de « classique » dans le contexte de l'expressionnisme mérite quelque explication, d'autant qu'il semble s'agir ici de deux catégories inconciliables. Pour l'homme qui ressent et pense de façon classique, il n'y a pas de dualisme entre individu et monde extérieur : le contenu réside avec une évidence naturelle dans la forme choisie. Un tableau conçu selon une telle vision se suffit pour ainsi dire à lui-même. Il ne fait pas explicitement appel au spectateur : il n'y a pas de rencontre-confrontation. En outre, un esprit ordonnateur veille à ce que les phénomènes perdent leur caractère anecdotique et arbitraire. En d'autres termes, le peintre épure l'apparence extérieure – de la figure, de l'objet ou du paysage – à travers une harmonie intérieure, l'harmonie d'un sens de la vie qui lui est propre et dont il a pris conscience dans la joie. Ce transfert de sentiment, cette conscience objectivée du bien-être, c'est ce que Wilhelm Worringer appelle *Einfühlung*. L'artiste part de son environnement et construit à partir de ses expériences visuelles une représentation reflétant sa vision psychique de l'existence. C'est dans cette optique, et bien que le paradoxe reste gênant, qu'on peut parler d'un « expressionnisme classique »[64].

Après les années agitées de l'exil, l'âme se retrouve grâce au calme de la nature. Cela vaut pour Gustave de Smet, mais plus encore pour Frits van den Berghe. Le milieu rural acquiert même brièvement une présence aussi inattendue que dominante dans l'œuvre de ce dernier. C'est ainsi que durant les années 1922–1924 une série imposante de paysages voit le jour dans lesquels cubisme et expressionnisme font bon ménage. La paix et l'ordre s'installent dans le rapport évident des formes. L'être humain ou le bétail, pour autant qu'ils soient présents, ne jouent qu'un rôle secondaire, mais sont intégrés harmonieusement dans la représentation. On songe parfois aux « paysages animés » de Léger. Des toiles comme *Le Tilbury* (1922), *Le Presbytère de* [207, 210]
Bachte-Maria-Leerne (1922), *Paysage à Deurle* (1923) et *Le Pigeon-* [214, 212]
nier du château d'Ooidonk (1923) sont caractéristiques à cet égard. Le tableau qui a pour sujet le presbytère montre une vue de l'allée du château de Bachte-Maria-Leerne, non loin de la maison des frères De Smet et de Van den Berghe. Le peintre a cherché à créer une structure en représentant la forme et l'espace en facettes anguleuses et volumes cylindriques. Les polygones des toits, des façades, du clocher de l'église et du mur du jardin assurent, avec le rythme statique des verticales des arbres, une construction mathématique. Les données, réduites à des formes élémentaires, s'entrecoupent et se détachent les unes des autres dans des zones claires et sombres.

Dépourvus de la tension et de l'agitation des œuvres antérieures, ces paysages de Frits van den Berghe sont marqués par la sérénité et la fraîcheur. En outre, on y décèle tout à coup un vif intérêt pour les problèmes picturaux de la forme et de la couleur, tandis que l'aspect du contenu – pourtant si important d'habitude pour Van den Berghe – est moins présent. Vers 1923, l'affinité avec l'œuvre de Gustave de Smet est plus grande que jamais. Si nous comparons par exemple une toile comme *Le Tilbury* avec *Paysage* [208]
à la Lys (1923) de De Smet, nous croyons distinguer, même après une étude attentive, la main du même maître. L'œuvre des deux peintres convainc désormais par la cohésion de sa construction, bien que Van den Berghe procède en règle générale de manière un peu plus ludique, un peu plus fluide. Les formes naturelles se soumettent aux exigences picturales, se transforment en un schéma élémentaire, mais ne deviennent jamais sèches et stériles. Sans doute, l'influence du cubisme ne faiblit-elle pas, mais depuis longtemps il ne s'agit plus du cubisme qui dissèque les objets avec une rigueur toute dogmatique. Les deux amis intègrent à leur guise de sobres formes cubiques dans leur univers. Le paysage, peuplé d'arbres, de fermes, d'animaux et parfois d'une silhouette humaine, devient une conjonction ingénieuse de volumes géométriques découpés, agencés après mûre réflexion dans le plan pictural.

Les maisons, avec leur schéma rythmique de toits et de façades, sont réduites à leur masse cubique. En revanche, les cimes des arbres en forme de ballon, les troncs ronds et les quelques têtes de bétail ici et là apportent un accent plus organique. Le paysage est dépouillé de toutes caractéristiques individuelles au profit de sa forme fondamentale. Ainsi, dans les deux paysages cités, Van den Berghe et De Smet se rapprochent particulièrement l'un de l'autre. Plusieurs parallèles saisissants peuvent même être relevés dans la mise en scène. Au-dessus d'une base horizontale se déploie une composition cunéiforme dominée par quelques diagonales et verticales. L'horizon se situe comme de coutume assez haut dans ce paysage en coulisse, qui laisse malgré tout un peu de place à un ciel légèrement nuageux dans le coin supérieur. Bien qu'un rythme très évocateur de lignes et de formes marque la scène, les deux œuvres respirent une sérénité bienfaisante. Par ailleurs, un excès de sévérité formelle, conséquence possible des influences françaises, est compensé par le coloris. La palette chaleureuse entretient une impression de familiarité et préserve la relation avec le naturel. C'est dans le choix d'une gamme personnelle que se situe d'ailleurs la différence majeure avec l'œuvre d'artistes tels que Survage et Léger.

Une fluidité plus organique caractérise la composition
[213] du tableau *Pêcheurs à la ligne à la Lys* de 1923, laquelle semble tracée sur les lignes de la nature. Le sujet vibre de paix bucolique : sur les bords de la Lys, De Smet et Permeke s'amusent à pêcher, tandis qu'au plan médian, Marietje, la femme de Permeke, semble assoupie. Après les années d'exil, cette toile apparaît comme le sceau d'une fraternité retrouvée. Le peintre relâche délibérément l'exigence constructive. Il ne fait guère violence à l'apparence des choses : tandis que les renflements de la berge et des nuages créent quelque dynamique, une rangée d'arbres majestueux apaise toute agitation. La palette naturelle, principalement faite de nuances de jaune, de brun et de vert, est également au service de l'harmonie et du bonheur reconquis.

Les amis de Sélection, en juin 1926 aux bords de la Lys, avec, à l'extrême droite, Marc Chagall

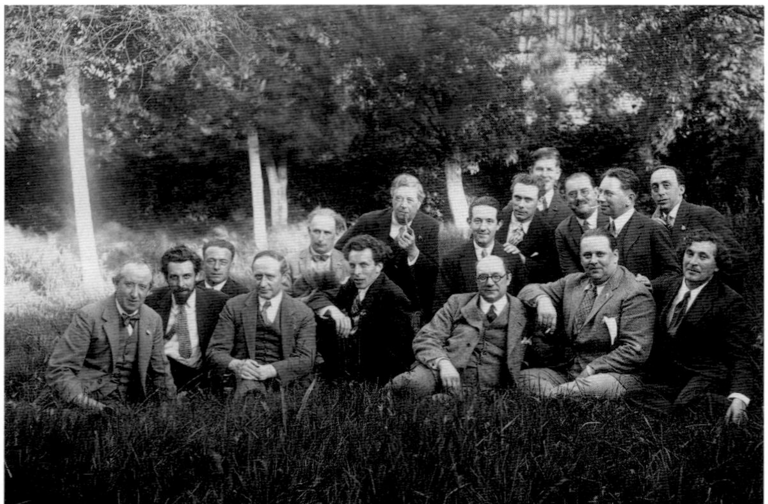

Contrairement à Frits van den Berghe, Gustave de Smet s'en tient principalement à la figure humaine dans les années vingt. Le paysage reste l'exception. De Smet donne tout de suite le ton avec le portrait plein de sobriété de
l'écolier *Pally* (1922). Le garçon pose avec son cartable bleu [205]
foncé devant un fond divisé en rectangles abstraits. Les formes du corps, pensées en termes de sculpture, s'inscrivent presque naturellement dans un double ovale. Derrière le garçon, un rythme de verticales évoque un trône. Une accentuation aussi délibérée apparaît régulièrement à cette époque. Figure et arrière-plan se présentent ici comme une unité assez convaincante. Le tableau respire une maturité qui ne soulève plus de questions ni quant au contenu ni quant à la forme, mais laisse le spectateur prendre tout naturellement part à la scène. Dans les années qui suivent, De Smet réussira à plusieurs reprises à atteindre ce sentiment suprême de pureté dans ses tableaux
avec figures, notamment dans *Le Braconnier* (1925) et *Jeune [220, 206]
fille aux tulipes* (1926).

Vers 1923, Constant Permeke passe par une phase « classique » qui s'exprime dans quelques vues de la nature. Lorsque, dans la région de la Lys, il peint des toiles comme
Le Verger flamand (1923) et *L'Etable* (1924), il impose un [218, 219]
schéma constructif à la représentation. Les arbres et les fermes acquièrent une forme rigide et volumineuse. Permeke applique pourtant le cubisme de manière moins systématique que ses amis. Chez De Smet et dans une moindre mesure chez Van den Berghe, les exigences internes de la composition déterminent l'aspect des toiles. Pendant un certain temps, ils délimitent très nettement les structures formelles, qui constituent des zones colorées unies et autonomes. Permeke, en revanche, n'hésite pas à alterner au besoin éléments structurels et éléments plus réalistes. Réagissant impulsivement au motif, il recherche une monumentalité qui lui est propre. Dans les œuvres citées, la forme s'estompe aussi parfois dans un sens abstrait, comme si le peintre voulait insister sur le fait que, pour lui, la couleur et la texture de la toile sont primordiales. Pourtant, vers 1923, une approche plus composée du sujet prévaut encore. Le séjour dans la région de la Lys, tout près de ses deux amis, n'est évidemment pas étranger à ce penchant.

On peut donc parler, avec les réserves d'usage, d'une cohérence entre les œuvres de Gustave de Smet, Frits van den Berghe et Constant Permeke. Cette cohérence se marque surtout vers 1923, tantôt de façon impérative, tantôt comme l'écho affaibli d'une unité à peine consciente. La tendance constructive – conséquence des contacts avec Paris et l'art de Léger, Lhote, Survage et d'autres – détermine dans une forte mesure la physionomie de cette brève phase de rapprochement. Les objets et la figure humaine s'inscrivent dans une mise en scène géométrique, même si les contours, souvent généreux, laissent libre cours à la vie.

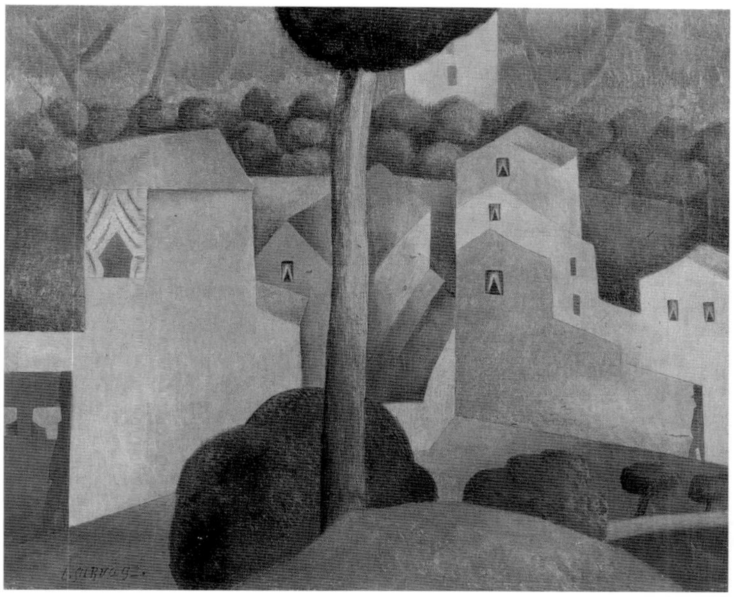

[190] Léopold Survage, *Paysage*, 1918

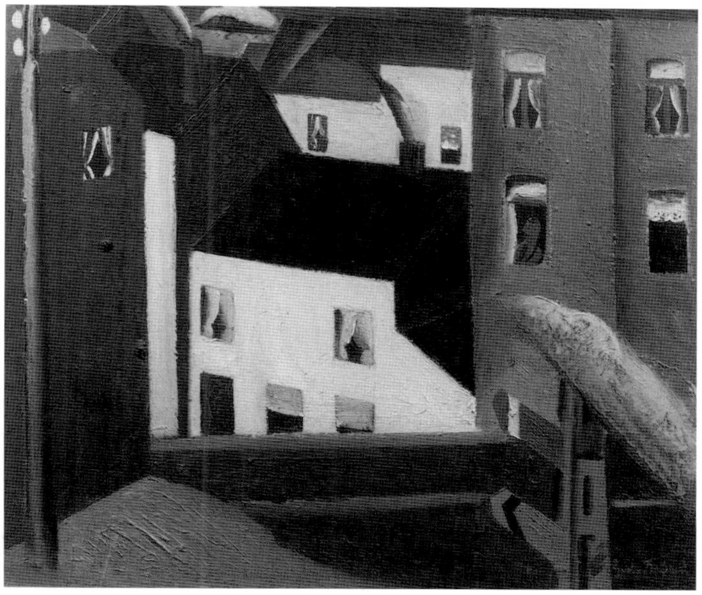

Gustave de Smet, *Passage à niveau*, 1923, collection particulière

L'origine de l'influence – l'Ecole de Paris – est certes claire, mais l'approche distante, plus abstraite et quelque peu mécanique de ces peintres est étrangère au goût des artistes flamands. Bien que les déformations ne manquent pas, il est rare que ces derniers subordonnent entièrement la nature à la structure picturale du tableau. Le formalisme de l'écriture française se heurte à une vision plus charnelle, concrète et familière, et qui recherche l'expression directe. Cela se manifeste en tout cas dans l'utilisation de la couleur. Les couleurs de terre, sombres et intenses – étalées avec ampleur –, dominent, avec chez De Smet et Van den Berghe de nombreux accents raffinés, plus clairs. La matière aussi réclame d'être présente et cède rarement aux principes décoratifs.

L'ASPECT SOCIAL

Comme nous l'avons montré ci-dessus, De Smet, Van den Berghe et Permeke proposent, dans les années 1922–1925, une interprétation personnelle de la vie rurale. Le paysan et le paysage ne sont pas vraiment explorés pour eux-mêmes : la vie rurale est avant tout une métaphore des idées et des sentiments personnels du peintre. Cette période est abordée à grand renfort de lieux communs par les auteurs. Comme tous les clichés, certains de ces lieux communs contiennent un fond de vérité, d'autres par contre doivent être nuancés.

Une calme certitude et un sentiment positif de la vie dominent généralement au sein du trio précité. Par rapport à l'expressionnisme allemand, la contribution flamande est moins tourmentée. La vie n'est pas brisée ou subie, mais confirmée. En gros, l'art des trois peintres flamands est dépourvu de la tension tragique et des ambitions métaphysiques d'un Munch, d'un Nolde ou d'un Kandinsky. Animés d'un sens éthique positif, ils ne souhaitent pas suivre la tendance souvent amère et la dislocation mentale de l'art allemand. En outre, la dynamique de la vie citadine, pourtant un thème vital de l'art moderne, ne retient guère leur attention. L'expressionnisme flamand se distingue par la pondération plutôt que par la violence éruptive, par l'acceptation de la vie plutôt que par des sentiments de misère et de souffrance

Voilà pour ce qui est de la vision courante, quelque peu obsolète, de la période en question. Elle n'est pas contraire à la vérité, mais fait néanmoins abstraction de divers moments qui sont nettement en rupture avec ce cliché longtemps entretenu. Les trois peintres se rapprochent, mais ne se rejoignent pas : il y a affinité à distance. L'analogie au niveau de la forme ne signifie pas nécessairement qu'il y ait stricte concordance sur le plan du contenu. Outre des caractéristiques communes, on relève aussi des oppositions évidentes.

La distinction se marque d'emblée si l'on aborde la question du thème social. Sur ce terrain, Permeke joue un rôle beaucoup plus important que ses collègues. Frits van den Berghe suit à quelque distance, étant entendu que son œuvre semble comporter moins d'altruisme et plus d'éléments à connotation personnelle. C'est également le cas de Gustave van de Woestyne, qui ravive le souvenir de Laethem dans quelques œuvres des années vingt. Gustave de Smet, par contre, correspond encore le mieux en la matière au profil de l'« expressionniste classique » : il évite une iconographie qui représente l'existence comme ardue et complexe. Il ne représente jamais l'instant tragique.

Avec *La Sarcleuse* (1923), Constant Permeke émet un signal poignant d'engagement humain. Le sujet proprement dit rappelle encore les moissonneurs peints par Servaes avant 1914. Mais ici, la volonté formelle va plus loin : les articulations du corps agenouillé sont rendues dans un idiome rigoureusement constructif qui laisse les différentes parties nettement visibles, voire les accentue. [221]

Des stries peu profondes mais nettes opposent les volumes dilatés les uns aux autres, effet qui est encore renforcé par la gradation des tons. L'attitude refermée de la sarcleuse, qui penche fortement la tête, confère à l'œuvre une allure sculpturale. Sous l'influence de De Smet et Van den Berghe notamment, l'exploration du rendu anguleux du corps est exécutée de manière si convaincante que le peintre semble ne plus connaître d'hésitation. Le goût de la massivité et de la monumentalité, si typique de Permeke, s'annonce spontanément. Parallèlement, la palette des bruns terre, verts saturés, noirs duveteux et bronzes cuivrés acquiert sa composition définitive. Un clair-obscur saisissant trouve ses racines dans l'art de Rembrandt. Ce renforcement des effets d'ombre et de lumière donne au tableau un aspect sombre et tragique qui correspond pleinement et volontairement au thème choisi.

Pendant le séjour de Permeke à Astene, les scènes de la vie paysanne et rurale occupent une place importante dans le répertoire de l'artiste. Mais, non content de peindre les paysans aux champs, il les peint désormais aussi dans leur intérieur. Réunis autour de la table, de pauvres hères taciturnes trouvent l'oubli dans la consommation de leur maigre pitance. Le sujet du repas frugal dans une pièce obscure remonte dans sa globalité aux *Mangeurs de pommes de terre* (1885) de Vincent van Gogh. En outre, on relève dans les années vingt un regain d'attention pour les sujets de la vie quotidienne dans le cadre d'un retour général au réalisme. En Italie et en France en tout cas, les exemples
[222] de cette tendance ne manquent pas[65]. Avec *Le Mangeur de*
[223, 224] *bouillie* (1922), *Les Mangeurs de hareng* (1923) et *Le Pain noir* (1923), Permeke réalise des scènes d'intérieur monumentales avec quelques personnages rassemblés autour de la table. Dans *Les Mangeurs de hareng* en particulier, l'artiste démontre qu'il est encore sous l'influence de l'approche constructive de De Smet. Sa facture est pourtant plus libre, sa touche plus vive et plus grossière. La misère et la dureté de la vie paysanne sont mises en avant et non – comme chez De Smet – l'intimité de la scène. Permeke accentue les déformations pour souligner avec d'autant plus de force la signification psychique de son sujet. Plus tard, Hubert Malfait se servira aussi de ces déformations outrées. Celles-ci ont alors souvent un sens tant plastique qu'expressif
[225] comme dans *Dimanche après-midi* (1925).

Dans *Le Pain noir*, toute influence étrangère a pratiquement disparu. Derrière une table à peine esquissée, deux êtres anonymes avalent le pain noir de leur misère. Ils sont presque impossibles à identifier en tant qu'individus : la souffrance personnelle devient la souffrance humaine en général. Permeke exprime sa vision dramatique à sa façon. Il se sert d'une figure de style qui est tout à fait caractéristique de sa manière : certaines parties sont ébauchées à grands traits grossiers, tandis qu'ailleurs une exécution plus minutieuse accentue le thème principal de la représentation. Cette technique a pour conséquence que les personnages, dans leur monumentalité, ont l'air de surgir du vide de la toile. Leur réalité imposante, confrontée au vide, suscite un vis-à-vis magique permettant au spectateur de prendre spontanément conscience de la profonde émotion qui anime l'auteur du tableau. De plus, la palette est triste et monotone comme la vie des personnages eux-mêmes, la gamme simplifiée des brun-rouge et des noirs devenant le pendant du motif visible et renforçant l'unité de la scène.

Il va de soi qu'une telle approche visionnaire ne débouche plus sur la construction schématique par plans des œuvres antérieures. Pendant tout un temps, Permeke a ressenti la nécessité de canaliser les nouvelles possibilités de l'expressionnisme de manière rationnelle et constructive. Désormais, l'aspiration inconsciente à la libre expression s'impose progressivement. Tandis que, chez De Smet et – dans une moindre mesure – chez Van den Berghe, la forme est dictée par les exigences d'une construction picturale, Permeke développe celle-ci intuitivement à partir de l'image de la nature, et plus encore à partir du motif en tant que tel. Les déformations sont de nature non plus structu-
relle mais psychologique (*Le Siffleur*, 1927). Maintenant qu'il [238]
suit surtout ses propres impulsions, Constant Permeke atteint dans son œuvre une intensité de tous les instants.

Entre 1922 et 1925, Frits van den Berghe troque de temps en temps la sécurité bienfaisante de la campagne, qu'il a traduite avec tant de sensibilité et de force dans les paysages abordés ci-dessus, contre l'ironie et même le sarcasme. Il intègre à la représentation un fond sous-jacent constitué de multiples strates d'où surgissent les germes d'un monde intérieur parfois bizarre. Ce qui signifie tout simplement que son expressionnisme renonce de plus en plus au caractère classique. Notons que l'engagement social remonte rarement à la surface. Ce n'est pas de l'égocentrisme, mais plutôt la conséquence d'une recherche naturelle et intègre de la position qui est la sienne. De plus, chez Van den Berghe, l'aspect social concerne surtout l'homme universel avec ses désirs, ses rêves, ses implications psychiques et ses défauts et pas tellement l'homme dans un contexte individuel ou social déterminé. Néanmoins, l'artiste réalise parfois une toile à tendance moralisatrice, qui peut même avoir la force propagandiste d'un pamphlet
social, par exemple *Le Pauvre* (1925). En tendant l'oreille, on [229]
perçoit l'écho de l'art allemand dans cette révolte picturale contre la pauvreté. Des concepts analogues de critique sociale se retrouvent chez des artistes tels que George Grosz et Otto Dix[66]. *Le Pauvre* représente une double scène très significative : dans la neige et le froid, un vagabond décharné et miteux passe avec son maigre chien devant une maison où – dans un intérieur bien chauffé – une femme bien en chair donne le sein à un porcelet gras – symbole classique de richesse et de gaspillage. Des tonalités différentes contribuent à renforcer le contraste saisissant : le bleu froid prend toute sa signification à côté d'un rouge rosé. La disproportion délibérée apparaît à plusieurs reprises dans l'art de Frits van den Berghe : un antagonisme sans cesse ranimé entre délicatesse et brutalité, entre joie

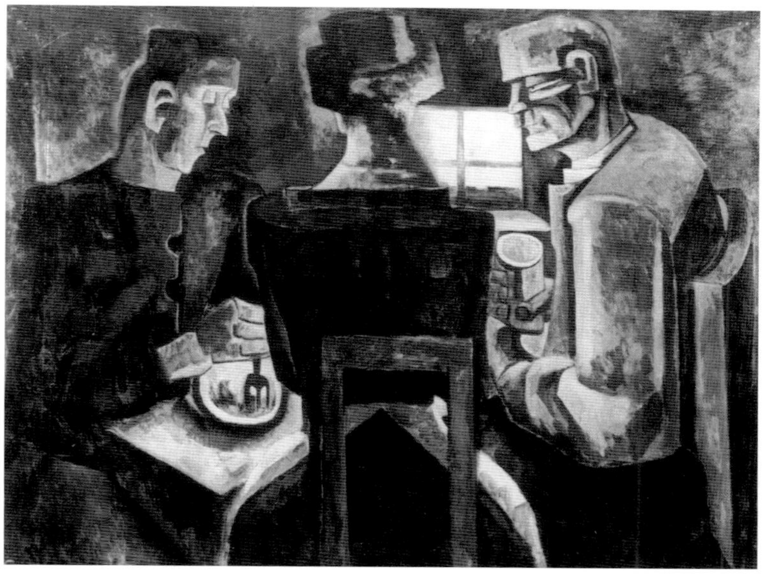

Marcel Gromaire, *Repas de paysans*, 1921, Musée d'Art moderne, Troyes

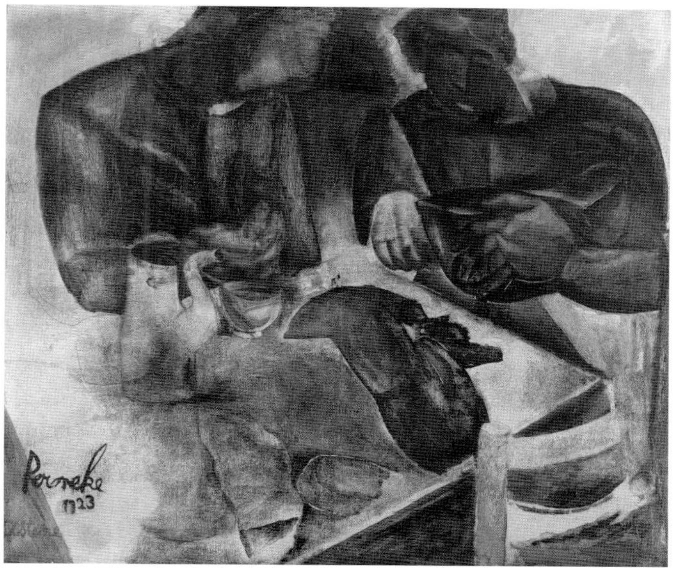

[224] Constant Permeke, *Le Pain noir*, 1923

lucide et menace de malheur, entre abondance et pénurie. Deux figures et deux scènes contrastées se heurtent dans
[245] un même tableau. Outre *Le Pauvre*, des toiles comme *La Vie*
[239] (1924) et *L'Eternel Vagabond* (1925) nous offrent à cet égard de bons exemples.

A partir de 1925, Van den Berghe s'aventure de plus en plus loin dans les méandres de la psyché humaine. Intuition et intelligence des choses lui permettent de soupçonner et de représenter avec justesse la grande cohérence de la
[231] vie. C'est ainsi que, dans *L'Idiot devant l'étang* (1926), toute la physionomie de l'idiot du village témoigne de la faculté naturelle que possède le peintre de pénétrer dans un univers psychique totalement différent du sien. L'empathie est parfaite. L'enfermement mental est au cœur de l'expression de cette silhouette, physiquement bien faite et ronde mais affichant en même temps sa niaiserie à travers son attitude et son vêtement. La tête est solidement fixée au tronc, sans la moindre amorce arrogante d'un cou. Le personnage, guidé de façon primitive dans son exploration du monde par ses sens, habite pleinement son corps. Humour et sens tragique luttent pour la suprématie et se renforcent par conséquent mutuellement. Mais à y regarder de plus près, on constate que cette silhouette simple et trapue évoque également d'autres qualités : disponibilité et fidélité, intégrité et absence louable de calcul. En effet, l'idiot ne calcule pas : il marche sur l'eau le cœur léger, sans être entravé par la conscience de ce qu'il fait. Remarquons que le modèle est placé dans un décor qui réunit divers éléments de son environnement : l'étang du village ridé de vaguelettes, la roulotte, l'étable et les canards espiègles qui soulignent quadruplement sa pauvreté spirituelle.

Il est extrêmement intéressant de comparer cette toile
[230] avec *Le Petit Curé* (1926), une œuvre du seul véritable expressionniste néerlandais, Herman Kruyder (1881–1935). La vocation artistique de Kruyder va de pair avec de grandes tensions psychiques, qu'il traduit de manière bouleversante dans une toile entre-temps devenue célèbre, *Le Tueur de porc* (1925)[67]. A Amsterdam, vers 1920, Kruyder a suivi attentivement l'évolution de De Smet et Van den Berghe. Les fruits de cette découverte se retrouvent dans la tendance constructive du *Petit Curé*, dans les maisons cubiques, les troncs pincés des arbres et l'empilement vertical des objets. Plus que Frits van den Berghe, le peintre néerlandais se réfugie dans l'ironie. D'un air assuré, le petit curé parcourt la rue du village sur ses fringantes petites pattes de coléoptère. Avec sa silhouette noire, il semble nier la vie elle-même, la vie avec sa chaleur et ses passions. Le peintre n'a manifestement pas été touché par le motif avec la même intensité que Frits van den Berghe dans *L'Idiot devant l'étang* : il veut surtout s'exprimer sur sa condition individuelle[68].

Au cours des années vingt, lorsque Gustave van de Woestyne fait progressivement siennes les leçons du cubisme et de l'expressionnisme, il puise encore régulièrement dans son arsenal laethémois. Avec leur iconographie
rurale, des œuvres comme *Fugue* (1925) et *Paysanne* (1926) [232, 233]
semblent remonter aux motifs d'autrefois. L'écriture, toutefois, a sensiblement changé : dans sa recherche de synthèse, l'artiste a fortement simplifié les formes sans craindre la déformation. Autour de la tête du paysan au centre de *Fugue*, il a réuni les éléments qui font partie du milieu rural : les bêtes, l'arbre, le paysage, l'église et la ferme. Conformément à la tendance qui prévaut au milieu des années vingt, les contours sont comme coupés au couteau et la composition est absolument plane, sans illusion d'espace. La Nouvelle Objectivité et l'art de Campendonk constituent ici un point de repère. La sérénité et le calme pastoral impliqués par le sujet en soi sont loin d'être présents. L'écho visuel des cinq yeux écarquillés et la mine tourmentée du paysan font planer sur la représentation

une sorte de gêne, de menace. Même si la scène semble à première vue imprégnée d'un profond sentiment social, la teneur individuelle et l'expression de l'état d'esprit du peintre l'emportent malgré tout sur l'attitude altruiste.

Peu après 1920, Albert Servaes réalise au fusain une série de portraits de paysans qui témoignent d'une grande
[234] sincérité. Le *Vieux Paysan* (1922) représente un homme noble et sage mûri par la vie. Ici comme dans d'autres dessins de la série, l'artiste a recours à un procédé traditionnel qui n'en est pas moins spontané. Ses qualités de dessinateur se sont visiblement améliorées au fil du temps : il est à présent capable d'intérioriser l'expression. Le pathétique fait place à la maturité. Dans ce fusain, Servaes réussit à illustrer de manière convaincante la paix intérieure et la résignation du vieillard éprouvé. Un tragique analogue, relativement tempéré, se manifeste déjà plus tôt dans une série de grands dessins au fusain de Constant Permeke[69].

LA RELATION ENTRE L'HOMME ET LA FEMME

Chez les artistes expressionnistes, l'individualité obstinée de l'artiste échappe en règle générale à tout déterminisme. Cette idée se confirme lorsqu'on voit combien l'approche d'un seul et même thème peut varier d'un peintre à l'autre. Au sein de l'expressionnisme flamand également, on observe divers accents nettement individuels, qui viennent nuancer avec bonheur le cliché familier. Comme les points de départ varient fortement, le message est différent ou en tout cas plurivoque. La problématique sociale était un premier point de divergence. La relation homme-femme en propose un autre. Le couple humain ne doit pas nécessairement être mis en scène explicitement, il suffit souvent que la femme seule habite la représentation pour que le spectateur se fasse une idée précise de la vision qu'a l'artiste de ce lien mythico-légendaire. Le peintre lui-même est alors le partenaire invisible, mais pleinement présent, de son modèle.

Si nous nous limitons au célèbre trio de l'expressionnisme flamand, Constant Permeke se retrouve ici de facto hors jeu. Il ne se pose pas vraiment la question de la relation difficile entre homme et femme ; il les voit plutôt comme des êtres possédant la même origine et non comme des représentants distincts de leur propre sexe. Le monisme l'emporte ici sur le dualisme. En prenant quelque liberté, on pourrait dire que Permeke ne vise pas l'interprétation psychologique de l'homme et de la femme, mais les apprécie en général dans leur qualité archétypale.

La dualité de l'homme et de la femme est traitée plus explicitement dans l'art de Gustave de Smet et de Frits van den Berghe. Et personne ne sera surpris de constater que les deux amis le font chacun d'une manière très personnelle, à peine comparable. Leur vision de la femme illustre parfaitement cette différence. Chez De Smet, le raffinement et la coquetterie sont absents : son expression de la femme laisse transparaître une attitude qui est source de douceur, de résignation et de grandeur intérieure. Pour Van den Berghe, par contre, la femme est presque toujours l'être insondable qui cherche et trouve dans l'homme son pendant physique et spirituel – la femme en tant que source de séduction et de discorde, principe de danger et rarement havre de sécurité. La question du conflit métaphysique entre l'homme et la femme est posée d'emblée. Et si l'un tente encore – avec une perspective raisonnable de succès – de trouver l'harmonie, l'autre juge manifestement inutile de contraindre le dualisme à la synthèse.

Au cours des années vingt, l'unité intérieure de l'homme et de la femme devient une donnée importante dans l'art de Gustave de Smet. Dans un décor sans cesse changeant, d'innombrables toiles montrent le couple humain réuni dans les sacrifices comme dans la joie. Parfois, l'homme manque à l'appel, mais l'artiste réussit néanmoins avec subtilité à rendre sa présence perceptible : à travers un portrait à l'arrière-plan, une chaise vide près de la fenêtre, un miroir reflétant sa tête. Dans *Le Bouquet* de [243]
1924, la communauté spirituelle de l'homme et de la femme revêt un accent saisissant. Même si la symétrie rigoureuse de la scène a un côté artificiel et emprunté, elle accentue la complicité du couple. Un bouquet de fleurs, d'une forme losangique rigoureuse et dont le coloris est curieusement étouffé, sépare et unit l'homme et la femme. Tout bien considéré, une gravité hiératique domine la scène. Pourtant, De Smet ne voit nullement son art comme un pur énoncé formel. Son intérêt marqué pour la structure formelle se double du désir d'exprimer des sentiments profonds. La question de la composition n'est pas posée pour elle-même, mais l'artiste essaie d'atteindre l'intensité dans l'écriture picturale qu'il s'est trouvée. Pas de gestualité crispée, mais la représentation de la pose véritablement caractéristique.

A côté du *Bouquet*, *L'Eternel Vagabond* (1925) de Frits van [239]
den Berghe, même dans la petite version, possède un aspect beaucoup plus narratif, à la construction moins élaborée. Un vagabond observe à travers un carrelet la créature qui guide ses sens : une femme potelée sans tête, métaphore de la sexualité réduite à sa simple dimension. A lui seul, le titre fait déjà allusion à une extension du sens. Au centre de la représentation, il y a l'*homo viator* : l'être humain solitaire, errant et tourmenté, toujours en route et donc jamais chez lui. Mais ce tableau propose aussi une image globale de la psyché humaine, errant en elle-même, jouet du désir et donc toujours à la dérive. Or, ce passage à un plan général est impossible si la base individuelle fait défaut. En d'autres termes : le chevalier errant est en premier lieu l'artiste lui-même, le rêveur solitaire, perdu dans ses propres pensées, cherchant vainement son chemin au milieu des péripéties de la vie. Fixant le vide de sa vie amoureuse, il aspire à l'affection et à l'intimité. En se basant en partie sur ses expériences personnelles, Frits van den Berghe développe donc une vision de la relation homme-femme qui s'écarte profondément de celle de Gustave de Smet. Dans sa célèbre série de gouaches sur le thème de *La Femme* (1924), Van den

Berghe parvient en tout cas à une projection de motivations personnelles authentiques. Dans cette série, la femme est plus que jamais associée à la promesse, pas à l'exaucement[70].

L'approche réservée de Gustave de Smet transparaît
[248] même dans le tableau *La Bonne Maison* (1926) – thème classique dans les arts plastiques. Face à ce sujet qui invite aisément à un érotisme trivial, l'artiste refuse de renoncer à des valeurs telles que la distinction et l'harmonie. L'atmosphère est épurée par une approche distante. La scène, presque irréelle, est marquée par la froideur, pour ne pas dire une certaine inaccessibilité. La symétrie rigoureuse, renforcée par une distribution équilibrée des tonalités dominantes, le brun et le blanc, exclut en tout cas toute pensée inconvenante. La main régulatrice a conduit l'expressionnisme à bonne distance de la violence éruptive des exemples allemands.

Si, chez De Smet, la tendance à réfréner les sentiments en les soumettant à la discipline de la composition domine, chez Van den Berghe les implications du conflit des sexes sont abordées sans beaucoup de détours. Le tableau
[247] *Les Amoureux du village* (1925), conçu dans une première ébauche comme la représentation d'un groupe de paysans dansant à l'occasion de la kermesse, en est l'illustration. Du point de vue formel, on relève des points de convergence avec la peinture française contemporaine, par exemple les formes statuaires, volumineuses des amoureux, qui peuvent être rapprochées de l'œuvre de Léger et de Picasso. En dépit de ces principes constructifs, le peintre essaie principalement de conférer au sujet le plus de tension possible par le biais de l'exagération et une caricature indulgente. Van den Berghe serre délibérément ses personnages l'un contre l'autre dans cette scène villageoise. Dans la lueur du réverbère, leurs têtes exaltées aux petits yeux ronds et brillants s'illuminent. Une passion et une tension s'expriment qui débordent pratiquement du cadre : le peintre entraîne le spectateur vers une strate cachée de pulsions et de désirs. Cette scène peinte avec exubérance acquiert ainsi une charge érotique que l'on retrouve également, mais avec beaucoup moins de réserve, dans l'art allemand de l'époque[71]. Van den Berghe rehausse toutefois l'ensemble d'une note d'esprit en évoquant le problème avec fantaisie et humour.

Une plaisanterie discrète peut parfois dissimuler le message secret d'une toile. De grands tableaux avec figures
[246, 242] comme *La Bonne Auberge* (1924) et *Les Rives* (1926) réunissent hommes et femmes. L'image nocturne du premier tableau nous semble curieusement familière ; elle touche presque même à l'anecdote. L'obscurité est tombée sur la Lys. Sur un gros bac d'un rouge brique, une paysanne bien en chair fait traverser la rivière à un cycliste. Chaleur et détente les attendent dans l'auberge sur l'autre rive. La donnée est d'une parfaite banalité. Pourtant, il plane sur la scène une étrange impression d'attente et de sensualité, sentiment qui est directement lié à la rencontre des deux personnages sur le bac. La savoureuse toile *Les Rives* est placée sous le signe du luxe, de la légèreté et de l'insouciance. La scène, composée avec aisance et espièglerie, se déploie tel un éventail bigarré. Autour d'un vide central, les touristes d'un jour se rassemblent, en quête de détente sur les bords de la Lys. Il règne une atmosphère de légèreté, d'indolence, chaque couple essayant de se donner une contenance, parfois timide, parfois légèrement gênée, avant la brève rencontre intime. De plus, dans l'esprit du peintre italien Giorgio de Chirico (1888–1978), des objets tels que les bateaux et les arcades des ponts peuvent présenter des connotations sexuelles[72].

Chez Gustave de Smet, le motif du couple humain correspond à l'aspiration à un monde d'harmonie, à une vie que ne vient ternir aucune fausse note. Cette aspiration se maintient lorsque, vers 1927, l'artiste évolue dans le sens de l'abstraction décorative. Sous l'effet du coloris notamment – une délicate harmonie de laurier-rose, blanc rosé, bleu glacé et ocre pâle – l'atmosphère de la représentation se fait
tantôt légère, tantôt distante. Une toile comme *Le Canapé* [254]
bleu (1928) est caractéristique de cette tendance. La composition plane est liée à un réseau d'horizontales et de verticales à l'intérieur duquel l'artiste agence avec un plaisir évident des formes interrompues et se coulant les unes dans les autres. Dans le cadre architectonique ainsi créé, il arrive que les plans se heurtent et se coupent. Le motif semble d'abord compris comme un défi au talent plastique de l'artiste. Il n'empêche que, derrière les formes découpées, se cache une sensibilité délicate qui témoigne pleinement de l'empathie du peintre avec son sujet.

Au milieu des années vingt, les nuances qui viennent d'être décrites au sein de l'« expressionnisme flamand » s'appliquent toujours davantage aux contributions individuelles. Les convergences des années précédentes évoluent à nouveau vers la différenciation après 1925. Ainsi, l'œuvre de Frits van den Berghe contient un nombre croissant d'aspects insaisissables qui ne cessent de creuser l'écart avec Permeke et De Smet. Sa conception de la vie est fondamentalement différente de celle de ses camarades. Il ne se contente pas d'épurer la forme et le sentiment à la manière de De Smet. Il aspire en permanence à l'expression de la vie intérieure et des phénomènes qui jaillissent du subconscient.

Gustave de Smet est un esprit spéculatif qui place les objets dans un cadre plastique constructif à la recherche d'équilibre et d'ordre. Son art délicat et pondéré, qui ne manque pas de raffinement, est le fruit sans cesse mûri de la réflexion. Tout est ordonné selon un rythme pur, les couleurs et les formes sont ajustées méthodiquement. L'émotion se dissimule derrière les formes, l'autonomie picturale du tableau, en particulier, est fortement ressentie. En fin de compte, un profond désir d'harmonie prend forme dans un monde plastique qui exprime le contentement fondamental de l'auteur par rapport à son sort.

C'est sans doute l'art de Constant Permeke qui reste le plus proche de l'expressionnisme. Les sentiments instinctifs se manifestent dans un langage gestuel impétueux : l'élan de vie s'extériorise de toutes parts. Son œuvre, qui met principalement en scène le paysan, le pêcheur ou l'ouvrier, est la somme d'impulsions fiévreuses qui ne se cristallisent pas en une structure soigneusement réfléchie, mais affluent librement sur des toiles parfois à demi achevées. L'expressionnisme s'impose d'emblée, sans calcul raffiné, avec force et arrogance parfois, dans des déformations audacieuses et un style dont le caractère direct a une dimension angoissante.

57 Pour « Les paysages animés », voir G. Baucquier, *Fernand Léger*, Paris 1987, pp. 93–96. Les paysages de Léger dont il est question sont repris dans G. Baucquier, *Fernand Léger – catalogue raisonné 1920–1924*, Paris 1992, n°s 261–286.

58 André de Ridder affiche sa préférence in « Le Cubisme. Gloses sur un articulet de M. André Lhote », *L'Art Libre*, I, 1919, n° 9, pp. 95–97 ; « Le Fauconnier », *L'Art Libre*, I, 1919, n° 10, pp. 10–108 et n° 11, pp. 119–120. Une anthologie des idées d'André Lhote est présentée par W. Hess, *Dokumente zum Verständnis der modernen Malerei*, Hambourg 1956, pp. 56–59.

59 A. de Ridder, « Fritz Van den Berghe », *Sélection*, Bruxelles, I, 10 (15 juillet 1921), s.p.

60 *Promenade des amants* (1920), huile sur toile, 147 x 96 cm, en bas à droite : *Gust. De Smet*, KMSKB, Bruxelles (inv. 8931) ; Boyens, *Gust. De Smet* [note 45], n° 528 ; *Le Peintre du soleil* (1921), huile sur toile, 117 x 98 cm, signé en bas à droite, collection particulière (Boyens *et al.*, *Frits van den Berghe*… [note 43], n° 271).

61 Les aquarelles de Metzinger, Dufy, Zadkine, Klee, Corinth, Grosz, Chagall etc. constituent ensemble le paysage de la peinture à l'aquarelle et à la gouache des années vingt et trente. Elles coexistent dans une variété de styles et de techniques. On pourrait dire qu'elles reflètent les possibilités stylistiques des années vingt. L'univers du fantastique, du grotesque et du féerique forme, avec la magie du cirque et de la variété, le principal sujet de ces œuvres, voir H. H. Hofstätter (éd.), *Geschichte der Kunst und der künstlerischen Technike*, Wiesbaden 1973^2, pp. 101–124. En Belgique, des artistes comme Gustave de Smet, Floris Jespers, Edgard Tytgat et Frits van den Berghe se servent de cette technique fluide au milieu des années vingt, voir également à ce propos « Aquarel en gouache », in *Vlaams expressionisme*… [note 54], pp. 314–325.

62 Aux Pays-Bas déjà, Gustave de Smet et Frits van den Berghe découvrent l'œuvre de Léopold Survage. La célèbre revue *De Stijl* illustre en novembre 1919 (III, n° 1) un de ses « paysages ». Un long commentaire accompagne la reproduction, vantant tout particulièrement la clarté et la pureté de la construction, débarrassée de tout détail décoratif ou littéraire. Dans le cercle de Sélection à Bruxelles, l'intérêt pour le procédé clair et novateur du nouveau venu va également croissant. En juillet 1920, Survage est l'invité de Sélection au Koninklijke Kunst- en Letterkring d'Anvers ; en décembre 1920, il envoie trois œuvres à l'exposition Section d'Or à Bruxelles. En 1920, le mensuel *Sélection* reproduit quelques-uns de ses « paysages » (renseignements tirés de D. Abadie, *Survage – Les Années Héroïques*, Musée d'Art moderne, Troyes ; Musée Matisse, Le Cateau-Cambrésis, Arcueil 1993, pp. 131–132).

63 Gustave de Smet et Frits van den Berghe connaissent l'œuvre de Heinrich Campendonk depuis leur exil aux Pays-Bas. La revue *Das Kunstblatt* contient régulièrement des illustrations d'après des œuvres de l'expressionniste allemand. De plus, en 1921, la petite monographie richement illustrée *Heinrich Campendonk* de Georg Biermann est éditée en tant que volume 17 de *Junge Kunst* (Leipzig, 1921). Dans une lettre adressée au collectionneur néerlandais P. A. Regnault (24 août 1921), Campendonk parle à son tour de l'œuvre de Gustave de Smet. Un ami lui a montré des photos des toiles de De Smet et Campendonk explique que les œuvres l'ont énormément intéressé (Dossier P. A. Regnault, RKD, La Haye).

64 W. Worringer, *Abstraktion und Einfühlung*, Munich 1911, 1948 ; W. Haftmann, *Malerei im 20. Jahrhundert*, Munich 1954, p. 195.

65 *Vlaams expressionisme*… [note 54], pp. 236–239.

66 H. H. Hofstätter, *Malerei und Graphik der Gegenwart*, Baden-Baden 1969, pp. 91*sqq*.

67 *Le Tueur de porc*, 1925–1926, huile sur toile, 56 x 68,5 cm, monogrammé en haut à gauche et en bas à droite : *HKR*, Eindhoven, Van Abbemuseum (inv. 198) ; *Herman Kruyder 1881–1935 – gedoemde scheppingen*, Haarlem 1996, n° 3.22.

68 Pour Herman Kruyder, voir entre autres P. Boyens, *Expressionisme in Nederland 1910–1930*, Zwolle 1994, 1995^2, pp. 175–185.

69 Après la guerre – et avant la rupture définitive –, Albert Servaes manifeste un regain d'intérêt pour l'œuvre de Constant Permeke et vice versa. Sur le plan stylistique, on relève aussi des points communs entre les paysans de Servaes et les pêcheurs de Permeke ; W. van den Bussche, *Permeke*, Anvers 1986, pp. 88–89 ; voir également la lettre de Constant Permeke à André de Ridder du 5 octobre 1920, archives PMMK, Ostende.

70 Boyens *et al.*, *Frits van den Berghe*… [note 43], n°s 340–362.

71 « Hatte man zur Jahrhundertwende die sexuelle Frage nachdrücklich aufgeworfen, so scheint jetzt mit gleicher Nachdrücklichkeit die Antwort erteilt zu werden. Die zwanziger Jahre entpuppen sich als wahrer Hexenkessel der Erotik », propos tenus par Hofstätter in *Malerei*… [note 69], p. 100.

72 A propos de la relation entre Frits van den Berghe et Giorgio de Chirico, voir Boyens, *Frits van den Berghe*… [note 39], pp. 188–192 et 332–333 (n. 95 et 99).

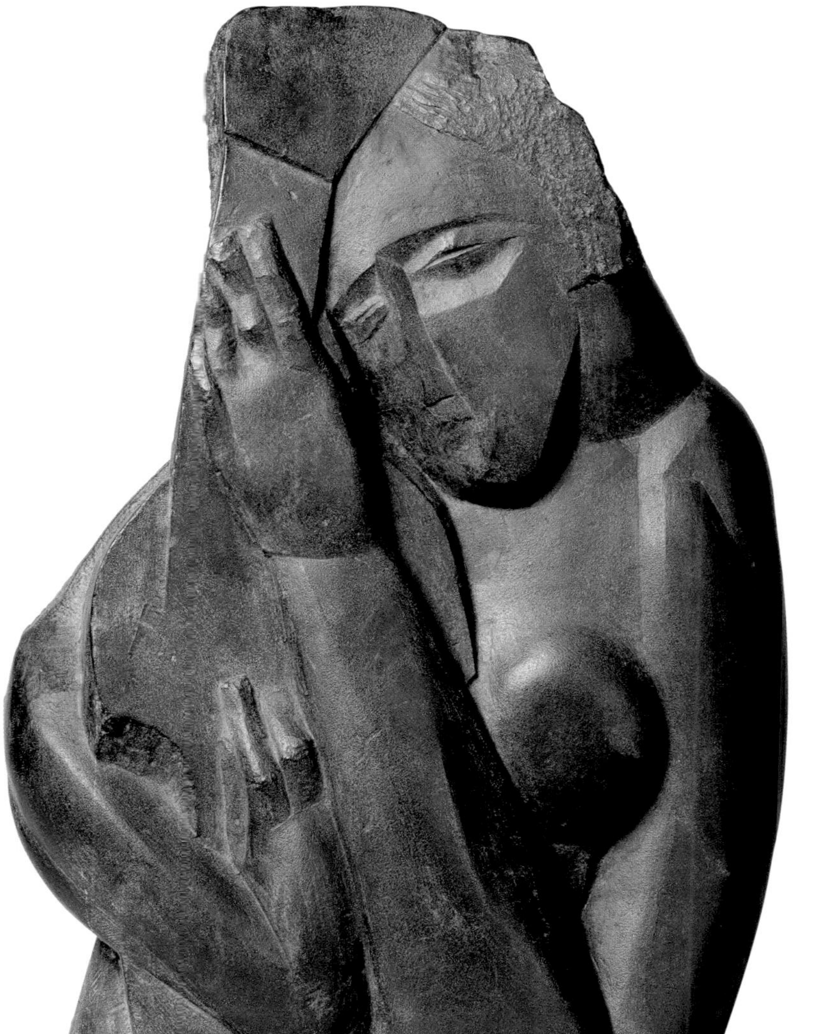

187 OSSIP ZADKINE • *Femme au violon* 1918–1919

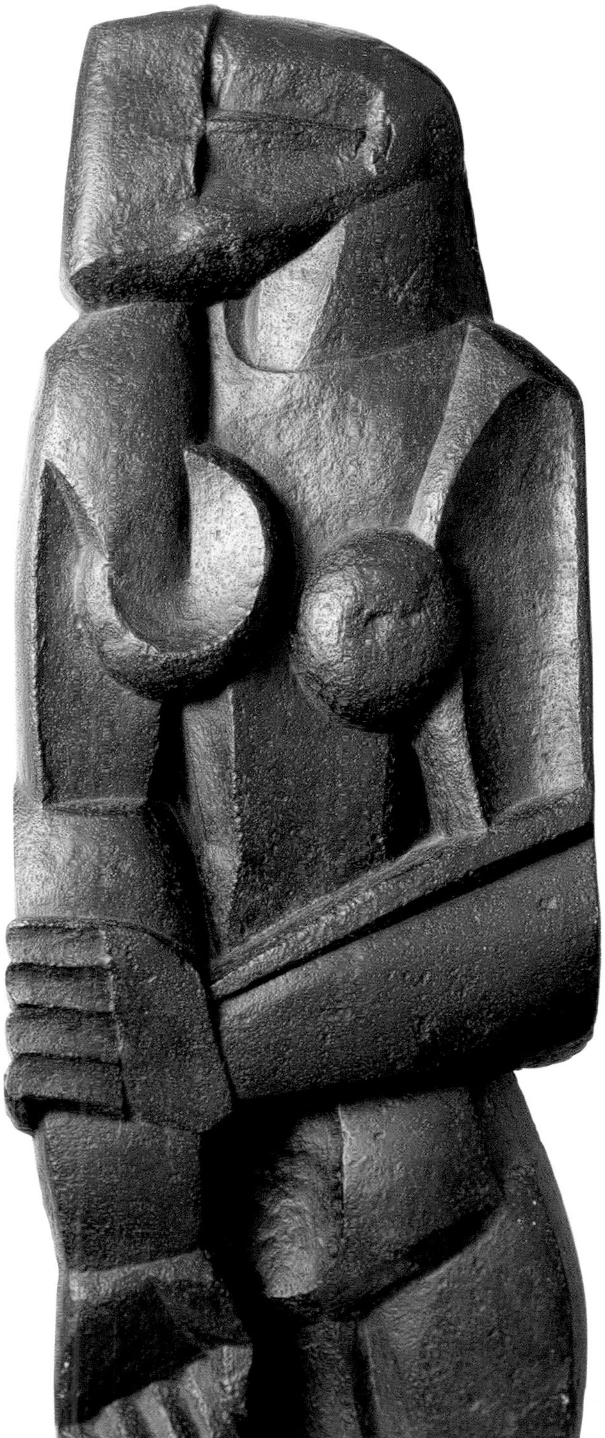

188 OSSIP ZADKINE • *Femme debout* 1922

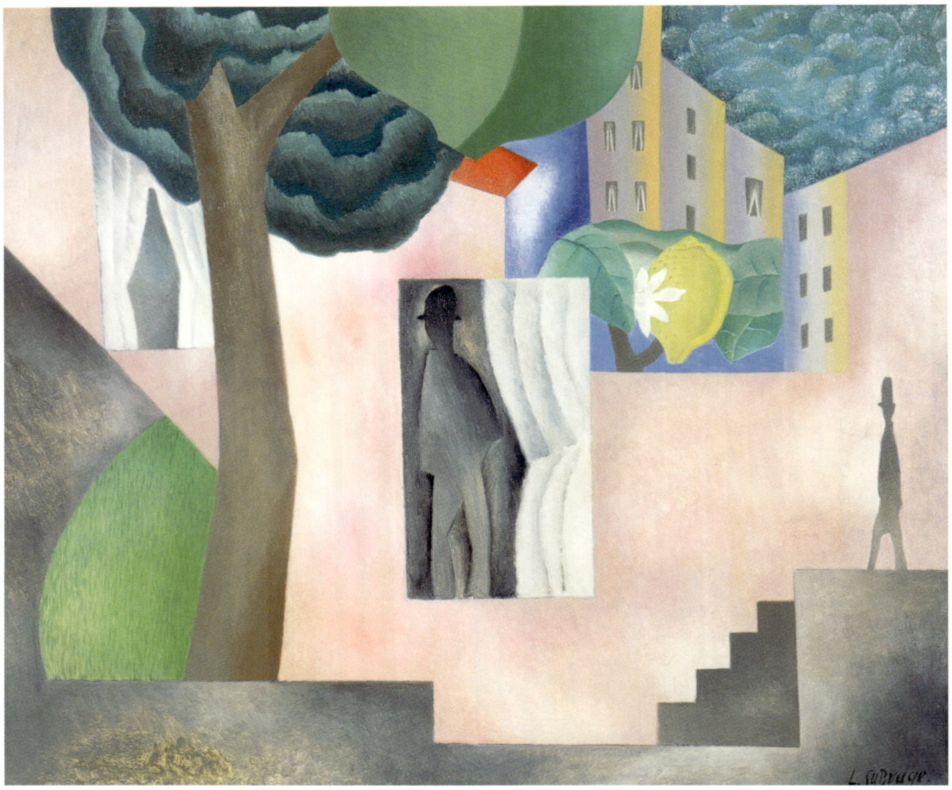

189 LÉOPOLD SURVAGE • *La Maison rose* 1916

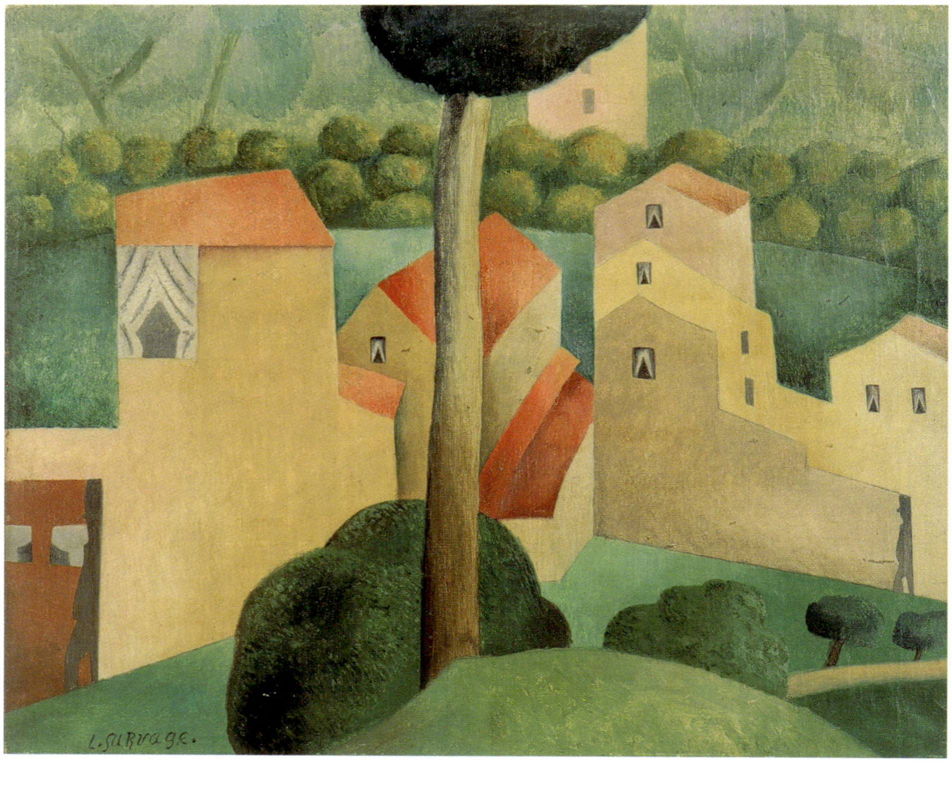

190 LÉOPOLD SURVAGE • *Paysage* 1918

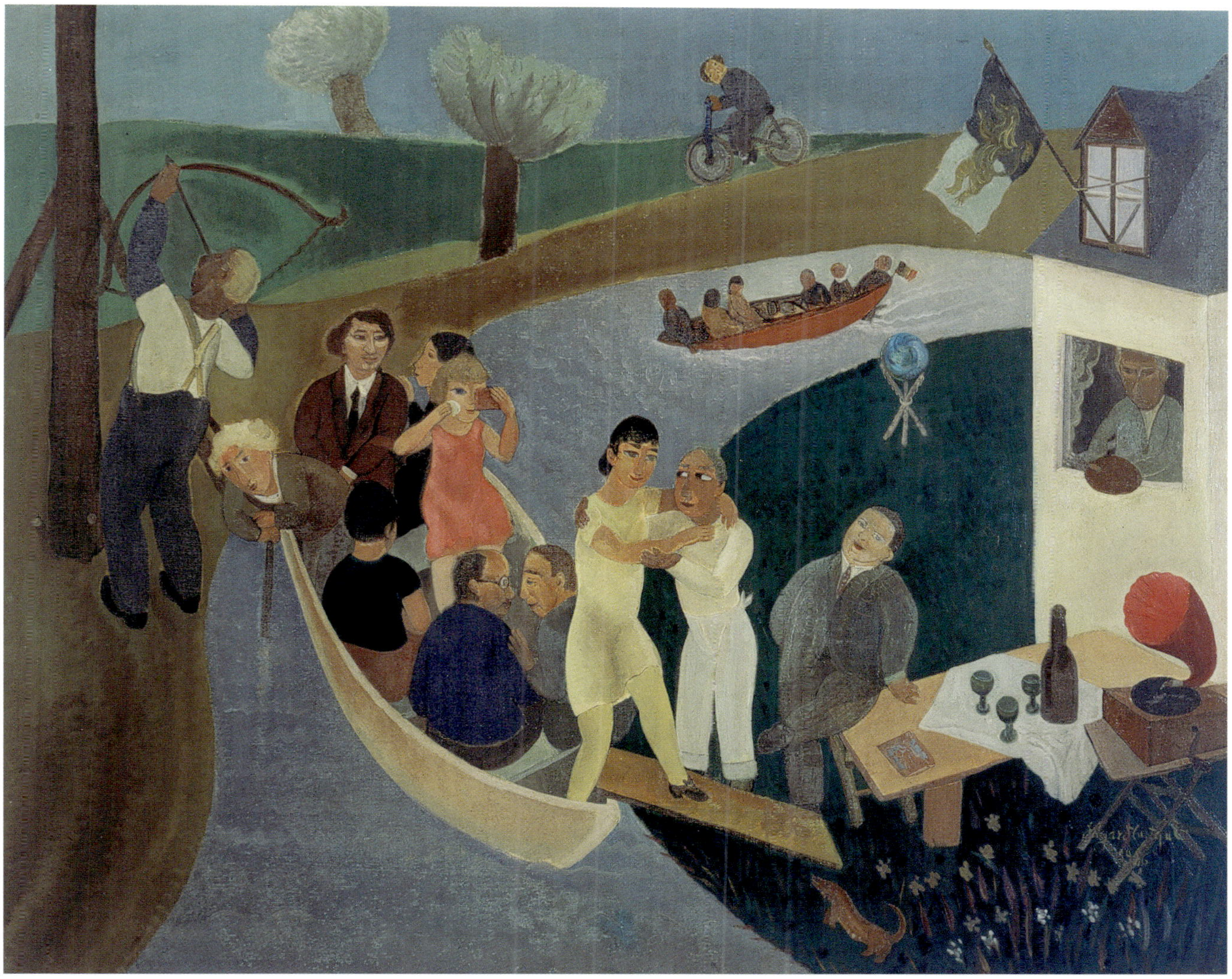

191 EDGARD TYTGAT • *Souvenir d'un dimanche* 1926

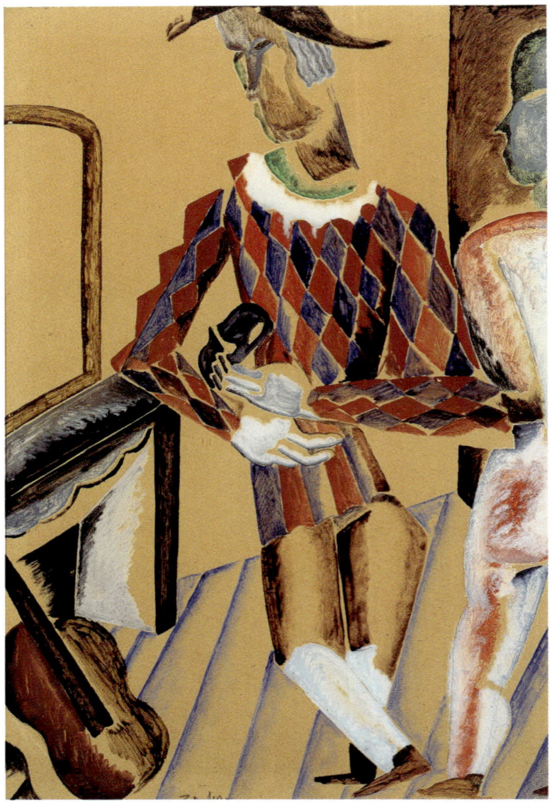

192 OSSIP ZADKINE • *Arlequin* 1922

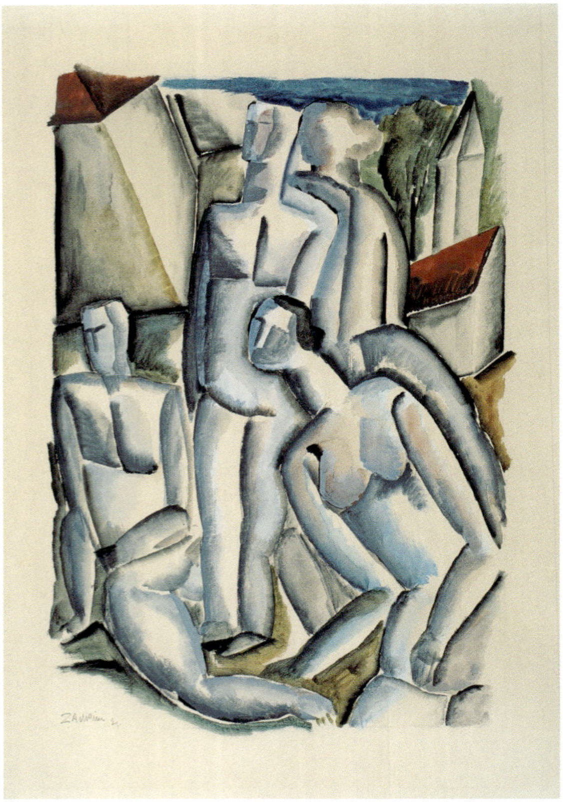

193 OSSIP ZADKINE • *Quatre figures au village* 1921

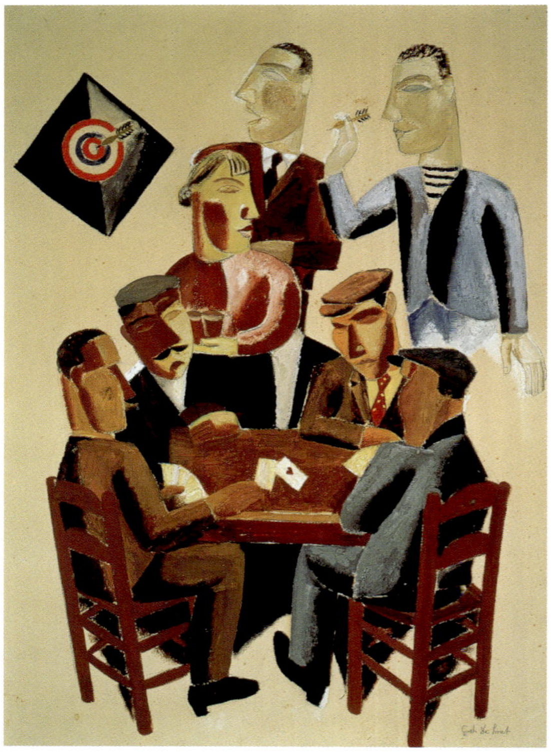

194 GUSTAVE DE SMET • *L'Auberge* 1925

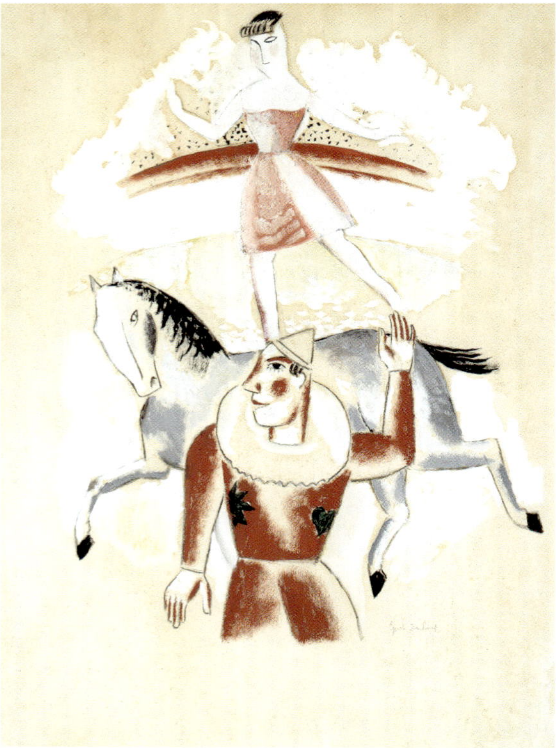

195 GUSTAVE DE SMET • *Le Cirque* 1924

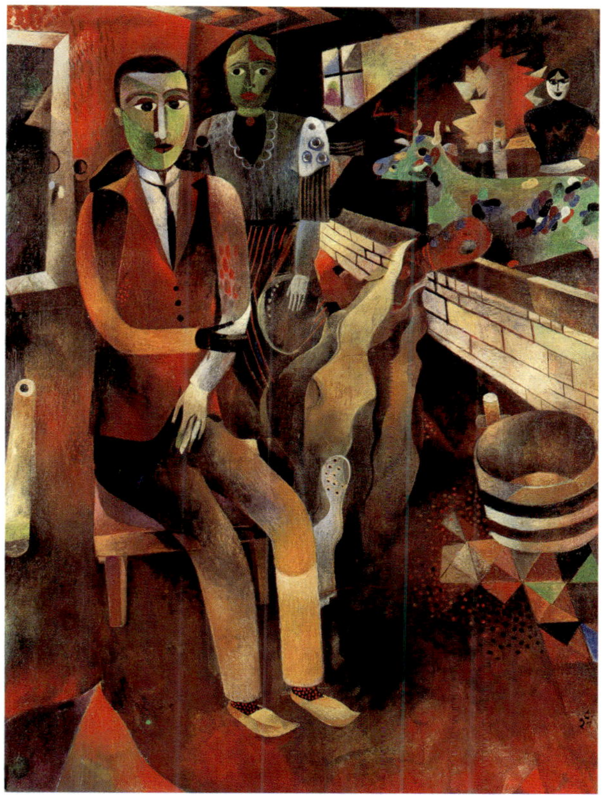

197 HEINRICH CAMPENDONK • *Intérieur de ferme* 1921

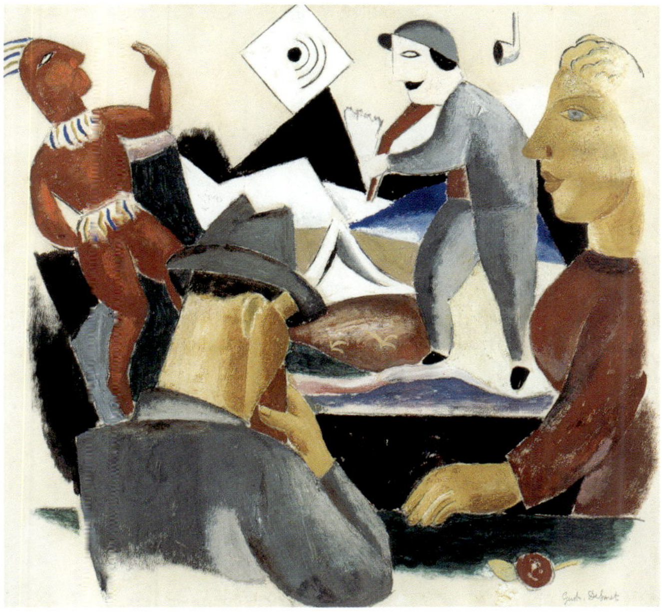

198 GUSTAVE DE SMET • *Le Tir forain* 1923

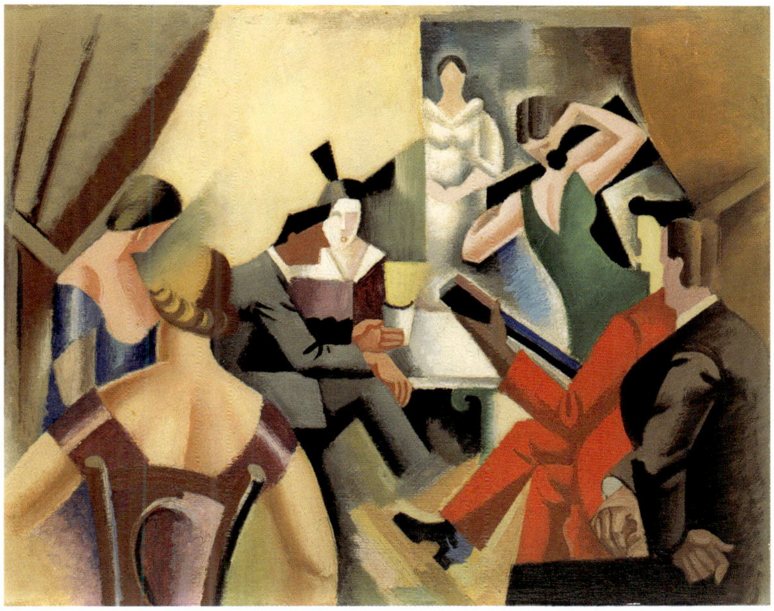

199 ANDRÉ LHOTE • *Gipsies bar* 1918

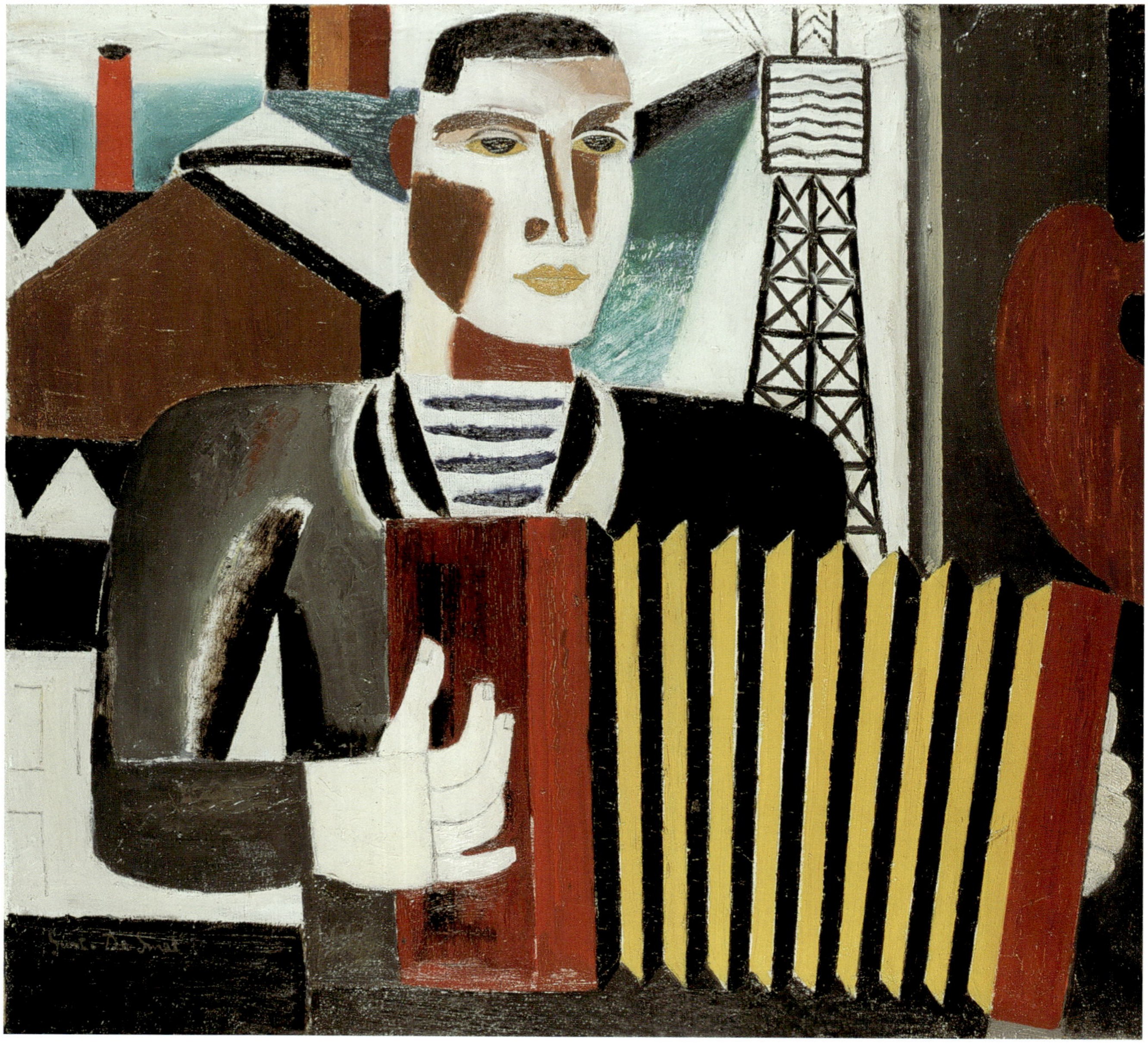

200 GUSTAVE DE SMET • *Le Joueur d'harmonica* 1926

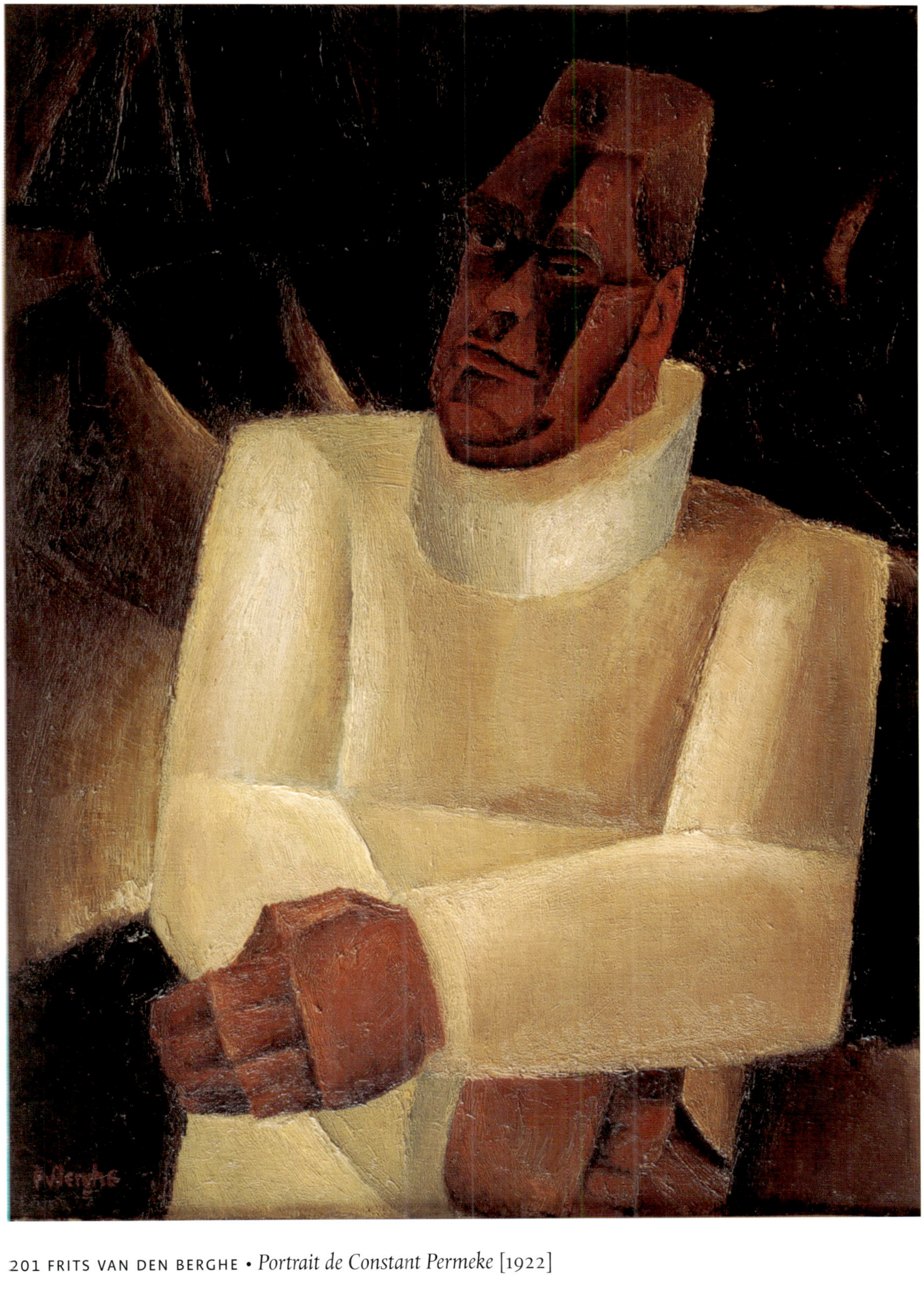

201 FRITS VAN DEN BERGHE • *Portrait de Constant Permeke* [1922]

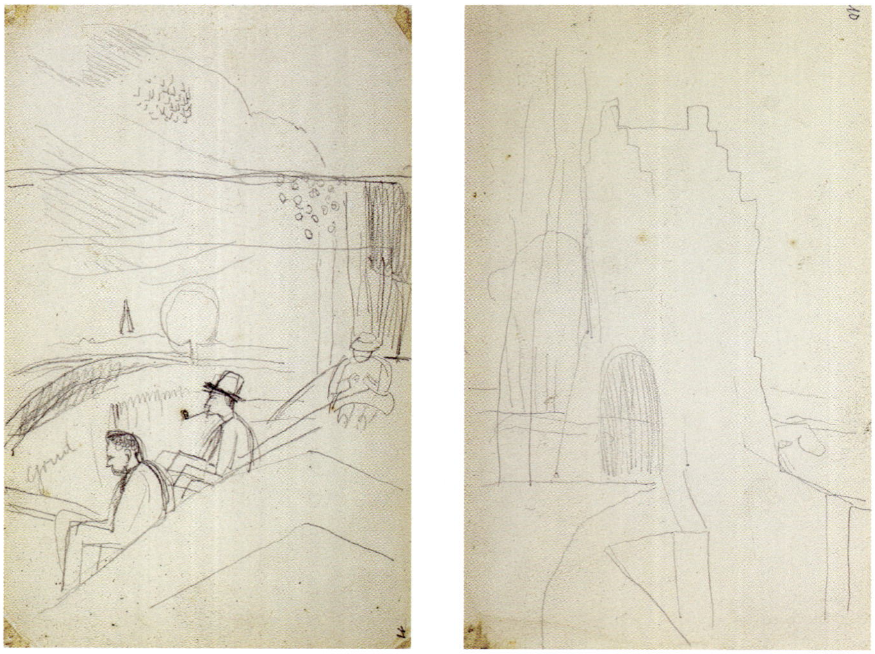

202 FRITS VAN DEN BERGHE • Feuillets du *Carnet de croquis d'Ostende – Bachte-Maria-Leerne* [vers 1922–1924]

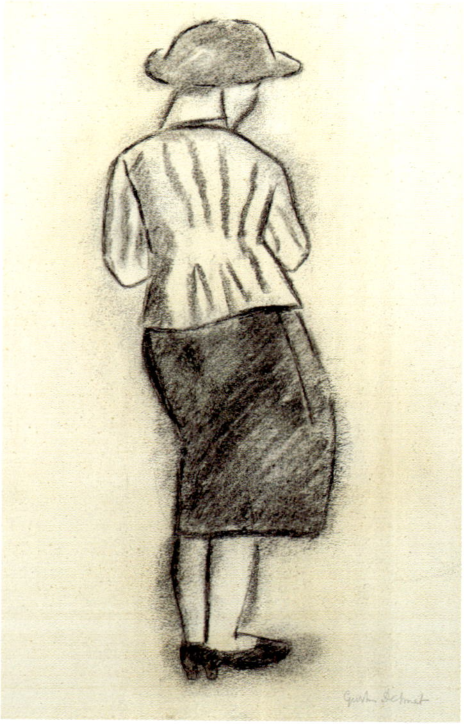

203 GUSTAVE DE SMET • *L'Attente* 1922

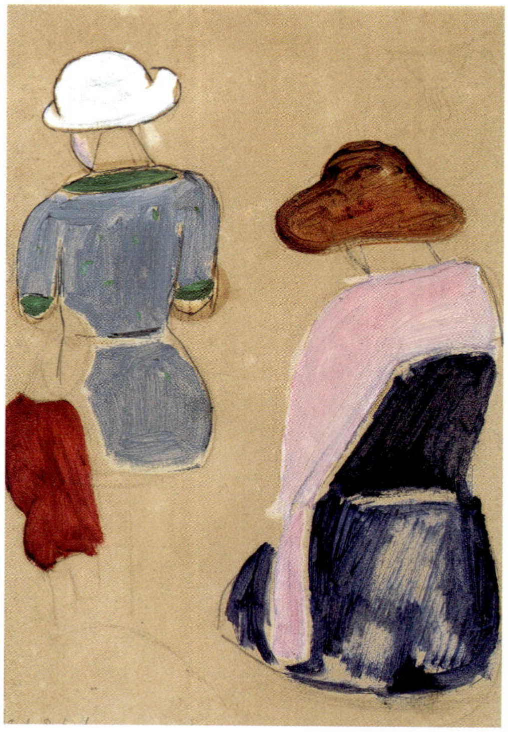

204 GUSTAVE DE SMET • *Deux femmes* 1922

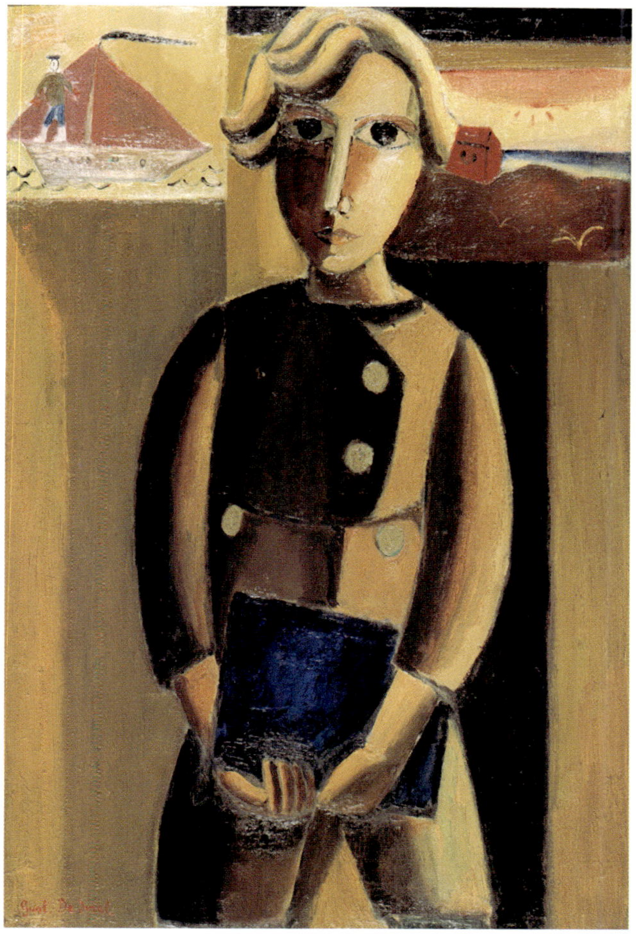

205 GUSTAVE DE SMET • *Pally* 1922

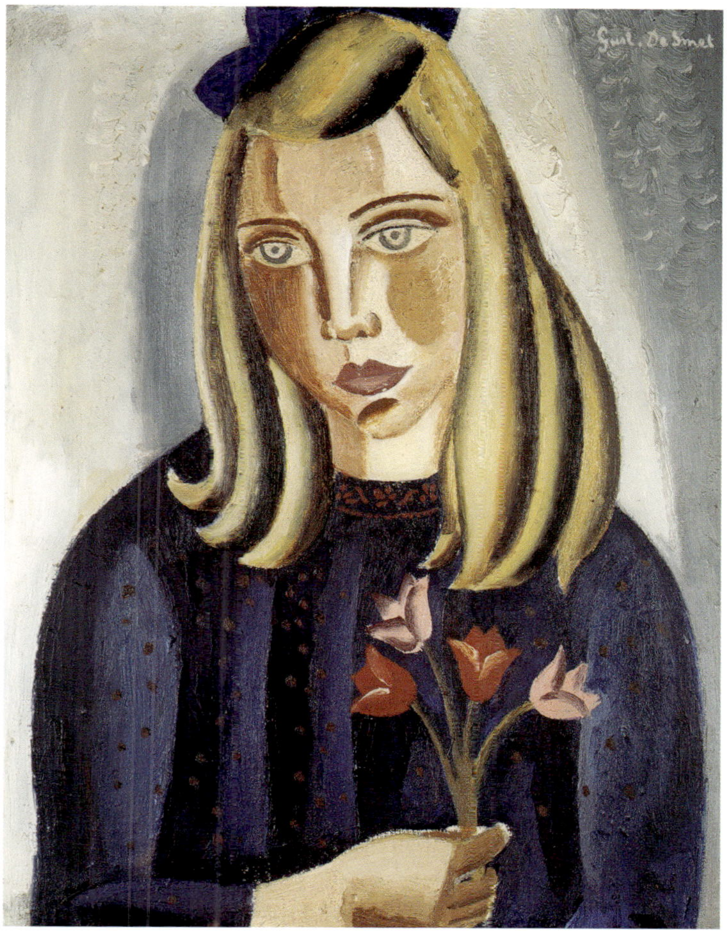

206 GUSTAVE DE SMET • *Jeune Fille aux tulipes* 1926

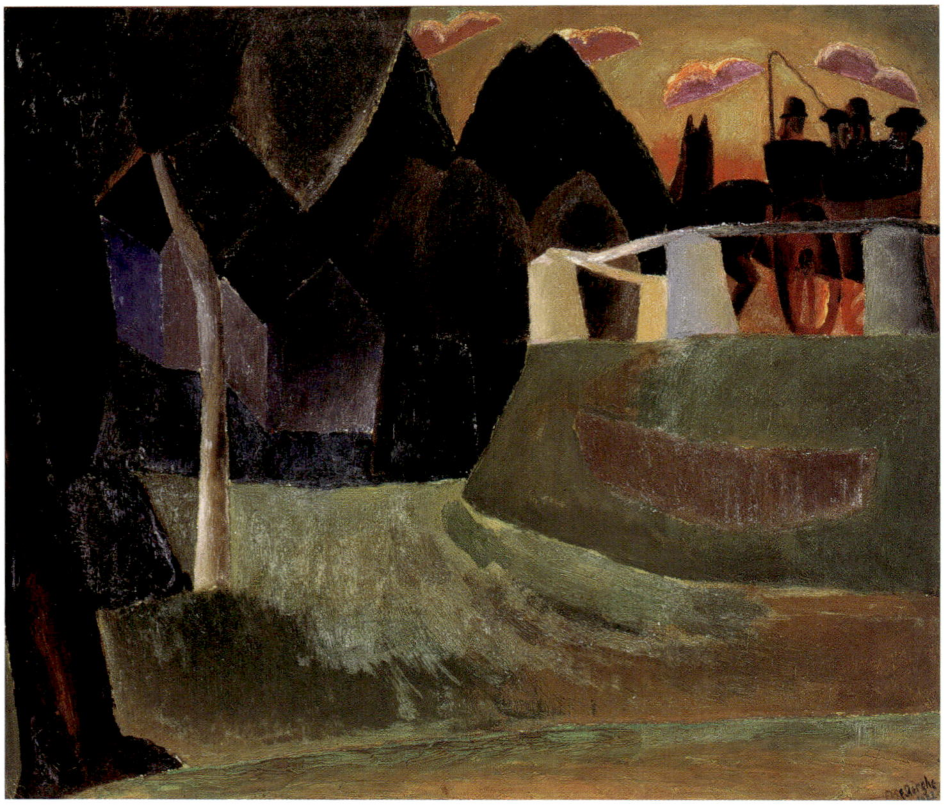

207 FRITS VAN DEN BERGHE • *Le Tilbury* 1922

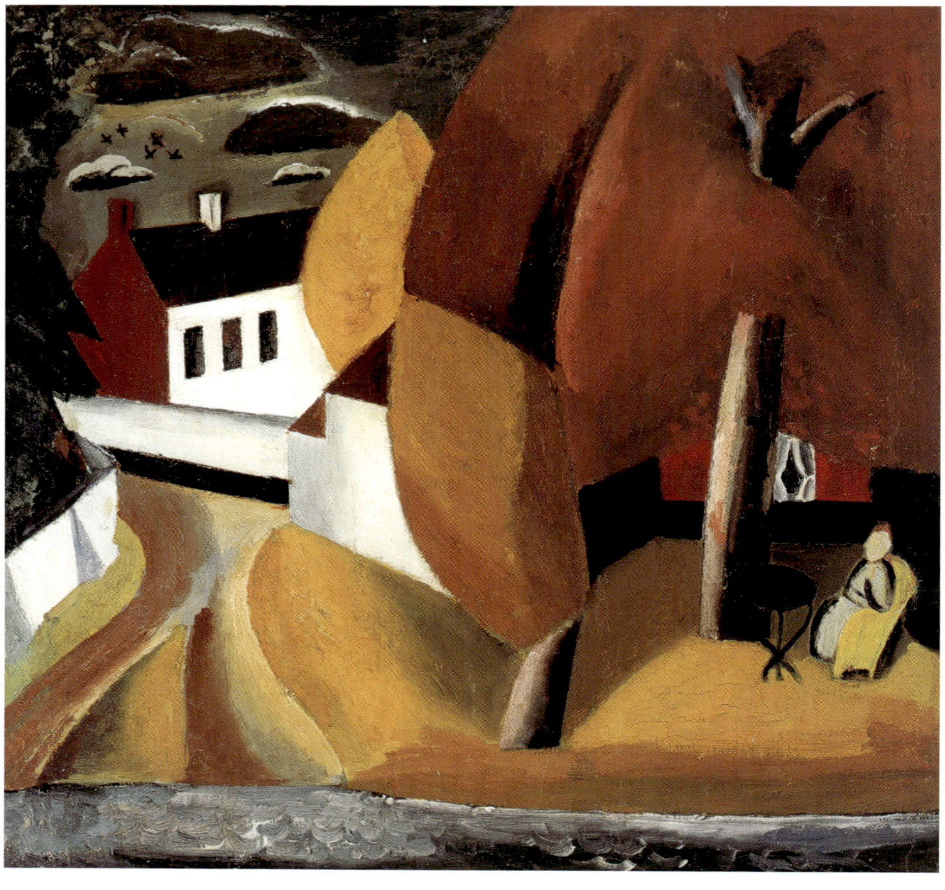

208 GUSTAVE DE SMET • *Paysage à la Lys* 1923

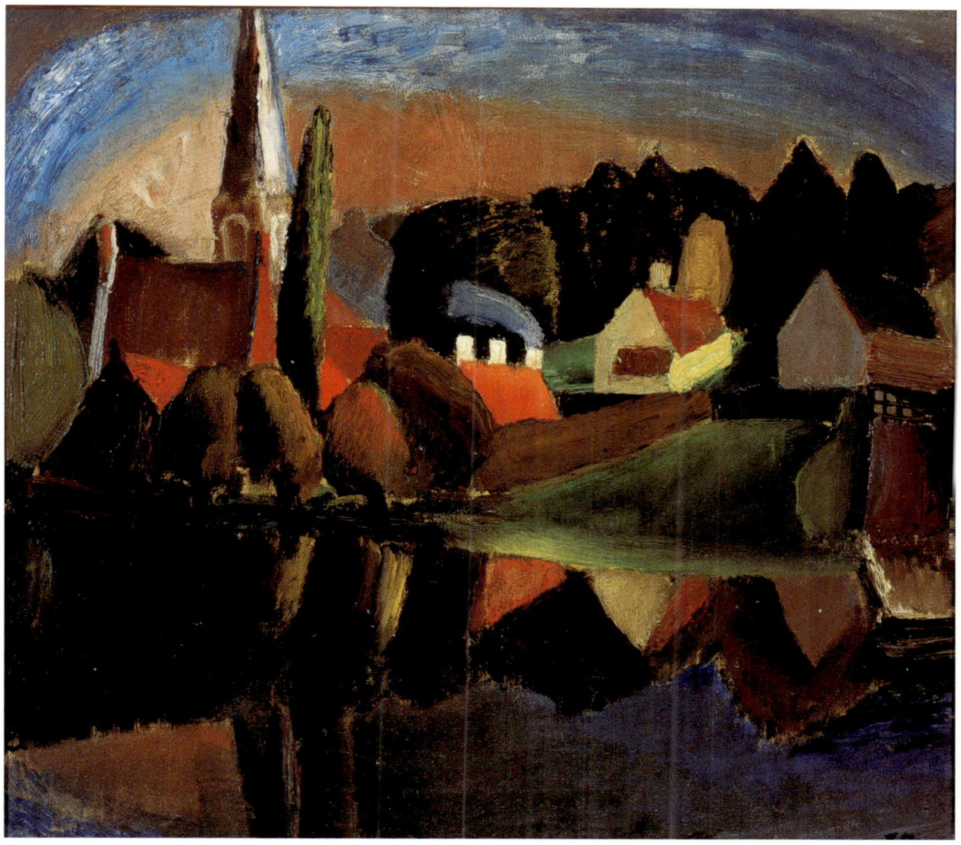

209 FRITS VAN DEN BERGHE • *La Lys à Deurle* 1923

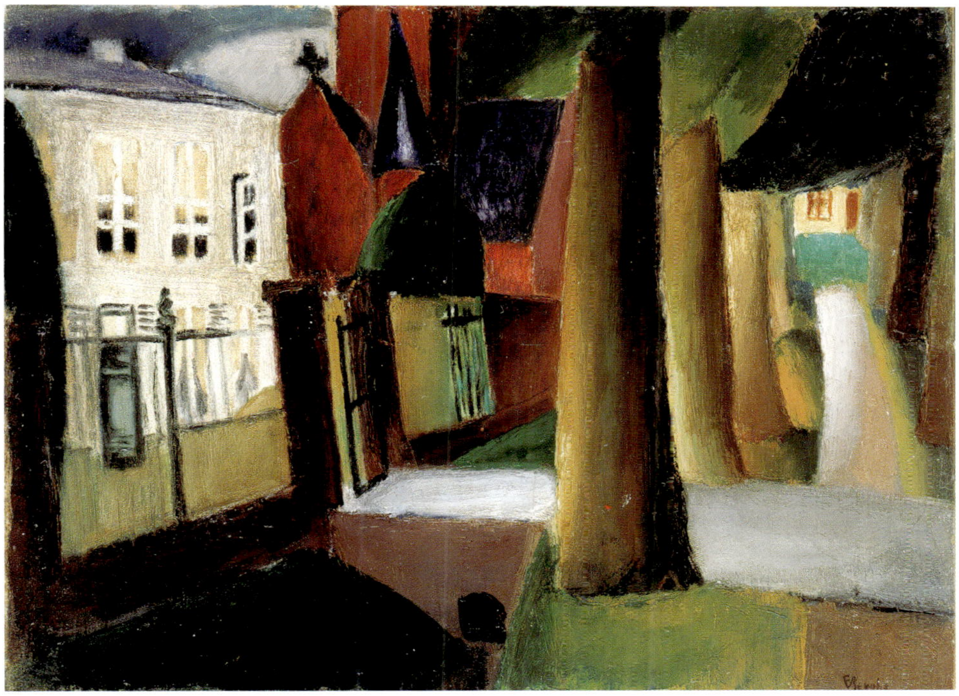

210 FRITS VAN DEN BERGHE • *Le Presbytère de Bachte-Maria-Leerne* 1923

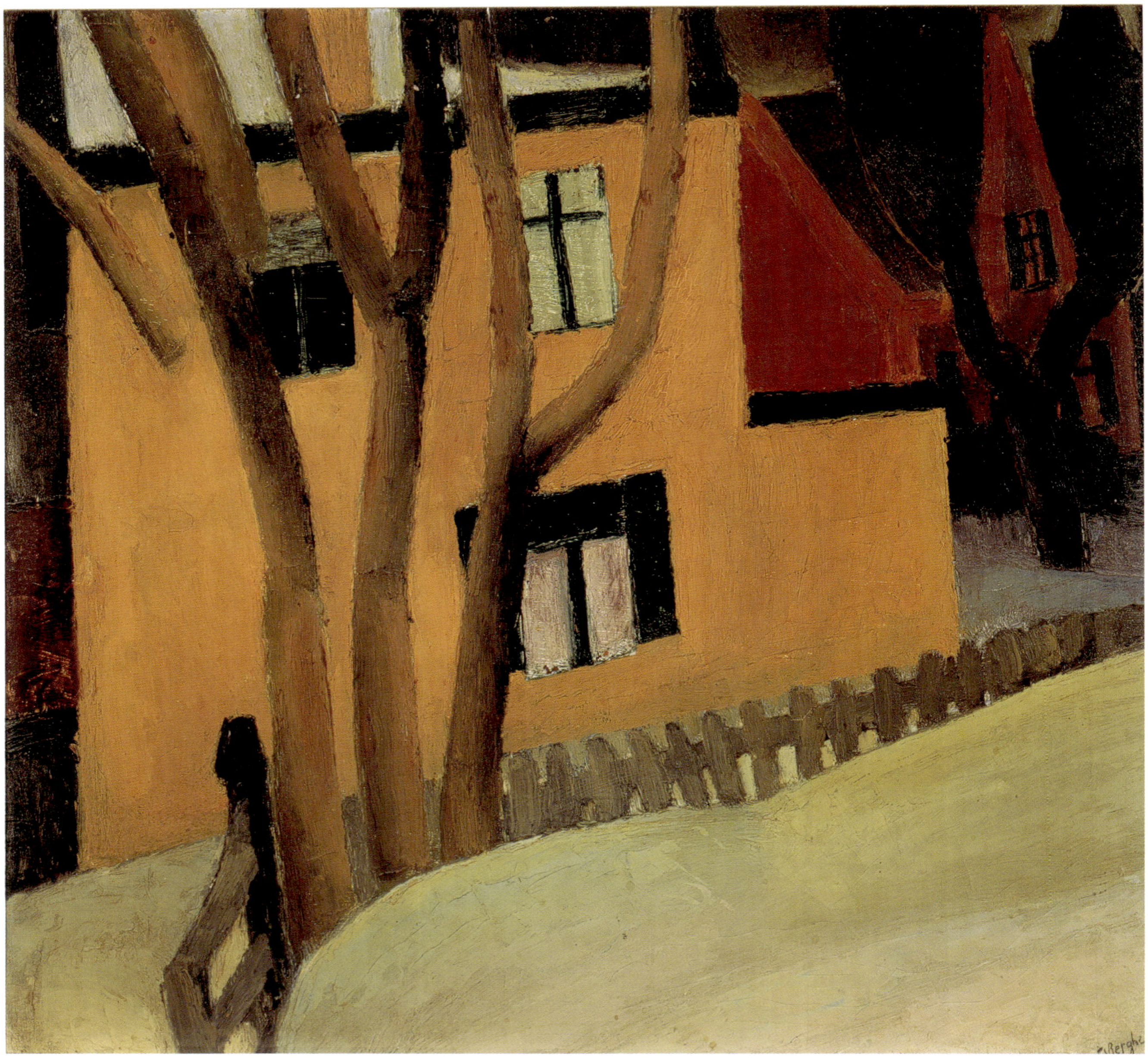

211 FRITS VAN DEN BERGHE • *La Maison jaune* 1922

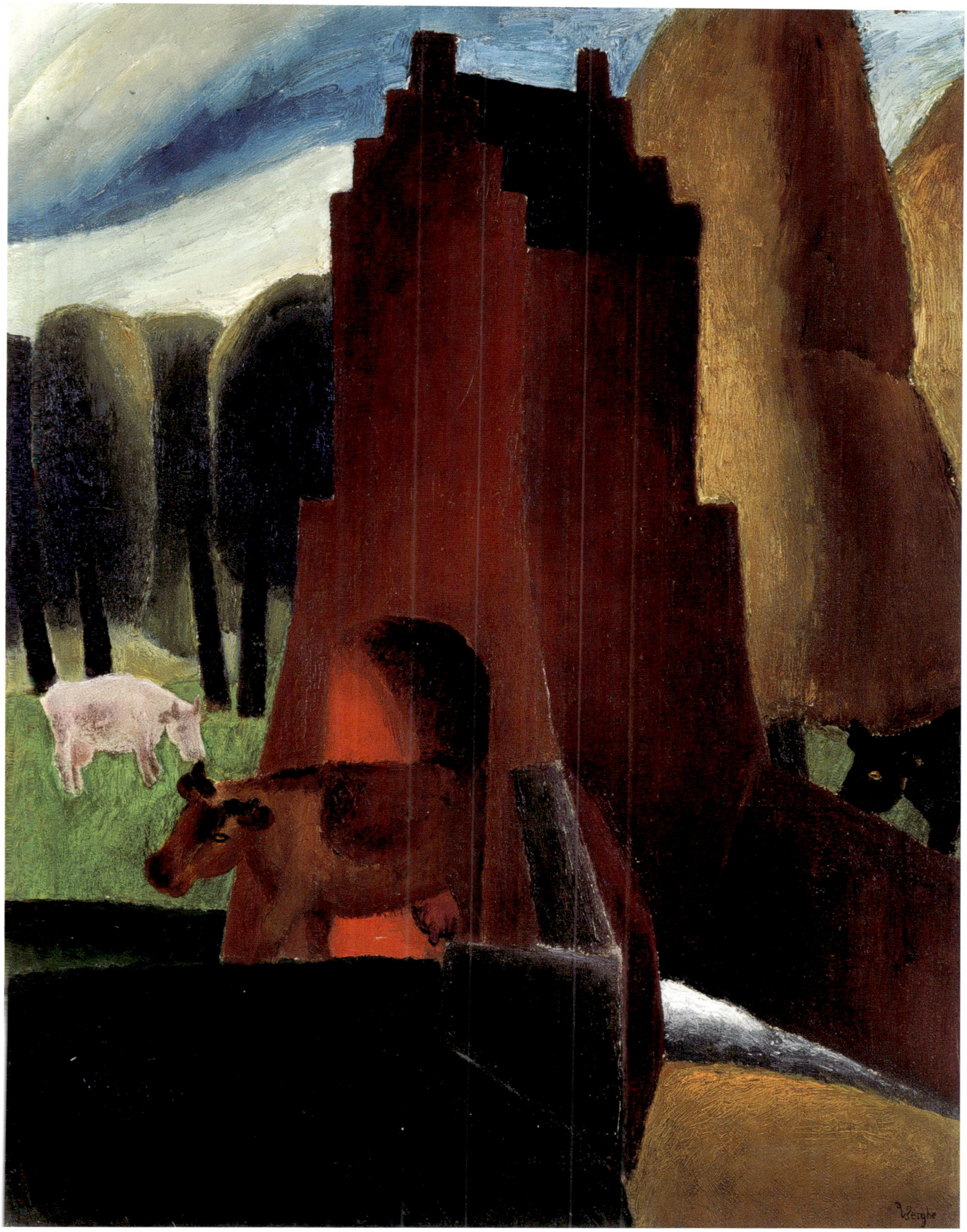

212 FRITS VAN DEN BERGHE • *Le Pigeonnier du château d'Ooidonk* 1923

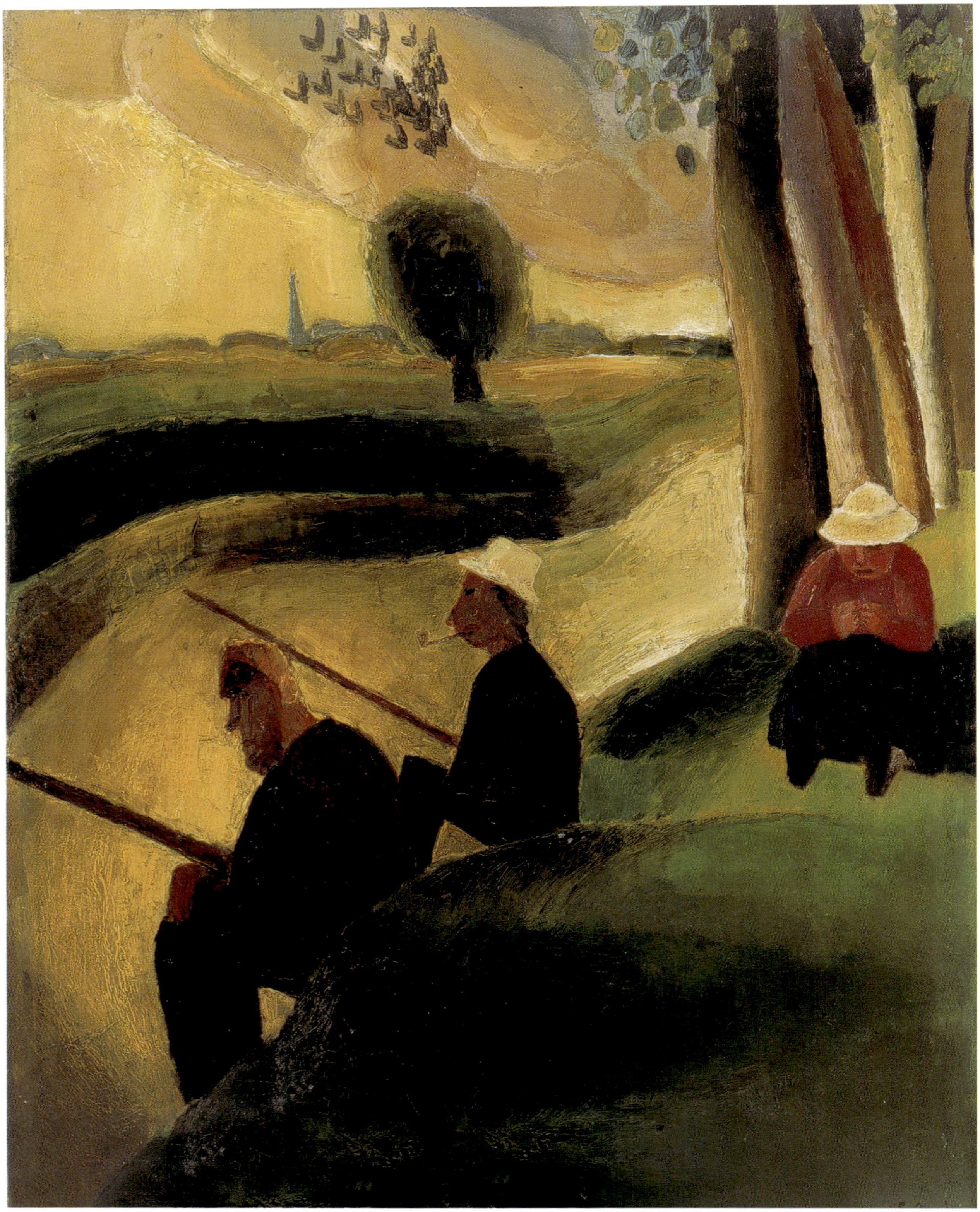

213 FRITS VAN DEN BERGHE • *Pêcheurs à la ligne à la Lys* 1923

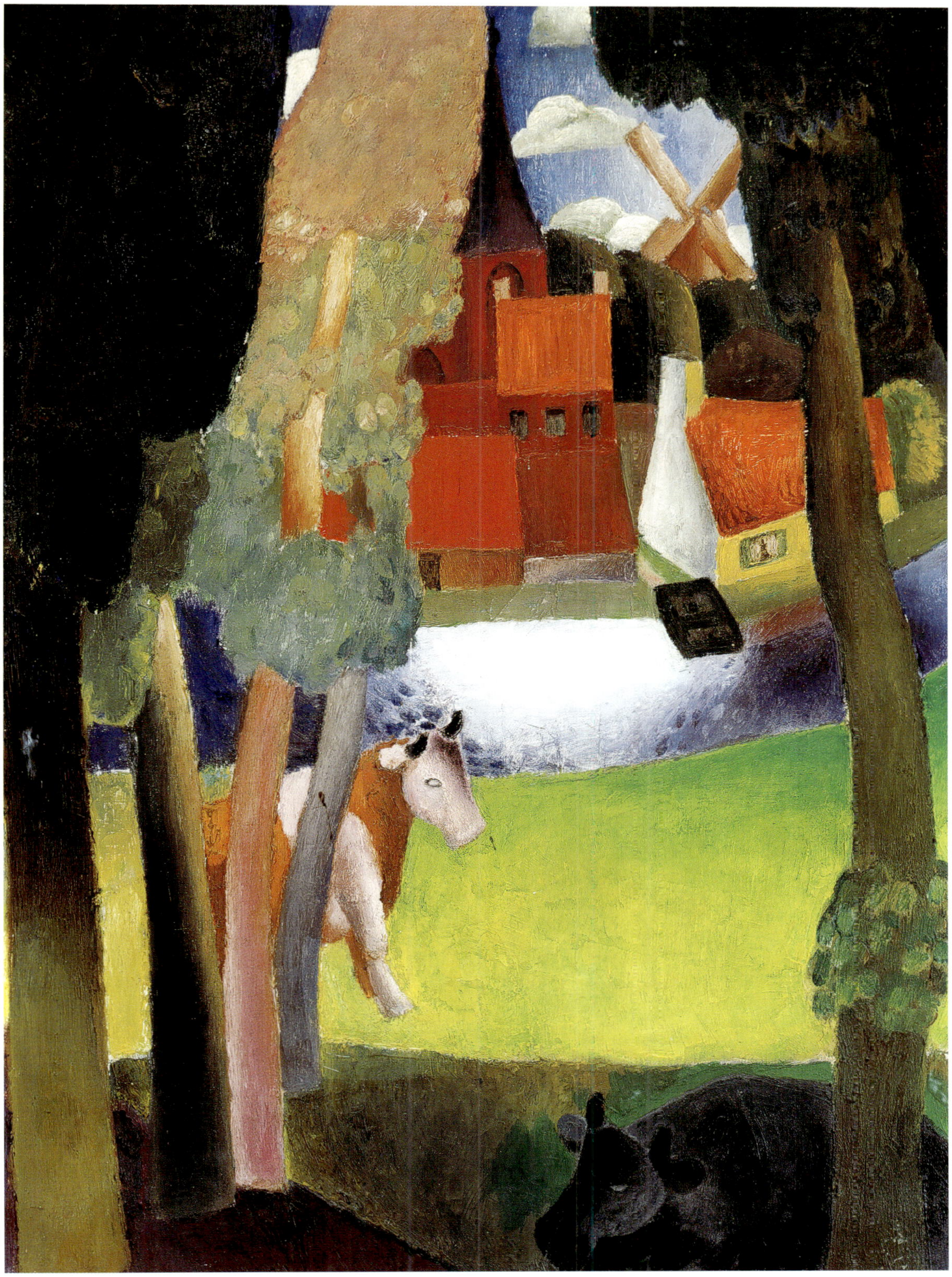

214 FRITS VAN DEN BERGHE • *Paysage à Deurle* 1923

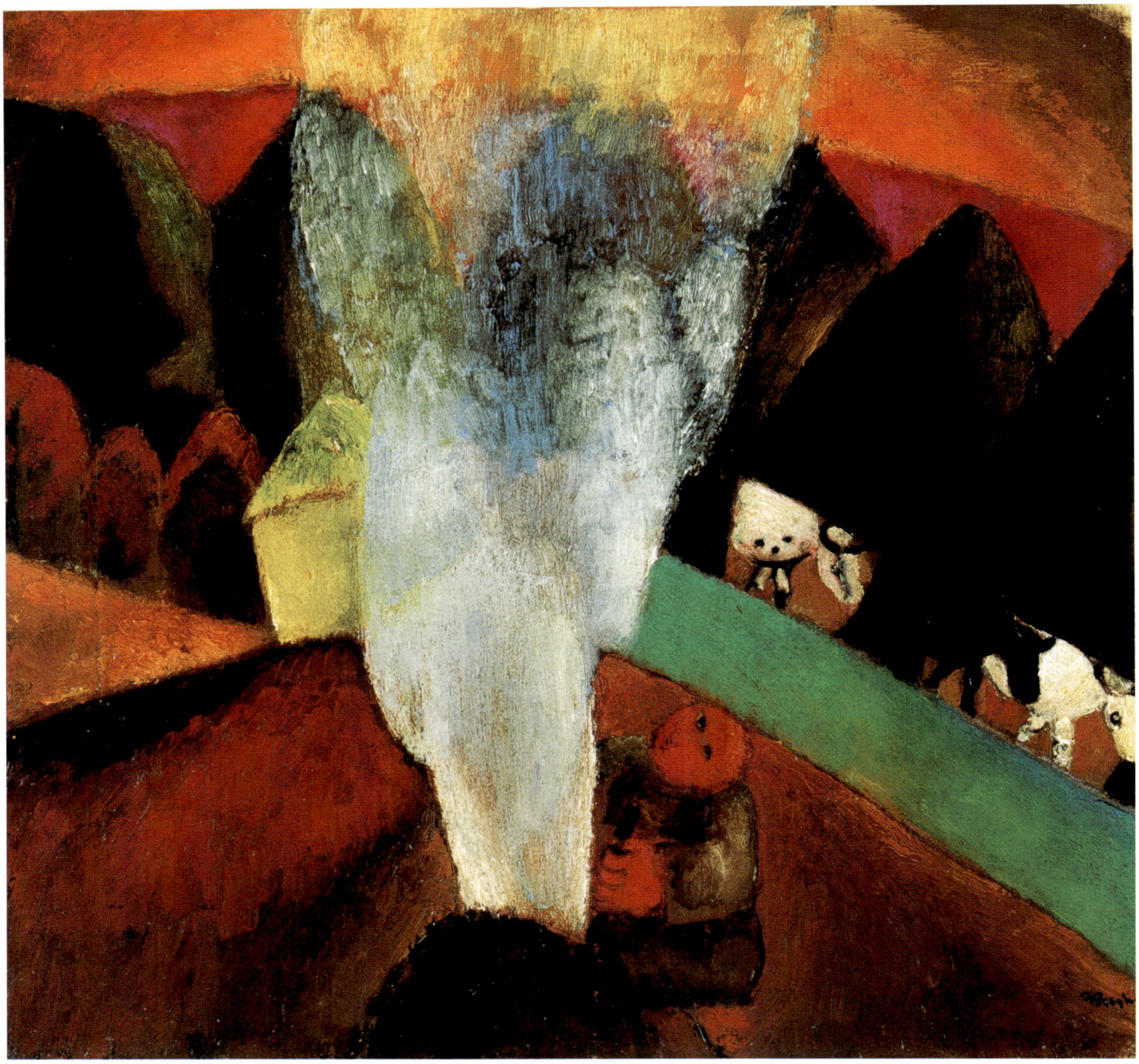

215 FRITS VAN DEN BERGHE • *Crépuscule* 1924

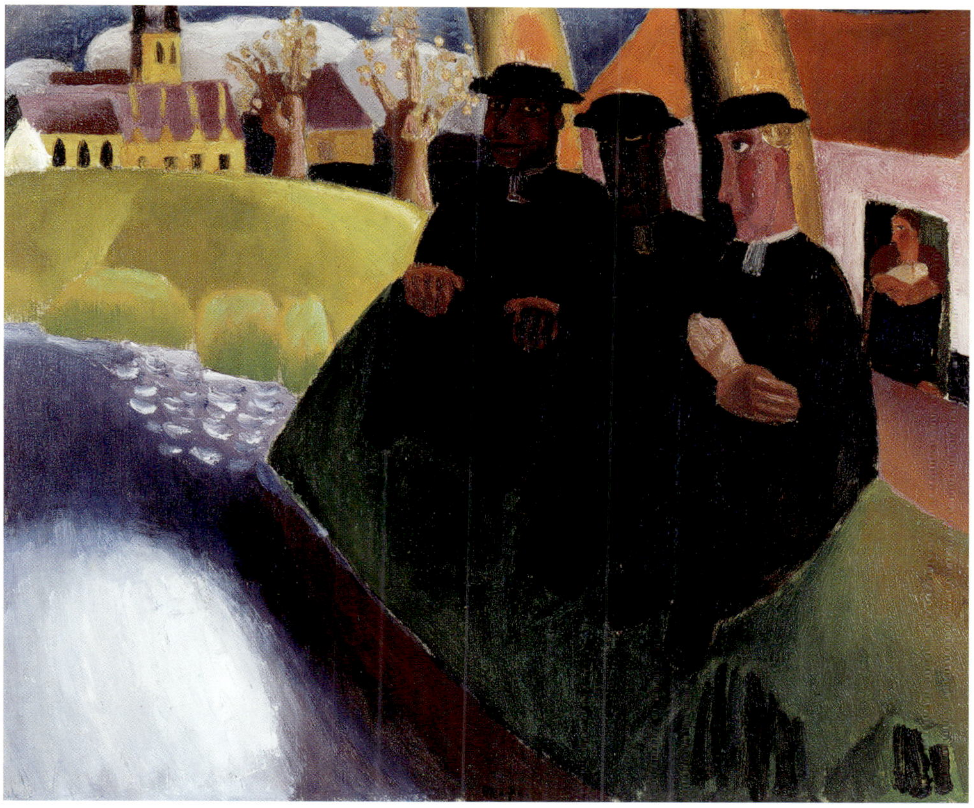

216 FRITS VAN DEN BERGHE • *Dimanche après-midi* 1924

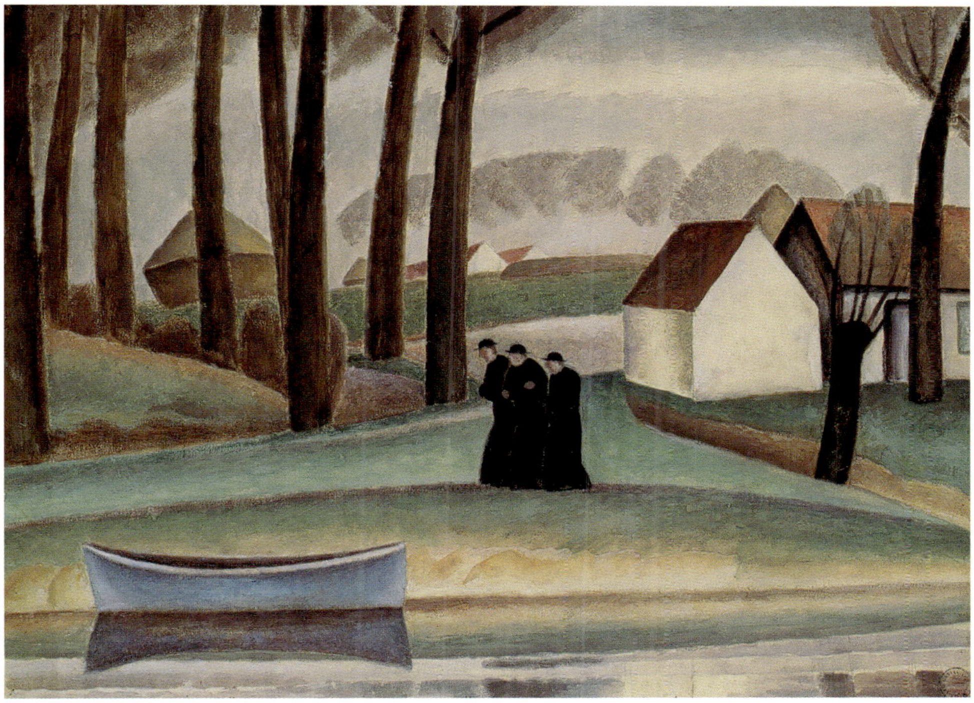

217 LEO GESTEL • *La Lys* 1926

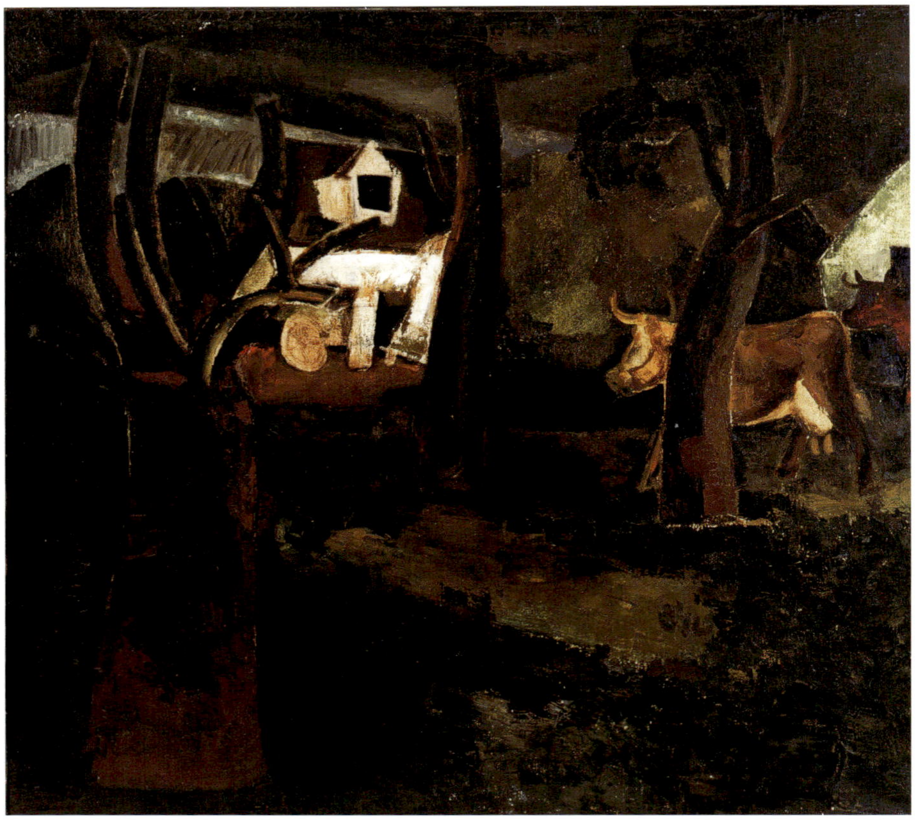

218 CONSTANT PERMEKE • *Le Verger flamand* 1923

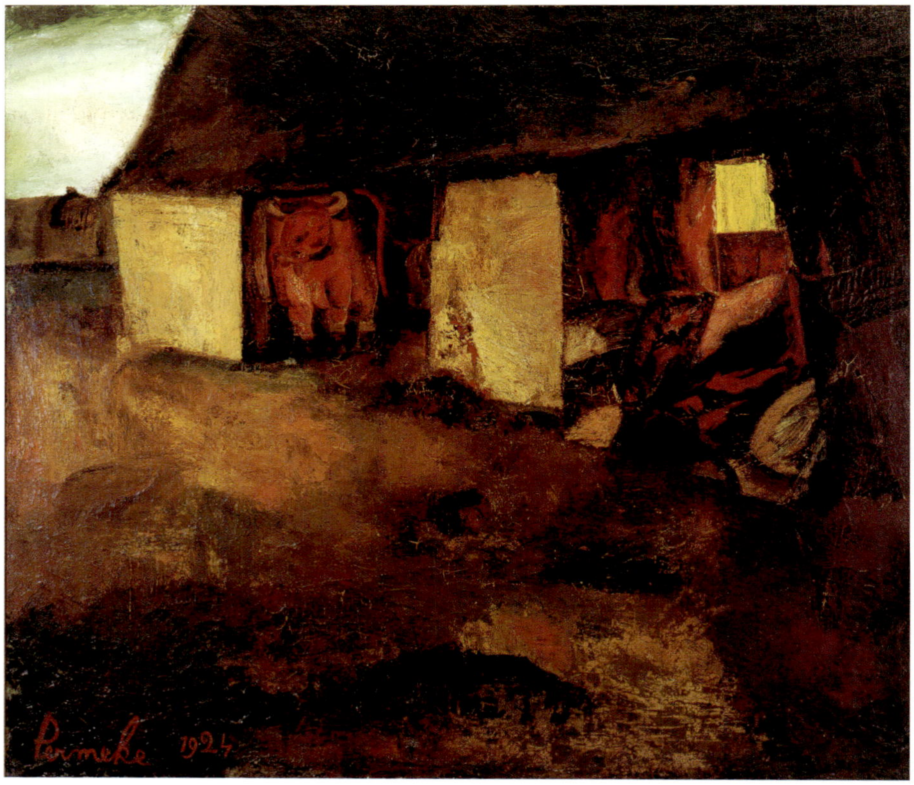

219 CONSTANT PERMEKE • *L'Etable* 1924

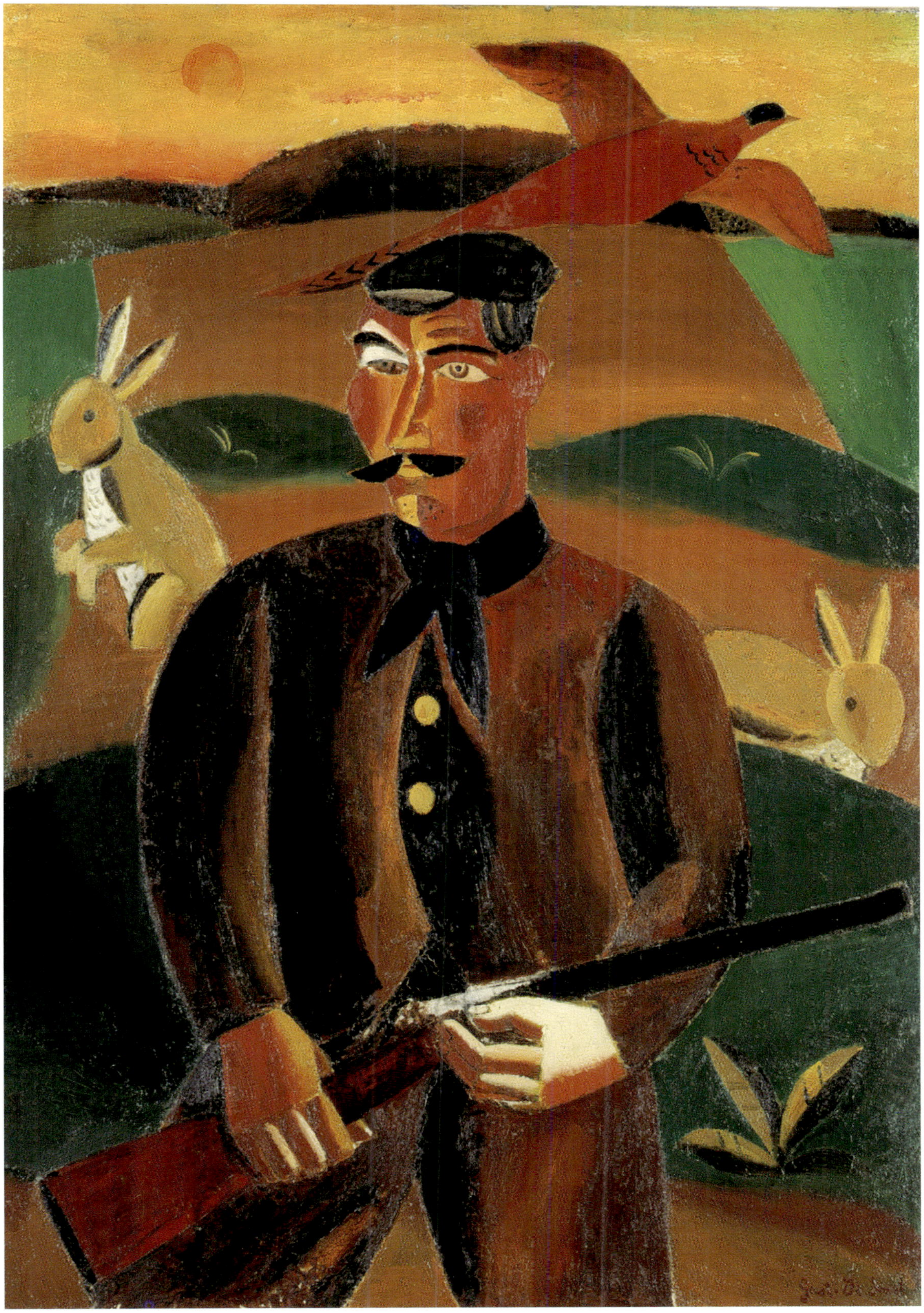

220 GUSTAVE DE SMET • *Le Braconnier* 1925

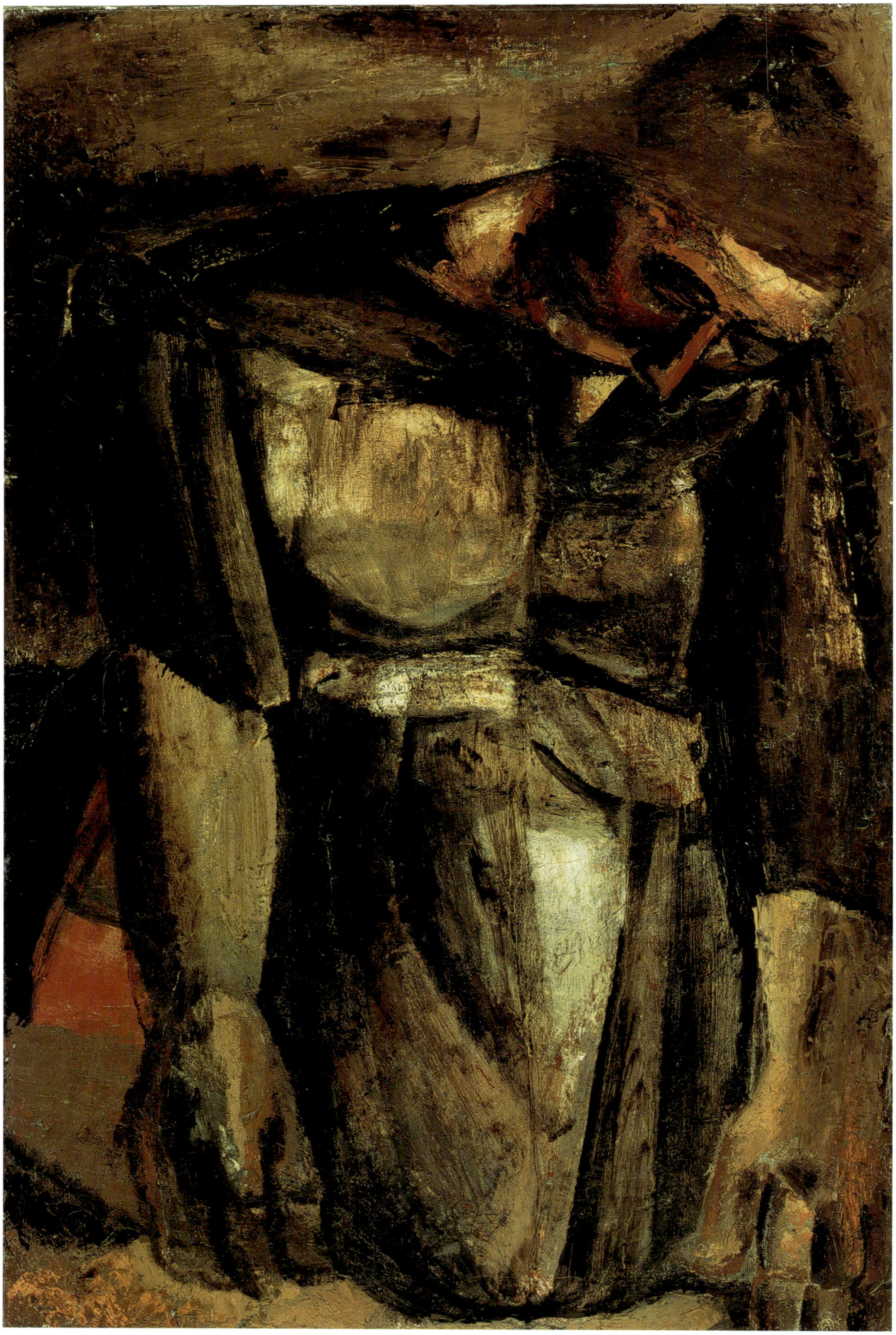

221 CONSTANT PERMEKE • *La Sarcleuse* 1923

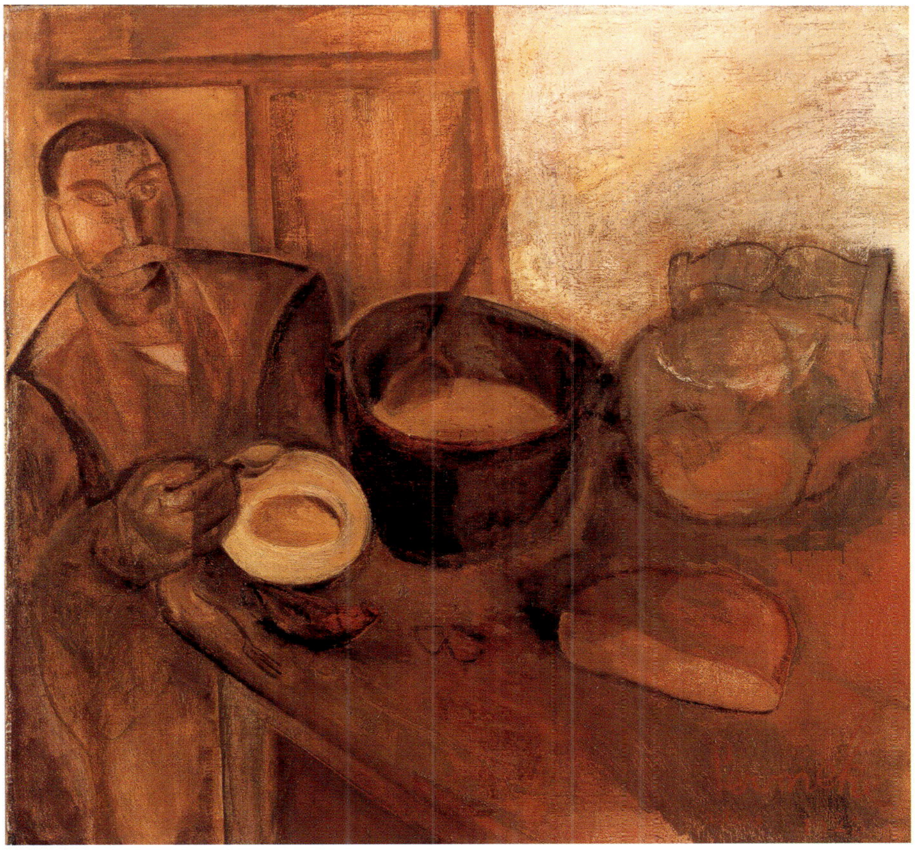

222 CONSTANT PERMEKE • *Le Mangeur de bouillie* 1922

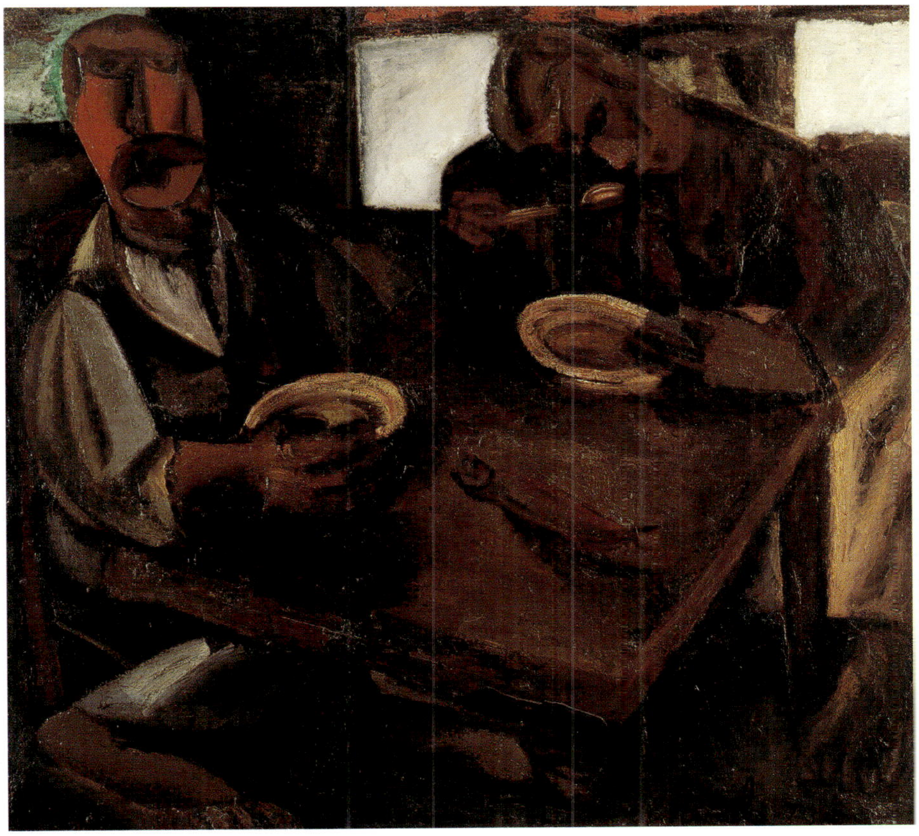

223 CONSTANT PERMEKE • *Les Mangeurs de hareng* 1923

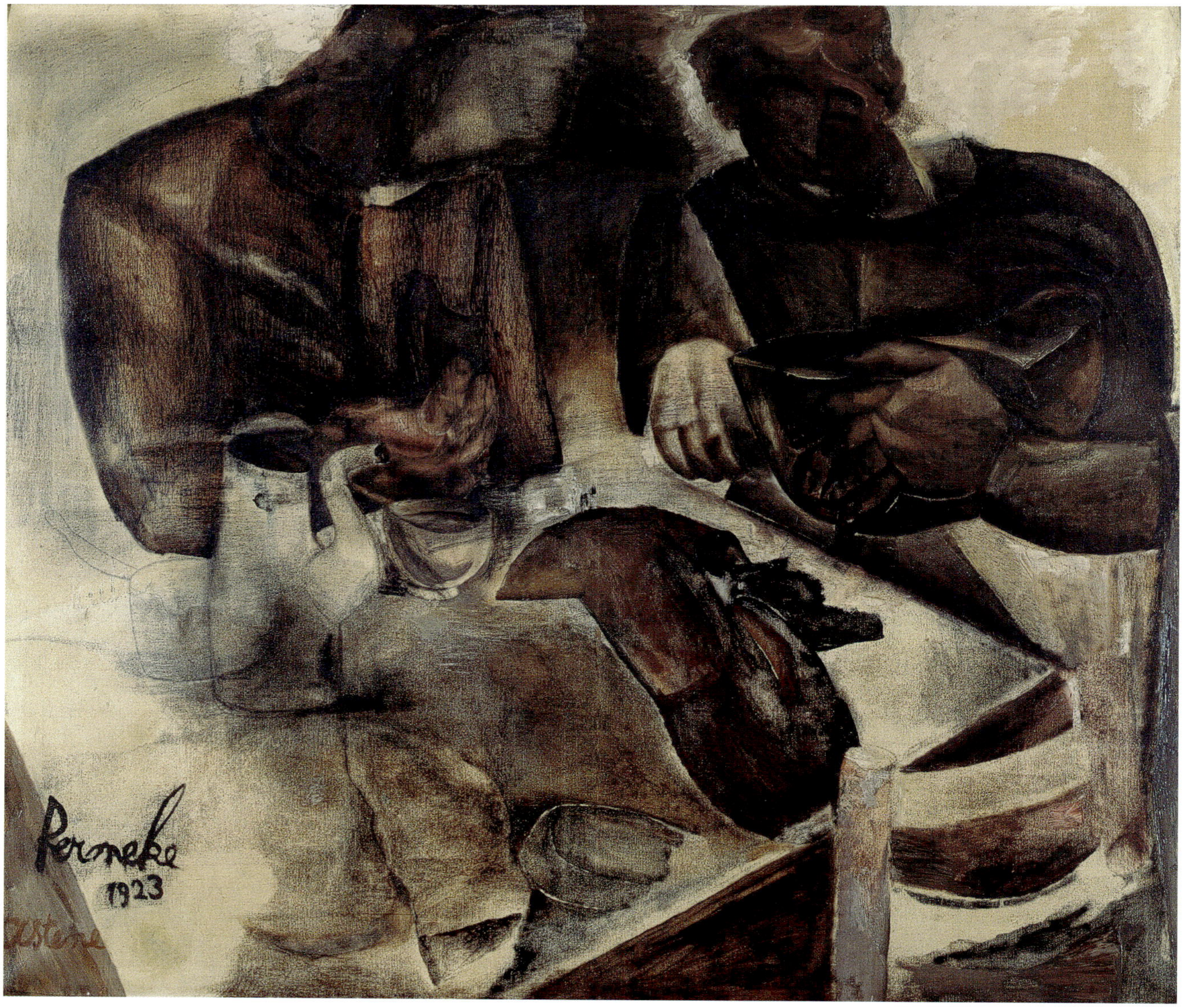

224 CONSTANT PERMEKE • *Le Pain noir* 1923

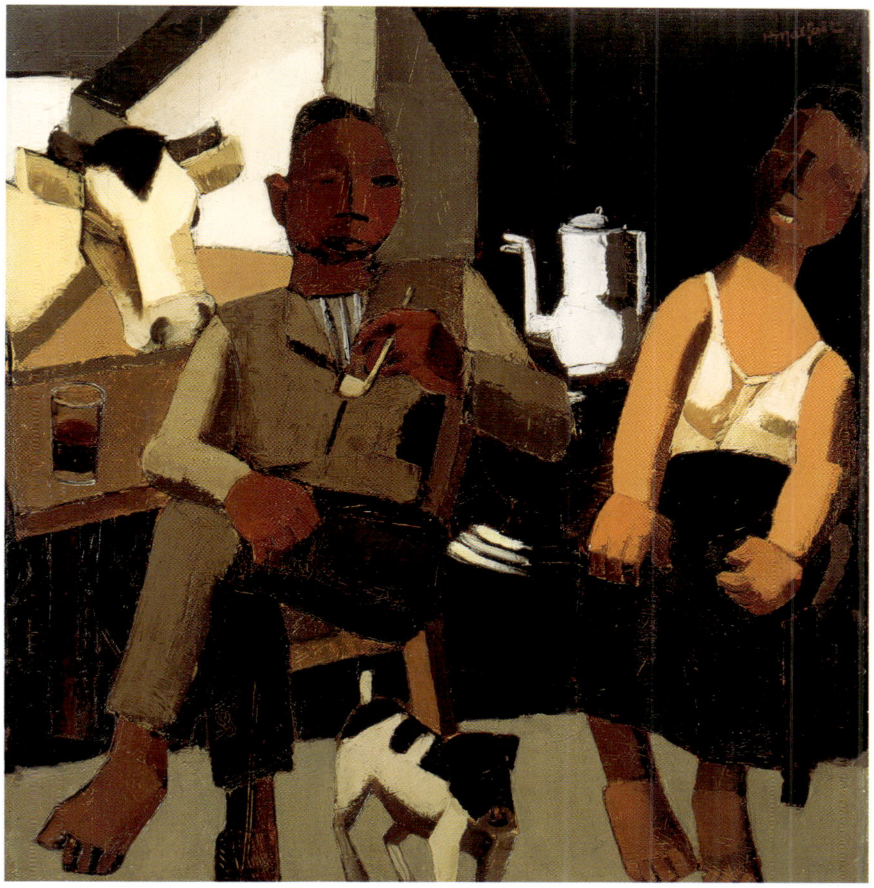

225 HUBERT MALFAIT • *Dimanche après-midi* 1925

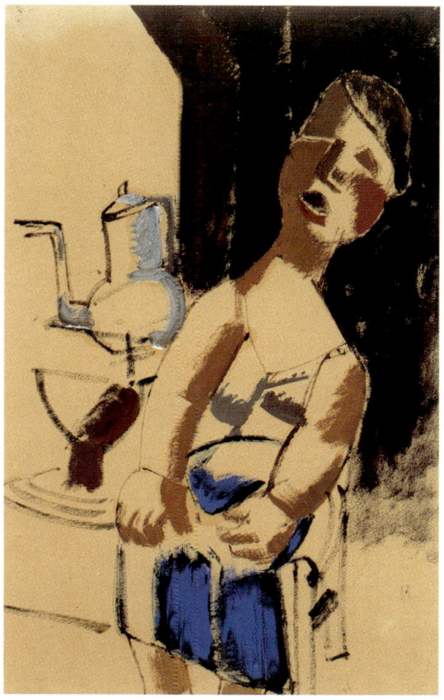

226 HUBERT MALFAIT
Femme endormie 1925

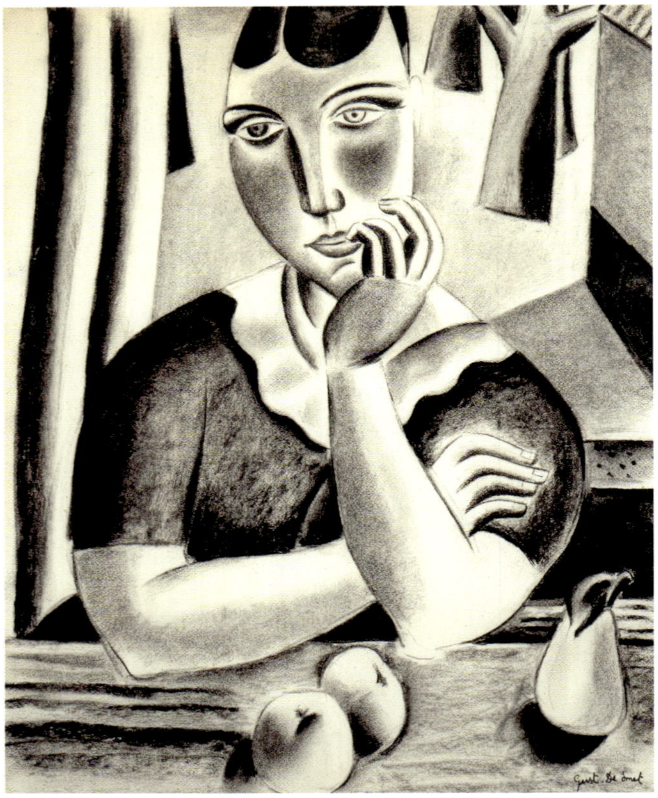

227 GUSTAVE DE SMET • *Songerie* 1923

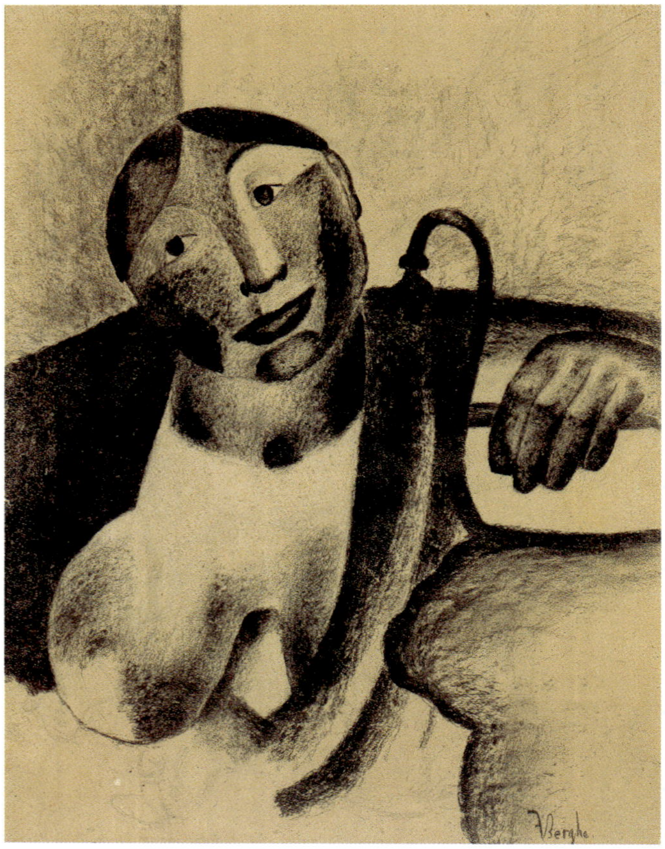

228 FRITS VAN DEN BERGHE • *Paysanne près du poêle* 1925

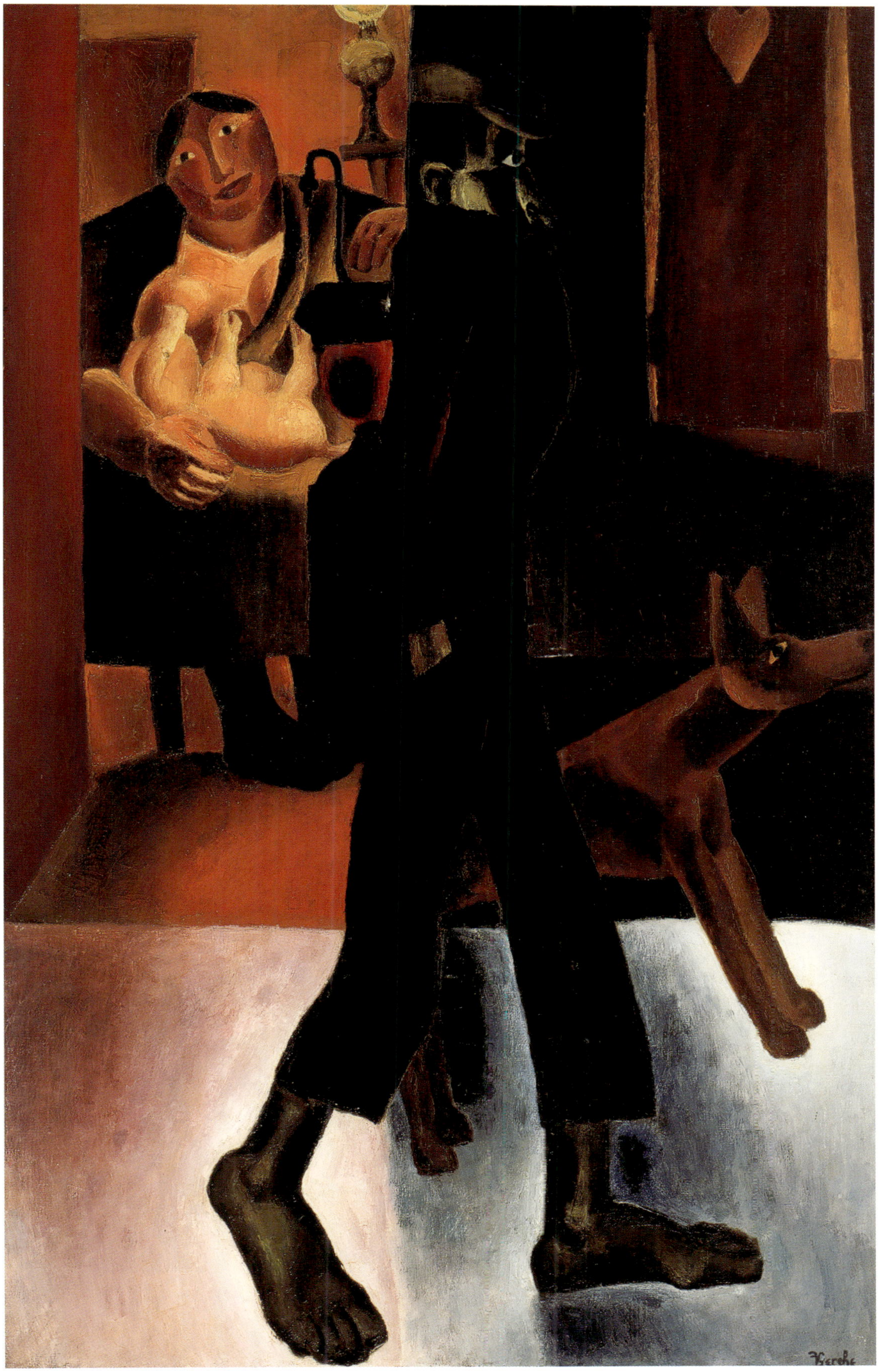

229 FRITS VAN DEN BERGHE • *Le Pauvre* 1925

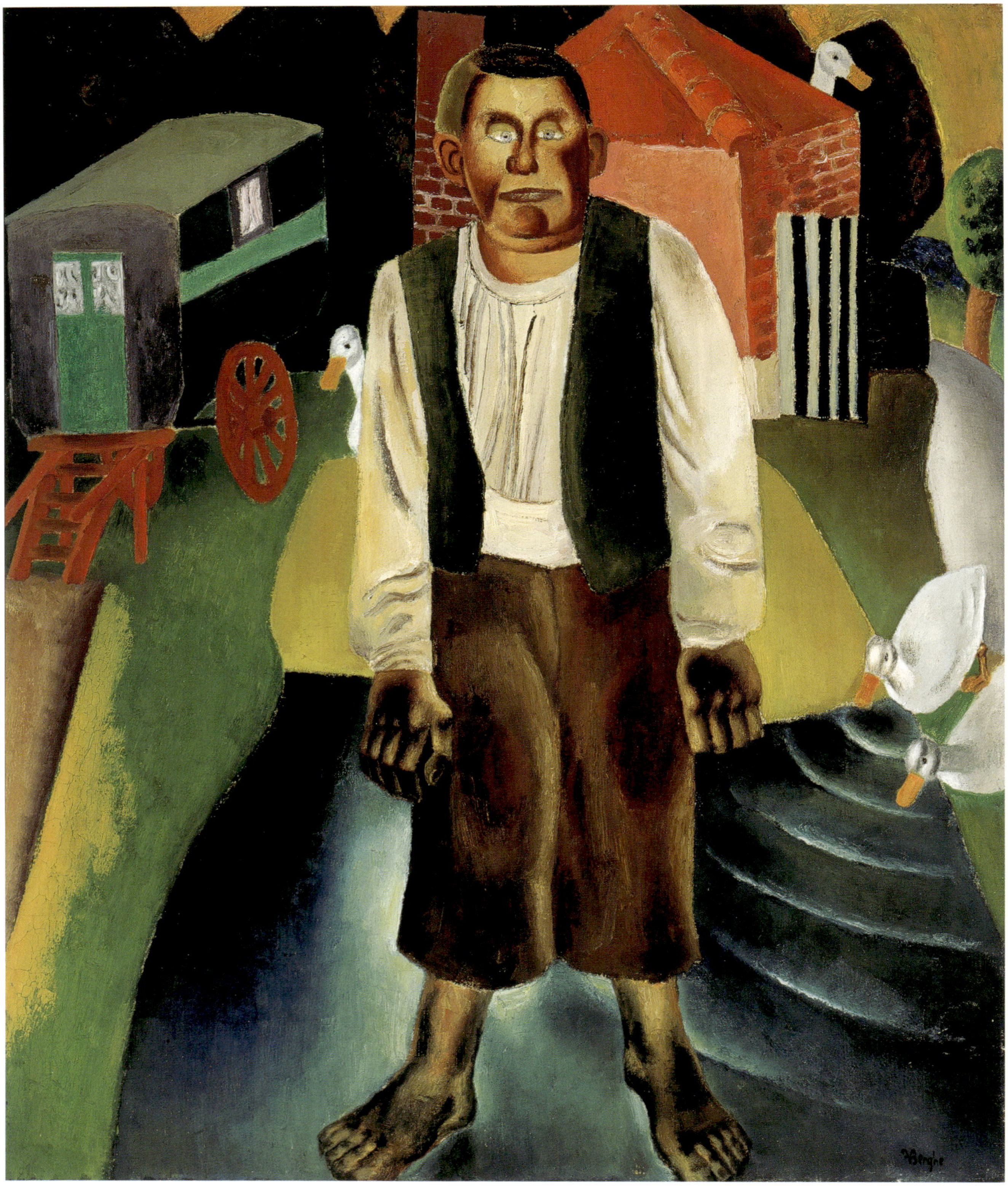

231 FRITS VAN DEN BERGHE • *L'Idiot devant l'étang* 1926

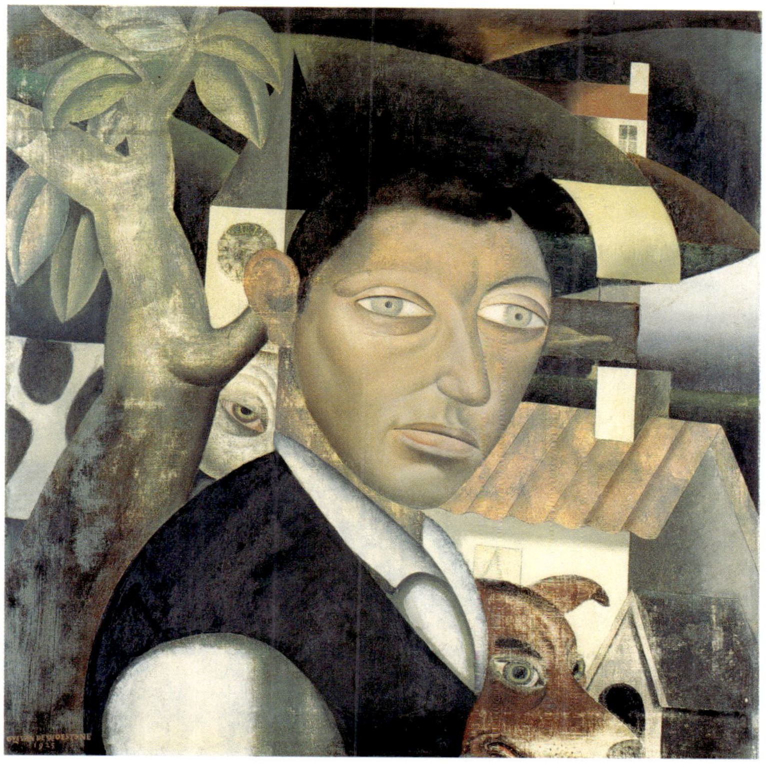

232 GUSTAVE VAN DE WOESTYNE • *Fugue* 1925

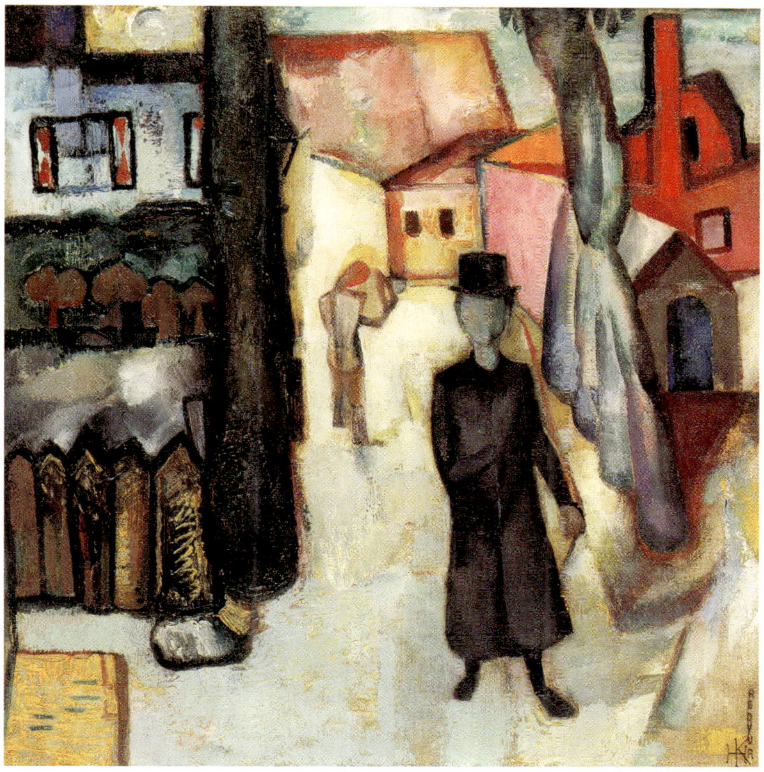

230 HERMAN KRUYDER • *Le Petit Curé* 1926

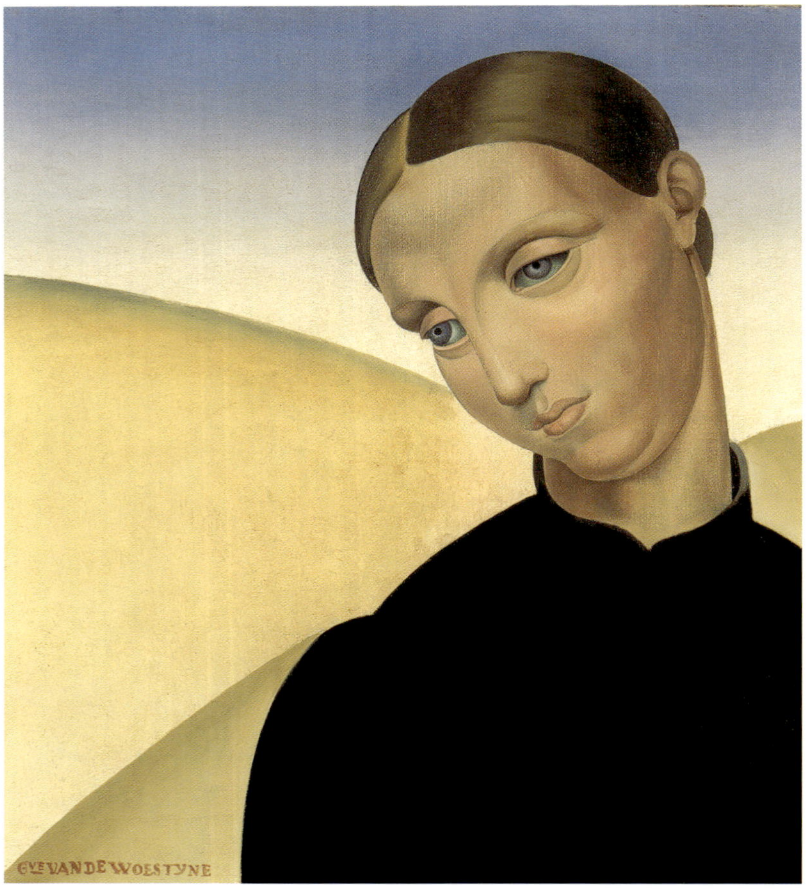

233 GUSTAVE VAN DE WOESTYNE • *Paysanne* 1926

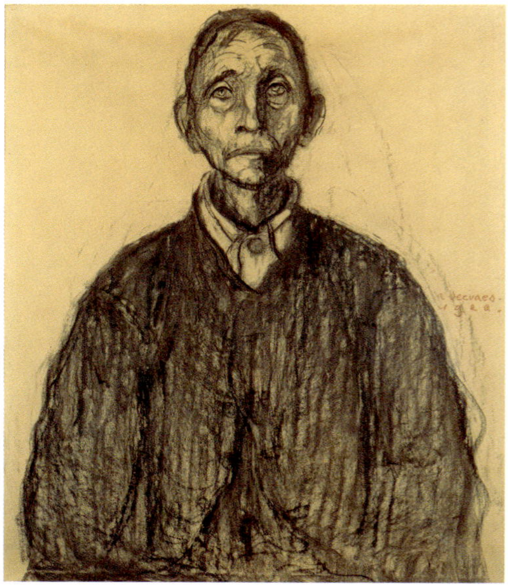

234 ALBERT SERVAES • *Vieux Paysan* 1922

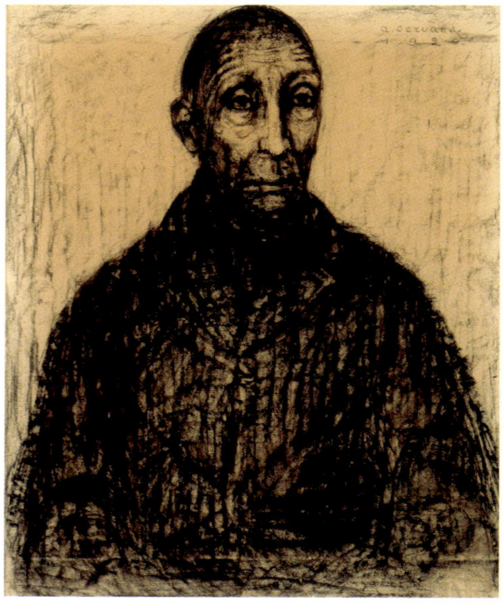

235 ALBERT SERVAES • *Paysan* 1920

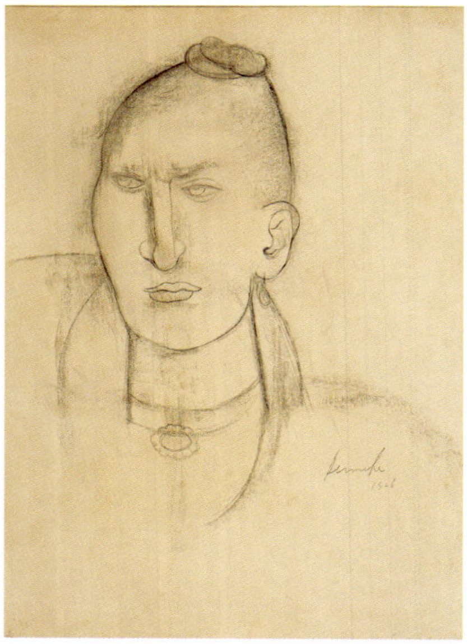

236 CONSTANT PERMEKE
Marietje / Femme de pêcheur 1926

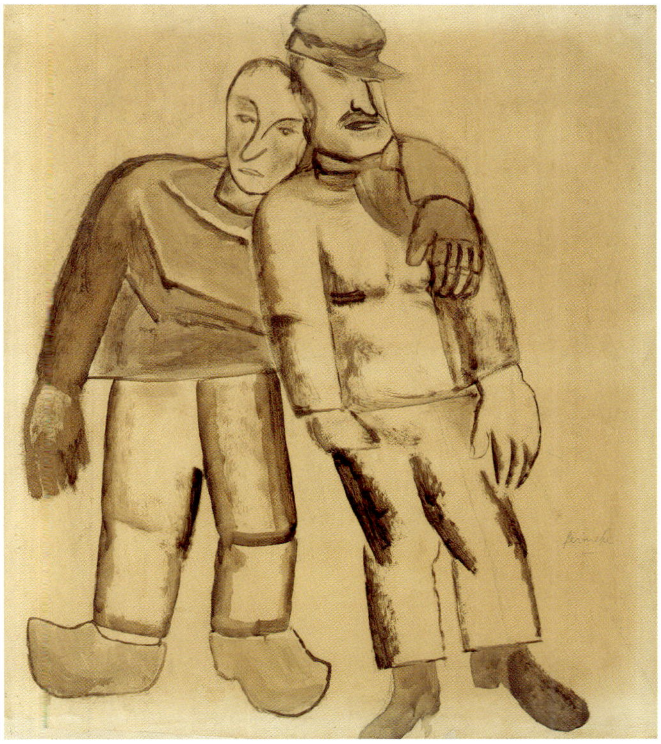

237 CONSTANT PERMEKE • *Les Buveurs* 1924

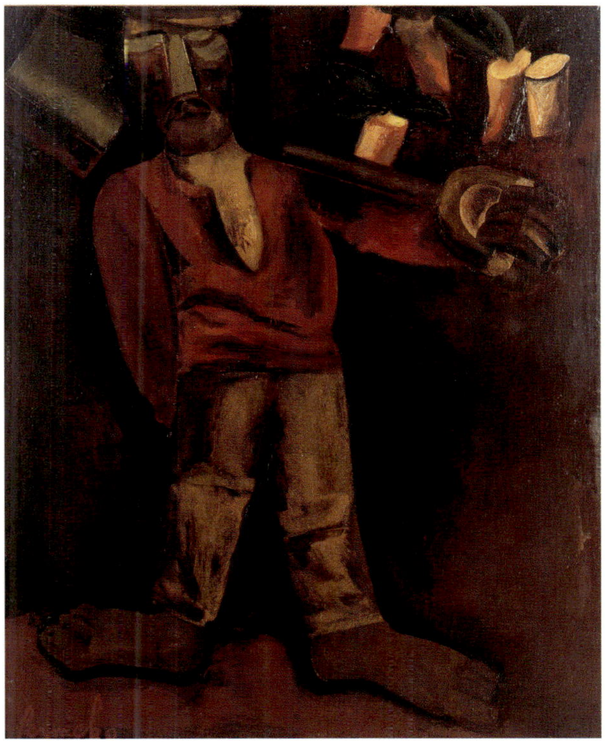

238 CONSTANT PERMEKE • *Le Siffleur* 1927

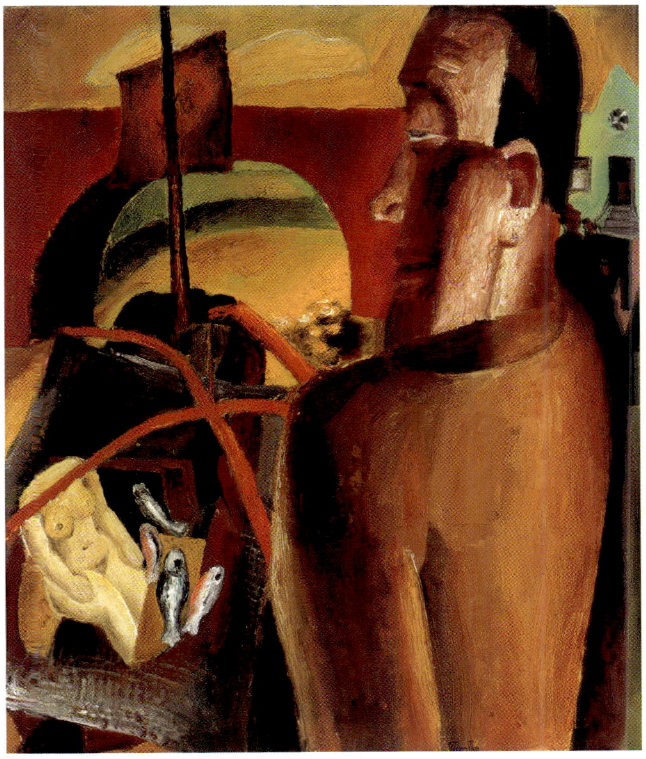

239 FRITS VAN DEN BERGHE • *L'Eternel vagabond* 1925

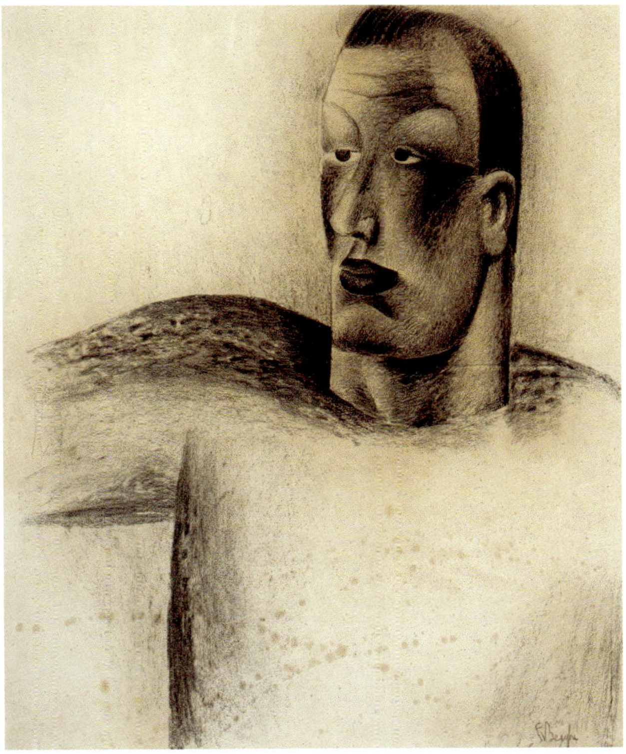

240 FRITS VAN DEN BERGHE • *Paysan* 1925

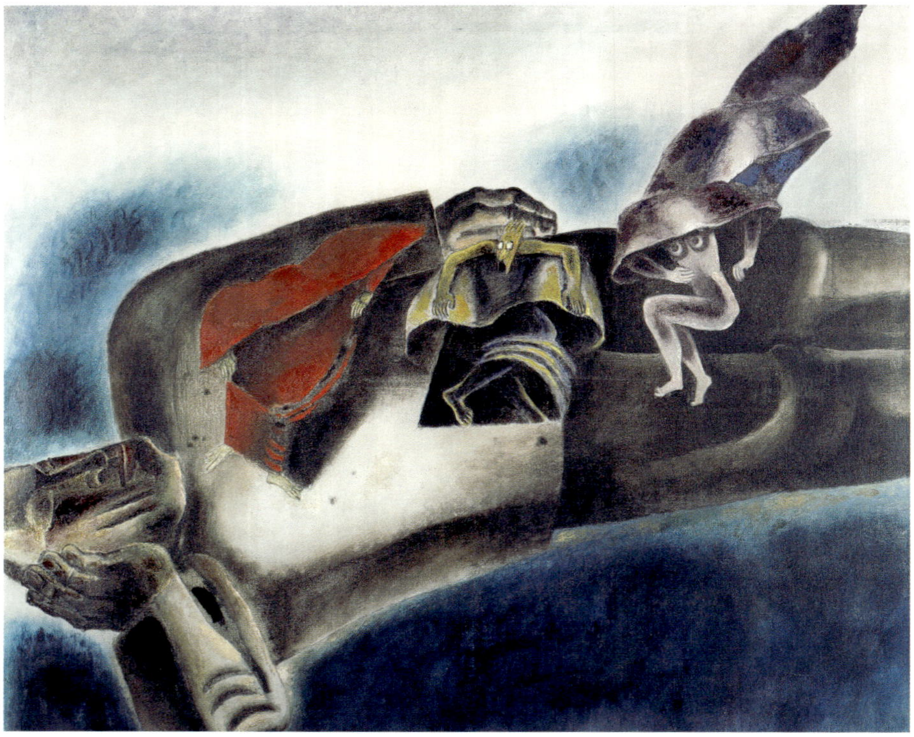

241 FRITS VAN DEN BERGHE • *Le Rêve (La Création)* 1927

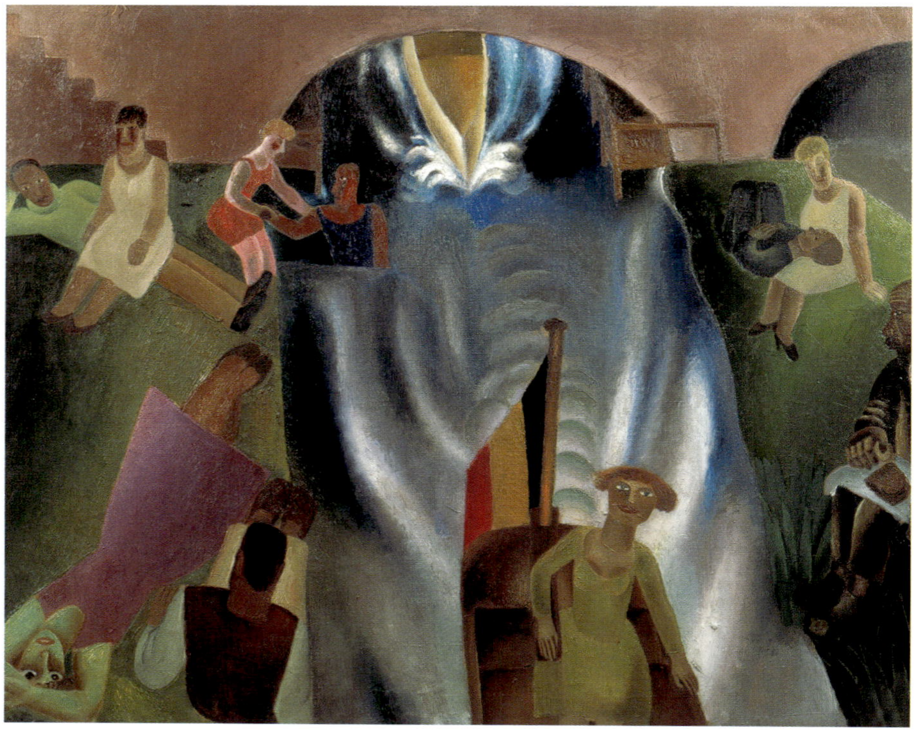

242 FRITS VAN DEN BERGHE • *Les Rives* 1926

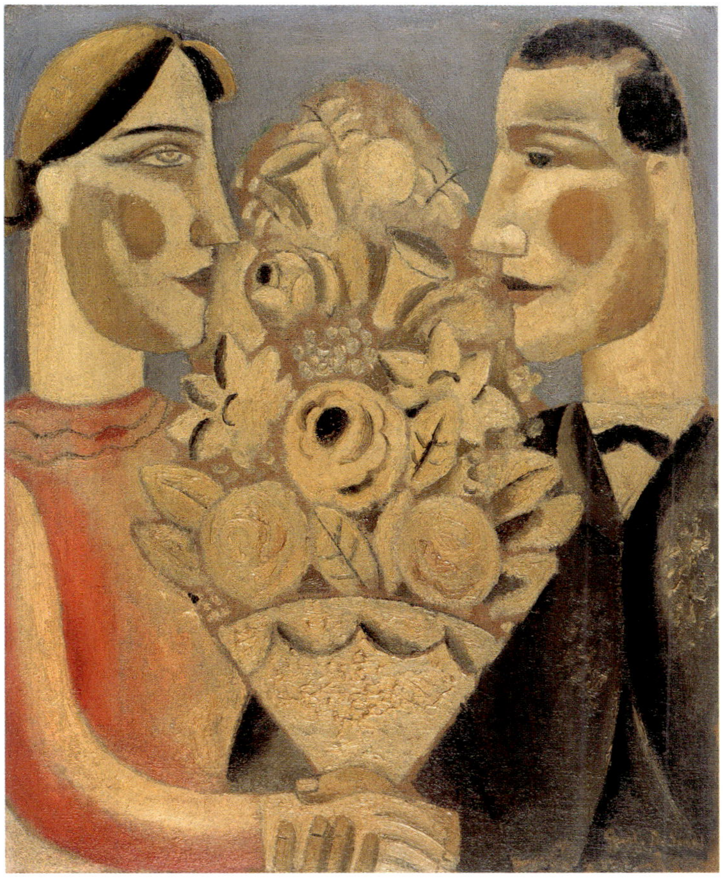

243 GUSTAVE DE SMET • *Le Bouquet* 1924

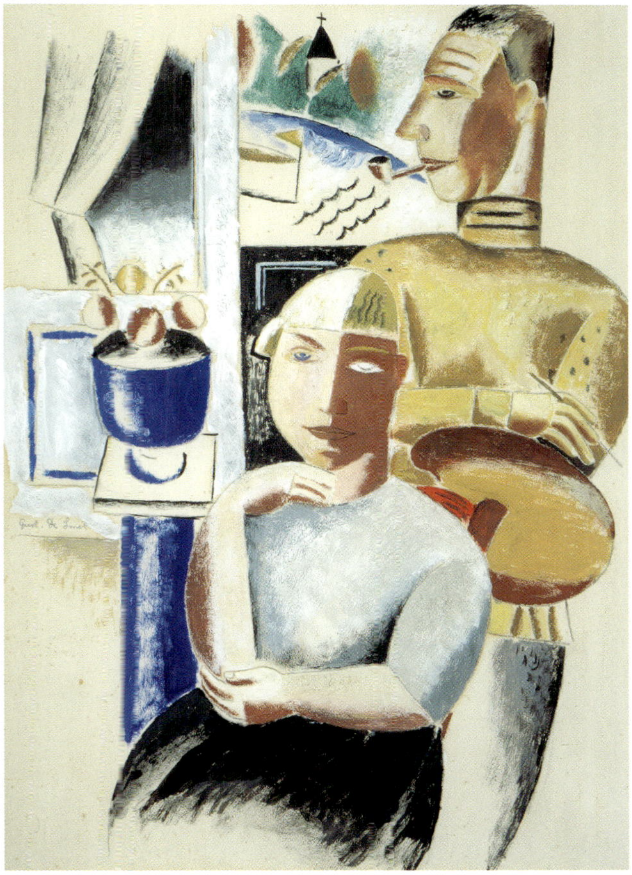

244 GUSTAVE DE SMET • *Le Peintre et sa femme* 1924

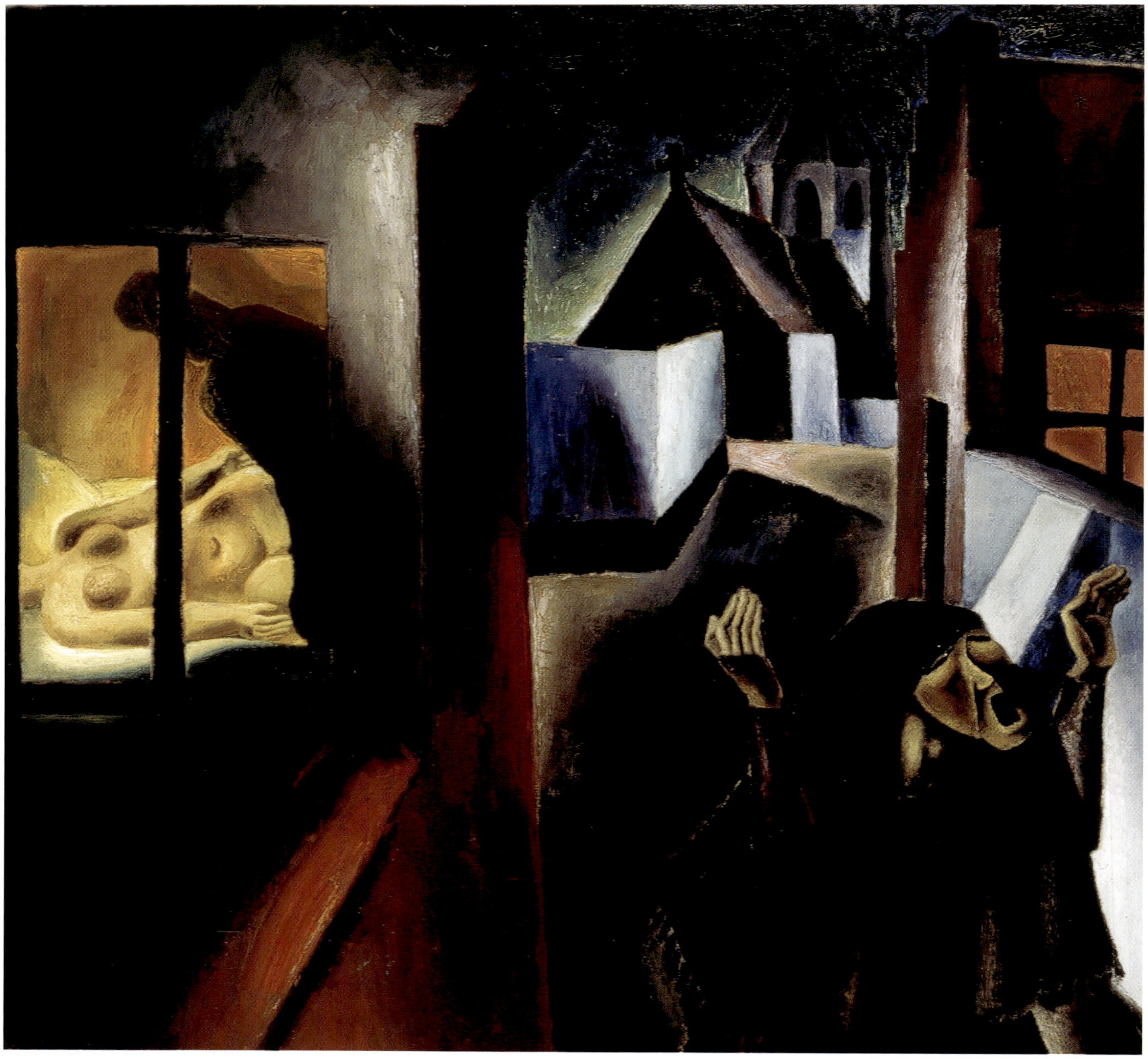

245 FRITS VAN DEN BERGHE • *La Vie* 1924

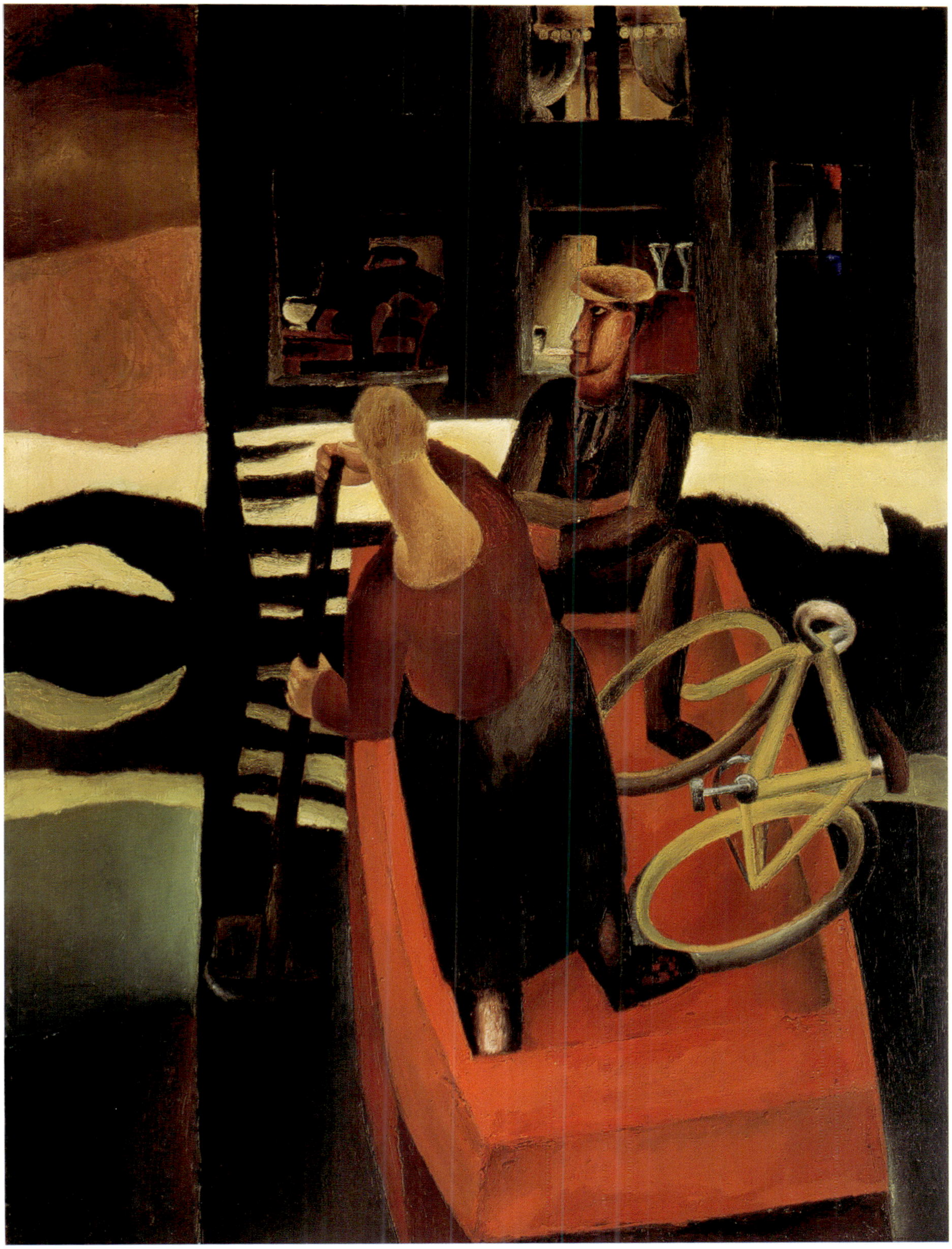

246 FRITS VAN DEN BERGHE • *La Bonne Auberge* 1924

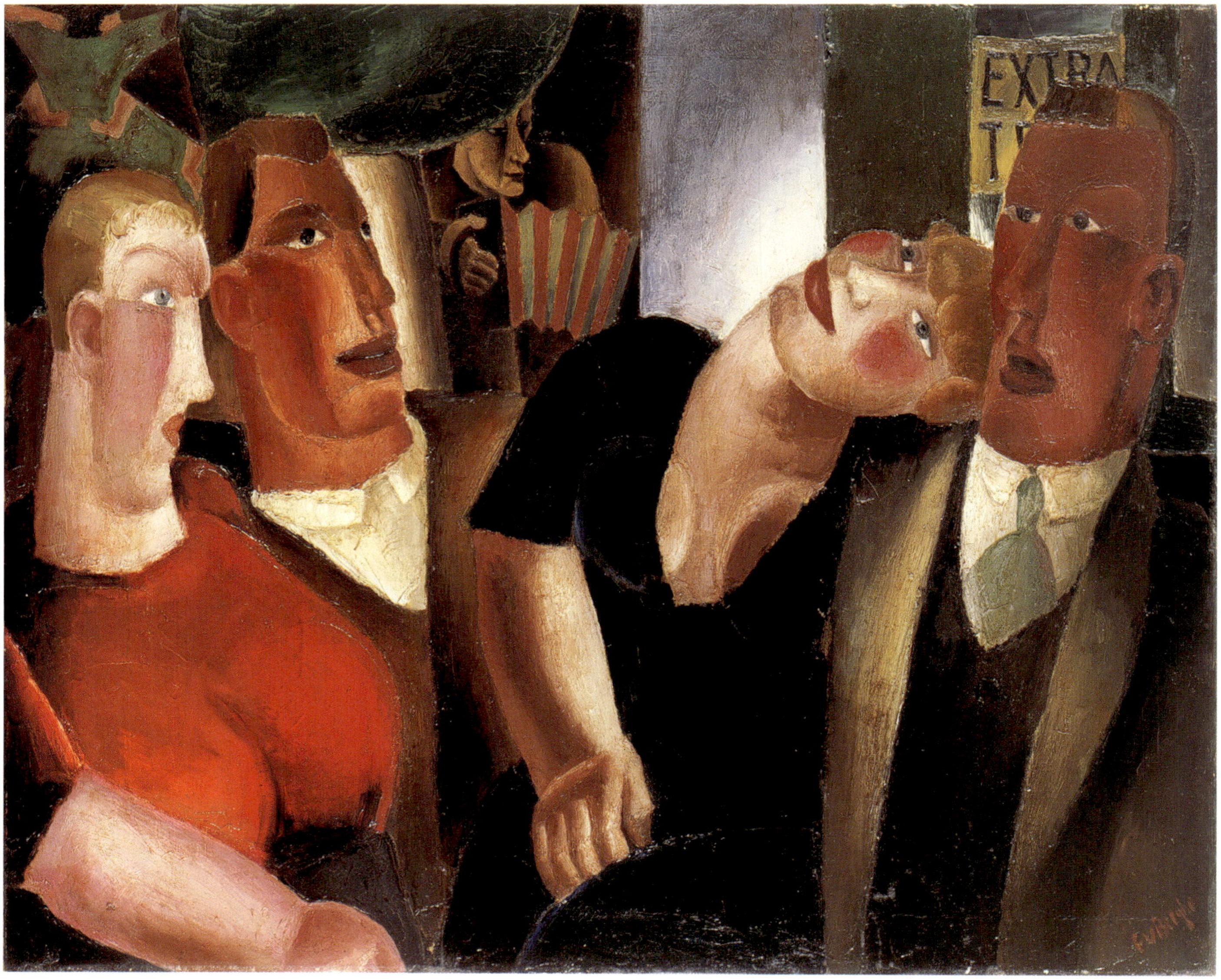

247 FRITS VAN DEN BERGHE • *Les Amoureux du village* 1925

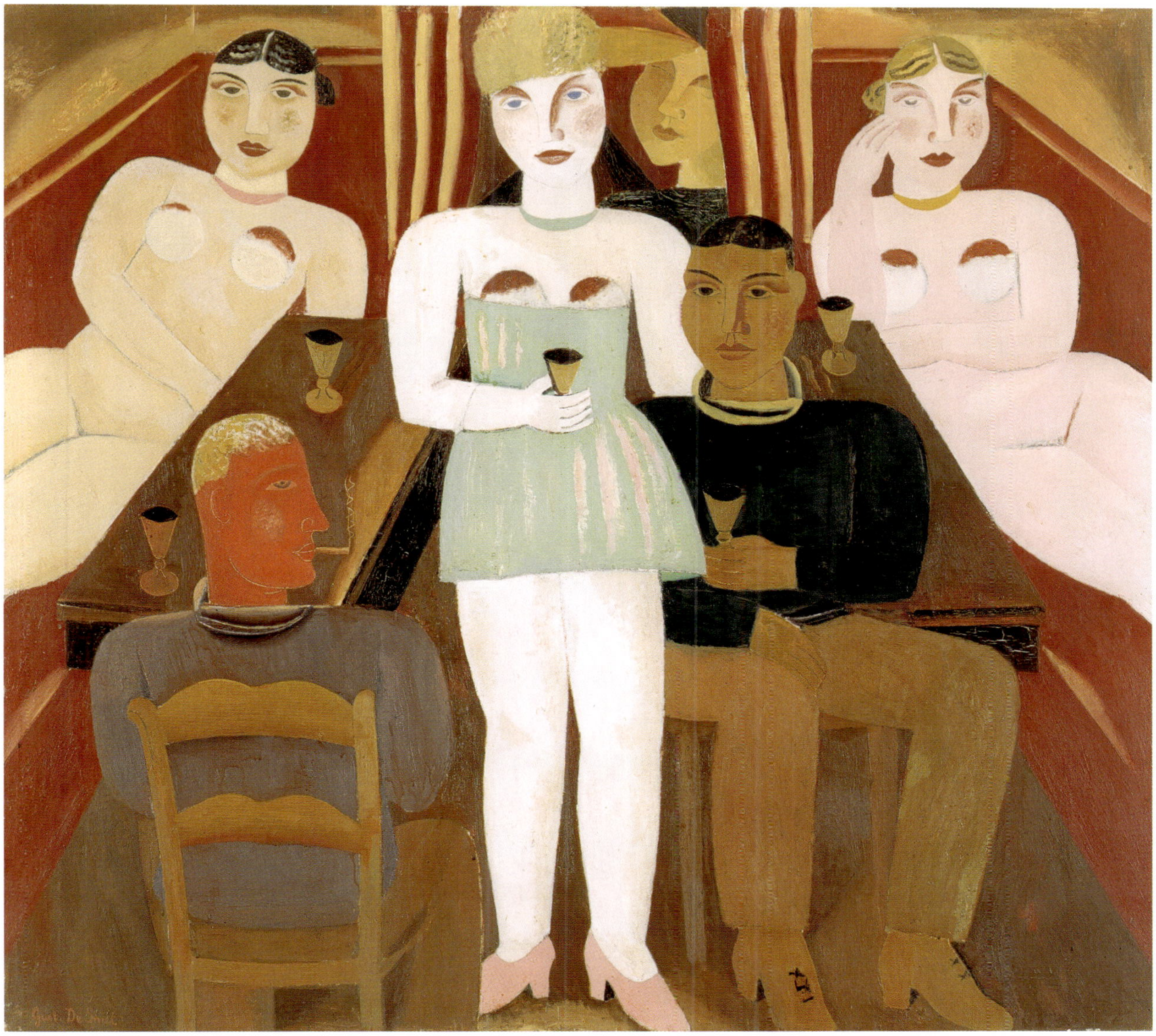

248 GUSTAVE DE SMET • *La Bonne Maison* 1926

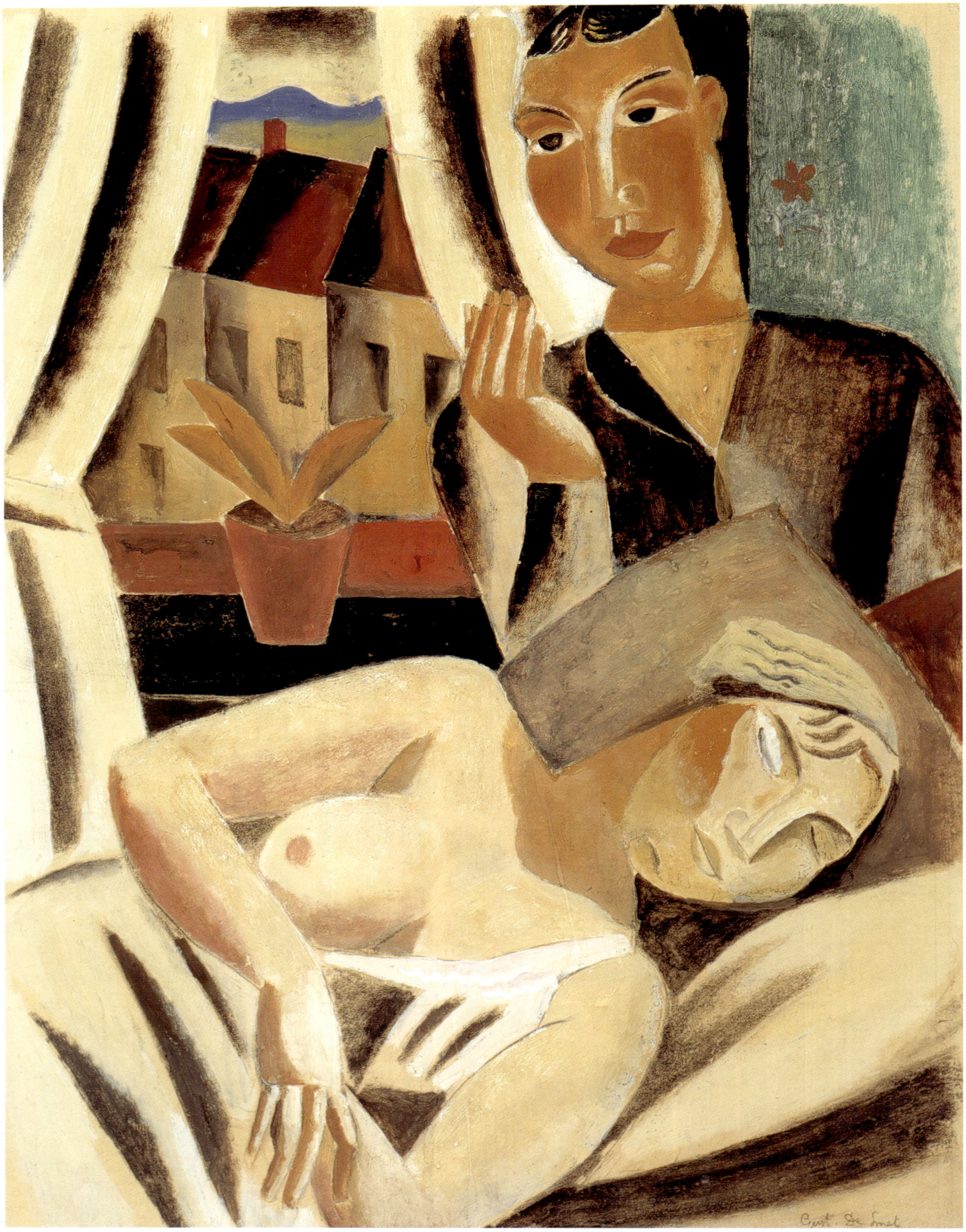

249 GUSTAVE DE SMET • *Femme endormie* 1927

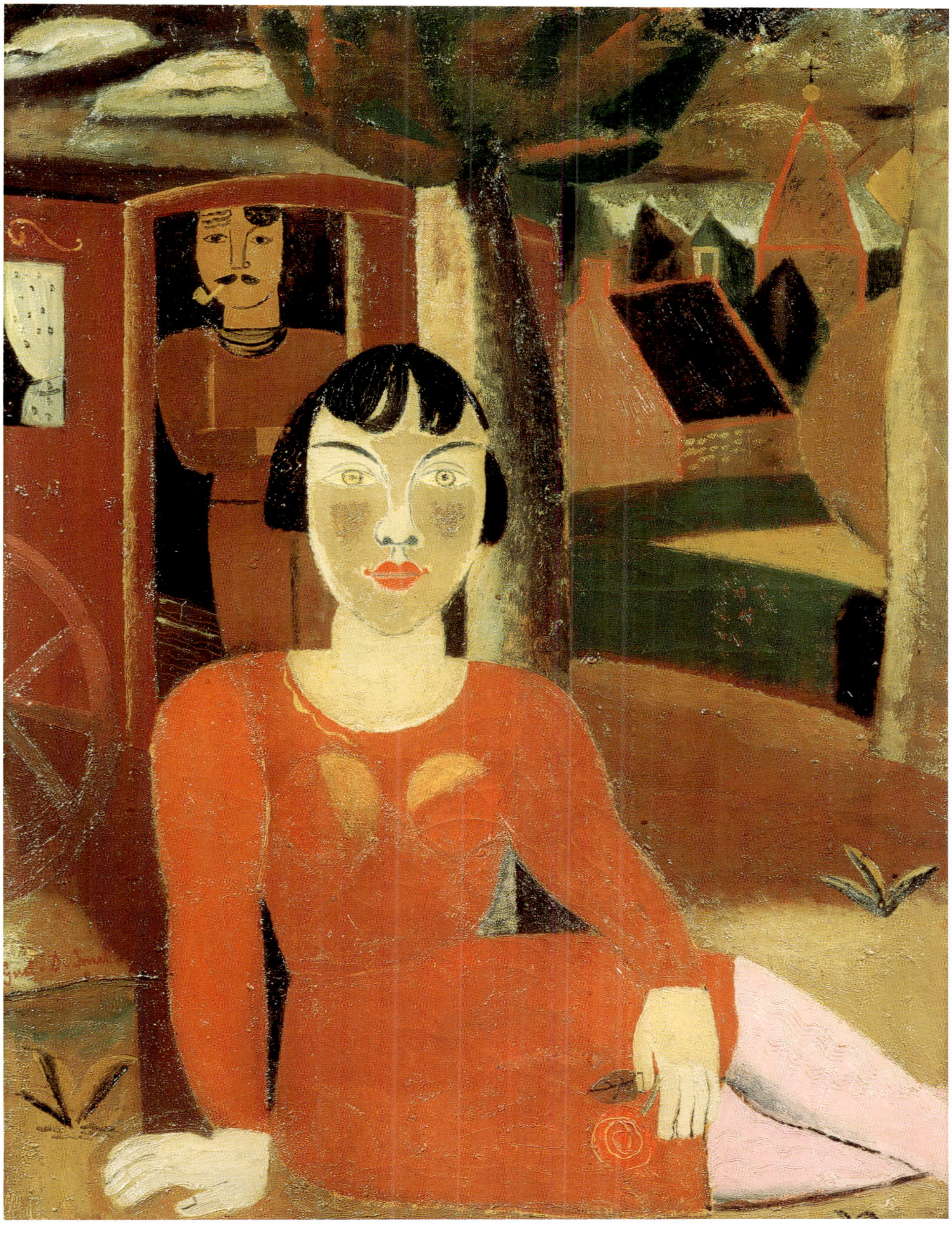

250 GUSTAVE DE SMET • *Les Forains* 1928

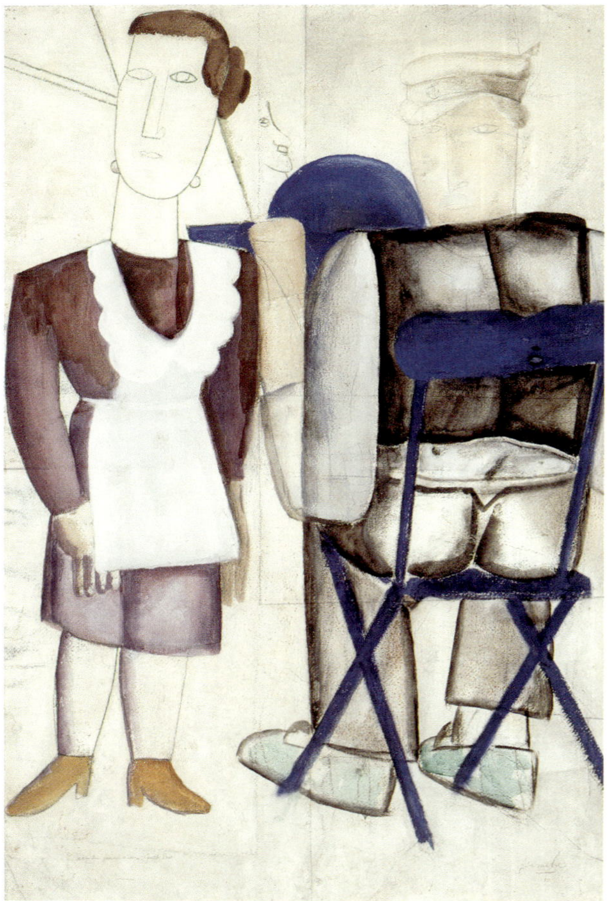

251 CONSTANT PERMEKE • *Le Couple* 1925

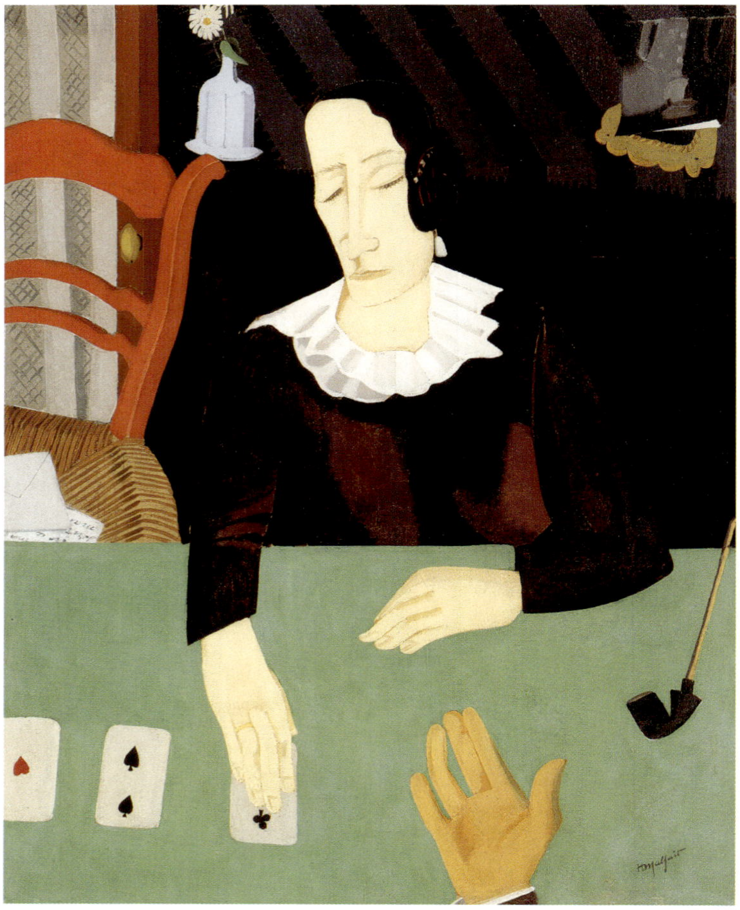

252 HUBERT MALFAIT • *La Cartomancienne* 1927

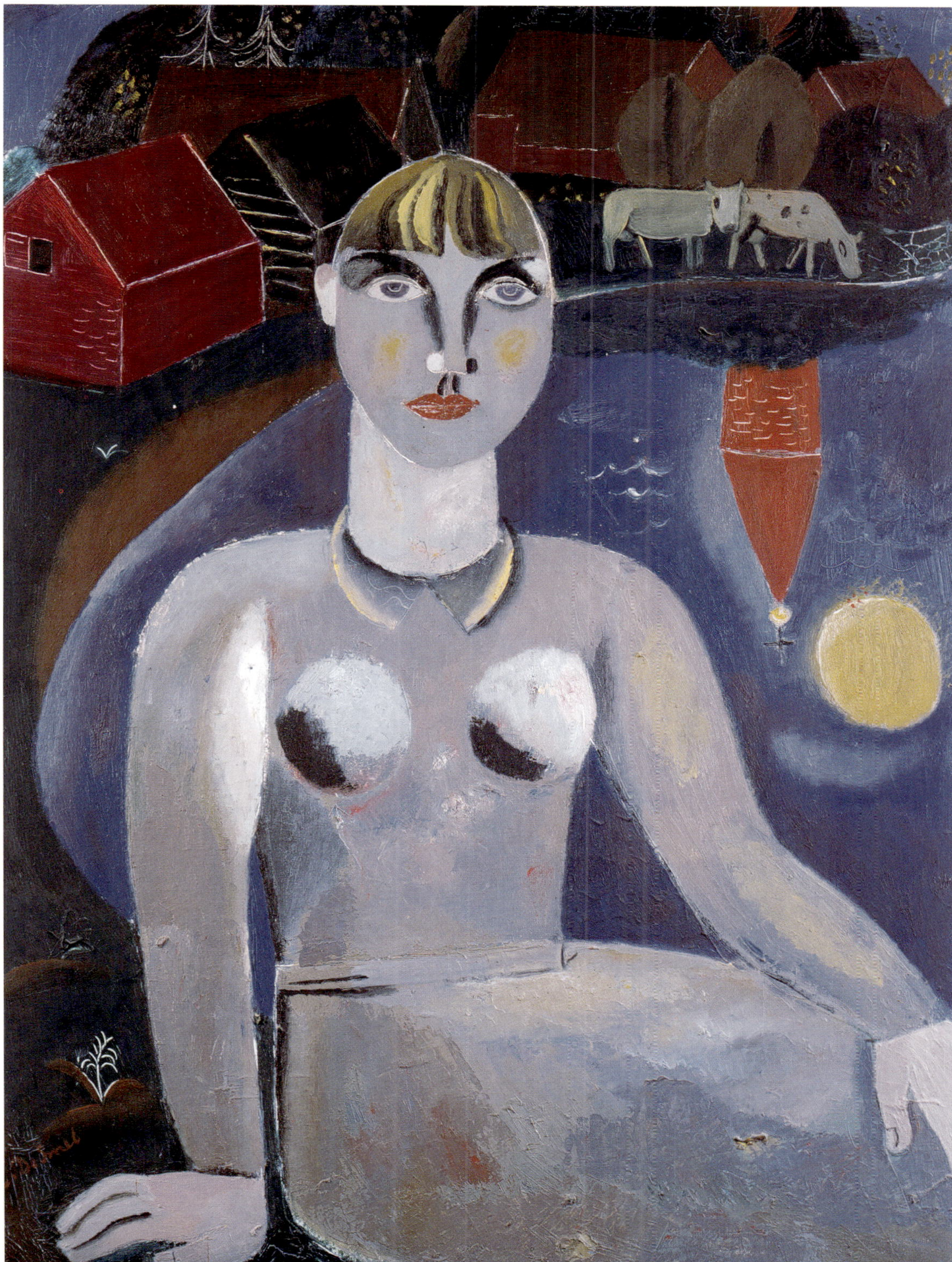

253 GUSTAVE DE SMET • *Jeune Fille en bleu* 1928

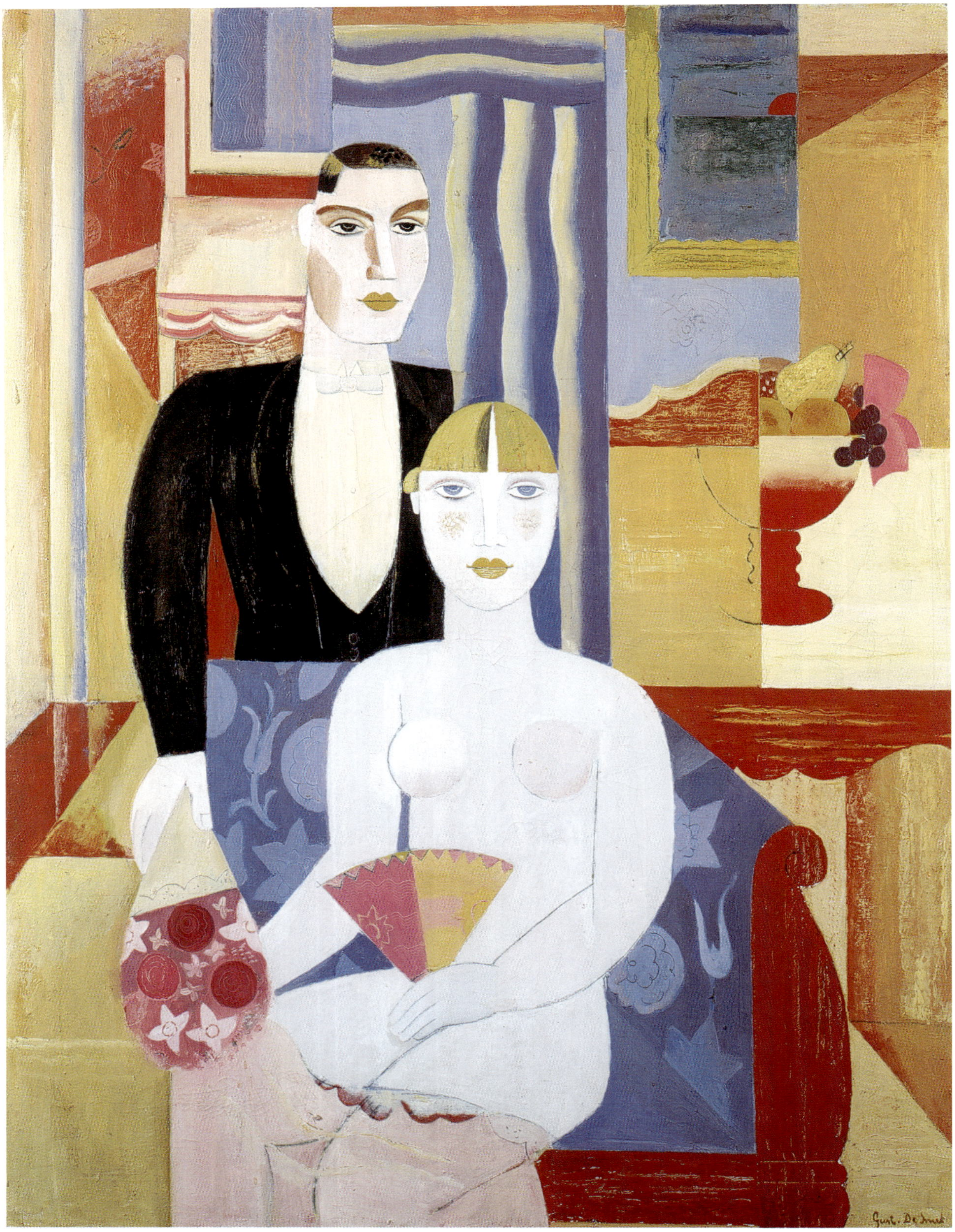

254 GUSTAVE DE SMET • *Le Canapé bleu* 1928

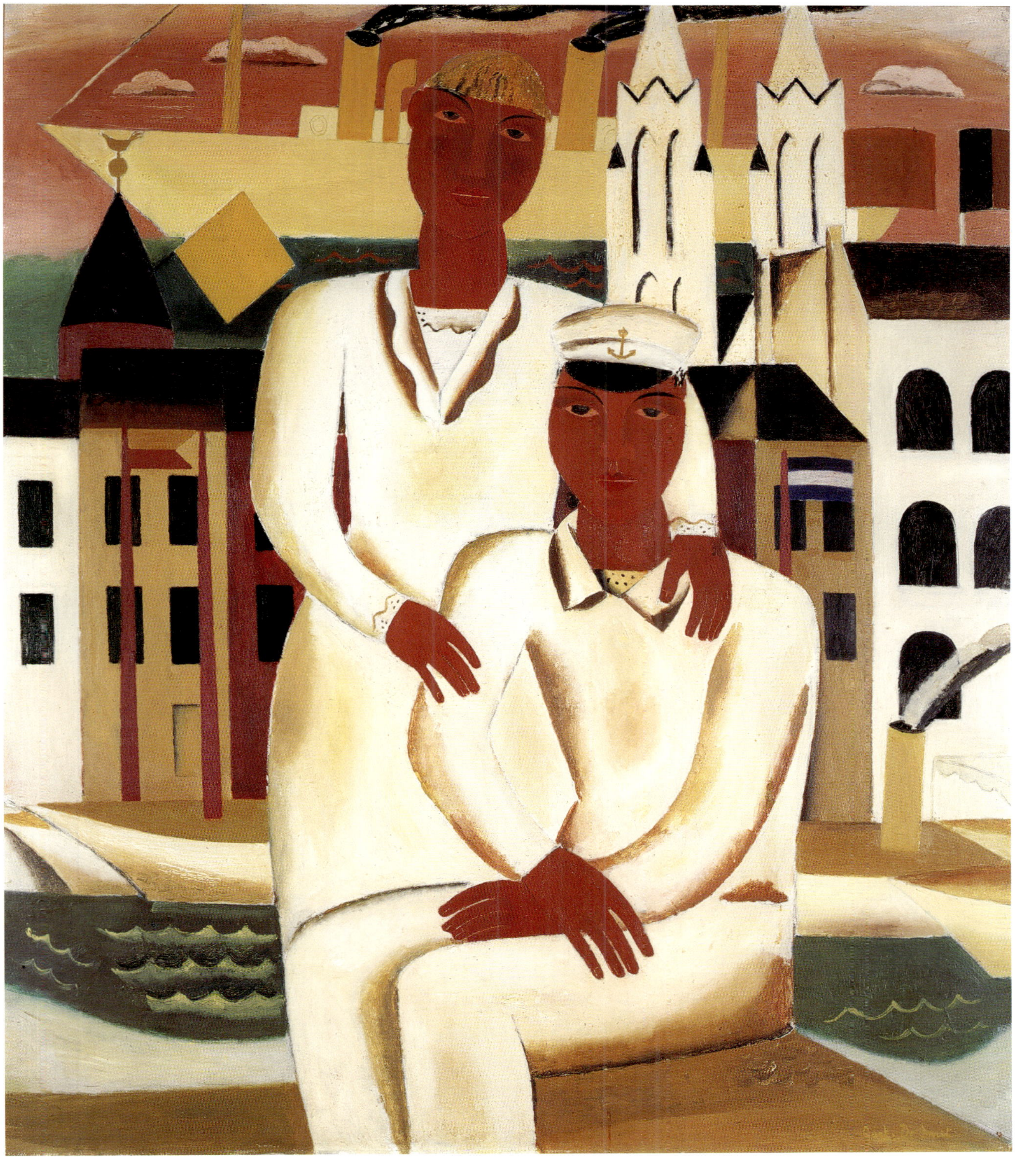

255 GUSTAVE DE SMET • *Le Jeune Capitaine* 1927

Chronique

1900 En avril, Karel van de Woestijne (1878–1929), Jules de Praetere (1879–1947) et Gustave van de Woestyne (1881–1947) quittent Gand pour s'établir à Laethem-Saint-Martin. Ils rejoignent Valerius de Saedeleer (1867–1941) et George Minne (1866–1941) qui résident à Laethem respectivement depuis 1898 et 1899.

1901 Le peintre gantois Alfons Dessenis (1874–1950) s'établit à Laethem dans une maison qui jouxte celle des frères Van de Woestijne.

1902 Karel van de Woestijne fonde le cercle artistique *Open Wegen* et visite avec ses amis l'exposition des Primitifs flamands à Bruges.

1903 Heinrich Nauen (1880–1940) séjourne à Laethem. Karel van de Woestijne publie *Het vader-huis*, imprimé sur la presse à bras de Jules de Praetere [cat. 112].

1904 Frits van den Berghe (1883–1939) et Albert Servaes (1883–1966) arrivent également à Laethem. Jusqu'en 1913, Van den Berghe ne passe à Laethem que les mois d'été, Servaes y habite sans interruption jusqu'en 1944. Karel van de Woestijne consacre un article à Albijn van den Abeele dans *Dietsche Warande en Belfort*. Valerius de Saedeleer prend un nouveau départ avec *Soir calme sur la rivière* [cat. 44].

1905 Le quotidien gantois *Le Bien Public* est le premier à prêter attention à Laethem-Saint-Martin comme village d'artistes. Gustave van de Woestyne entre pour une brève période au couvent et achève pour l'église de Laethem le Retable de Dominique. Servaes met la dernière main au tableau *Sainte Soirée* [cat. 75].

1906 Karl-Ernst Osthaus commande à Minne trois monuments funéraires pour des membres de sa famille. Leon de Smet (1881–1966) prend ses quartiers à Laethem où il restera avec sa famille jusqu'en 1313. En novembre, Karel van de Woestijne prend congé de « son » village et part pour Bruxelles.

1907 En avril, le mensuel catholique *Durendal* publie un compte rendu d'une visite à l'atelier de Valerius de Saedeleer et Gustave van de Woestyne. Dans l'hebdomadaire *Het Getrouwe Maldegem*, Hugo van den Abeele parle pour la première fois de la « colonie d'artistes de Laethem ». Les peintres gantois Willem Montobio (1883–1962) et Maurice Sijs (1880–1972) rejoignent le groupe. Valerius de Saedeleer expose avec grand succès en Allemagne et en Autriche. Minne participe à la Sécession de Berlin et à la Biennale de Venise.

1908 Gustave de Smet (1877–1943) s'établit également à Laethem. Il y habitera avec sa femme et son fils jusqu'en 1912. Valerius de Saedeleer expose ses paysages à Munich, Berlin et Vienne. Il déménage à Tiegem dans le courant de l'année. Minne expose une série de dessins à la mine de plomb dans son atelier. Gustave van de Woestyne peint *Le Mauvais Semeur* [cat. 85] et illustre l'épopée animale *Reinaert de Vos* [cat. 107]. Le mensuel *Nieuw Leven* émet un point de vue critique à l'égard de l'impressionnisme.

1909 André de Ridder (1888–1961) et Paul-Gustave van Hecke (1887–1967) séjournent pendant quelque temps à Laethem. L'hebdomadaire *Jugend* reproduit en couleurs le tableau *Verger en hiver* (1907) de De Saedeleer [cat. 67]. George Minne expose sa *Fontaine des agenouillés* à la Biennale de Venise. Avant la fin mars, Gustave van de Woestyne déménage à Louvain. L'arrivée de Constant Permeke (1886–1952) vient compléter le second groupe de Laethem. Servaes peint ses *Planteurs de pommes de terre*.

1910 George Minne travaille désormais d'après le modèle vivant. Gustave van de Woestyne perpétue le souvenir de Laethem avec ses têtes de paysans [cat. 92–94] et une toile bucolique, *Le Printemps* [cat. 65]. Frits van den Berghe achève le remarquable tableau *L'Enchantement* [cat. 174].

1911 Dans *Kunst en Letteren voor Noord-en-Zuid-Nederland*, André de Ridder consacre un article à la colonie d'artistes de Laethem. Alfons Dessenis, correspondant du *Bien Public*, rend également compte de sa visite à la commune d'artistes. Karel van de Woestijne publie *Kunst en Geest in Vlaanderen*, un recueil d'articles sur les arts plastiques qui fut très apprécié. Albert Servaes achève *Sursum Corda* et une scène biblique, *La Résurrection de Lazare*. Constant Permeke, Gustave de Smet, Gustave van de Woestyne et Leon de Smet participent pour la première fois au salon de *Kunst van Heden*.

1912 André de Ridder présente dans *La Belgique artistique et littéraire* les artistes de Laethem et des environs. George Minne est représenté par des sculptures à des expositions tenues à Berlin, Hagen, Leipzig et Venise. Il occupe également une place de choix à la *Sonderbundausstellung* à Cologne. Dans le courant de l'année, Constant Permeke et Gustave de Smet quittent Laethem pour s'installer respectivement à Ostende et à Gand.

1913 George Minne est représenté à plusieurs expositions : Anvers, Berlin, Gand, Munich, Paris et Rome. Frits van den Berghe passe pour la dernière fois l'été à Laethem. Leon de Smet peint une série de chefs-d'œuvre : *Harmonie rose*, *Au Jardin*, *La Lecture* [cat. 170, 148, 163]. En novembre, il rentre également à Gand.

1914 Gustave van de Woestyne achève le retentissant *Portrait de Valerius de Saedeleer* [cat. 106]. Dans un article consacré à Albert Servaes dans *Durendal*, Fierens-Gevaert a recours pour la première fois au concept « Ecole de Laethem-Saint-Martin ». Lorsque la Première Guerre mondiale éclate, Minne, De Saedeleer, Van de Woestyne et Leon de Smet se réfugient en Angleterre, tandis que Frits van den Berghe et Gustave de Smet optent pour les Pays-Bas. Blessé de guerre, Permeke échoue également en Angleterre.

1915 A Amsterdam, Frits van den Berghe et Gustave de Smet découvrent l'art moderne et des peintres tels que Leo Gestel, Jan Sluijters et Henri Le Fauconnier. Minne, De Saedeleer et Van de Woestyne séjournent au pays de Galles, Permeke dans le Devonshire et Leon de Smet à Londres.

1916 De Smet et Van den Berghe connaissent leur première grande exposition à Amsterdam (galerie Heystee). Minne poursuit au pays de Galles la série de fusains, surtout sur le thème de la mère et de l'enfant. A Londres, Leon de Smet cherche le succès en tant que portraitiste de la haute société. Permeke peint trois toiles monumentales : *Le Buveur de cidre, L'Etranger* et *Le Boucher.*

1917 Albert Servaes, qui est resté à Laethem, réalise *La Fuite en Egypte* et *Le Noyé.* Il fait construire sa maison *Het Torenhuis* juste en dehors du village. Frits van den Berghe rentre en Belgique en septembre et accepte un poste au ministère. A Blaricum, Gustave de Smet peint *La Terre féconde* et s'abonne à *Das Kunstblatt,* une revue d'art moderne. A Amsterdam, en novembre, plusieurs artistes belges, parmi lesquels Gustave de Smet, fondent le cercle artistique moderne *Open Wegen.* A Sidford, Permeke achève une toile célèbre, *La Moisson au Devonshire.*

1918 Au bord du Zuiderzee, Gustave de Smet évolue définitivement vers l'expressionnisme. Le 13 septembre, son fils unique Firmin meurt dans un accident. Gustave van de Woestyne peint une toile fascinante, *Les Dormeurs.*

1919 En janvier, Frits van den Berghe rejoint à nouveau ses amis à Het Gooi. Il peint dans un style expressionniste convaincant des toiles telles que *Obsession, Portrait de Fortuna Brulez* [cat. 185] et *Le Semeur.* A Amsterdam, Gustave de Smet réalise la vue *L'Eglise à la coupole verte.* En avril, Constant Permeke rentre à Ostende. En août, George Minne quitte le pays de Galles pour rentrer à Laethem, suivi en octobre par Gustave van de Woestyne qui s'installe à Waregem. Servaes dessine une œuvre qui fit beaucoup parler d'elle, *Le Calvaire de Luithagen.*

1920 George Minne expose à la galerie Giroux à Bruxelles. En juin, Valerius de Saedeleer rentre à Etikhove. A Laethem, Albert Servaes achève le cycle *La Vie paysanne.* André de Ridder et Paul-Gustave van Hecke fondent à Bruxelles *Sélection,* galerie et revue d'orientation nettement parisienne ; ils offrent un contrat à Frits van den Berghe et Gustave de Smet.

1921 Karel van de Woestijne consacre dans le *Nieuwe Rotterdamsche Courant* un exposé succinct au premier groupe de Laethem-Saint-Martin. A Blaricum, Frits van den Berghe peint *Le Peintre du soleil,* Gustave de Smet des tableaux de figures tels que *Mère et enfant, Dimanche* et *Malpertuis.*

1922 Albert Servaes achève le *Calvaire peint.* La discussion suscitée par *Le Calvaire de Luithagen* se poursuit. Frits van den Berghe et Gustave de Smet rentrent en Belgique en juin. Ils font un bref séjour chez Permeke à Ostende et s'installent à Bachte-Maria-Leerne en septembre.

1923 En février, la galerie Giroux organise une grande rétrospective Albert Servaes à Bruxelles. A Afsnee, Frits van den Berghe et Gustave de Smet prêtent désormais à leur expressionnisme une touche « classique ». Constant Permeke rejoint également la Lys ; à Astene, il peint *Le Verger flamand, Les Mangeurs de harengs* et *Le Pain noir* [cat. 218, 223, 224]. Dans *Sélection,* André de Ridder consacre deux articles intitulés « Le Génie du Nord » à la défense de l'expressionnisme flamand.

1924 Le 5 juin, Emile Claus meurt à Astene à l'âge de 75 ans. Frits van den Berghe peint à Afsnee des toiles qui deviendront célèbres : *Crépuscule, Dimanche après-midi* et *La Bonne Auberge* [cat. 215, 216, 246]. Gustave de Smet, qui habite la même maison, achève *Le Peintre et sa femme, L'Adorateur de l'acrobate* et *Le Cirque* [cat. 244, 195]. En août, l'exposition « La Colonie d'artistes de Laethem » se tient dans l'ancien atelier de Gustave van de Woestyne. L'œuvre du jeune Hubert Malfait (1898–1971) attire l'attention d'André de Ridder et de Paul-Gustave van Hecke.

1925 Gustave van de Woestyne peint la synthèse pastorale *Fugue* [cat. 232]. Le peintre Edgar Gevaert (1891–1965) s'établit dans son domaine situé Kapitteldreef. Frits van den Berghe exprime sa force spirituelle dans des chefs-d'œuvre tels que *Les Amoureux au village, Le Pauvre* et *L'Eternel Vagabond* [cat. 247, 229, 239]. Dans le même atelier, Gustave de Smet peint *Les Buveurs de café, L'Auberge* et *Le Braconnier* [cat. 194, 220]. Jusqu'en 1928, l'artiste néerlandais Leo Gestel (1881–1941) habite par intermittence à Tronchiennes (Drongen), sur la Lys. Fin décembre, une exposition « Laethem-Saint-Martin » a lieu à la galerie Giroux à Bruxelles.

1926 En mars, le Koninklijke Kunst- en Letterkring d'Anvers expose cinquante toiles de Frits van den Berghe. A la Biennale de Venise, l'art belge, représenté entre autres par plusieurs « Laethémois », bénéficie d'un accueil chaleureux. Au printemps, les amis de Sélection reçoivent Zadkine et Chagall au bord de la Lys. En octobre, Le Centaure est fondé à Bruxelles ; De Smet et Van den Berghe y signent un contrat.

1927 *Kunst van Heden* consacre une rétrospective à George Minne et Gustave van de Woestyne. Frits van den Berghe a recours à une nouvelle iconographie qui l'éloigne de « l'art sain de la Lys ». Le Musée de Grenoble organise une exposition passionnante sous le titre « L'Art Belge Contemporain ».

1928 Karel van de Woestijne publie *De Schroefsijn* (La Spirale), un recueil de textes critiques consacrés aux arts plastiques. Emanuel Hoffmann, un industriel bâlois, acquiert un grand nombre d'œuvres de Gustave de Smet, Frits van den Berghe, Constant Permeke et Edgard Tytgat. Paul-Gustave van Hecke fonde *Variétés,* un mensuel illustré francophone. De Smet peint *La Loge, L'Ecuyère* et *Le Canapé bleu* [cat. 254], Van den Berghe *L'Image chantante, La Belle Noce* et *Le Temple inconnu.*

1929 Le 24 août, Karel van de Woestijne meurt à Zwijnaarde. En octobre, le krach de New York provoque une crise économique qui entraîne le marché de l'art et les artistes dans une chute généralisée.

1930 Leo van Puyvelde publie un ouvrage de référence sur George Minne. Achiel Stubbe écrit la première monographie consacrée à Constant Permeke. En avril, Gustave de Smet s'établit définitivement à Deurle, petit village niché contre son église.

Liste des œuvres exposées

Pour les œuvres uniquement reproduites en noir et blanc, on renvoie aux pages concernées ; les titres avec astérisque (*) ne sont pas illustrés. La date (approximative) des œuvres non datées se trouve entre crochets [ ]. Les dimensions sont données en centimètres, hauteur x largeur (x profondeur).

LE PREMIER GROUPE DE LAETHEM

1 George Minne
Mère pleurant son enfant mort, [1886]
Plâtre, 45,5 x 15 x 26,5
Sur le socle : MIN
Museum voor Schone Kunsten, Gand, inv. 1996–A

2 George Minne
Mère affligée avec deux enfants, [1888]
Plâtre, 65,5 x 37,5 x 56,5
Gemeentelijk Museum Gevaert-Minne, Laethem-Saint-Martin

3 George Minne
Mère tenant son enfant dans les bras, 1889 *
Plume à l'encre grise, noire et brune sur papier, 26,2 x 20
En bas à droite : George Minne / Noel 89
Museum voor Schone Kunsten, Gand, inv. 2001–A

4 George Minne
Mère affligée, 1890
Mine de plomb sur papier, 39 x 29
En bas à droite : George Minne / 90
Museum voor Schone Kunsten, Gand, inv. 1985–L

5 Käthe Kollwitz
Mère avec son enfant mort, [1911]
Fusain sur papier à la cuve, 44 x 47
Museum Ludwig, Cologne, inv. ML / Z1957 / 389

6 Grégoire le Roy
Mon Cœur pleure d'Autrefois, Paris 1889 (ill. p. 17)
Quatre illustrations et projet de couverture par George Minne
Université de Gand, bibliothèque

7 Emile Verhaeren
Les Villages illusoires, Bruxelles 1895 *
Quatre illustrations par George Minne
Collection particulière

8 Maurice Maeterlinck
Serres chaudes, Paris 1889 *
Frontispice et cinq illustrations par George Minne
Université de Gand, bibliothèque

9 Oskar Kokoschka
Die träumenden Knaben, 1908 (ill. p. 17)
Album avec huit lithographies, 24 x 22
Museum voor Schone Kunsten, Gand, inv. 2000–B

10 Wilhelm Lehmbruck
Le Fils prodigue, 1913 *
Eau-forte, 29,7 x 19,7
Wilhelm Lehmbruck Museum, Nachlass Lehmbruck, Duisbourg, inv. R. / P74

11 George Minne
Mère et enfant, 1908
Mine de plomb sur papier, 22 x 17,7
En bas à droite : G. Minne 08
Collection particulière

12 Wilhelm Lehmbruck
Composition avec figures, 1913
Eau-forte, 19,8 x 14,7
Wilhelm Lehmbruck Museum, Nachlass Lehmbruck, Duisbourg, inv. R. / P71

13 Käthe Kollwitz
Les Amants II, 1913
Bronze, 72 x 47 x 48
Staatliche Museen zu Berlin, Nationalgalerie, Berlin, inv. NG 23 / 80

14 George Minne
Le Petit Agenouillé, [1896]
Marbre blanc, 47,5 x 20 x 27,1
En bas à droite : GMinne
Museum van Deinze en de Leiestreek, Deinze, inv. 785 / MIN.g–7

15 George Minne
L'Orateur, [1901]
Marbre, 41,5 x 37,5 x 55,6
Verzameling Reyntjes, courtesy Galerie Oscar De Vos, Laethem-Saint-Martin

16 George Minne
Femme au bain, 1899
Marbre, 38,5
Staatliche Galerie Moritzburg, Halle

17 George Minne
Le Fils prodigue, [1896]
Plâtre, 58,7
Museum voor Schone Kunsten, Gand, inv. 1982–G

18 Wilhelm Lehmbruck
Résurrection II, 1913 *
Eau-forte, 29,5 x 19,5
Wilhelm Lehmbruck Museum, Nachlass Lehmbruck, Duisbourg, inv. R. / P72

19 George Minne
Le Grand Blessé, 1894
Relief en marbre, 42,5
Museum Folkwang, Essen, inv. P55

20 George Minne
L'Agenouillé, 1898
Marbre, 78 x 20 x 47
Staatliche Galerie Moritzburg, Halle

21 George Minne
Homme pleurant sa biche morte, 1896
Marbre, 28
Museum Folkwang, Essen

22 George Minne
Le Débardeur, 1913
Bronze, 76 x 28 x 38
En bas à gauche sur le socle : G MINNE 13
Museum Dhondt-Dhaenens, Deurle

23 George Minne
Trois hommes, dont un musicien, [vers 1908] *
Mine de plomb sur papier, 18 x 23
En bas à droite : G Minne
Collection particulière

24 George Minne
Homme avec un enfant dans les bras, [vers 1908] *
Mine de plomb sur papier, 23,8 x 30
Collection particulière

25 George Minne
Etudes de figures, [1900–1910] *
Verso : *Etudes : un laboureur et une église de village* *
Mine de plomb, 25,8 x 33,3
Museum voor Schone Kunsten, Gand, inv. 1984–L1

26 George Minne
Le Débardeur, 1910 *
Bronze, 65 x 56 x 31
En bas à gauche : G MINNE
Museum Dhondt-Dhaenens, Deurle

27 Emile Bernard
La Moisson, 1888
Huile sur bois, 56,5 x 45
En bas à gauche : Emile Bernard 88
Musée d'Orsay, Paris, inv. 1977–42

28 Maurice Denis
Avril, 1892
Huile sur toile, 24 x 40
En bas à gauche : MAUD
Collection particulière

29 Maurice Denis
Les attitudes sont faciles et chastes
2e lithographie en couleurs, 27,5 x 39,5
Extrait de l'album *Amour*, Ambroise Vollard, Paris 1911
Collection particulière

30 Maurice Denis
La vie devient précieuse et discrète
11e lithographie en couleurs, 40,7 x 28,5
Extrait de l'album *Amour*, Ambroise Vollard, Paris 1911
Collection particulière

31 Louis Welden Hawkins
Procession des âmes ou *Noël*, 1893
Huile sur toile, 67,4 x 44
En bas à droite : L W Hawkins à son ami A CHARPENTIER / 93
Collection particulière, Paris

32 Charles-Marie Dulac
Le Rhône à Avignon, 1898
Huile sur toile, 46,1 x 45,8
En bas à gauche : M.Ch.Dulac 98 / Avignon
Musée municipal, Brest

33–35 Charles-Marie Dulac
Le Cantique des créatures : le soleil, la lune, le feu et l'eau, la voie bénie, 1894
Lithographie, 59 x 71
Collection particulière

36 Eugène Laermans
Village au bord de la rivière / Soir calme au bord de la rivière
Huile sur toile, 57,5 x 105
Collection particulière

37 Gustave van de Woestyne
Le Beau Jardin, 1902
Huile sur toile, 56 x 43
En bas à gauche : FACIEBAT GUSTAVE VAN DE WOESTIJNE MCMII
Collection particulière

38 Jacob Smits
Symbole de la Campine, [1895]
Aquarelle, 55 x 51
En haut à droite : Jacob Smits
Museum Dhondt-Dhaenens, Deurle

39 Albijn van den Abeele
Fourré à Laethem, [1898] *
Huile sur toile, 50,5 x 66,3
Museum voor Schone Kunsten, Gand, inv. 1981–G

40 Albijn van den Abeele
Verdure printanière, [1900]
Huile sur toile, 60 x 80
En bas à droite : Albijn van den Abeele
Collection particulière

41 Albijn van den Abeele
Vue de la Lys, [1903]
Huile sur toile, 60 x 80
En bas à droite : Albijn van den Abeele
Collection particulière

42 Albijn van den Abeele
Sapinière en février, [1900]
Huile sur toile, 69 x 81
En bas à droite : Albijn van den Abeele
Collection particulière

43 Valerius de Saedeleer
La Lys à Laethem-Saint-Martin, [1903] *
Huile sur toile, 72 x 62
En bas à droite : Valerius de Saedeleer
Museum Dhondt-Dhaenens, Deurle

44 Valerius de Saedeleer
Soir calme sur la rivière, 1904
Huile sur toile, 94 x 110
En bas à droite : Valerius de Saedeleer 1904
Stedelijk Museum Oud Hospitaal, Alost, inv. 0066

45 Valerius de Saedeleer
La Lys par un jour gris, [1904]
Huile sur toile, 80 x 100
En bas à droite : Valerius de Saedeleer
Stedelijk Museum Oud Hospitaal, Alost, inv. 0065

46 Valerius de Saedeleer
La Lys à Laethem par temps calme, [vers 1905]
Huile sur toile, 41 x 46
En bas à droite : Valerius de Saedeleer
Collection particulière

47 Valerius de Saedeleer
La Lys en hiver, 1906
Huile sur toile, 41 x 46
En bas à droite : Aan mijn goeden vriend heer Jozef de Blieck / St. Jozefdag 1906 / Valerius de Saedeleer
Collection particulière

48 Valerius de Saedeleer
Méandre de la Lys par temps calme, 1905
Huile sur toile, 60 x 120
En bas à droite : Valerius de Saedeleer / 1905
Collection particulière

49 Valerius de Saedeleer
Orage sur la Lys, [1905]
Huile sur toile, 66 x 149,5
En bas à gauche vers le milieu : Valerius de Saedeleer
Museum voor Schone Kunsten, Gand, inv. 1953–A

50 Valerius de Saedeleer
Paysage, [1906]
Huile sur toile, 48 x 58
En bas à droite : Valerius de Saedeleer
Collection particulière

51 Valerius de Saedeleer
Crépuscule d'un jour sombre, [1907]
Huile sur toile, 96 x 110
En bas à droite : Valerius de Saedeleer
Museum voor Schone Kunsten, Gand, inv. 1909–HHH

52 Valerius de Saedeleer
La Plaine en hiver, 1911
Huile sur bois, 140 x 104
En bas à droite : Valerius de Saedeleer
Collection particulière

53 Valerius de Saedeleer
Etude de paysage, 1912
(Etude du cat. 55)
Mine de plomb sur papier, 24,5 x 56
En bas à gauche : Aan de goede vriend Olivier mei 1914 Valerius de Saedeleer / für Rosmarie
Collection particulière

54 Valerius de Saedeleer
Printemps / Ferme sur la colline, [1913]
Huile sur toile, 35 x 85
En bas à droite : Valerius de Saedeleer
Collection particulière

55 Valerius de Saedeleer
Paysage, [1912]
Huile sur toile, 35 x 85
En bas à droite : Valerius de Saedeleer
Collection particulière

56 Valerius de Saedeleer
Hiver / Paysage avec ferme sous la neige, [1913]
Huile sur toile, 35 x 85
En bas à droite : Valerius de Saedeleer
Collection particulière

57 Valerius de Saedeleer
Le Retour / Paysage à Tiegem, [1912]
Huile sur toile, 72 x 88
Collection particulière

58 Valerius de Saedeleer
Ferme en Flandre, [1914]
Huile sur toile, 94 x 85
En bas à droite : Valerius de Saedeleer
Collection particulière

59 Valerius de Saedeleer
Tournesols devant la forge, [1909]
Huile sur toile, 25 x 58
En bas à droite : Valerius de Saedeleer
Collection particulière

60 Valerius de Saedeleer
Sans titre [*Avant le printemps*], [1907]
Mine de plomb sur papier-calque, 44 x 91
Stedelijk Museum Oud Hospitaal, Alost, inv. 0070

61 Auguste Donnay
Large horizon
Technique mixte sur carton, 45 x 70
Musée de l'Art wallon, Liège, inv. AW 484

62 Georges Le Brun
La Grande Charmille / Les Nuages roses, 1903
Aquarelle et pastel, 47 x 61
En bas à gauche : GLB / 1903
Musées communaux, Verviers, inv. 426

63 Valerius de Saedeleer
Verger sous le givre, [1908]
Huile sur toile, 90 x 98
En bas à droite : Valerius de Saedeleer
Collection particulière

64 Valerius de Saedeleer
La Forge, [1909]
Huile sur toile, 50 x 66
En bas à gauche : Valerius de Saedeleer
Collection particulière

65 Gustave van de Woestyne
Le Printemps, 1910
Huile sur toile, 100 x 150
En bas à droite : GVE VAN DE WOESTIJNE 1910
Collection particulière, courtesy Galerie Oscar De Vos, Laethem-Saint-Martin

66 Valerius de Saedeleer
Givre – Matin d'hiver, [1912]
Huile sur toile, 105 x 142
En bas au milieu : Valerius de Saedeleer
Collection particulière

67 Valerius de Saedeleer
Verger en hiver, [1907]
Huile sur toile, 63 x 148
En bas à droite : Valerius de Saedeleer
Koninklijk Museum voor Schone Kunsten, Anvers, inv. 3020

68 Valerius de Saedeleer
Verger en hiver, 1908
Huile sur toile, 128 x 148
En bas à droite : Valerius de Saedeleer 1908
Stedelijk Museum Oud Hospitaal, Alost, inv. 0060

69 Gustave van de Woestyne
't Walleke te Wijnghene, 1909
Crayon Conté, gouache blanche sur papier, 42 x 54,5
En bas à gauche : GUSTAVE VAN DE WOESTYNE / 1909
En haut à gauche dans la banderole : TWalleke / te Wynghene / Moederlijk / stamhof van / Guido Gezelle
Stedelijke Musea, Steinmetzkabinet, Bruges, inv. 97.33.II

70 Gustave van de Woestyne
Marie et Joseph la veille de Noël, 1909
Aquarelle et peinture dorée, 8,6 x 7,2
En bas à droite : A mon amie Marie-Joseph Rogman / Gustave van de Woestyne / Louvain le 5 août 1909
Collection particulière

71 Gustave van de Woestyne
Le Jardin de sainte Agnès, 1911
Huile sur toile, 100 x 100
En bas à gauche : Gve van de Woestijne
Musée David et Alice van Buuren, Bruxelles, inv. 40

72 Gustave van de Woestyne
Hora Alba, 1911
Huile sur toile, 65 x 80
En bas à droite : GVE VAN DE WOESTYNE 1911
Collection particulière

73 Maurice Denis
Le Jardin du couvent sous la neige, 1892
Huile sur carton, 49,7 x 30,8
En bas à gauche : MAUD 92
Collection particulière

74 Gustave van de Woestyne
Eternel Reflet, 1911
Huile sur toile, 99 x 99
En bas à droite : Gve van de / Woestijne / 1911
Musée David et Alice van Buuren, Bruxelles, inv. 393

75 Albert Servaes
Sainte Soirée, 1905
Huile sur toile, 100 x 110
En bas à droite : A SERVAES / 1905
Collection particulière

76 Albert Servaes
Sainte Soirée [1905, retravaillé en 1912]
Etude du cat. 75
Fusain, pastel, mine de plomb et encre sur papier, 28 x 24
En haut à droite : A. SERVAES 1912
Collection particulière

77 Gustave van de Woestyne
Christ eucharistique, 1907
Huile sur toile, 55 x 40
En haut à droite : GUSTAVE / VAN DE WOESTIJNE 1907
Collection particulière

78 Gustave van de Woestyne
Le Christ sur la Croix, 1905
Mine de plomb sur papier, 26 x 17
A droite : anno domini 1905
Au milieu : GUSTAVI VANDEWOESTEYNE
Collection particulière

79 Gustave van de Woestyne
Le Christ sur la Croix, 1907 *
Aquarelle sur papier, 44,5 x 35,5
En bas à droite : Gustave van de Woestyne 1907
Museum van Deinze en de Leiestreek, Deinze inv. 622 / WOE.g–6

80 George Minne
Deux Etudes d'un laboureur *
Mine de plomb sur papier, 20,2 x 24,3
Museum voor Schone Kunsten, Gand, inv. 1984–L3

81 George Minne
Le Maçon, 1897
Bois, 76,5 x 62 x 21,5
Museum voor Schone Kunsten, Gand, inv. 1951–L

82 Albert Servaes
Le Planteur d'arbre, 1912
Fusain sur papier, 90 x 75
En haut à droite : A. SERVAES 1912
Collection particulière

83 Albert Servaes
Paysanne au panier, 1906
Fusain sur papier, 80 x 76
En bas à droite : Alb. Servaes / 1906
Collection particulière

84 Gustave van de Woestyne
Le Semeur, 1913
Mine de plomb, aquarelle et gouache sur papier, 72 x 105
En bas à droite : GVE V.D. WOESTYNE / 1913
Musée David et Alice van Buuren, Bruxelles, inv. 354

85 Gustave van de Woestyne
Le Mauvais Semeur, 1908
Huile sur bois, 56 x 46
En haut à gauche : G VAN DE WOESTIJNE / ANNO DNIMCMVIII
Collection particulière

86 Gustave van de Woestyne
La Lys à Laethem-Saint-Martin, 1902 *
Gouache et aquarelle sur papier, 9,7 x 17,3
En haut à gauche : A MIE STEPHANIE / DESSENIS MCMII / G. VAN DE WOESTIJNE
Museum van Deinze en de Leiestreek, Deinze, inv. 798 / WOE.g–10

87 Gustave van de Woestyne
Pour l'art, 1914
Lithographie en 4 couleurs, 69,5 x 59,5
Gve Van de Woestyne, Imprimerie J.-E. Goossens, A[nony]me
Collection particulière

88 Heinrich Nauen
Paysans au champ, 1905
Pinceau et encre noire sur papier, 15,5 x 16,5
En bas à droite : H. Nauen 0.5
Städtisches Museum Abteiberg, Mönchengladbach

89 Heinrich Nauen
L'Eglise de Laethem-Saint-Martin, 1905 *
Plume à l'encre noire sur papier, 42 x 37,5
En bas à droite : H. Nauen 0.5
Städtisches Museum Abteiberg, Mönchengladbach

90 Gustave van de Woestyne
Deeske, 1907
Crayon Conté, gouache, pastel sur papier, 32 x 22
En haut à droite : GUSTAVE V / D WOESTIJNE / MCM
Inscription en bas à droite : ETUDE POUR / TERRA GENITRIX
Collection particulière

91 Gustave van de Woestyne
Deeske accroupi, 1908
Mine de plomb, aquarelle, or battu sur papier, 59 x 49
En bas à droite : Gustave van de Woestijne
Collection particulière, courtesy Galerie Oscar De Vos, Laethem-Saint-Martin

92 Gustave van de Woestyne
Paysan / Soir, 1910
Huile sur toile, 60 x 40,3
Revers : Boer(avond) / G. VAN DE WOESTIJNE / 1910
Museum voor Schone Kunsten, Gand, inv. 1953–C

93 Gustave van de Woestyne
Paysan au bonnet noir, 1911
Huile sur toile, 36 x 25 (52,5 x 42)
En bas à droite : Gve Van de Woestijne 1911
Collection particulière

94 Gustave van de Woestyne
Paysan / La Réponse, 1911
Huile sur toile, 26 x 33
En bas à droite : G. VAN DE WOESTYNE / 1911
Museum voor Schone Kunsten, Gand, inv. 1948–AC

95 Gustave van de Woestyne
Paysan au champ, [1909]
Huile sur toile, 43 x 53
En bas à droite : Gve VAN DE WOESTYNE
Collection particulière, courtesy Galerie Oscar De Vos, Laethem-Saint-Martin

96 Gustave van de Woestyne
Portrait de madame Karel van de Woestijne, 1906
Huile sur toile, 71 x 62
En haut à gauche : G. van de Woestyne 1906
Collection particulière

97 Gustave van de Woestyne
Portrait de madame Minne, 1900
Huile sur toile marouflée sur bois, 55 x 45
En bas à gauche : G. VAN DE WOESTYNE / 1900
Collection particulière

98 Jan Toorop
Nirvana, 1895
Crayon bleu, mine de plomb rehaussé de crayon blanc, 66,5 x 34
En bas à gauche : J. Toorop / 1875
Kunsthandel Studio 2000, Amsterdam-Blaricum

99 Jan Toorop
Charley, 1897
Technique mixte sur papier (mine de plomb, encre et pastel), 33,5 x 22,5
En bas à gauche : J.TH. Toorop 97
Kunsthandel Studio 2000, Amsterdam-Blaricum

100 Gustave van de Woestyne
Petite Fille rêveuse, 1911
Huile et gouache sur papier, 24 x 21
A droite : G. VAN DE / WOESTYNE / 1911
Collection particulière

101 Gustave van de Woestyne
Petite Paysanne, 1913
Huile sur toile, 36,3 x 31,5
En bas à droite : Gve VAN DE WOESTYNE / 1913
Museum voor Schone Kunsten, Gand, inv. 1958–P

102 Maurice Denis
Portrait de Marthe au voile blanc, 1894
Huile sur toile, 32 x 41
En bas à gauche, à la verticale : MAUD 94
Collection particulière

103 Gustave van de Woestyne
Autoportrait, 1912
Huile sur toile, 60 x 48
En haut à droite : Gve VAN DE WOESTYNE 1912
Collection particulière

104 Gustave van de Woestyne
Portrait de Karel van de Woestijne, 1910
Mine de plomb sur papier, 29,5 x 26,5
En bas à droite : Gustave van de Woestijne / 1910
Collection particulière

105 Gustave van de Woestyne
La Femme de l'artiste, 1910
Huile sur papier marouflé sur toile, 99 x 68
En haut à droite : GUSTAVE VAN DE / WOESTYNE 1910
Museum voor Schone Kunsten, Gand, inv. 1913–G

106 Gustave van de Woestyne
Portrait de Valerius de Saedeleer, 1914
Huile sur toile, 220 x 140
En bas à droite : Gve VAN DE WOESTYNE / 1914
Collection Oscar De Vos, Afsnee

107 Stijn Streuvels
Reinaert de Vos voor de vierschaar van Koning Nobel… *
Illustrations d'après des dessins à la plume de Gustave van de Woestyne, 124 pages, 18,5 x 14
Duimpjesuitgave Maldegem, 1909
Collection particulière

108 Jules de Praetere
Affiche « Ausstellung Vlämischer Künstler im Kaiser Wilhelm Museum Krefeld », juin–juillet 1898 *
Lithographie en trois couleurs, impression N. Heins Gand, 69 x 106,8
En bas à droite : Jules de Praetere
Vleeshuis, Anvers

109 Jules de Praetere
Affiche « Tentoonstelling van het kunstverbond der Vlaanderen in den Skating-ring. Bagattenstraat Gent 1897 » (ill. p. 29)
Lithographie en deux couleurs, impression N. Heins Gand, 19 x 25,3
En bas à droite : Jules de Praetere
Collection Boris Rousseeuw

110 Jules de Praetere
Katalog Ausstellung Vlämischer Künstler im Kaiser Wilhelm Museum Krefeld, Juli–Sept. 1898 *
17 pages, 15 x 16,3
Collection Boris Rousseeuw

111 Stijn Streuvels
Lenteleven, 1899 *
Imprimé par Jules de Praetere
236 pages, 15 x 17,7
Collection Boris Rousseeuw

112 Karel van de Woestijne
Het vader-huis, 1903 (ill. p. 29)
Concept graphique par Jules de Praetere
19,8 x 24,6
L. J. Veen, Amsterdam
Collection particulière

113 Thomas Braun
Le livre des Bénédictions, 1900 *
Dédicace à George Minne par Thomas Braun
Imprimé et illustré par Jules de Praetere
17,2 x 13,5
Collection particulière

114 *Cataloog der Schilder- en beeldhouwwerken. Tentoonstelling van Kunst en Kennis, 1898* *
Dessin de la couverture par Jules de Praetere
6 pages, 13,5 x 18
Collection Boris Rousseeuw

115 Herman Teirlinck
Verzen, 1900 *
Couverture par Jules de Praetere
49 pages, 14 x 14,3
Imprimé sur la presse à bras « Juul de Praetere 1900 met 4 platen & versiersels / Sint-Martens-Latem aan de Leie »
Collection Boris Rousseeuw

L'IMPRESSIONNISME DU DEUXIÈME GROUPE

116 Emile Claus
Jeunes Paysannes le long de la Lys, [vers 1895]
Huile sur toile, 73 x 119
En bas à gauche : Emile Claus
Collection particulière, courtesy Galerie Oscar De Vos, Laethem-Saint-Martin

117 Emile Claus
Allée ensoleillée avec vaches, 1908
Huile sur toile, 113 x 150
En bas à droite : Emile Claus
Verso : september / E.C. / J.H.
Collection particulière, courtesy Galerie Oscar De Vos, Laethem-Saint-Martin

118 Constant Permeke
La Lys, 1907
Huile sur toile, 98 x 130
En bas à droite : C.P / 07
Collection particulière

119 Gustave de Smet
La Lys aux canards, [1911]
Huile sur toile, 81 x 100
En bas à droite : Gustave De Smet
Museum van Deinze en de Leiestreek, Deinze, inv. 525 / SME.g–1

120 Leon de Smet
Hiver à Laethem, 1909
Huile sur toile, 77 x 100
En bas à droite : LEON DE SMET / 09
Courtesy P. en L. Seghers, Ostende

121 Leon de Smet
La Bruyère, 1910
Huile sur toile, 80 x 100
En bas à droite : LEON DE SMET / 1910
Museum voor Schone Kunsten, Ostende, inv. 1974 / 719

122 Leon de Smet
Paysage près de Laethem, 1905
Huile sur toile, 72 x 151
En bas à droite : LEON DE SMET 1905
Museum voor Schone Kunsten, Gand

123 Anna de Weert
Prairies en juillet, 1912
Huile sur toile, 80 x 131
En bas à droite : A De Weert. / 1912
Collection particulière

124 Maurice Sijs
La Lys en hiver, [1910]
Huile sur toile, 82 x 102
En bas à droite : Maurice Sys
Collection particulière

125 Maurice Sijs
Le Passeur de Laethem, [1910]
Huile sur toile, 85 x 104
En bas à droite : Maurice Sys
Collection particulière

126 Emile Claus
Arbre au soleil, 1900
Huile sur toile, 184 x 153
En bas à gauche : Em. Claus ; verso : JJ
Museum voor Schone Kunsten, Gand, inv. 1920–N

127 Leon de Smet
La Drève, 1906
Huile sur toile, 125 x 150
En bas à gauche : LEON DE SMET / 1906
Collection particulière

128 Gustave de Smet
La Sapinière, [1911]
Huile sur toile, 100 x 108
En bas à droite : Gustave De Smet
Collection particulière

129 Frits van den Berghe
Paysage au crépuscule, [1905–1906]
Huile sur toile, 41 x 60,5
En bas à droite : Fr Vd Berghe
Museum van Deinze en de Leiestreek, Deinze, inv. 23 / BER.f–3

130 Gustave de Smet
La Lys le soir, [1911]
Huile sur toile, 75 x 105
En bas à droite : Gustave De Smet
Collection particulière

131 Albert Saverys
Paysage automnal, 1912
Huile sur toile, 85 x 95
En bas à droite : ALBERT SAVERYS / 12
Collection particulière

132 Frits van den Berghe
Le Faune, [1912]
Huile sur toile, 47,5 x 62
En bas à droite : Frits Vd. Berghe.
Collection particulière

133 Frits van den Berghe
Verger la nuit, 1909
Huile sur toile, 112 x 91
En bas à droite : Frits Vd Berghe / 1909
Collection particulière

134 Albert Saverys
Poirier, 1912
Huile sur toile, 120 x 100
En bas à gauche : ALBERT.SAVERYS / 12
Collection particulière

135 Gustave de Smet
Vue d'un bois le soir, [1911]
Huile sur toile, 71 x 90
En bas à droite : Gustave De Smet
Collection particulière

136 Gustave de Smet
Verger en fleurs, [1910]
Huile sur toile, 104 x 124
En bas à gauche : Gustave De Smet
Collection particulière

137 Gustave de Smet
Verger en fleurs, [1910]
Huile sur toile, 80 x 100
En bas à gauche : Gustave De Smet
Collection particulière

138 Gustave de Smet
L'Etang, [1911]
Huile sur toile, 102 x 106
En bas à droite : Gustave De Smet
Collection particulière

139 Leon de Smet
L'Etang, 1913

Huile sur toile, 45,5 x 55,5
En bas à gauche : LDS 1913
Collection particulière
140 Leon de Smet
Vue d'un bois, 1909
Huile sur toile, 80 x 100
En bas à gauche : LEON DE SMET / 09
Collection particulière
141 Leon de Smet
Bouleaux blancs, 1912
Huile sur toile, 125 x 125
En bas à gauche : 1912 LEON DE SMET
Collection particulière, courtesy Galerie Oscar De Vos, Laethem-Saint-Martin
142 Leon de Smet
Verger en fleurs, 1912
Huile sur toile, 80 x 100
En bas à droite : 1912 LEON DE SMET
Collection particulière
143 Gustave de Smet
La Ferme blanche, [1910]
Huile sur toile, 55,5 x 79
En bas à gauche : Gustave De Smet
Collection particulière
144 Henri Le Sidaner
Table au jardin, Gerberoy, [1900]
Huile sur toile, 90 x 116,6
En bas à gauche : le Sidaner
Ministerie van de Vlaamse Gemeenschap, en dépôt au Museum voor Schone Kunsten, Gand, inv. 1906–S
145 Leon de Smet
Soir de printemps, 1912
Huile sur toile, 125 x 80
En bas à droite : LEON DE SMET 1912
Collection particulière
146 Gustave de Smet
Table de jardin sous le pommier, 1909
Huile sur toile, 120 x 115
En bas à gauche : Gustave De Smet / 1909
Collection particulière
147 Leon de Smet
La Lettre, 1913
Huile sur toile, 91 x 131
En bas à gauche : LEON DE SMET / 1913
Collection particulière
148 Leon de Smet
Au jardin, 1913
Huile sur toile, 127 x 153
En bas à droite : 1913 LEON DE SMET
Crédit Communal, Bruxelles, inv. 1597 *(Madame De Smet et son amie)*
149 Frits van den Berghe
Fillette au jardin, 1909
Huile sur toile, 161 x 111
En bas à droite : Fritz Vd. Berghe / 1909
Collection particulière
150 Frits van den Berghe
Fille avec un chien, [vers 1906]
Huile sur toile, 116 x 60
En bas à droite : Frits Vd Berghe
Collection particulière
151 Jean Edmond François Aman
La Jeune Fille à la chèvre
Huile sur toile, 192 x 54
En bas à droite : Aman Jean.
Museum voor Schone Kunsten, Gand, inv. 1914–W
152 Leon de Smet
Sur la terrasse, 1905
Huile sur toile, 138 x 91
En bas à droite : 1905 LEON DE SMET
Kunstzalen A. Vecht, Amsterdam
153 Jenny Montigny
Enfants dans un jardin fleuri, 1912
Huile sur toile, 63 x 94,5
En bas à droite : J. Montigny ; verso : juli 1912
Collection particulière
154 Gustave de Smet
Coin ensoleillé au jardin, [1908]
Huile sur toile, 115 x 120
En bas à droite : Gustave De Smet
Courtesy J. P. Van Langenhove, Gand
155 Théo van Rysselberghe
Madame Van de Velde et ses trois enfants, 1903
Huile sur toile, 105,5 x 125,5
En haut à droite : 19 TVR 03
Musée d'Art moderne, Petit Palais, Genève
156 Leon de Smet
Harmonie blanche, 1909
Huile sur toile, 155 x 173
En bas à gauche : LEON DE SMET / 1909
Collection particulière
157 Georges Morren
Au jardin, 1906
Huile sur toile, 130 x 180
En bas à droite : Morren / 1906
Collection particulière
158 Théo van Rysselberghe
Madame Théo van Rysselberghe au jardin / La Dame en blanc, 1904
Huile sur toile, 92 x 73
En bas à gauche : TVR / 1904
Musée d'Art moderne et d'Art contemporain, Liège
159 Théo van Rysselberghe
Portrait d'Hélène et Michette Guinotte, 1901
Huile sur toile, 76 x 64
En bas à droite : TVR 01
Collection particulière
160 Frits van den Berghe
Intérieur blanc, [1905]
Huile sur toile, 66 x 81
En bas à gauche : FVDBerghe
Museum van Deinze en de Leiestreek, Deinze, inv. 22 / BER.f–2
161 Frits van den Berghe
Intérieur, [1905]
Huile sur toile, 72,5 x 100
En bas à droite : Fr. Vd Berghe.
Collection particulière
162 Leon de Smet
Femme à la fenêtre, 1909
Huile sur toile, 96 x 101
En bas à gauche : LEON DE SMET / 1909
Collection particulière, courtesy Galerie Oscar De Vos, Laethem-Saint-Martin
163 Leon de Smet
La Lecture, 1913
Huile sur toile, 175 x 212
En bas à droite : 1913 LEON DE SMET
Collection particulière
164 Théo van Rysselberghe
La lecture par Emile Verhaeren, 1903
Huile sur toile, 181 x 241
En bas à droite : TVR 03
Museum voor Schone Kunsten, Gand, inv. 1906–R
165 Frits van den Berghe
Portrait de madame Herckenrath, [1908]
Huile sur toile, 90 x 70
Collection particulière
166 Frits van den Berghe
Mère et enfant [1910]
Huile sur toile, 112 x 65
En haut à droite : F.V.D.Berghe
Collection particulière
167 Frits van den Berghe
Portrait de mon père, 1912
Huile sur toile, 112 x 162
En bas à droite : 1912 / FvdBerghe
Collection particulière
168 Leon de Smet
Femme au miroir 1909
Huile sur toile, 111 x 100,5
En haut à gauche LEON DE SMET / 09
Collection particulière
169 Leon de Smet
Intérieur, 1911
Huile sur toile, 121 x 111
En bas à droite : 1911 Leon De Smet
Museum voor Schone Kunsten, Gand, inv. 1957–AG
170 Leon de Smet
Harmonie rose, 1912
Huile sur toile, 137 x 134
En bas à droite : LEON DE SMET / 1912
Collection particulière
171 Frits van den Berghe
La Petite Eve, [1905]
Huile sur toile, 58 x 5?
En bas à gauche : Frits VD Berghe
Collection particulière
172 Leon de Smet
La Table, 1910
Huile sur toile, 125 x 115
En bas à gauche : 1910 LEON / DE SMET
Collection particulière
173 Constant Permeke
Ma fenêtre le soir, [1911]
Huile sur toile, 95,5 x 83,5
En bas à gauche : Const. Permeke
Collection particulière
174 Frits van den Berghe
L'Enchantement [1910]
Huile sur toile, 136 x 105
En bas à droite : Fritz Vd. Berghe
Banque Artesia, Bruxelles
175 Leon de Smet
Paysage automnal, 1914
Huile sur toile, 80 x 60
En bas à droite : LDS 1914
Collection particulière
176 Constant Permeke
Neige, [1905]
Huile sur toile, 50 x 40
En bas à gauche Constant Permeke
Provinciaal Museum Constant Permeke, Jabbeke, inv. K801
177 Albert Servaes
Paysage, 1912
Huile sur toile, 25 x 45,5
En bas à droite : a. servaes / 12
Museum voor Schone Kunsten, Gand, inv. 1990–A
178 Constant Permeke
Arbre près de la Lys, 1909
Huile sur toile, 67 x 55
En bas à gauche : Constant Permeke
Collection particulière
179 Constant Permeke
La Maison, 1911
Huile sur bois, 39 x 31
En bas à gauche : Constant Permeke 1911
Provinciaal Museum Constant Permeke, Jabbeke, inv. K2033
180 Constant Permeke
La Lys, [1912]
Huile sur carton, 25 x 46
Collection particulière
181 Gustave de Smet
Chute de neige, 1914
Huile sur toile, 51 x 59
En bas à gauche : Gustave De Smet 1914
Collection particulière
182 Albert Servaes
Champ avec meules, 1911
Huile sur toile marouflée sur panneau, 25,5 x 33,5
En bas à droite : 1911 / a. servaes
Collection particulière
183 Constant Permeke
Paysage d'hiver, 1912
Huile sur toile, 114 x 120
En bas à droite : Const. Permeke 1912
Koninklijk Museum voor Schone Kunsten, Anvers, inv. 1929
184 Gustave de Smet
Femme au chapeau, [1915]
Huile sur toile marouflée sur panneau, 40 x 50
En bas à gauche : Gust. De Smet
Collection particulière
185 Frits van den Berghe
Portrait de Fortuna Brulez, [1919]
Huile sur papier, 58 x 43
En bas à droite : FVBerghe
Museum voor Schone Kunsten, Gand, inv. 1968–AH
186 Constant Permeke
Paysage du Devon, [1917]
Huile sur unalithe, 41,5 x 55,5
En bas à gauche : Permeke
Provinciaal Museum Constant Permeke, Jabbeke, inv. K2034

L'EXPRESSIONNISME FLAMAND

187 Ossip Zadkine
Femme au violon, 1918–1919
Bronze 52 x 40 x 75
O. Zadkine
Musée Zadkine de la Ville de Paris, inv. MZ312
188 Ossip Zadkine
Femme debout, 1922
Bronze, 77 x 31 x 19
O. Z.
Musée Zadkine de la Ville de Paris, inv. MZ54
189 Léopold Survage
La Maison rose, 1916
Huile sur toile, 60 x 73
En bas à droite : L. Survage
Museum Ludwig, Cologne
190 Léopold Survage
Paysage, 1918
Huile sur toile, 65 x 92
En bas à gauche : L. Survage
Collection particulière
191 Edgard Tytgat
Souvenir d'un dimanche, 1926

Huile sur toile, 88 x 116
En bas à droite : Edgard Tytgat 1926
Museum Dhondt-Dhaenens, Deurle

192 Ossip Zadkine
Arlequin, 1922
Aquarelle, gouache sur papier, 55 x 40
En bas au milieu : Zadkine
Kunstpatrimonium Gemeentebestuur Laethem-Saint-Martin

193 Ossip Zadkine
Quatre figures au village, 1921
Aquarelle sur papier, 62 x 46
En bas à gauche : Zadkine 21
Collection Wiegersma, Bruxelles

194 Gustave de Smet
L'Auberge, 1925
Gouache sur papier, 73 x 54
En haut à droite : Gust. De Smet
Hannema-de Stuers Fundatie, Heino / Wijhe, Pays-Bas, inv. 2836

195 Gustave de Smet
Le Cirque, 1924
Gouache sur papier, 73 x 53
En bas à droite : Gust. De Smet
Collection particulière

196 Jean-Emile Laboureur
Le Tir forain, 1920 (ill. p. 157)
Gravure au burin, 26,6 x 22,7
En bas à gauche : Laboureur
Stedelijk Prentenkabinet, Anvers, inv. 15861

197 Heinrich Campendonk
Intérieur de ferme, 1921
Huile sur toile, 125 x 95
En bas à droite : C. / 21
Stedelijk Museum Amsterdam, inv. B2158

198 Gustave de Smet
Le Tir forain, 1923
Gouache sur papier, 52 x 59
En bas à droite : Gust. De Smet
Museum Dhondt-Dhaenens, Deurle

199 André Lhote
Gipsies bar, 1918
Huile sur carton, 56 x 72
Musée d'Art moderne, Petit Palais, Genève

200 Gustave de Smet
Le Joueur d'harmonica, 1926
Huile sur toile, 70 x 80
En bas à gauche : Gust. De Smet
Collection particulière

201 Frits van den Berghe
Portrait de Constant Permeke, [1922]
Huile sur toile, 105 x 80
En bas à gauche : FVBerghe / 1922
Musée communal d'Ixelles, Bruxelles, inv. MG 44

202 Frits van den Berghe
Feuillets du *Carnet de croquis d'Ostende – Bachte-Maria-Leerne*, [vers 1922–1924]
Mine de plomb sur papier, 12,7 x 19,7
Museum voor Schone Kunsten, Gand, inv. 1989 A

203 Gustave de Smet
L'Attente, 1922
Fusain sur papier, 34 x 22,5
En bas à droite : Gust. De Smet
Gemeentelijk Museum Gust De Smet, Laethem-Saint-Martin, inv. 70

204 Gustave de Smet
Deux femmes, 1922
Huile sur carton, 35 x 25
En bas à gauche : Gust. De Smet
Gemeentelijk Museum Gust De Smet, Laethem-Saint-Martin, inv. 77

205 Gustave de Smet
Pally, 1922
Huile sur toile, 94 x 65
En bas à gauche : Gust. De Smet
Koninklijk Museum voor Schone Kunsten, Anvers, inv. 2159

206 Gustave de Smet
Jeune Fille aux tulipes, 1926
Huile sur toile, 62 x 48
En haut à droite : Gust. De Smet
Provinciebestuur van Oost-Vlaanderen, Gand, inv. PI / 438

207 Frits van den Berghe
Le Tilbury, 1922
Huile sur toile, 75,7 x 89,5
En bas à droite : FVBerghe / 1922
Collection particulière

208 Gustave de Smet
Paysage à la Lys, 1923
Huile sur bois, 75 x 80
Collection particulière

209 Frits van den Berghe
La Lys à Deurle, 1923
Huile sur toile, 49 x 53
En bas à droite : FVBerghe
Collection particulière

210 Frits van den Berghe
Le Presbytère de Bachte-Maria-Leerne, 1923
Huile sur toile, 48,5 x 67
En bas à droite : FVBerghe
Collection particulière, courtesy Galerie Oscar De Vos, Laethem-Saint-Martin

211 Frits van den Berghe
La Maison jaune, 1922
Huile sur toile, 52 x 57
En bas à droite : FVBerghe
Courtesy Galerij Van Langenhove, Gand

212 Frits van den Berghe
Le Pigeonnier du château d'Ooidonk, 1923
Huile sur toile, 73 x 58
En bas à droite : FVBerghe
Collection particulière

213 Frits van den Berghe
Pêcheurs à la ligne à la Lys, 1923
Huile sur toile, 80 x 62,5
En bas à droite : FVBerghe
Museum Dhondt-Dhaenens, Deurle

214 Frits van den Berghe
Paysage à Deurle, 1923
Huile sur toile, 84 x 64
En bas à gauche : FVBerghe
Collection particulière

215 Frits van den Berghe
Crépuscule, 1924
Huile sur toile, sur panneau, 51 x 55
En bas à droite : FVBerghe
Collection particulière, courtesy Galerie Oscar De Vos, Laethem-Saint-Martin

216 Frits van den Berghe
Dimanche après-midi, 1924
Huile sur toile, 55 x 68,5
Museum Dhondt-Dhaenens, Deurle

217 Leo Gestel
La Lys, 1926
Aquarelle et gouache sur papier, 49,7 x 69,6
En bas à droite : sceau de l'atelier
Singer Museum, Laren (prêt de l'Instituut Collectie Nederland), inv. R8675

218 Constant Permeke
Le Verger flamand, 1923
Huile sur toile, 130 x 150
En bas à droite : Permeke 1923
Provinciaal Museum Constant Permeke, Jabbeke

219 Constant Permeke
L'Etable, 1924
Huile sur toile, 129 x 150,5
En bas à gauche : Permeke 1924
Banque Européenne d'Investissement, Luxembourg

220 Gustave de Smet
Le Braconnier, 1925
Huile sur toile, 138,5 x 100,5
En bas à droite : Gust. De Smet
Emanuel Hoffmann-Stiftung, en prêt au Musée d'Art contemporain, Bâle

221 Constant Permeke
La Sarcleuse, 1923
Huile sur toile, 110 x 75
Museum voor Schone Kunsten, Gand, inv. 1957–I

222 Constant Permeke
Le Mangeur de bouillie, 1922
Huile sur toile, 153 x 170
En bas à droite : Permeke / Astene 1922
Groeningemuseum, Bruges, inv. 85.25.I

223 Constant Permeke
Les Mangeurs de hareng, 1923
Huile sur toile, 130 x 150
En bas à droite : Permeke 1923
Collection particulière

224 Constant Permeke
Le Pain noir, 1923
Huile sur toile, 127 x 150
En bas à gauche : Permeke / 1923
Collection particulière

225 Hubert Malfait
Dimanche après-midi, 1925
Huile sur toile, 112 x 105
Rechtsboven : H. Malfait
Collection particulière, courtesy Galerie Oscar De Vos, Laethem-Saint-Martin

226 Hubert Malfait
Femme endormie, 1925
Gouache sur papier, 61 x 35
Collection particulière

227 Gustave de Smet
Songerie, 1923
Fusain sur papier, 66 x 55,5
En bas à gauche : Gust. De Smet
Collection particulière

228 Frits van den Berghe
Paysanne près du poêle, 1925
Encre de Chine sur papier, 74 x 59
En bas à droite : FVB
Collection particulière

229 Frits van den Berghe
Le Pauvre, 1925
Huile sur toile, 177 x 115
En bas à droite : FVBerghe
Collection particulière, courtesy Galerie Oscar De Vos, Laethem-Saint-Martin

230 Herman Kruyder
Le Petit Curé, 1926
Huile sur toile, 66 x 66,5
En bas à droite : H KRUYDER
Stedelijk Museum Amsterdam, inv. A 6434

231 Frits van den Berghe
L'Idiot devant l'étang, 1926
Huile sur toile, 111,6 x 95,6
En bas à droite : FVBerghe
Museum voor Schone Kunsten, Gand, inv. 1962–C

232 Gustave van de Woestyne
Fugue, 1925
Huile sur toile, 80,4 x 80,1
En bas à gauche : GVE VAN DE WOESTYNE / 1925
Museum voor Schone Kunsten, Gand, inv. 1991–M

233 Gustave van de Woestyne
Paysanne, 1926
Huile sur toile, 60 x 58
En bas à gauche : GVE VAN DE WOESTYNE
Musée David et Alice van Buuren, Bruxelles

234 Albert Servaes
Vieux Paysan, 1922
Fusain sur papier, 87 x 78
Au milieu à droite : a. servaes / 1922
Museum voor Schone Kunsten, Gand, inv. 1923–J

235 Albert Servaes
Paysan, 1920
Fusain sur papier, 87 x 78
En haut à droite : a. servaes / 1922
Collection particulière, courtesy Galerie Oscar De Vos, Laethem-Saint-Martin

236 Constant Permeke
Marietje / Femme de pêcheur, 1926
Fusain sur papier, 62 x 49
En bas à droite : Permeke / 1926
Collection particulière, courtesy Galerie Oscar De Vos, Laethem-Saint-Martin

237 Constant Permeke
Les Buveurs, 1924
Peinture à la térébenthine sur papier, 110 x 108
En bas à droite : Permeke
Collection particulière

238 Constant Permeke
Le Siffleur, 1927
Huile sur bois, 135 x 110
En bas à gauche : Permeke / 1927
Collection particulière

239 Frits van den Berghe
L'Eternel vagabond, 1925
Huile sur toile, 77 x 66
En bas à droite : FVBerghe
Collection particulière

240 Frits van den Berghe
Paysan, 1925
Fusain sur papier, 72 x 60
En bas à droite : FVBerghe
Collection particulière

241 Frits van den Berghe
Le Rêve (La Création), 1927
Huile sur toile, 120 x 140
En bas à droite : FVBerghe
Museum Dhondt-Dhaenens, Deurle

242 Frits van den Berghe
Les Rives, 1926
Huile sur toile, 94,5 x 121
En bas à droite : FVBerghe
Collection particulière

243 Gustave de Smet
Le Bouquet, 1924
Huile sur toile, 60 x 55

En bas à droite : Gust. De Smet
Galerie Gudrun, Zomergem

244 Gustave de Smet
Le Peintre et sa femme, 1924
Mine de plomb et gouache sur papier, 71 x 54
Au milieu à gauche : Gust. De Smet
Musée communal d'Ixelles, inv. MG 9

245 Frits van den Berghe
La Vie, 1924
Huile sur toile, 133 x 144
En bas à droite : FVBerghe
Koninklijk Museum voor Schone Kunsten, Anvers, inv. 2527

246 Frits van den Berghe
La Bonne Auberge, 1924
Huile sur toile, 152 x 116
En bas à gauche : F vd Berghe / 1924
Collection particulière

247 Frits van den Berghe
Les Amoureux du village, 1925
Huile sur toile, 96,5 x 120
En bas à droite : F v Berghe
Groeningemuseum, Bruges, inv. 85.33.I

248 Gustave de Smet
La Bonne Maison, 1926
Huile sur toile, 120 x 135
En bas à droite : Gust. De Smet
Museum voor Schone Kunsten, Gand, inv. 1953–B

249 Gustave de Smet
Femme endormie, 1927
Huile sur papier, 70 x 55
En bas à droite : Gust. De Smet
Courtesy Galerie Patrick Derom, Bruxelles

250 Gustave de Smet
Les Forains, 1928
Huile sur toile, 94 x 73
En bas à gauche : Gust. De Smet
Collection Servarts, Bruxelles

251 Constant Permeke
Le Coupé, 1925
Mine de plomb et aquarelle sur bois, 100 x 75
En bas à droite : Permeke 1925
Kunstpatrimonium Gemeentebestuur, Laethem-Saint-Martin

252 Hubert Malfait
La Cartomancienne, 1927
Huile sur toile, 110 x 90
En bas à droite : H. Malfait
Collection particulière, courtesy Galerie Oscar De Vos, Laethem-Saint-Martin

253 Gustave de Smet
Jeune Fille en bleu, 1928
Huile sur toile, 93 x 73
En bas à gauche : Gust. De Smet
Collection particulière

254 Gustave de Smet
Le Canapé bleu, 1928
Huile sur toile, 145 x 115
En bas à droite : Gust. De Smet
Collection particulière

255 Gustave de Smet
Le Jeune Capitaine, 1927
Huile sur toile, 135 x 120
En bas à droite : Gust. De Smet
Courtesy Galerie Patrick Derom, Bruxelles

Bibliographie

De très nombreux ouvrages abordent l'art et les artistes de Laethem-Saint-Martin. C'est pourquoi nous nous limiterons à quelques publications générales et à celles qui ont pour thème précis la colonie d'artistes de Laethem-Saint-Martin. Pour une bibliographie plus exhaustive (catalogues, livres, revues et articles de journaux), voir entre autres Piet Boyens, *Sint-Martens-Latem, kunstenaarsdorp in Vlaanderen*, Tielt 1992, 1998², pp. 479–508, et Johan De Smet, *Sint-Martens-Latem en de Kunst aan de Leie 1870–1970*, Tielt – Zwolle 2000, pp. 333–340.

Barr A. H., *Cubism and Abstract Art*, New York 1966.
Block J., *Les XX and Belgian avant-gardism*, Ann Arbor 1984.
Boyens P., *Sint-Martens-Latem, kunstenaarsdorp in Vlaanderen*, Tielt 1992, 1998².
Boyens P., *Expressionisme in Nederland 1910–1930*, Zwolle 1994, 1995².
Braet H., *L'Accueil fait au Symbolisme en Belgique 1885–1900*, Bruxelles 1967.
Casteur H. et A. Smeets, *Inleiding tot de hedendaagse schilderkunst*, Bruges 1959.
Dalemans R., *100 Jaar plastische kunsten in België. Van eeuw tot eeuw*, Bruxelles 1986.
De Ridder A., *Laethem-Saint-Martin, colonie d'artistes*, Bruxelles 1945.
De Ridder A., *Sint-Maertens-Laethem. Kunstenaarsdorp*, Bruxelles 1946.
De Ridder A., *De Leie, Land, Volk. De Kunst van de Leiestreek*, Gand 1954.
De Ridder A., *Vlaamsche Kunst*, Anvers 1952.
De Smet J., *Sint-Martens-Latem en de Kunst aan de Leie 1870–1970*, Tielt et Zwolle 2000.
Durnez E. et M. Somers, *Latemse memoires – Herinneringen van mevrouw Karel van de Woestijne en Julius De Praetere*, Anvers et Baarn 1995.
Eemans M., *De Moderne Schilderkunst in België*, Hasselt 1969.
Fierens P., *L'Art en Belgique du Moyen-Age à nos jours*, Bruxelles 1939.
Golding J., *Cubism: a history and an analysis 1907–1914*, Londres 1959.
Goldwater R., *The Primitivism of the Fauves, the Brücke and the Blaue Reiter*, New York 1938.
Gordon D. E., *Expressionism. Art and Idea*, Londres 1987.
Goyens de Heusch S., *L'impressionnisme et le fauvisme en Belgique*, Anvers 1988.
Haelemeersch A.-F., *Verknocht aan het land in de Leiebocht. Latems Kunstleven tussen 1890 en 1990*, Laethem-Saint-Martin 1992.
Haesaerts L. et P., *Flandre – L'Impressionnisme*, Paris 1931.
Haesaerts P., *De School van Sint-Martens Laethem – Een historisch en critisch overzicht*, Amsterdam 1940.
Haesaerts P., *L'Ecole de Laethem-St.Martin*, Bruxelles 1945.
Haesaerts P., *Histoire de la peinture moderne en Flandre*, Bruxelles 1959.
Haesaerts P., *Sint-Martens-Latem, gezegend oord van de Vlaamse kunst*, Bruxelles 1965, Anvers 1982.
Haftmann W., *Malerei im 20. Jahrhundert*, Munich 1954.
Herbert B., *German Expressionism. Die Brücke and Der Blaue Reiter*, Londres 1983.
Herbert E. W., *The Artists and Social Reform, France and Belgium 1865–1898*, New Haven 1961.
Hess W., *Dokumente zum Verständnis der modernen Malerei*, Hambourg 1956.
Hofstätter H.-H., *Symbolismus und die Kunst der Jahrhundertwende*, Cologne 1965.
Hofstätter H.-H., *Malerei und Graphik der Gegenwart*, Baden-Baden 1966.
Hoffmann W., *Von der Nachahmung zur Erfindung der Wirklichkeit*, Cologne 1970.
Hoozee R. et al., *L'art moderne en Belgique 1900–1945*, Anvers 1992.
Imanse G. et al., *Van Gogh tot Cobra. Nederlandse schilderkunst 1880–1980*, Utrecht 1981.
Langui E., *L'expressionnisme en Belgique*, Bruxelles 1970.
Legrand Fr.-Cl., *Le symbolisme en Belgique*, Bruxelles 1971.
Mathieu P. L., *La Génération symboliste 1870–1910*, Zurich 1990.
Maus M.-O., *Trente années de lutte pour l'art: 1884–1914*, Bruxelles 1926.
Palmer M., *Van Ensor tot Magritte – Belgische kunst 1880–1940*, Tielt 1994.
Polak B.-H., *Het fin-de-siècle in de Nederlandse schilderkunst. De symbolistische beweging 1880–1900*, La Haye 1955.
Read H., *Histoire de la peinture moderne*, Paris 1960.
Roberts-Jones Ph., *Du Réalisme au Surréalisme*, Bruxelles 1969.
Russell J., *The Meanings of Modern Art*, Londres 1981.
Schmied W., *Wegbereiter zur Modernen Kunst*, Hanovre 1969.
Sedlmayer H., *Die Revolution der modernen Kunst*, Hambourg 1955.
Smeets A. et al., *Van Ensor tot Permeke*, Tielt 1971.
Stevens MA., R. Hoozee et al., *De l'impressionnisme au symbolisme. L'avant-garde belge 1880–1900*, Londres 1994.
Vanbeselaere W. *De Vlaamse Schilderkunst van 1850 tot 1950. Van Leys tot Permeke*, Bruxelles 1959.
Van den Abeele H., *Geschiedenis van Sint-Martens-Latem*, Louvain 1909.
Van den Abeele H., *Het onbezonnen leven van de Latemse kunstenaars*, Gand 1958.
Van den Abeele R. et al., *Sint-Martens-Latem, Schetsen uit 1150 jaar geschiedenis, 824–1974*, Jaarboek Heemkring Scheldeveld, 1974.
Van de Woestijne K., *De Schroeflijn I – Opstellen over plastische kunst*, Bruxelles 1928.
Vermeulen A., *De Leie. Natuur en cultuur*, Tielt 1988

Crédits photographiques

ACL, Bruxelles : p. 26, 28 à gauche, 158 ; J. G. Berizzi : cat. 27 ; Griet Blomme : cat. 17 ; Ditmar Bollaert, Karel Moortgat : cat. 51, 77, 78, 104, 223, 238 ; Guy Braeckman : cat. 22, 36, 37, 38, 41, 47, 52, 54, 56, 82, 83, 96, 130, 131, 133, 134, 136, 154, 161, 181, 192, 195, 203, 204, 209, 219, 226, 228, 231, 237, 239, 249, 251 ; Martin Bühler (Öffentliche Kunstsammlung Basel) : cat. 220 ; Walter Danz : cat. 20 ; Dirk De Neef : cat. 144, 151, 185 ; Oscar De Vos : cat. 16, 48, 58, 59, 64, 65, 91, 95, 97, 106, 116, 117, 118, 120, 121, 127, 132, 133, 138, 139, 140, 141, 142, 145, 146, 150, 152, 156, 162, 163, 165, 166, 170, 173, 174, 176, 210, 224, 252 ; Vincent Everarts : cat. 168, 254 ; Anja Hellebaut : cat. 1, 6 (p. 17), 53, 70, 75, 81, 101, 108, 112 (p. 29), 122, 178, 202 ; Koninklijk Museum voor Schone Kunsten, Anvers : cat. 67, 183, 205, 245 ; Kunsthandel Studio 2000, Anvers : cat. 98 ; p. 96 à gauche ; W. Krause : cat. 16 ; Peter Lorré : cat. 49 ; Hugo Maertens : cat. 105, 147, 179, 186, 222, 247 ; Paul M. R. Maeyaert : p. 28 à droite ; Magnus : cat. 153 ; Romän Marz : cat. 13 ; Frank Michta : cat. 44, 60, 68 ; Jens Nober : cat. 19, 20 ; Musée d'Art moderne et d'Art contemporain, Liège : cat. 158 ; p. 96 à droite ; Musée de l'Art wallon de la Ville de Liège : cat. 61 ; Musée du Petit Palais, Genève : cat. 155, 199 ; Musée municipal, Brest : cat. 32 ; Musée Zadkine de la Ville de Paris : cat. 188 ; Musées communaux, Verviers : cat. 62 ; Museum Gevaert-Minne, Laethem-Saint-Martin : cat. 2 ; Museum van Deinze en de Leiestreek, Deinze : cat. 11, 14, 90, 119, 129, 160 ; Museum voor Schone Kunsten, Gand : cat. 1, 4, 9 (p. 17), 46, 92, 94, 109 (p. 29), 126, 135, 149, 164, 167, 171, 177, 221, 232, 234, 242 ; P. Pierrain : cat. 187 ; Rheinisches Bildarchiv, Cologne : cat. 5, 189 ; Luc Schrobiltgen : cat. 71, 74, 84 ; Sirius, Duisbourg : cat. 12 ; Speltdoorn : cat. 169, 233, 250 ; Stedelijke Musea, Bruges : cat. 69 ; Stedelijk Museum Amsterdam : cat. 197, 230 ; Studio Claerhout : cat. 123 ; Studio Krimp : cat. 124 ; Didier Vaneesbeck : cat. 201, 244 ; Michel Verheughe : cat. 85 ; Fred Weegenaer : cat. 175 ; Hans Westerink : cat. 194 ; Piet Ysabie : p. 16